L'IMPOSTURE DU VIVRE-ENSEMBLE DE A À Z

QUELQUES POINTS DE REPÈRES

Paul-François Paoli

L'IMPOSTURE DU VIVRE-ENSEMBLE DE A À Z

QUELQUES POINTS DE REPÈRES

L'ARTILLEUR

collection
« Interventions »

ISBN : 978-2-81000-808-7

16 rue Vézelay – 75008 Paris

www.lartilleur.fr

« S'il existait un parti de ceux qui ne sont pas sûrs d'avoir raison, j'en serais »

Camus

« Les hommes ne cherchent pas la connaissance, ils cherchent la certitude »

Bertrand Russel

« La philosophie sert à nuire à la Bêtise »

F. Nietzsche

Avant-propos

Notre ambition avec cet ouvrage est de présenter un panorama de la vie intellectuelle française et de ses enjeux politiques et idéologiques à travers un certain nombre de termes et d'éléments de langage mais aussi de noms propres que les journalistes et les hommes politiques ou les citoyen lambda utilisent plus ou moins couramment. Ce panorama qui contient près de 300 entrées n'a évidemment pas la prétention d'être exhaustif. Le choix est à la fois partial et partisan mais il n'est pas arbitraire. Les choix auxquels j'ai procédés sont argumentés et ne relèvent pas de l'humeur ou de la simple opinion, c'est pourquoi ce livre n'est pas un pamphlet, même s'il est par moment très virulent. Il s'agit en effet avec ce glossaire de démystifier une idéologie dite du « vivre ensemble » qui revient, c'est son grand paradoxe, à exclure du champ de la normalité idéologique tous ceux qui n'y adhérent pas. Cette idéologie se manifeste à travers un langage qui est parlé et écrit par ceux qui prétendent représenter les Français et n'hésitent pas, au nom d'un « vivre ensemble » flou à stigmatiser ou ostraciser les mauvais sujets que nous sommes tous en puissance dès lors que nous devenons suspects de populisme ou de racisme, mais aussi d'antiféminisme ou d'homophobie. Cette idéologie est une imposture pour deux raisons. La première est qu'indéfinie et indéfinissable elle peut servir à tout et à son contraire. Je peux demain ostraciser les salafistes partisans de la burka au nom du vivre ensemble républicain comme je peux ostraciser ceux qui veulent exclure les salafistes qui vivent en France au nom du vivre ensemble multiculturel. Dans les deux cas l'idée de vivre ensemble peut tout à fait s'avérer excluante. Elle est donc absurde sur le plan du sens commun. Nous traçons tous des limites et des frontières qui nous protègent de la promiscuité de gens avec lesquels nous n'avons pas envie de vivre ; comme le démontrent les belles âmes qui discourent sur la mixité tout en scolarisant leurs enfants dans des établissements de choix.

La deuxième raison est que ce discours ne procède jamais par arguments ou démonstrations mais relève d'une sorte d'ostracisation morale. Au nom de l'inclusion on exclut par la réprobation. Toutes les idéologies totalitaires procèdent ainsi. Plutôt que de réfuter un argument, l'idéologue ou le moraliste jugent les mauvais sujets à l'aune de valeurs qui prétendent au statut de vérité d'Etat, ce qui est un non-sens dans un pays démocratique. La France, pays de petite vertu quand on voit la capacité des Français à transgresser les lois ou à s'en exempter est en effet un pays qui a des « valeurs » à revendre. Nous sommes le pays des bons sentiments où chacun croit que ses opinions peuvent tenir lieu de normes. Le but de ce livre est donc de faire le lien entre des mots et des notions que les hommes politiques ou les publicistes, mais aussi les intellectuels et les idéologues surutilisent, par exemple le mot de valeur et ses implications et non-dits. Nous sommes convaincus que les idées mènent le monde notamment sous la forme de l'idéologie qui est, bien souvent, une catégorie dégénérée de la pensée philosophique. Un pays sceptique et agnostique comme la France, marqué par Descartes et Voltaire, peut-il inculquer des normes idéologiques ? Une société où l'idée de Vérité a disparu du champ philosophique et politique peut très difficilement absolutiser des valeurs, fussent-elles républicaines. Tel est le paradoxe que nous voulons faire apparaitre ici. La contradiction mortelle à la gauche est que celle-ci a adhéré aux canons relativistes de la post-modernité sans voir que ces canons sapaient ses propres valeurs humanistes et universalistes. Ni Mélenchon ni Valls ne semblent l'avoir compris qui parlent la langue usée du Grand Orient de France comme si Marx, Nietzsche ou Freud n'avaient pas existé et après eux Michel Foucault ou Levi-Strauss. Comme si l'on pouvait encore parler de l'Humanité et de son avenir radieux sur le mode hugolien. On ne peut parler à la fois le langage des LGTB et de Judith Butler et celui de Victor Hugo ; il faut choisir. La langue de la post modernité est étrangère à celle de la République. De son côté la droite a un boulevard si elle sait l'emprunter. Son discours sur l'identité, pour insuffisamment consistant qu'il soit, est paradoxalement en phase avec une post-modernité qui a révisé à la baisse le crédo optimiste des Lumières. Le combat contre l'islamisme ne sera pas gagné par des valeurs républicaines qui n'agissent plus auprès de nos ennemis, car toutes les valeurs se valent à l'aune de ceux qui les partagent, il sera gagné par notre capacité à affirmer ce que nous sommes : des Français européens qui assumons nos héritages civilisationnels façonnés par la triple influence d'Athènes, de Rome et de Jérusalem. Le pouvoir n'est pas au bout du fusil comme le proclamait Mao, il est au bout des mots. Un conservatisme structuré et lucide peut seul nous sortir du face à face mortifère entre un progressisme mondialisé et moralisateur et un populisme stérile. C'est à cette ambition que veut œuvrer ce livre.

Pour finir une précision : tous les livres mentionnés dans cet ouvrage ont été lus, sans exception. Quant aux penseurs qui sont absents de ce glossaire, c'est notamment le cas de Pierre Legendre ou de Pierre Nora, ils ne le sont pas en fonction d'un ostracisme de notre part, mais parce que nous n'avons pas assez lu leurs œuvres pour émettre un point de vue.

A

Afrique : Un nom que l'on ne prononce pas sans un accent inspiré dans la voix comme si on attendait de ce mot une révélation. Ce nom d'Afrique est l'objet chez nous d'un fantasme massif : celui de l'expiation de l'esclavage et du colonialisme. Il existe désormais en Occident, mais sans doute uniquement en Occident, une sorte de sensibilité « négrophile » pour qui l'Afrique est moins une réalité qu'une métaphore de l'innocence martyrisée. Toute personne qui ne partage pas ce pathos est plus ou moins considérée comme négrophobe ou raciste en puissance. En réalité le mot d'Afrique recouvre tant d'ordres de réalités que l'on s'y perd et peu nombreux sans doute sont ceux qui peuvent en parler en connaissance de cause. Il y a quelques connaisseurs de l'Afrique réelle en France. Citons à droite l'historien Bernard Lugan (voir **Bernard Lugan**) éditeur d'une revue intitulée *L'Afrique réelle* ou à gauche Hervé Bourges qui vient de publier un *Dictionnaire amoureux de l'Afrique* (Plon). Notons que dans la sémantique courante le signifiant Afrique est associé à celui de « noir », certains parlant même étourdiment du « continent noir », comme si le Maghreb et le Machrek ne faisaient pas partie du continent africain. Un Maghreb où la négrophobie prendrait aujourd'hui des proportions virulentes. Phénomène dénoncé par la journaliste Sonia Mabrouk dans

Le monde ne tourne pas rond ma petite fille (Flammarion) et par Kamel Daoud dans une de ces chroniques récentes du *Point* qui évoque cet étrange oublié de la mauvaise conscience occidentale : la négrophobie arabe.

Al-Andalous : Nul besoin de connaître l'histoire de l'Espagne, le mieux dans ce cas est même de l'ignorer, pour avoir son opinion sur le phénomène, puisque cette opinion est quasi officielle, diffusée qu'elle est depuis tant d'années par des médias peu regardants. Il est bien entendu qu'*Al-Andalous* est le nom d'une brillante civilisation arabe où musulmans juifs et chrétiens coopéraient au Moyen Âge et dont les merveilles intellectuelles et scientifiques furent compromises par la montée en puissance de l'obscurantisme catholique dont l'Espagne ne guérira qu'à la fin du règne franquiste... etc. Ce topos classique de l'historiquement correct sensé justifier d'avance l'idée d'une Europe multiculturelle dont les merveilleuses prémisses se dessinent déjà sous nos yeux est aujourd'hui remis en cause par un livre fracassant écrit par Serafín Fanjul, philologue et professeur de littérature arabe (ancien communiste) qui s'est piqué de vérifier l'écart existant entre le mythe et la réalité des sources historiques. « *Fanjul n'a pas peur des mots et ose dire ce que tant d'auteurs pusillanimes taisent : l'image idyllique d'un Al-Andalus riche, pacifique, tolérant, avancé et surpeuplé, foyer de culture supérieur et raffiné, qui aurait succombé sous les coups de boutoir des royaumes chrétiens du nord, des barbares, incultes, attardés et fanatiques est fausse, radicalement fausse* » écrit l'historien espagnol Arnaud Imaz dans l'introduction de ce livre. Ce que Serafín Fanjul conteste dans cet ouvrage d'une grande érudition et qui ne peut être évalué qu'à l'aune d'une connaissance précise de l'histoire de l'Espagne, c'est l'utopie multiculturelle. Celle-ci n'a existé que dans les têtes de ceux qui l'on crée car les luttes et les rapports de forces et de domination entre chrétiens, juifs et musulmans n'ont jamais cessé. L'histoire d'Al-Andalous est trop complexe pour être abandonnée aux idéologues.

A lire : *Al Andalous, l'invention d'un mythe, la réalité historique de l'Espagne des trois cultures*, Serafín Fanjul éd. l'Artilleur.

Amalgame : « *Il ne faut pas céder à l'amalgame* » : telle est la formule consacrée depuis que moult médias et hommes politiques ont décidé de convaincre les Français que les phénomènes d'insécurité, d'incivilité ou de violence dont ils sont les témoins et parfois les victimes, n'ont jamais vraiment l'ampleur qu'ils leur accordent. En science dure on considère qu'un phénomène qui se répète un certain nombre de fois peut témoigner d'une certaine réalité. En sociologie française il n'en va pas ainsi : moult délits de droit commun (vols, agressions, incivilités) sont commis en France par des jeunes gens d'ascendance maghrébine ou africaine, lesquels sont particulièrement nombreux en prison. Chacun le sait, mais cette réalité n'a pas statut de fait aux yeux des tenants du sociologiquement correct, contrairement aux Etats unis où la criminalité des afro américains est un objet de débat et d'études. A l'occasion du procès intenté à Éric Zemmour, qui avait affirmé dans l'émission *Salut les Terriens* du 6 mars 2010 « *la plupart des trafiquants sont noirs ou arabes, c'est comme ça, c'est un fait* », Jean Pierre Chevènement avait avalisé cette affirmation en se fondant sur les listings de la Direction centrale de la sécurité publique du ministère de l'Intérieur qui montraient que plus de 50 % des infractions étaient imputables à des jeunes dont les patronymes étaient de consonance africaine ou magrébine. A l'époque l'avocat Patrick Krugman déclarera que l'affirmation de J.-P. Chevènement était « indigne ». Comme si des faits pouvaient être indignes. En France l'important n'est pas tant d'expliquer un phénomène pour tenter d'y remédier, il est d'abord de ne pas *« céder à l'amalgame »*. Cette formule opère en fait une double dénégation. D'une part elle suggère que des faits de notoriété publique sont insignifiants ou aléatoires et d'autre part que celui qui les constate est mal intentionné. Pas d'amalgame donc : un mot que la philosophe Bérénice Levet définit comme cette *« clochette pavlovienne »* destinée à interdire toute tentative de réfléchir librement au pays de la transgression en sous-mains.

Amour : Selon Luc Ferry (voir **Luc Ferry**) qui développe cette thèse dans *La Révolution de l'amour* (éd. Grasset) l'affectivité est devenue la valeur dominante de notre époque et nous ne nous sentons, en fin de compte, réellement concernés que par ce qui nous affecte. Cette affirmation nous paraît pertinente mais elle ne résout pas la contradiction entre notre culte de l'affectivité et le culte de l'autonomie auquel sacrifie Luc Ferry, à l'instar des penseurs libéraux. Car l'amour, qui est sensé créer des liens qui m'obligent, met par définition des limites à mon autonomie. L'amour est cette relation qui, en absolutisant l'autre, restreint de fait ma liberté. A cet égard la précarité contemporaine des liens conjugaux nous semble manifester le fait que nous n'arrivons plus à choisir entre l'exigence d'autonomie – je fais ce que je veux quand je veux avec qui je veux – et le besoin de créer des liens durables. Comme si, dans le monde désenchanté de la postmodernité, l'amour avait subi une forme de « sécularisation ». Peut-on encore croire en un pacte absolu entre deux êtres dans l'univers liquide du contrat libéral ? C'est une des questions que pose la philosophe israélienne Eva Illouz dans *Pourquoi l'amour fait mal* ou le marxiste Alain Badiou dans son *Eloge de l'amour* (voir **Badiou**). Hormis ces catholiques qui sacralisent encore le lien conjugal, à l'instar de Gérard

Leclerc dans *l'Amour en morceaux*, celui-ci est de plus en plus souvent réduit à un contrat affectif et sexuel à durée déterminée. Comment continuer à parler d'Amour si disparaît la culture de l'Amour ? Les Surréalistes étaient parvenus à faire coïncider, en théorie, le désir amoureux avec le choix d'une femme unique. Ce mouvement poétique fut peut-être le dernier avatar d'un romantisme qui tentera de resacraliser l'amour.

A lire sur le sujet :
Quand l'amour fait mal, Eva Illouz, Le Seuil.
L'amour en morceaux, Gérard Leclerc, éd. Presses de la renaissance.
Eloge de l'amour, Alain Badiou, éd. Flammarion.
La Fidélité ou l'amour à vif, Michela Marzano, éd. Buchet Chastel.

Antifa : Version snob et branchée d'anti-fasciste.

Antifasciste : Un mot qu'il convient de prononcer en accentuant la sc en *ch* pour lui donner son caractère dramatique. Il y a chez nous toutes sortes de gens qui n'attendent que le « *fachisme* » pour se sentir enfin investis d'une mission historique. Généralement ces gens n'ont aucune idée de ce qu'a été le fascisme sous Mussolini, ils en font une sorte de monstre vague sur lequel ils projettent leurs fantasmes. Pour eux le « fachisme » c'est aussi bien Hitler que Donald Trump, Poutine que Mussolini, Franco que Pinochet sans oublier bien entendu la famille Le Pen. Il est notable que de Gaulle a été traité de *fachiste* des décennies durant par des gens qui, tels Sartre ou Maurice Blanchot, étaient parfaitement incompétents en politique. La gauche est experte dans ce genre de diabolisation de l'adversaire « fasciste » qu'il faut éradiquer. Il est par ailleurs amusant de voir à quel point les *antifa* des milieux bobos singent parfois leurs adversaires imaginaires. Ils défilent en cadence, harnachés de blousons de cuir et prennent des postures déclamatoires. Ils sont les seuls à se prendre au sérieux et ce sérieux ne serait que comique s'il ne virait parfois au drame, comme lors de la mort du jeune Cédric, survenue le 5 juin 2013 après une altercation dans un magasin de fripes parisien. On ne peut pas dire que les massacres commis au nom de l'islamisme les aient mis en ébullition. Ne doutons pas que si demain un attentat avait lieu dans une Mosquée, ils seraient en première ligne contre ce qu'ils appelleraient le «*fachisme anti-musulman*». Dites-moi qui vous aimez haïr, je vous dirais qui vous êtes. Ceux qu'ils aiment haïr sont les Français, de préférence de droite ou catholiques, qui n'ont tué personne.

Antimoderne: Quel sens attribuer à ce mot qui a resurgi en réaction à l'inflation du mot moderne comme gage de valeur et de rationalité? Aux yeux de certains, qui dit moderne dit progressiste, puisque le progrès est une idée congénitalement liée à la notion de modernité. Autrefois les antimodernes, dont René Guénon fut le penseur capital au XXe siècle, étaient par définition opposés à toutes les ruptures avec la tradition. Pour Guénon l'apogée de la civilisation occidentale se situe au Moyen Âge car la contemplation et la prière y sont encore considérées comme supérieures à l'action. Pour l'auteur de la *Crise du monde moderne*, l'individualisme (voir **individualisme**) est intrinsèquement pervers, car la souveraineté illusoire accordée à l'individu ne peut qu'engendrer le chaos social et moral. On retrouve cette idée chez Joseph de Maistre (voir **Joseph de Maistre**) qui est en France, le père de la tradition contre-révolutionnaire. Pour Maistre qui sera le maître à penser de Baudelaire, le Mal, fruit du péché originel, est contenu par les grands interdits de la civilisation chrétienne liés à la concupiscence. La modernité, libérale dans son essence, va libérer le

Mal de ses entraves et permettre à l'individu de s'épanouir sans honte. Cette modernité née sous les auspices de la Réforme signe, aux yeux de Maistre, mais aussi du philosophe espagnol Donoso Cortès, dont s'inspirera notamment Carl Schmitt, la fin de la civilisation catholique. Dans un essai récemment consacré aux *Antimodernes* de Chateaubriand à Barthes en passant par Maistre l'historien Antoine Compagnon dissocie judicieusement l'anti moderne du réactionnaire. Charles Maurras est réactionnaire car il croit pouvoir restaurer le passé. Tandis que l'anti moderne sait qu'il est trop tard, d'où son dandysme mélancolique. Lui-même témoigne de la victoire de la modernité qu'il raille et méprise. Ainsi de Baudelaire ou de Chateaubriand qui sont des antis modernes sans illusion.

A lire : *La crise du monde moderne*, René Guénon, éd. Gallimard
Les antimodernes, Antoine Compagnon, éd. Gallimard.

Antiracisme : La religion de notre temps, comme l'a bien vu Pascal Bruckner dans son dernier livre contre « *Un racisme imaginaire* » thème auquel l'auteur de ses lignes a consacré un ouvrage : *Pour en finir avec l'idéologie antiraciste* (éd. François Bourrin, 2010). Née dans les années 1980 sur les ruines du communisme, cette vulgate protéiforme a l'avantage de s'adapter à toutes les situations dès lors qu'un individu d'origine non européenne affirme être la victime d'une forme d'ostracisme, de discrimination ou de violence. Dans le cadre de cette doxa il est bien entendu impensable qu'un homme de type européen ou caucasien soit lui-même victime de racisme. Les grands prêtres de cette idéologie indigente intellectuellement et toute puissante émotionnellement ont été, en France, Harlem Désir, Bernard-Henri Levy, Éric Ghébali, Patrick Bruel et quelques chanteurs de renom. On notera que les grands prêtres en question se sont fait moins diserts (excepté Bernard-Henri Lévy) depuis que les juifs français sont devenus les principales victimes d'un racisme antijuif qui est aujourd'hui majoritairement maghrébin, ainsi que l'a démontré l'historien Georges Bensoussan, spécialiste de l'histoire du Maghreb.

A lire : *Un racisme imaginaire*, Pascal Bruckner, éd. Grasset.

Antisémitisme : Des politologues, tels Pierre-André Taguieff ou des historiens comme Georges Bensoussan, s'accordent pour considérer que l'antijudaïsme chrétien traditionnel a, grosso modo, disparu du monde catholique. Ils s'accordent aussi à pointer du doigt une nouvelle forme d'antisémitisme qui s'est répandu ces dernières années dans certains secteurs de la population, en particulier parmi les communautés magrébines. Ce nouvel antijudaïsme use de l'alibi antisioniste pour recycler de vieux stéréotypes sur les juifs dominateurs et accapareurs avec parfois la complicité sournoise d'une gauche antisioniste radicale qui considère illégitime l'existence d'Israël. Un certain nombre de « faits divers » avalisent cette réalité : notamment l'assassinat récent de Mme Sarah Halimi par des « jeunes » revendiquant leur islamisme. Il est notable que les agressions physiques ou les menaces contre des Juifs ne soulèvent guère l'indignation des indignés institutionnels ou sont immédiatement interprétés comme relevant d'individus « perturbés ». Si un policier brutalise un individu d'origine africaine dans une manifestation ; il ne peut s'agir que d'un acte raciste mais si un juif est molesté, seule une enquête sera éventuellement en mesure d'établir la connotation antisémite de l'agression. Cette tendance à minimiser l'antisémitisme est patente dans une certaine gauche islamophile. Une querelle où s'imbriquent de manière inextricable le théologique et le politique, puisque pour les musulmans Israël est un corps étranger au cœur de l'Oumma. Par ailleurs il n'est pas exclu que certains juifs identitaires trouvent dans la résurgence de l'antisémitisme une confirmation de leur élection, au sens métaphysique du terme. Pour le christianisme les Juifs sont « élus » pour témoigner de la Révélation mais cette élection n'entraîne aucune supériorité d'ordre ontologique. Si élection il y a, cela signifie que le peuple juif témoigne du Dieu unique. Celle-ci n'a pas de sens si l'on est athée, car l'élection se transforme alors en auto élection. Il est intéressant de constater, à cet égard, qu'un des penseurs les plus importants du XXe siècle, lui-même d'origine juive, Claude Lévi Strauss (voir **Lévi Strauss**) a gardé ses distances critiques non seulement à l'endroit d'Israël mais du monothéisme en général.

Arendt Hannah : Auteur devenu culte au fil des années. La référence à Arendt est bienvenue dans une dissertation à Sciences Po. Elle aura mis en évidence le caractère tragique de la liberté des modernes qui ne peuvent plus s'appuyer sur la tradition pour fonder l'autorité. L'écriture flamboyante des *Origines du totalitarisme,* mais aussi son intuition des ressorts nihilistes du totalitarisme – notamment l'attraction trouble des élites décadentes de l'Allemagne de Weimar pour les marginaux du monde du crime – l'ont rendue mondialement célèbre. Pour autant, à l'aune des dernières recherches historiques, (Emilio Gentile, Ian Kershaw, Ernst Nolte notamment) sa vision de la genèse du totalitarisme apparaît discutable surtout lorsqu'elle fait de l'impérialisme (*L'impérialisme*, Le Seuil) une des sources du totalitarisme. L'idée d'un lien génétique entre impérialisme et totalitarisme n'est pas convaincante. La France et l'Angleterre qui furent les deux plus grandes puissances coloniales, n'ont jamais succombé au totalitarisme alors que l'Allemagne et l'Italie ont été des Etats totalitaires. Dans

Humanité et terreur (éd. Payot), elle soutient par exemple que *« en tant que conspiration mondiale, le fascisme s'est fondé essentiellement sur l'antisémitisme »*, une thèse plus que discutable, à moins de mettre Salazar, Franco, Hitler et Mussolini dans le même sac, ce qu'elle a tendance à faire. Le fascisme italien utilisa très peu le leitmotiv antisémite ce qui explique qu'il y eut beaucoup de Juifs dans le parti fasciste. Les leitmotivs du fascisme furent avant tout l'anticommunisme, le nationalisme et le rejet du libéralisme. On peut aussi regretter sa sévérité envers le monde intellectuel français, en particulier ses jugements définitifs sur Barrès alors qu'elle est d'une indulgence extrême, avec Heidegger quand bien même la conception *volkich* que Heidegger se fait du peuple allemand n'est pas éloignée de la conception barrésienne de la nation. On a parfois l'impression que cette intellectuelle géniale est arbitraire dans des jugements empreints d'affectivité. Ainsi quand elle félicite Daniel Cohn Bendit sur son action en mai 68. Car la victoire symbolique de David Cohn Bendit sur Goliath de Gaulle aura signifié l'affaiblissement de tout ce que postulait Hanna Arendt : l'idée que la civilisation était fondée sur le refus d'idolâtrer l'avenir. En témoigne cette magnifique formule contre la *« dégradante obligation d'être de son temps »*, citée par Bérénice Levet dans *Le Musée imaginaire d'Hannah Arendt* (éd. Stock, 2011). *« Le monde devient inhumain lorsqu'il est emporté dans un mouvement qui ne laisse subsister aucune espèce de permanence »* écrit-elle dans *Vies politiques*. N'est-ce pas ce qui se passe aujourd'hui ? D'une grande liberté d'esprit Hanna Arendt refusa par ailleurs le sionisme auquel certains, comme le penseur juif Gershom Scholem, souhaitèrent la convertir. A celui-ci qui lui reprocha de manquer d'amour pour le peuple juif elle répondit : *« Vous avez tout à fait raison : je ne suis animée d'aucun amour de ce genre et cela pour deux raisons : je n'ai jamais dans ma vie aimé aucun peuple, aucune collectivité-ni le peuple allemand, ni le peuple français, ni le peuple américain, ni la classe ouvrière, ni rien de tout cela. J'aime « uniquement » mes amis et la seule espèce d'amour que je connaisse et en laquelle je croie est l'amour des personnes* » (dans *Fidélité et utopie. Essai sur le judaïsme contemporain*, Gershom Scholem, trad. M.Delmotte et B. Dupuy, éd. Calmann-Lévy, 1978). Très critique sur la modernité sans être antimoderne et inclassable politiquement, l'œuvre d'Arendt reste prépondérante dans le débat contemporain. Outre Alain Finkielkraut, des intellectuelles conservatrices comme Chantal Delsol (voir **Chantal Delsol**) Bérénice Levet ou Eugénie Bastié s'en réclament.

A lire absolument d'Hannah Arendt : *Les origines du totalitarisme* et *La crise de la* culture, éd. Gallimard.
Sur Hannah Arendt : *Le trésor perdu. Hannah Arendt, l'intelligence de l'action politique*, Etienne Tassin, éd. Klincksieck.

Aron Raymond : Sans doute le plus grand intellectuel français du siècle dernier par l'ampleur de son œuvre et de ses analyses qui embrassent des domaines aussi distincts que l'économie, la philosophie, l'histoire et les sciences politiques. Celui qui fut brocardé, voire méprisé, par l'intelligentsia de gauche sa vie durant est devenu le symbole quasi consensuel de l'intégrité intellectuelle. La grande force d'Aron aura été de ne jamais céder au goût, très français, de l'invective et de l'excommunication. Il aura discuté et échangé des arguments avec tous ceux dont les idées lui paraissaient dignes d'être discutées, depuis Sartre à Alain de Benoist en passant par Jacques Soustelle, avec qui il croisa le fer durant la guerre d'Algérie. Liberal dans le sens de la grande tradition marquée par la pensée de Montesquieu et de Tocqueville, il n'est pas certain qu'Aron fut le partisan inconditionnel d'une société mondialisée et « ouverte » comme le prétendent certains de ses thuriféraires. Si Aron croyait que l'économie de marché et la démocratie politique avaient démontré leur supériorité sur le monde socialiste, il n'aurait sûrement pas acquiescé au modèle d'une société « liquide » et désétatisée. Dans sa biographie d'Aron, *Raymond Aron : un moraliste à l'ère des idéologies*, Nicolas Baverez écrit : « *S'il ne partageait certes pas la foi des gaullistes de gauche dans le changement de société qui pourrait résulter de la participation, Aron s'accordait pour l'essentiel avec ses compagnons sur le rôle de l'Etat dans l'économie. Au rebours des idéologues du libéralisme comme Friedrich Von Hayek, il conserva une conception à la fois pragmatique et modeste du Marché ; il le concevait non comme le modèle universel des activités humaines mais comme un mode d'organisation efficace de la production* » (voir **Néolibéralisme**)

L'auteur de *Plaidoyer pour l'Europe décadente* (1981) était un lecteur de Julien Freund (voir **Freund**), le philosophe politique méconnu de *l'Essence du politique* (éd. Dalloz) pour qui la politique n'est sûrement pas réductible aux droits de l'homme et à la démocratie. Allergique aux communautarismes et critique envers la double allégeance à la France et à Israël – « *chacun de nous en ce monde n'appartient qu'à une seule nation* » écrit-il dans ses *Mémoires* – Aron, que l'on peut considérer tout à la fois comme un patriote français et un Européen de conviction était un pessimiste de la raison convaincu du caractère tragique de l'histoire. Cet ancrage l'aurait peut-être prémuni de la vision irénique de Francis Fukuyama qui, dans *La Fin de l'Histoire et le dernier homme*, considérait que le modèle démocratique occidental l'avait définitivement emporté. Nul ne sait ce qu'Aron dirait aujourd'hui de Poutine ou de Trump, mais on peut imaginer qu'il ne se rangerait pas, systématiquement, dans le camp des enragés de l'anti-populisme. Parmi les héritiers d'Aron associés autour de la revue *Commentaire* : Pierre Manent de sensibilité conservatrice (voir **Manent**), Jean Claude Casanova et Nicolas Baverez, auteur d'une remarquable biographie d'Aron.

A lire de Raymond Aron : *L'opium des intellectuels*, éd. Gallimard. *Mémoires*, éd. Robert Laffont
Sur Raymond Aron : *Un moraliste au siècle des idéologies*, Nicolas Baverez, éd. Flammarion.

Assimilation : Concept oublié ou dénigré de la tradition républicaine. Un mot qui n'est certes pas des plus heureux puisqu'il évoque un processus digestif mais qui dit ce qu'il veut dire : le nouveau venu accepte de ressembler aux Français qui, en échange, acceptent son inclusion dans la communauté nationale. Il est donc supposé qu'il existe un peuple français et que celui-ci n'est pas une fiction ou un fantasme. Si, tout au long du siècle dernier et ce jusque dans les années 1980, assimilation il y eut, c'est qu'il était admis qu'un peuple français fut distinct des autres peuples par la langue, les mœurs et les mentalités. Or la gauche va progressivement abandonner ce principe en proclamant que la France est une « idée » avant tout et que la notion d'identité française n'a pas de fondement, ainsi que le déclarera François Hollande au magazine *Globe* en 1985. Cette rupture avec l'idée républicaine traditionnelle rejoignait une certaine vision néo-libérale du monde qui considère qu'il n'existe que des individus et que les peuples et les nations sont fondées uniquement sur le Droit. Quand l'historien Marc Ferro publie un livre intitulé *Les Russes, l'esprit d'un peuple* (éd. Tallandier, 2017) il considère comme acquis que l'homme russe existe. Quand Lévi-Strauss évoque les Japonais, il n'évoquait pas des individus pourvus de droits mais un homme ou une femme japonaise, sinon à quoi bon s'intéresser au Japon ? En France cette conception est désormais considérée comme douteuse par moult sociologues. Il va de soi, pour eux, que la notion même de « peuple français » est archaïque. Dès lors l'idée d'assimilation n'a plus de sens. On ne peut s'assimiler à une fiction. Cette conception partagée par la gauche et une partie de la droite explique la montée en puissance, à partir des années 1980, du Front national, seul parti avec le RPR de l'époque à affirmer l'existence d'un peuple français intrinsèque. Admise comme allant de soi par la majeure partie des peuples du monde, elle est suspectée de populisme en France où il n'y aurait, parait-il, que des citoyens. *« Le plus tragique c'est que ce sont des Français de souche qui ont reçu la France en héritage qui ont mis en place tous les mécanismes par lesquels elle se décompose aujourd'hui sous nos yeux »* écrit Malika Sorel-Sutter dans *Décomposition française, comment en est-on arrivé là ?*.

A lire : *Décomposition française, comment en est-on arrivé là ?*, Malika Sorel-Sutter, éd.Plon.

Assimilation (2) : L'auteur préfèrerait le terme, plus noble, *d'acculturation*. Lorsque le Portugal a gagné la coupe d'Europe en 2016, les Français d'origine portugaise ont fêté l'événement en hissant des drapeaux portugais et ce sans incident. Comme aux Etats unis, il est donc possible de devenir Français sans renier ses origines. Mais cela suppose une absence de contentieux historique, ce qui est le cas entre Français et Portugais. Ainsi la France a-t-elle « assimilé » à partir du milieu du XIXe siècle des millions d'immigrés : belges, italiens, espagnols, portugais mais aussi polonais ou yougoslaves. De cette réalité historique indéniable les idéologues de l'immigration ont conclu que la France était une terre d'immigration. Pour Jacques Attali, par exemple, plus la France compte d'immigrés et plus cela prouve qu'elle est « universelle ». Cette affirmation achoppe aujourd'hui sur l'immigration extra européenne, principalement africaine et maghrébine, mais aussi turque. Certains apologues du républicanisme n'ont pas envisagé l'idée que les nouveaux venus pouvaient ne pas éprouver le désir de devenir français sans pour autant renoncer à une nationalité française qui procure des droits non négligeables. Ainsi la dissociation entre le sentiment d'identité et la nationalité est-elle devenue banale. Pourquoi ne pas briser le tabou d'une double nationalité qui décuple les droits de ceux qui n'ont parfois qu'un lien ténu avec leur pays administratif ? En quoi serait-il scandaleux de demander à un franco-américain, un franco-algérien, ou un franco-israélien de choisir la citoyenneté qui correspond à ses liens réels avec le pays de son choix ?

Autonomie : Pour Marcel Gauchet (voir **Gauchet**) la modernité démocratique est fondée sur le principe de l'autonomie du sujet, laquelle ne dépend plus d'une Altérité transcendante qui définit le régime de l'Hétéronomie. Selon Gauchet la Religion fut justement cette organisation globale du monde où un grand Autre, à savoir Dieu, décidait du devenir des individus. Autrement dit la société occidentale est d'abord une société d'individus « souverains » ou se croyant tels qui a rompu, au moins en apparence, avec la notion de Destin, même si notre passion pour l'occulte ou l'astrologie démontrent que la nostalgie d'une Loi qui nous est extérieure perdure. Cependant une contradiction apparaît. Si les individus sont libres d'édicter leurs lois (*nomos*) de manière autonome, puisque littéralement autonomie signifie cela, pourquoi faut-il subir la dictature d'un discours médiatique (voir **Autre**) qui semble émaner d'une sphère transcendante ? Sur ces deux sujets au moins, l'immigration et la peine de mort, il est parfaitement démontrable que se sont imposées aux Européens des « valeurs » qui sont moins consenties que subies. La majorité des Français est pour la limitation drastique de l'immigration et pour le rétablissement de la peine de mort, mais leurs opinions, qualifiées de « populistes », sont considérées comme non légitimes par ceux qui se proclament les gardiens des valeurs républicaines (voir **valeurs républicaines**). Or il est impossible, dans une démocratie fondée sur le Droit des individus de défendre une opinion plutôt qu'une autre, d'absolutiser les « valeurs » de certains aux dépens de celles des autres. Ce qui est irrécusable en démocratie c'est uniquement la possibilité, pour chacun, d'émettre un point de vue, ce ne peut être le point de vue lui-même, car s'il n'y en avait qu'un d'irrécusable, nous ne serions plus en démocratie. Autrement dit, si Marcel Gauchet a raison d'affirmer que la démocratie est le régime de l'autonomie de l'individu, la domination de valeurs qui s'imposent à nous sans que nous puissions y déroger ne restaure-t-elle pas une certaine forme d'hétéronomie ?

Autre : Le mot sacré par excellence. « Respect de l'autre », « refus de l'autre » etc. : ces expressions constituent des sésames à l'usage de ceux qui savent ce qu'il faut dire pour être bien noté des prétendues instances morales de ce pays. Comme si nous n'étions pas tous *un autre* pour les autres. Les hommes politiques cèdent aussi à ce « levinassisme pour les nuls », puisque c'est le philosophe Emmanuel Levinas (voir **Levinas**) qui a conçu et développé la thématique philosophique fondée sur le caractère premier de l'Autre dans la relation éthique. Dans la pensée de Levinas, l'autre ne qualifie nullement une minorité au sens social du terme, il signifie l'altérité radicale de tout être humain, laquelle est irréductible à toute identité religieuse, politique, raciale ou sociale. Cette altérité se manifeste à travers ce que Levinas appelle « le visage », qui ne doit pas être confondu avec les traits ou l'identité physique d'un individu. Pour Levinas, le visage de l'autre est irréductible à notre volonté de maîtrise, il est le signe du divin en l'homme, au sens où il échappe à toutes les réductions et à toutes les emprises. C'est le visage d'un être qui me le rend aimable ou fascinant mais aussi définitivement énigmatique, c'est son visage qui lorsqu'il me fait face peut éventuellement me dissuader de le tuer ou de l'agresser, tandis que le désir sexuel est aussi lié au corps. Dans tous les cas il n'est pas du tout certain que le philosophe platonicien se serait reconnu dans cette vulgate sur « l'autre » dont usent des gens dont on sait, par ailleurs, que l'égocentrisme est le moteur existentiel. Chrétiens, juifs et humanistes de toutes obédiences communient régulièrement dans ce concours « d'altérophilie » intensive. Il est par ailleurs remarquable de constater que ceux à qui ce discours s'adresse ne semblent guère faire usage de ce catéchisme. On n'a guère entendu des imams évoquer « l'Autre » en soi puisque dans l'Islam l'altérité au règne du Dieu unique est impensable. Comme l'a écrit Claude Lévi-Strauss, l'islam ignore l'altérité et ce contrairement au christianisme qui envisage la possibilité de l'athéisme. Pour un chrétien, un athée qui aura cherché honnêtement la vérité peut être « sauvé ». La foi chrétienne, qui peut se « perdre » n'est pas du même ordre que la foi musulmane qui relève d'une sorte d'évidence naturelle. Ce qui constitue la force de cette religion fait aussi sa faiblesse.

B

Badinter Elisabeth : Philosophe féministe auteur de très nombreux essais sur la condition féminine et sur l'identité sexuelle, Elisabeth Badinter a radicalisé ces dernières années ses positions sur l'islam ; en refusant le compromis culturaliste de toute une gauche qui n'est antireligieuse, universaliste et républicaine que lorsqu'il s'agit de combattre l'Eglise catholique. Elle a récemment osé affirmer (*Le Point*, 1er juin 2017) que l'on était bien obligé de constater que la liberté des femmes régressait là où l'immigration maghrébine progressait. Il faut saluer cette témérité même si elle advient tard. De même qu'il faut saluer son courage face aux harpies du néo-féminisme (Angot, De Haas, Autin) qui considèrent que tout homme est un violeur ou un dominateur en puissance. Ou que la violence conjugale est inhérente aux hommes. Des études publiées dans le monde anglo saxon ont montré que la violence physique des hommes, pour inacceptable qu'elle soit, est souvent liée à une forme de harcèlement psychologique et verbal qui constitue aussi une forme de violence.

A lire d'Elisabeth Badinter : *Le pouvoir au féminin. Marie-Thérèse d'Autriche (1717-1780), l'impératrice reine*, éd. Flammarion.

Badiou Alain : L'icône de la pensée communiste en France ou de ce qu'il en subsiste. Thuriféraire non repenti de la Chine maoïste mais aussi de l'URSS stalinienne, Badiou a connu son heure de gloire médiatique grâce à Nicolas Sarkozy qui lui inspirera un petit livre *De quoi Sarkozy est-il le nom ?* qui eut un certain retentissement. Cet opuscule permettra à de nombreux admirateurs de la pensée badiouiste qui ne comprenaient rien à ses livres de philosophe (*Le Siècle, l'Etre et l'événement...)* de se sentir intelligents à peu de frais. Dans cet essai, Badiou prétend démontrer qu'il existe un « pétainisme transcendantal » qui tend à faire du Français une catégorie essentialisée. Pour Badiou toute forme d'affirmation identitaire est nulle et non avenue. Les peuples et les nations ne signifient rien à l'aune de l'universalisme absolu qui est celui de Badiou qui radicalise le message de St Paul auquel il a consacré un livre (*St Paul la fondation de l'Universalisme,* PUF) et dont il fait l'ancêtre de Lénine. Pour Badiou, il n'y a ni juifs, ni Grecs, ni Arabes, ni Africains, ni Européens, seulement des individus insignifiants en eux-mêmes mais qui peuvent, en devenant des sujets de la Pensée révolutionnaire, donner une consistance à leur vie. Cet universalisme radical n'est évidemment pas de même nature que l'Universel des catholiques qui reconnaît l'existence de ces médiations que sont les nations et les peuples, en somme les civilisations. Pour Badiou ces ordres de réalités ne sont pas décisifs et le génie scientifico-philosophique qui a éclos en Grèce, universel par nature, aurait pu se manifester ailleurs si les conditions avaient été propices. Il ne serait cependant pas honnête de réduire la pensée de Badiou à des stéréotypes idéologiques. Celui-ci est un penseur très sophistiqué inaccessible à qui n'a pas fait de philosophie. La sienne prétend s'inspirer en particulier de la pensée de Platon. Le philosophe Jean François Mattei (voir **Jean François Mattei**) qui était un des meilleurs spécialistes de Platon en France contestait l'interprétation communiste et scientiste qu'en faisait Badiou. Badiou semble conserver du platonisme le schéma du *Timée* qui fait du cosmos un ordre conçu sur un modèle mathématique. De Platon, Badiou conserve l'idée de l'inconsistance des phénomènes sensibles mais il élimine la dimension mystique. Pour lui le monde n'est pas créé et il n'y a aucun démiurge, il relève d'un ordre logique qu'il convient d'appréhender selon les schémas de la science et de la raison mathématique. Badiou réfute aussi bien la révélation judéo-chrétienne que la glose heideggérienne sur l'Etre. En athée aussi radical que cohérent, il récuse toute idée de Sacré et pour lui la mort d'un homme ou même de millions d'hommes, ne constitue pas ce qu'il appelle un « *événement* ». La pensée seule « *fait événement* » qu'elle se manifeste dans l'art, la politique – à condition d'être révolutionnaire (dans ce cadre le moindre discours de Mao en est un, tandis que l'appel du 18 juin n'en est pas un) –, la philosophie ou l'amour. Dans ce domaine Badiou est aussi rigoriste que certains conservateurs. A ses yeux le sexe hors de l'amour ne signifie rien. Imaginons que X ait une « relation sexuelle » avec Y. Il s'ensuit de cette rencontre une jouissance éventuelle. Celle-ci est purement contingente, elle dépend uniquement de facteurs aléatoires : humeur, pulsion, beauté des corps etc. Cette conjonction n'est pas signifiante tandis qu'elle prend du sens entre deux corps aimants. Autrement dit c'est l'amour et l'amour seul qui donne au désir une consistance. Badiou est anti-libertaire sur le plan des mœurs et il dénonce la conjonction entre le marché capitaliste et le féminisme libéral qui banalise la rencontre sexuelle à l'aune du contrat, rejoignant ici les conservateurs. Célèbre dans les universités américaines Badiou est, aux yeux de certains, un des pires symboles d'un goût français pour l'abstraction qui fait fi de tout ce qui est irréductible au *logos*. Le mot d'esprit de Georges Orwell (« Quelques réflexions sur le crapaud ordinaire », *Tribune*, 12 avril 1946) semble avoir été inventé pour lui : *« Si un homme ne peut prendre plaisir au retour du printemps, pourquoi devrait-il être heureux dans une Utopie [...]?* ». Badiou est un de ces penseurs pour qui le réel n'a pas de consistance en dehors de l'Idée. Ce n'est pas avec des prolétaires en chair et en os que la révolution se fait mais avec LE prolétariat. Que le communisme réel ait été un tragique fiasco historique ne veut pas dire que l'idée communiste était fausse. La vérité scientifique du marxisme ne peut être démentie par les faits qui sont toujours et par définition contingents et aléatoires. CQFD.

A lire (ou du moins à essayer de lire) pour entrer dans la pensée d'Alain Badiou : *L'Être et l'événement* et *Le Siècle*, Le Seuil.

Barrès Maurice : L'écrivain français capital de la fin du XIXe que nul ne lit plus mais que chacun réprouve pour son engagement contre Dreyfus. Or réduire Barrès à l'affaire Dreyfus, c'est ne rien comprendre à Barrès qui fut un esprit libre avant tout. Un individualiste radical, un égotiste et même un anarchiste puisqu'il se qualifia lui-même d'ennemi des Lois. Ce très grand styliste ne fut pas qualifié pour rien de « *prince de la jeunesse* » lui qui avait conquis Paris à trente ans. Son talent qui éclate dans *Les Déracinés* ou dans le *Journal de ma vie extérieure* aura influencé Gide, Montherlant et François Mauriac qui lui doit beaucoup, mais aussi Aragon, Malraux, Drieu la Rochelle ou Roger Nimier. Son engagement nationaliste a pris des accents déplorables au moment de l'Affaire Dreyfus mais il connaîtra une correction durant la guerre avec *Les diverses familles spirituelles de la France*. Le patriote Barrès vouait de l'amitié à Léon Blum qui vint à son enterrement et il intégrait finalement à son paysage national les Juifs et les protestants. Sa lecture fut prépondérante aussi bien pour de Gaulle que pour Mitterrand, qui furent barrésiens dans leur jeunesse. Dans *La plus belle histoire de l'école* (éd. Robert Laffont) co-écrit avec Alain

Boissinot, Luc Ferry rappelle ce que disait Léon Blum de Barrès. « *Lorsque Blum à sa mort lui rendra hommage, il dira que le siècle aurait pu se passer de Zola, que le siècle eut été le même sans Zola, mais que sans Barrès il eut été différent* ». Il ajoute : « *J'ai lu les* Déracinés, *ligne à ligne. Il n'y a pas plus de dix lignes consacrées aux Juifs, et elles n'ont rien d'antisémite* ».

A lire de M. Barrès : *Les diverses familles spirituelles de la France*, éd. Plon.

Bataille Georges : Un des penseurs les plus importants du siècle dernier selon Michel Foucault qui n'hésitera pas à le comparer à Nietzsche. Georges Bataille est plus illustre par son nom et sa réputation sulfureuse que par la connaissance réelle de ses livres. Le premier grand malentendu ayant cours sur son œuvre très vaste (*L'expérience intérieure, l'Erotisme, La littérature et le Mal, Somme Athéologique, Mme Edwarda* etc.) est d'en faire un penseur libertaire. Or, au contraire d'un Gilles Deleuze ou d'un Félix Guattari, Bataille fut un défenseur de la loi, au sens où il ne concevait pas l'érotisme sans la puissance d'effraction d'un désir passant outre des interdits inhérents à la culture et à la société. On n'imagine pas Georges Bataille, qui a disparu en 1961, revendiquer par exemple le droit au mariage des homosexuels ! Son style et sa pensée n'ont rien à voir avec l'hédonisme des libertins-libertaires. Très marqué par la culture catholique, il faillit devenir prêtre, Bataille sera bouleversé par la lecture de Nietzsche et de Proust et eut, en quelque sorte, la révélation du « mal ». Le mal n'est pas pour lui l'infraction visant un avantage comme chez l'escroc, c'est une dépense inutile. Le mal, gratuit chez Bataille, procède d'une révolte contre une raison qui limite la souveraineté de l'individu, une souveraineté qui ne se confond pas avec un pouvoir mais que l'on peut définir comme une disposition à l'excès ou à la dépense.

Si le mal nous fascine, selon Bataille, c'est qu'il a affaire à une angoisse inhérente au désir de transgression. Ainsi de l'érotisme cette « *approbation de la vie jusque dans la mort* » dont la « *perversion* » est le « *noyau dur* », comme l'avaient perçu Freud et Lacan. Pour l'athée mystique que fut Bataille, le rationalisme occidental a constitué une formidable limitation de la vie.

A lire de Georges Bataille : *L'érotisme* et *L'expérience intérieure*, éd. Gallimard.
Sur Bataille : *Georges Bataille, la mort à l'œuvre*, Michel Surya, éd. Gallimard.

Baudrillard Jean : Malgré une langue parfois erratique, les essais de Jean Baudrillard (*De la séduction, Simulacre et Simulation, L'Echange symbolique et la Mort*) furent traversés de fulgurances géniales. Ainsi de cette saillie : « *La démocratie, c'est la ménopause des sociétés occidentales, la Grande Ménopause du corps social. Et le fascisme est leur démon de midi* » tirée de *Cool Memories I et II*, éd. Galilée. Marqué par la pensée de Hegel et de Marx, Jean Baudrillard était de ceux qui savaient l'attrait que la négativité exerce sur nos esprits. Son œuvre a mis en évidence le fait que notre amour proclamé pour le Bien, le positif, était proportionnellement lié à notre fascination pour le Mal, le négatif. Qui peut dire qu'il n'éprouve pas une certaine jubilation, dans une certaine zone obscure de lui-même, quand un évènement mauvais survient : catastrophe, guerre ou attentat, tant l'être humain, ce « *sujet de contradictions* » (Pascal, *Pensées*) est habité par l'ambivalence. Voyons une rixe dans la rue : il est fascinant de voir qu'avant d'agir le spectateur, en nous, semble hypnotisé par l'horreur de ce qu'il voit. Le mal nous fascine comme la maladie fascine le médecin, y compris dans ce que nous appelons l'amour, puisque l'amour est ce domaine où souffrance et Joie sont indissociables. Ce manichéisme est au cœur de la pensée de Baudrillard qui ne fera pas l'éloge de Joseph de Maistre pour rien dans *La Transparence du Mal : Essai sur les phénomènes extrêmes* (éd. Galilée, 1990). « *Ne peut-on plus proférer quoi que ce soit d'insolite, d'insolent, d'hétérodoxe et de paradoxal sans être automatiquement d'extrême droite (ce qui il faut bien le dire est un hommage à l'extrême droite) ? Pourquoi tout ce qui est moral, conforme et conformiste et qui était traditionnellement à droite, est-il passé à gauche* ? » écrit-il. Ou encore ceci : « La *lâcheté intellectuelle est devenue la véritable discipline olympique de notre temps* ». Pour Baudrillard, qui rejoint ici Philippe Murray, l'auteur fameux de *l'Empire du Bien*, le monde occidental a remplacé le Dieu chrétien par le Bien du progressisme historique. La démocratie, le libéralisme, le multiculturalisme, le féminisme, l'antiracisme relèvent désormais d'une forme de normalité téléologique et morale qui ne permet plus d'alternative.

A lire en particulier de Jean Baudrillard : *L'Echange symbolique et la Mort* et *De la séduction*, éd. Gallimard.

Bellamy François-Xavier : Petit visage d'ange et plume d'acier, ce jeune philosophe a accédé à la notoriété en publiant en 2014 *Les Déshérités ou l'urgence de transmettre* où il a eu le culot de critiquer la philosophie cartésienne et celle des Lumières. Il faut un certain courage pour affirmer qu'une part du malheur français est liée à notre incapacité à nous aimer nous-mêmes à travers des héritages spirituels que nous avons passés au crible d'un esprit destructeur dont Sartre fut un des parangons. L'identification sans condition des élites à la dogmatique des Lumières a affaibli la tradition classique du pays de Bossuet et de La Fontaine. Conservateur éclairé, Bellamy qui peut parler avec autant de pertinence d'Aristote que de Saint Thomas, de Nietzsche ou de Carl Schmitt est un des espoirs de la droite intellectuelle. « *Monsieur Macron est le candidat de ce qui marche sans savoir où. Nous devons défendre ce qui demeure et nous relie* » écrit François-Xavier Bellamy (*Le Figaro* du 26 avril 2017) Il ajoute : « *Le travail qui nous attend est immense. Tout est à reconstruire. Tout commence* ».

A lire de François Xavier Bellamy : *Les déshérités ou l'urgence de transmettre*, éd. Plon, 2016.

Bergé Pierre : Récemment disparu Pierre Bergé est un des symboles de la mutation historique de la gauche durant les années 1980 telle qu'elle a été analysée par Jean-Claude Michéa ou Christophe Guilluy. L'ancienne gauche socialiste sensée représentée des classes populaires plutôt conservatrices sur le plan des normes familiales et sexuelles devait laisser la place à une nouvelle gauche postmoderne et libertaire. On ne présente plus Pierre Bergé et nous n'avons pas ici la prétention de porter le moindre jugement concernant l'homme d'affaires et ses activités de mécène. C'est l'idéologue Bergé qui nous intéresse et sa correspondance avec l'air du temps. Depuis son soutien inconditionnel à Mitterrand jusqu'à son engagement pour Macron, Bergé a été d'une cohérence sans faille. Fondateur de *Globe*, magazine branché dirigé par le très cosmopolite (mais néanmoins sioniste) Georges-Marc Benamou, Pierre Bergé aura été de tous les combats d'une gauche cathophobe et laïcarde. On se souvient de ses déclarations lors de la polémique sur les « racines chrétiennes de la France » au moment du débat historique sur Clovis initié par le livre de l'historien Michel Rouche. Devenu le principal financier du *Monde*, il aura défrayé la chronique durant les manifestations contre le mariage pour tous en affirmant que les femmes pouvaient bien, après tout, louer leur ventre puisqu'elles louaient déjà leur force de travail. Qui a dit que les idéologues gays étaient les meilleurs amis des femmes ?

Bernanos Georges : Bernanos est devenu l'emblème d'une certaine bien-pensance, ce qui aurait peut-être fini par agacer celui qui fut, ni plus ni moins, un anarchiste devant l'éternel. De François Mitterrand à Bayrou, tout le monde a été est ou sera un jour « bernanosien ». Mais ce nom de Bernanos, en tombant dans le domaine public, ne fait-il pas du tort à un homme qui a vomi le monde où nous sommes dans sa quasi intégralité ? Bernanos haïssait le monde moderne et tout ce que ce mot signifiait à ses yeux : libéralisme, argent, confort, individualisme, démocratie, bien-être, hédonisme, Etats-Unis, la gauche, la droite, le communisme, la démocratie chrétienne, Jacques Maritain et Paul Claudel etc. Il est l'irrécupérable absolu. Pierre Boutang, qui aimait Bernanos, eut des mots sévères à son encontre. Il le considérait comme un poète aussi fulgurant qu'immature sur un plan politique puisqu'il n'y a pas de politique sans compromis ni concessions. Il est vrai que Bernanos eut le culte de l'enfance, cette « *période héroïque de la vie* ». C 'est cette essentielle enfance que nous aimons retrouver dans ses livres. « *De tous les morts, c'est l'enfant que je fus qui est le plus mort d'entre tous* ».

A lire absolument de Bernanos : *Le journal d'un curé de* campagne, éd. Plon et *Nous autres Français*, éd. Gallimard.
Sur Bernanos : *Bernanos encore une fois*, Sébastien Lapaque, éd. Provinciales.

Besançon Alain : Sans doute l'un des plus grands intellectuels français vivants et aussi l'un des plus méconnus. Catholique mais aussi conservateur et libéral, Alain Besançon n'a pas le profil idéologique qui sied aux médias français, génétiquement de gauche pour la plupart et il est en outre immensément cultivé, ce qui n'arrange rien. On l'imagine mal répondre aux questions inquisitoriales d'Edwy Pleynel ou de Patrick

Cohen. Ses recherches sur les sources du léninisme et sur le marxisme comme gnose sont en outre trop complexes pour le niveau moyen du journaliste français. Mais c'est dans le domaine religieux que cet esprit fort a fait feu de tout bois. Son livre *Trois tentations dans l'Eglise* est un ouvrage majeur. Dans cet ouvrage puissant et érudit, Besançon a démontré que l'Eglise catholique avait subi depuis la révolution française trois tentations idéologiques. La tentation contre-révolutionnaire, à travers le traditionalisme de Louis de Bonald notamment. La tentation marxiste après la seconde guerre mondiale et notamment celle du Parti communiste. Enfin la tentation islamophile à travers la pensée de Louis Massignon. C'est ici que Besançon se montre le plus sévère, notamment dans son dernier essai *Problèmes religieux contemporains* où il met en garde les catholiques contre une forme d'incompétence théologique qui sévirait dans l'Eglise depuis Vatican II et qui tend à considérer que l'islam, le judaïsme et le christianisme forment une seule grande famille spirituelle que l'on peut englober sous la bannière monothéiste. Pour Besançon comme pour son disciple, Rémi Brague (voir **Rémi Brague**) la notion de « bon islam », si chère au Pape François et aux chrétiens progressistes, n'a tout simplement pas de sens théologique. Comment lui donner tort quand on n'a lu ne serait-ce que quelques pages de Saint-Thomas ? (voir **islam** et **islamisme**)

A lire en particulier d'Alain Besançon : *Trois tentations dans l'Eglise*, éd. Calmann-Lévy, 1996 et *Problèmes religieux contemporains*, éd. de Fallois.

Bêtise : Une notion dont l'importance est sous-estimée dans le domaine de l'idéologie. Ernest Renan dira un jour que la bêtise était ce qui lui avait le plus donné le sentiment de l'infini, formule qu'Einstein reprendra à son compte. L'ennui, avec la bêtise, est que l'on n'est jamais sûr d'en être prémuni. Tout un chacun peut avoir des accès de bêtise puisque la bêtise est, paradoxalement, le propre de l'homme. Mais ce qui nous intéresse ici n'est pas la bêtise définie comme une insuffisance – on peut ne rien comprendre à une équation et ne pas être stupide- mais comme principe d'affirmation. Car la bêtise, si l'on en croit Flaubert, est une forme de suffisance avant d'être une insuffisance. On peut dire que certains intellectuels sont parfois parmi les gens les plus bêtes, eux qui s'octroient les privilèges de l'intelligence théorique. Il arrive même que certains d'entre eux créent des aphorismes dont Flaubert aurait sans doute fait ses choux gras. On se souvient de la merveilleuse inanité de Roland Barthes : le fameux, « *la langue est fasciste* » proférée au Collège de France dans les années 1980. Quand on voit l'état de destruction de la langue française chez les « jeunes », on doit se demander si Barthes, qui était la préciosité même, ne s'entortille pas de rage dans sa tombe. Parmi les inanités célèbres, celle proférée par Simone de Beauvoir n'est pas mal non plus : « *La vérité est une, l'erreur multiple, ce n'est pas un hasard si la droite professe le pluralisme* ». Ce qu'il y a d'extraordinaire dans cette formule digne de *Bouvard et Pécuchet* de Flaubert, c'est le formidable éloge que Beauvoir fait de la droite en lui attribuant les privilèges du doute, donc du pluralisme ! Beauvoir fait d'une pierre deux coups en démontrant, par là même, le caractère obtus de la gauche idéologique à laquelle elle appartenait. La droite que l'on ne peut définir d'un seul trait, est en effet hétérogène, donc plurielle.

Beur : Terme sensé désigner ces jeunes d'origine algérienne qui ne se sentaient pas tout à fait Français sans pour autant se considérer comme Algériens. En 1984 « La marche des Beurs » initiée par SOS Racisme et le complaisant Père Delorme, soutenue par le cardinal Lustiger qui était sensée promouvoir leur reconnaissance, sera un fiasco politique. C'est l'époque où la gauche mitterrandienne, en particulier le fastueux magazine *Globe*, dirigé par Georges Marc Benamou, flirte avec l'idée de « *droit à la différence* ». L'assimilationnisme républicain qui avait permis l'inclusion dans la nation de générations d'italiens, d'espagnols ou de portugais, devenait un concept ringard. Quelques années plus tard, au cours d'un célèbre match France- Algérie, les copains des marcheurs sifflent *La Marseillaise* au stade de France et aident Jean Marie Le Pen à accéder au second tour des présidentielles de 2002. Depuis le mot de « *beur* » a plutôt été remplacé par celui de « *franco-algérien* ».

Beurs (2) : « *Un autre échec français explique en partie l'accroissement de la violence urbaine, c'est l'échec de l'intégration [...] et[...] le refus d'admettre ce que toutes les enquêtes sérieuses établissent : la violence dite des jeunes émane surtout d'adolescents dont les parents ont émigré du Maghreb et d'Afrique noire... La peur d'être qualifiés de racistes a conduit les responsables politiques à escamoter l'origine ethnique de cette guerre des rues* ». Qui écrit cela ? Jean-François Revel dans *L'obsession anti-américaine* où, avec sa pugnacité habituelle, Revel ne mâche pas ses mots pour énoncer les maux que nous subissons (voir **Revel**). Qu'on en juge par la suite de ce texte : « *Ce communautarisme de la haine est largement la conséquence de l'idéologie scolaire qui, sous prétexte de vénération identitaire et d'égalitarisme pédagogique a refusé aux maghrébins l'accès à la culture française sans pour autant les empêcher de perdre la leur, sauf lorsqu'il s'agit d'acclamer Oussama ben Laden ou Saddam Hussein. Et ce communautarisme a lui-même pour conséquence le mépris absolu des lois de la République que professent et appliquent tant de Beurs* ». Que ne dirait-on pas si c'était Marine Le Pen qui écrivait cela !

Revel poursuivait : « *Pour eux l'Etat de droit n'existe pas et leur volonté d'y rester étrangers se manifeste notamment par un comportement étrange que j'ai souvent analysé, et que l'on pourrait appeler le mécanisme du renversement des responsabilités en matière de délinquance et de criminalité. En quoi cela consiste-t-il ? Lorsque les leurs commettent des infractions voire un meurtre, lorsqu'une fusillade éclate, déclenchée par eux et que l'un des leurs tombe ensuite sous les balles d'un policier qui riposte, les Beurs chassent alors de l'esprit toute la première partie de l'histoire. Le scénario ne commence qu'à partir du moment où la police est intervenue. Selon eux la police a donc pris, à froid, sans raison, l'initiative de tuer un Arabe* ». Éric Zemmour et Ivan Rioufol ont été classés à « l'extrême droite » pour moins que cela ! Pour autant l'analyse de Revel est, à notre avis, insuffisante car il faisait porter le chapeau de cette incivilité sur l'école et l'absence d'autorité des familles. Admirateur du modèle américain il refusait de voir que la situation française n'était pas comparable mais inverse. Les USA sont un pays d'immigration, contrairement à la France qui est un ancien Empire colonial, ce qui ne fut jamais le cas des Etats-Unis. En France la sécession de certains jeunes provient d'un contentieux historique qui n'a pas été résorbé dans les esprits. Un immigrant qui arrive aux USA n'a pas de contentieux avec ce pays dans lequel il vient de son plein gré. Tandis que certains jeunes, dont les aïeux viennent de nos anciennes colonies, ont parfois une relation ambivalente avec un pays qui a « dominé » leurs parents tout en prétendant les civiliser ou les acculturer.

Bien commun : Une notion fondamentale de l'anthropologie catholique. Pour l'Eglise, qui se base en particulier sur la pensée de Saint Thomas, il existe un « bien commun » à tous les hommes en société, ne serait-ce que sur un plan écologique. Nous avons tous le droit de jouir de ces biens naturels que sont l'eau, le soleil ou les richesses produites par la terre, qui en tant que fruits de la création, n'appartiennent à personne en particulier. D'où l'attention particulière de l'Eglise au sort des pauvres et des démunis qui apparaissent privés de toit ou de nourriture dans une société d'abondance. Aux yeux de l'Eglise, l'Etat chrétien idéal, s'il existait, devrait une attention particulière aux plus faibles et aux plus pauvres, ce qui fut le cas, par exemple sous le règne de Saint Louis. Mais la question du « bien commun » devient plus complexe avec la modernité politique. Que devient cette notion dans une société démocratique où les individus peuvent prôner des valeurs distinctes alors que ce n'était pas le cas durant le Moyen Âge chrétien ? Le « bien commun », qui suppose un socle de valeurs partagées, est-il encore pensable dans un monde où coexistent différentes conceptions du Bien ? Marquée par le thomisme qui est solidaire d'une époque pré moderne, la pensée catholique butte sur le défi du libéralisme qui fait de l'individu l'*alpha* et l'*oméga* d'un prétendu « ordre social » fondé sur le droit de chacun de jouir de sa liberté. En réalité, l'idée même de « bien commun », qui repose sur un accord préalable sur l'idée de « bien », est difficilement compatible avec la démocratie libérale qui suppose, au contraire, la possibilité de déroger à cet accord. L'Eglise est donc enferrée dans une contradiction insoluble : ayant approuvé la démocratie elle continue de croire ou de se faire croire, que sa conception de la justice est pensable dans un monde où l'individu prétend être son propre souverain. Le discours de l'Eglise, qui refuse l'étatisation bureaucratique prônée par une certaine gauche et la privatisation du monde tolérée par un certain libéralisme, a donc bien du mal à se faire entendre.

Bloy Léon : Un génie stylistique qui inspira Bernanos alors qu'il avait lui-même été converti et inspiré par son maître, l'immense Barbey d'Aurevilly. Bloy vient de faire un retour tonitruant sur la scène littéraire française avec plusieurs livres qui lui sont consacrés. La violence de son imprécation tranche avec l'acidulé du chrétien œcuménique qui officie ici et là et communie aux valeurs du « vivre ensemble ». On n'est surement pas obligé d'être chrétien pour aimer Bloy. Claudel l'appréciait mais pas Mauriac. Sa violence et sa haine qui ont pu inspirer aussi bien Bernanos, sur le versant chrétien que Céline sur le versant nihiliste, sont impitoyables. Car nous sommes tous, autant que nous sommes, des personnages de Bloy dont la verve misanthropique n'épargne que les Saints et les Héros.

A lire absolument de Léon Bloy : *Le désespéré*, éd. Flammarion.
A lire sur Bloy : *Léon Bloy, écrivain légendaire*, Emmanuel Godo, éd. Cerf.

Bobo : Ce terme vague et sur employé relève t'il d'une classe sociale ou d'une sensibilité, que l'on peut qualifier de « libéral-libertaire » et qui est devenue prédominante parmi les classes moyennes et supérieures ? Le sociologue Christophe Guilluy, auteur de *La France périphérique* et du *Crépuscules des élites* (éd. Flammarion) penche pour la première option. Voici comment il définit le « *peuple bobo* » lors d'un entretien pour la revue *Eléments* n° 165, printemps 2018 : « *Les bobos forment la nouvelle bourgeoisie et rassemblent les populations intégrées ou connectées à l'économie monde, travaillant hors-sol, dans le tertiaire, les métiers intellectuels, les emplois qualifiés. En tant que classe émergente, ils ne possèdent pas le capital économique ou patrimonial de l'ancienne bourgeoisie, installée dans l'Ouest parisien. Ils ont donc investi les anciens quartiers populaires. Ce qui est les distingue de l'ancienne bourgeoisie c'est qu'ils sont généralement de gauche et ne se vivent pas comme classe dominante. Par angélisme ou par ruse, ils refusent d'assumer leur position de domination sociale. Il n'empêche : ils sont en phase avec l'image des grands* *patrons de la Silicon Valley, sans cravate à l'apparence cool. Ils ont adopté de nouveaux codes qui brouillent les anciennes perceptions de classe. Il faut imaginer les Rougon-Macquart déguisés en hipsters prônant le modèle des « sociétés ouvertes ». C'est un discours imparable. Comment s'opposer à des gens bienveillants qui prêchent « l'ouverture à l'autre ». Cette « bienveillance » de principe et cette fausse ouverture interdisent par avance de se situer dans un conflit de classe. Pire : le rapport de classe se transforme immédiatement en rapport culturel. L'ouvrier disparaît. Ne demeure que le visible : les minorités visibles et l'ethnicisation du social. Cette ouverture à l'autre c'est à la fois un marqueur de supériorité morale et un signe extérieur de richesse. Si les bobos ont pu longtemps nier leur position de classe, cette dernière est désormais trop visible. Ils sont en train de tomber le masque en affichant sans complexe un profond mépris de classe à destination des partisans de Trump ou du Brexit. Rappelez-vous les « pitoyables électeurs » de Trump brocardés par Hilary Clinton. Ces réactions renvoient les Bobos à leur appartenance de classe. La diabolisation du FN fonctionne pareillement comme un révélateur de classe* ».

Boudon Raymond : Sociologue français méconnu du grand public, Boudon a souffert de la concurrence avec Bourdieu auquel sont allés les suffrages de l'intelligentsia et du snobisme médiatique. Libéral boudé par les sociologues de gauche, Boudon a consacré de nombreux essais à la question fondamentale des « valeurs ». *Dans La compétence morale du peuple*, (2010) par exemple, il s'inscrit en faux contre le stéréotype de l'aliénation qui suppose que les hommes ne savent pas ce qu'ils font quand ils font des choix et sont manipulés par leurs illusions sociales. Ancré dans l'héritage des Lumières (voir **Lumières**), Boudon adhère à l'idée d'un progrès moral par la sélection des valeurs. L'Humanité progresse en essayant des principes puis en y renonçant et c'est ainsi que la Démocratie s'est imposée comme étant le moins mauvais des systèmes. Pour Raymond Boudon le reflux des pratiques religieuses en Occident n'est pas synonyme d'une décadence morale mais d'un progrès de la Raison qui se méfie des dogmes. De même la supériorité du marché et de la démocratie libérale sur les systèmes collectivistes n'est pas le fruit de l'égoïsme mais de la rationalité. Basée sur une masse d'informations et une quantité d'étude statistiques sa pensée est dotée d'une très grande force argumentative. Un des points aveugles de sa réflexion nous semble être celui-ci : pourquoi, si la démocratie libérale occidentale est ce qui correspond le mieux à la Raison, les Russes priment-ils un homme comme Poutine ? Le libéralisme de Boudon n'occulte-t-il pas certains fondamentaux anthropologiques : notamment le besoin d'admirer et de croire qui sont irréductibles à la raison argumentative et fondent l'autorité charismatique ? Autre objection concernant la démocratie d'opinion : si des milliers de gens se massent au Salon du livre pour rencontrer Nabilla, en quoi leur choix a-t-il une valeur rationnelle ? Si on mettait aux suffrages l'œuvre de Nabilla et celle de Raymond Boudon nul ne doute que la première aurait plus de succès sur les réseaux sociaux. Selon nous la sélection des œuvres intellectuelles repose toujours sur le choix d'une élite. L'erreur libérale est de croire que quiconque peut juger de la valeur d'une œuvre ou d'une idée. Pour autant la pensée de Boudon est très stimulante. Son dernier livre *Croire et savoir : penser le politique, le moral et le religieux*, paru en 2012 (éd. PUF) juste après sa mort est une excellente introduction à sa pensée.

A lire de Raymond Boudon : *Croire et savoir : penser la politique, le moral et le religieux*, éd. PUF, 2012.

Bourdieu Pierre : L'ultime icône de la pensée de gauche en France. Auteur d'une œuvre très considérable le sociologue du Collège de de France a peut-être été le dernier grand intellectuel progressiste au sens traditionnel du terme, si l'on entend par intellectuel celui qui, depuis l'Affaire Dreyfus se situe par principe du côté de ceux qui sont considérés comme « opprimés » ou « dominés ». Une des grandes affirmations de Bourdieu, et sans doute la plus recevable même si on n'adhère pas à son système, est son idée de capital culturel ou de capital symbolique. Pour Bourdieu, la « classe dominante » exerce son pouvoir sous une forme symbolique : celui de l'héritage culturel. Une fois admise cette prémisse, le système « Bourdivin » coule de source. Toute sélection est fondée sur une injustice inhérente à la division de la société en classes et toutes les élites sont par principe porteuses d'une forme de domination ou d'une autre, des plus franches aux plus sournoises, y compris dans la République prétendument égalitaire. Comme souvent les marxistes, Bourdieu, qui est parvenu jusqu'au Collège de France, temple de l'élitisme culturel, ne se pose jamais la question de savoir pourquoi il faudrait que les sociétés soient égalitaires si les hommes n'en ont pas le désir foncier. L'échec des sociétés socialistes est, selon nous, autant d'ordre anthropologique que d'ordre économique : les hommes ont besoin d'objets symboliques pour se distinguer et ils cherchent la richesse pour ce qu'elle représente encore plus que pour ce qu'elle permet. A cet égard, la lecture de René Girard est peut-être la meilleure critique de Bourdieu. Nous désirons posséder des objets qui nous gratifient, car le désir, ce propre de l'homme qui n'est pas réductible au besoin, ne peut être comblé. Quel est l'intérêt de posséder une Porsche dans un monde où la vitesse est limitée à 90 km/h ? Celui de posséder ce que tout un chacun ne peut avoir, autrement dit de se distinguer. L'homme qui possède une Porsche est doté d'un prestige immatériel à ses yeux et c'est cela qu'il désire. Les indiens peaux rouges cherchaient à s'épater mutuellement par leurs scalps. Dans la société de masse les scalps sont la notoriété, le pouvoir, le statut social, l'argent ou… ces femmes très convoitées que Jean Baudrillard nommait les « *Trophy woman* ». « *Les femmes n'aiment pas les beaux hommes elles aiment les hommes qui ont de belles femmes* » écrira Milan Kundera. Comme l'a écrit le philosophe Bruno Latour : « *Nous n'avons jamais été modernes* ».

Boutang Pierre : Disparu le 30 juin 1998, Pierre Boutang détestait la mort comme personne. Cet homme si violent ne la souhaitait même pas à ses ennemis. Il est vrai qu'ils étaient si nombreux que leur disparition simultanée aurait provoqué une hécatombe. Toute une génération de jeunes intellectuels et écrivains sont venus chez lui et il les a accueillis à bras ouverts. Parmi eux Sébastien Lapaque, Jean François Colosimo, Rémi Soulié, Stéphane Giocanti, Olivier Véron, l'éditeur des *Provinciales* dont certains ont fait le voyage jusqu'à Collobrières un village du Var où Boutang avait une maison abandonnée dans la colline, où il passait des semaines à travailler, à méditer et… à boire du Tavel. Il est impossible sans doute d'évoquer la mémoire de ce monstre d'érudition sans l'avoir fréquenté assez longtemps pour comprendre à quel point ce personnage était déchiré de l'intérieur. Il y avait en lui comme une fracture intime entre ses différentes tendances. Chrétien et admirateur de Maurras – « *je mourrai maurassien* » me dit-il un jour – mais un Maurras qu'il avait voulu nettoyer de ses scories, notamment de son venin antijuif ou de sa phobie du protestantisme. Ce qu'il tenta de faire dans la biographie qu'il lui a consacrée : *Maurras : la destinée et l'œuvre* (éd. La Différence, 1993). Furieusement antilibéral, disciple de Saint Thomas, de Péguy et de Léon Bloy, Boutang haïssait l'argent à un point que l'on peut qualifier d'obsédant, comme si l'argent était le diable en personne ou plutôt le diable en tant que puissance impersonnelle. Ce qu'il est d'une certaine manière ou devrait être pour un catholique conséquent. Il est difficile, sans doute, de statuer sur l'importance d'une œuvre dont l'acteur Fabrice Lucchini a pu dire qu'elle n'était accessible qu'à des « esprits forts ». (Il est à noter que le père de François Hollande était un lecteur de Pierre Boutang, un lecteur dont le fils n'a visiblement pas retenu les leçons). Dans *Apocalypse du désir* où il bataille en particulier contre les penseurs de la postmodernité il écrit, à l'encontre de ceux que l'on ne nommait pas encore les « libéraux-libertaires » et qu'il qualifie de « libertins-libertaires » : « *Un nationaliste, par exemple dans la situation française d'aujourd'hui, un gaulliste conséquent n'attend rien de la bourgeoisie d'argent qui tient le pays et l'Etat, de cette bourgeoisie qui est en effet libérale, par le consentement à tous les flux décodés et avancés au service de la suppression de la réalité nationale et de sa double expression, familiale et linguistique, attaquées par toutes les machines désirantes (Deleuze encore) finalement asservies aux empires d'hier et de demain. Ce nationaliste sait à quel flux de décomposition il a affaire, à ce que Proudhon nommait la pornocratie, il sait de quelles ressources mondiales elle dispose. Il se rassure quelque peu [...] en constatant, dans une théorie comme celle de l'anti-œdipe, l'absence du peuple et de la nation* ». Il ajoutait : « *L'axiomatique sans code du capitalisme est essentiellement libertaire et pratiquement tyrannique* ». Que disent d'autres aujourd'hui, quoique avec des mots différents, des penseurs comme Jean-Claude Michéa (**voir Michéa**) ? Pierre Boutang, qui ne me cachait pas ses sympathies pour Philippe de Villiers, Philippe Séguin ou Jean-Pierre Chevènement, avait pressenti que le clivage futur opposerait les « nomades » et les « enracinés », alors même qu'il n'avait aucune sympathie pour Jean-Marie Le Pen. Au-delà de ses engagements politiques maurassiens puis finalement gaullistes – il qualifie de Gaulle dans *l'Ontologie du secret* de « *plus grand chef d'Etat du* XXe *siècle* – Boutang a produit une œuvre qui embrasse toute la tradition occidentale. Traducteur du *Banquet* de Platon mais aussi de William Blake, poète dont il avait commenté l'œuvre dans l'essai *William Blake, manichéen et visionnaire* (éd. La Différence, 1990) Boutang avait le génie propre aux inclassables. A nos yeux Les *Abeilles de Delphes* recueil de textes consacrés à des écrivains et à des philosophes publiés dans les années 1960 constituent son sommet stylistique. Il y commente, sous un angle philosophique et littéraire, les grands livres de Jünger, de Faulkner de Julien Gracq ou de Montherlant dans un style somptueux. L'homme vivait ce qu'il écrivait et pensait ce qu'il faisait. Outre le caractère trop erratique et parfois carrément illisible de certains de ses textes, cette singularité aura suffi à l'isoler des décennies durant dans un monde intellectuel français où la vanité et le snobisme sont si souvent prédominants. Mais voici que, depuis peu, Boutang sort de son purgatoire, qui fut le titre d'un de ses romans (*Le Purgatoire*, éd. Sagittaire, 1977). Un grand dossier lui a été consacré par *Le Figaro littéraire* au printemps 2016. Dans *Le Monde des idées* du 1er avril 2017, Jean Birbaum, avec un courage qu'il faut saluer, lui consacrera une pleine page où il restitue sa pensée avec honnêteté. Ce premier avril, qui n'était pas une farce, a dû incommoder les bien-pensants du journal en question.

A lire de Pierre Boutang : *Les abeilles de Delphes*, éd. Rivage des Syrtes et *La politique*, éd. Les Provinciales.
Sur Pierre Boutang : *Pierre Boutang*, Stéphane Giocanti, éd. Flammarion et *Le Petit Boutang des philosophes, introduction à la philosophie de Pierre Boutang*, Henri Du Buit, éd. Les Provinciales.

Brague Rémi : Auteur d'un livre important *Europe la voie romaine* qui montre l'influence décisive de l'universalisme romain dans la construction de l'identité européenne, Rémi Brague est un historien des religions unanimement respecté pour son érudition et sa compétence. Son essai la *Loi de Dieu* (éd.Gallimard, 2005) est fondamental pour comprendre la genèse des religions du Livre. Catholique engagé, il est l'un des fondateurs avec Jean-Luc Marion de la revue catholique internationale *Communio*. Très proche des thèses d'Alain Besançon il a critiqué le discours du Pape François sur le « bon islam », notion sans pertinence théologique selon lui pour qui les musulmans seuls sont qualifiés pour définir ce qu'il en est du « bon islam » en question.

A lire de Rémi Brague : *Europe la Voie romaine* et *La Loi de Dieu*, éd. Gallimard.

Braudel Fernand : L'historien français dont la gauche intellectuelle rêve, en vain, de se débarrasser. Comment en serait-il autrement d'un penseur qui a écrit un livre au titre avilissant, *L'identité de la France* où il démontre que la France n'est ni une « idée », comme le prétend François Hollande, ni une « valeur », mais un fait historique et culturel qui a trait à un territoire, à une anthropologie, à une chronologie et à une langue. Dans *Grammaire des civilisations* paru en 1964 (éd. Flammarion), Braudel met en évidence des identités civilisationnelles qui ne se confondent nullement puisqu'il divise le monde en civilisations européennes et non- européennes, dans lesquelles il range les cultures asiatiques, indiennes, africaines et arabo-islamiques. Et il fait de la civilisation occidentale, distincte de l'Europe dans laquelle il intègre la Russie, la civilisation des libertés par excellence. Il y a là de quoi faire enrager ceux pour qui les cultures sont par définition égales, sans jamais nous expliquer sur quel critère au juste fonder ladite égalité. Et aussi tous ceux pour qui le monde arabe occidental (Maroc, Algérie, Tunisie) ou turc font partie de l'Occident.

A lire absolument de Fernand Braudel : *L'identité de la France*, éd. Gallimard.

Brighelli Jean-Paul : Un de nos meilleurs bretteurs même s'il ne fait pas dans la dentelle. Lettré au style impitoyable, Brighelli a connu son heure de gloire avec *La fabrique du crétin : la mort programmée de l'école* où il mettait en pièces les théories pédagogiques de l'éducation nationale. Jacobin de pure souche, cet ancien maoïste a progressivement évolué vers un souverainisme républicain dont les leitmotivs sont aujourd'hui proches de ceux de Natacha Polony (voir **Polony**). Sa culture littéraire est immense. Spécialiste du XVIIIe siècle, il s'indigne à juste titre de voir nos élites massacrer le français et donc rabaisser la France. Bien que républicain il fait sien l'extraordinaire adage de Joseph de Maistre : « *Toute dégradation individuelle ou nationale est sur le champ annoncée par une dégradation rigoureuse et proportionnelle de la langue* » formulé dans *Les soirées de Saint-Petersbourg u entretiens sur le gouvernement temporel de la providence.*

A lire de JP Brighelli : *La fabrique du crétin : la mort programmée de l'école*, éd. Jean-Paul Gasewitch.

Bruckner Pascal : Essayiste français dont le parcours est symbolique de l'évolution d'une partie de l'intelligentsia vers la droite libérale. Auteur de roman à succès (*Lune de fiel*) et d'essais percutants avec Alain Finkielkraut (*Au coin de la rue l'aventure*) Bruckner est l'auteur d'un grand livre le *Sanglot de l'homme blanc* (1983) où il met à nu les ressorts de « l'ethno-masochisme occidental ». Pour Bruckner la mauvaise conscience de l'Occident est un résidu du christianisme et du marxisme, qui furent deux messianismes, l'un eschatologique et l'autre historique, une thèse qu'il défend dans un de ses derniers livres, *Le mariage d'amour a-t-il échoué ?* (éd. Grasset, 2010). Le christianisme n'a pas changé la nature de l'homme, ce qu'il ne s'était du reste pas promis de faire et le marxisme a échoué à transformer le monde qui reste et restera corrompu. Pourquoi et comment faudrait-il que la société soit juste si l'individu est arbitraire ? De livre en livre Bruckner soutient l'idée que l'Occident est voué à s'accepter tel qu'il est. Les utopies sont défuntes et il faut en faire le deuil. Ce que nous avons de plus précieux est la liberté que nous, Occidentaux, avons inventée et que nous devons défendre contre l'islamisme et sa puissance de ressentiment mortifère. Dans un entretien récent (*Le Point*, 3 mai 2017) il déplorait que les thèmes de la laïcité et de l'identité aient été insuffisamment évoqués durant la dernière campagne présidentielle : « *Rien sur le sentiment de dissolution que ressentent beaucoup de Français déclassés, sur la progression du salafisme dans les cités, sur le nécessaire contrat à signer avec l'islam de France. Les mutations de l'identité sous l'effet des migrations constituent le sujet mondial par excellence qui agite les Nord-Américains, les Britanniques, les Français et toutes les nations européennes. Les peuples ne veulent pas mourir : pas besoin d'avoir fait l'ENA pour comprendre cela* ». Mais à quoi bon faire un tel constat si c'est pour appeler à voter Emmanuel Macron comme l'a fait, *in fine*, Bruckner ?

A lire absolument de Pascal Bruckner : *Le sanglot de l'homme blanc*, éd. Grasset, 2010.

Brunaux Jean Louis : On doit à Jean-Louis Brunaux, qui est tout à la fois anthropologue et historien, un formidable travail de redécouverte du monde gaulois ces dernières années. Pour Brunaux le monde gaulois était une civilisation à part entière qui fut défaite et absorbée par le monde romain. A l'époque de la Guerre des Gaules, la Gaule chevelue, qui correspond à l'hexagone, était peuplée par environ dix millions de Gaulois. Après que les Romains, dirigés par Jules César ont décimé environ un million d'hommes, de femmes et d'enfants durant les guerres des Gaules, les Gaulois se sont fondus dans la civilisation dominante devenue gallo-romaine. S'il est sans doute excessif d'affirmer que « nos ancêtres sont les Gaulois », il est probable que certains d'entre nous ont des Gaulois dans leur plus lointaine généalogie. Les Gaulois étaient des Celtes occidentaux qui essaimèrent jusqu'en Grèce et aux confins de l'Anatolie, les fameux *Galates* dont parle Saint Paul. Ils étaient divisés en centaines de tribus et leur langue était contrôlée par les druides qui étaient seuls en mesure de l'écrire. De leur côté, les femmes semblent avoir été très libres dans une société dont l'organisation correspondait à la classification tri-fonctionnelle de Georges Dumézil où les Druides représentaient la caste sacerdotale et les guerriers une forme de caste aristocratique.

A lire de Jean-Louis Brunaux : *Les Gaulois*, Le Seuil et *Alésia*, éd. Gallimard.

Buisson Patrick : Même si l'homme est antipathique pour nombre d'entre nous, il est impossible de lui dénier une grande intelligence politique et un vrai talent littéraire, deux qualités dont il fait preuve dans un livre qui fera date : *La cause du peuple* où il met en relief l'inconsistance d'une droite incapable de penser la politique en termes d'affrontement culturel. Une droite qui a vécu à l'ombre du *surmoi* de la gauche et de ses défenseurs. L'ancien conseiller du président Sarkozy est l'un des rares esprits à avoir compris que, sur un certain plan, métapolitique, la religion progressiste était mal en point, comme le met en évidence Bérénice Levet dans son essai *Le crépuscule des idoles progressistes*. Le culte du progrès ne va plus de soi et la démocratie, au sens tocquevillien du terme, apparaît, de moins en moins, comme l'horizon indépassable de la civilisation. Par sa propension à générer de l'anomie, l'individualisme démocratique peut fragiliser la civilisation, voire la détruire de l'intérieur. Cette affirmation buissonniène que nous avons fait notre dans *Malaise de l'Occident : vers une révolution conservatrice* (éd. Pierre-Guillaume de Roux, 2015) a valu à Buisson d'être accusé de maurrassisme. Mais ce scepticisme sur la démocratie n'est pas le propre de Maurras (voir **Maurras**) qui vomissait la République. On le retrouve chez moult penseurs et écrivains, de Leo Srauss à Pierre Manent en passant par le philosophe du droit Michel Villey, qui n'ont jamais été maurassiens.

A lire absolument de Patrick Buisson : *La cause du peuple*, éd. Perrin, 2016.

Butler Judith : L'icône intellectuelle de la « *Gender Théory* » ou « théorie du genre », à ne pas confondre avec les études sur le genre (« *Gender Studies* ») qui ont essaimé au Etats-Unis depuis un certain nombre d'années. Cette philosophe marquée par la pensée de Hegel mais aussi de Michel Foucault, a échafaudé une pensée très sophistiquée où elle théorise une nouvelle définition de l'identité sexuelle, laquelle est selon elle toujours « construite ». Une vision radicalement opposée à l'anthropologie chrétienne pour qui la différence des sexes relève d'une nature, qui n'est d'ailleurs pas réductible au biologique ou à l'instinct. La nature est, pour les catholiques aristotélo-thomistes mais aussi pour d'autres qui peuvent être athées, marquée par des dispositions et des tendances qui peuvent s'actualiser ou non, selon l'influence de la culture et des représentations sociales. Ainsi par exemple de la disposition à engendrer propre au sexe féminin. Si toute petite fille n'est pas assignée à devenir mère, elle y est néanmoins prédisposée de par son anatomie et ses dispositions affectives. Ce sont ces « dispositions » que Butler conteste. Pour Butler, qui est aussi une militante homosexuelle, l'hétérosexualité est une création historique aliénante puisque, à la base, les individus ne sont ni hétérosexuels ni homosexuels, mais indéterminés. La société et ses injonctions culturelles et politiques sont décisives, elles vont nous orienter vers une sexualité plutôt qu'une autre. Ainsi pouvons-nous

« déconstruire » nos propres orientations. « Lorsqu'on théorise le genre comme une construction qui n'a rien à voir avec le sexe ; le genre devient lui-même un artefact affranchi du biologique, ce qui implique que homme et masculin pourrait tout aussi bien désigner un corps féminin qu'un corps masculin et femme et féminin un corps masculin ou féminin » écrit t'elle. Question : cette théorie n'est-elle pas l'expression des désirs de ceux qui la défendent ? Nous appliquerons à Mme Butler le principe de la généalogie nietzschéenne dont la psychanalyse est radicale. Seule une militante homosexuelle qui voue le mâle aux gémonies pouvait accoucher d'une théorie que 5 minutes d'observation dans une cour de récréation suffisent à démentir ou du moins à fortement relativiser. Si les petits garçons de quatre ans élevés par des mères féministes jouent si volontiers à la guerre c'est que le défi et le combat sont inscrits dans leur dispositif pulsionnel ou dans leur matériel génétique. Pourquoi, au juste, faudrait-il qu'il en soit autrement ? Il est avéré que le petit garçon est généralement plus turbulent et agressif. Dans la pensée taoïste le Yin (féminin) et le Yang (masculin) (voir **Masculin-Féminin**) sont voués à être complémentaires, pas pour Madame Butler chez qui le mal et le mâle ont de fâcheuses accointances. D'une certaine manière la boboïsation du monde occidental, avec sa tendance à nier le dualisme sexuel, va dans ce sens. Ce pourquoi l'Occident, en tant que tel, pourrait être en voie de marginalisation, au sens anthropologique du terme (voir **féminisme**). Il se pourrait même, ironie du sort pour une civilisation qui s'est voulue exportable à volo, que Chinois, Arabo-musulmans et Africains qui s'apprêtent à repeupler l'Occident fassent un sort aux paradigmes de Madame Butler et à ses gays épigones. Dans *l'Ethique de la vie* (éd. Desclée de Brouwer, 2017) le philosophe Antoine Vidalin oppose à Mme Butler, sans la citer, une phénoménologie du sexe qui ne se réduit pas au naturalisme d'Aristote mais tente de penser le désir. « *La sexualité n'est pas* *un genre qui serait en quelque sorte un habit extérieur à la personne et dont il lui serait loisible de changer. Bien au contraire la masculinité et la féminité sont de part en part subjectives et ce, au niveau le plus profond* ». Il ajoute ceci qui nous paraît essentiel et que l'on peut admettre sans être chrétien : « ... *l'homme est celui qui porte en sa chair la question de la puissance et de l'impuissance (c'est-à-dire de la virilité) ce qui détermine son rapport à autrui et son rapport au monde. Ce n'est donc pas seulement l'acte sexuel, mais tous les actes de l'homme qui sont sexués (aussi bien se battre que faire la cuisine ou même penser)* ». La différence sexuelle n'est pas uniquement biologique ou symbolique, elle est ontologique. Une thèse que nous avons défendue dans *La Tyrannie de la faiblesse* (éd. Bourin, 2010) et qui a nous a valu d'être catégorisé à tort comme « néo-machiste ». Mais en France, on le sait, ce n'est pas ce que vous écrivez qui compte, mais qui vous êtes pour oser énoncer de tels propos. « *Levinas reconnaît que la féminité est une catégorie ontologique* » écrit Jacques Derrida dans *L'écriture et la Différence*. Il ajoute : « *Faut-il mettre cette remarque en rapport avec la virilité essentielle du langage métaphysique. Mais peut être le désir métaphysique est-il essentiellement viril, même chez ce qu'on appelle la femme* ». C'est, semble-t-il, « *ce que Freud pensait, non du désir certes, mais de la libido* ». Dans un dialogue récent avec Jean-Claude Milner (voir **Milner**), Philippe Sollers (voir **Sollers**) affirme ceci : « *Les femmes, aussi géniales soient-elles peuvent-elles penser la mort ? Je ne crois pas. « To be or not to be » n'aurait pu être prononcé par une femme* ». Levinas, Derrida, Sollers penseurs machos ?

A lire absolument de J. Butler : *Trouble dans le genre*, éd. La Découverte.

C

Cambadélis Jean-Christophe : Infortuné dirigeant socialiste qui a donné sa démission de la tête de son parti au lendemain des législatives de 2017. Dans son livre *A gauche, les valeurs décident de tout* (éd. Plon), vendu à quelques dizaines d'exemplaires, ce redoutable tacticien a montré qu'il ne suffisait pas d'être malin pour vaincre en politique. Pour Cambadélis comme pour Hollande, la France est un pays sans identité autre que républicaine. Le 17 mai 2015 il twitte : « *Je ne sais pas ce qu'est l'identité française, je connais l'identité de la République* ». Imagine-t-on Pompidou, Mitterrand, Giscard-d'Estaing ou de Gaulle dire qu'ils ne savent pas ce qu'est l'identité française ? En visite au Vietnam, Hollande a lui-même déclaré, le 6 septembre 2016 : « *Bien plus qu'une identité, la France est une idée* ». Quelle idée ? On ne le saura jamais. Ah mais oui bien sûr celle de « *l'Homme universel* » chère à Emmanuel Todd ! Une idée dont les Vietnamiens n'ont finalement pas voulu. A tout prendre ils ont préféré rester Vietnamiens. L'étrange défaite du PS – qui tient plutôt de la débâcle – survenue lors des dernières présidentielles marque peut-être la fin d'une époque dominée par le prétendu « universalisme républicain » cher au Grand Orient de France. En toute logique si la France est fondée sur une idée c'est qu'elle n'existe pas objectivement puisqu'il n'y a pas d'idée que l'on ne puisse contester. Tout pays est constitué d'un territoire et d'un peuple. Quand ce peuple cesse de trouver une raison d'être à travers sa langue et sa culture, comme c'est le cas aujourd'hui de certains Français, il ne refugie dans le discours d'un « vivre ensemble » flou.

Carrère Emmanuel : Un des romanciers les plus féconds du paysage littéraire français. Il n'est pas certain que Carrère soit un grand styliste, au sens classique du terme, mais sa prose possède une densité qui emporte le lecteur. *Le Royaume* est un grand roman grâce à sa puissante reconstitution de la vie des premiers chrétiens. A travers ce livre, Carrère met le doigt dans la plaie d'un certain christianisme contemporain, transformé en morale plaintive et en discours lénifiant. Le narrateur raconte comment il a voulu vivre en chrétien en s'imposant des rituels et des activités caritatives puis comment il y a renoncé, faute de foi. Il a voulu échapper à son égoïsme mais cet égoïsme l'a rattrapé. La question que pose Carrère est celle-ci : peut-on être chrétien dans un monde, le nôtre, qui a renoncé à l'idée de vérité surnaturelle ? Le christianisme n'est pas une morale ce n'est pas un vivre ensemble, c'est d'abord une foi. Carrère est un explorateur du nihilisme occidental. Ce qui manque en Occident c'est la force d'âme. Pour rencontrer des êtres qui en sont encore pourvus il faut peut-être aller vers l'Est. Si Edward Limonov fascine Carrère – qui lui a consacré ce qui est peut-être son meilleur roman à ce jour – fascination qui contient une part d'effroi, c'est qu'il ne traîne pas de culpabilité derrière lui. Un barbare à certains égards sans doute. Mais aussi un grand vivant.

A lire d'Emmanuel Carrère : *Le Royaume* et *Limonov*, éd. POL.

Cassingéna-Tréverdy François : Poète et théologien catholique, latiniste, François Cassingéna-Tréverdy est un moine bénédictin de l'Abbaye de Ligugé. Il est l'auteur d'un journal, *Etincelles*, écrit dans une langue d'orfèvre, et d'un récit d'une grande beauté qui relate un périple au cœur de l'Auvergne : *Cantique de l'infinistère.* Contemplatif et actif, Cassingéna-Trévérdy revivifie la pensée chrétienne à l'aune d'une foi très concrète. Amoureux de la mer, il accompagne régulièrement les marins bretons du Croisic durant leurs expéditions. Certains de ses écrits sont de bouleversantes oraisons : « *Car on ne se met pas seulement debout pour prier, on prie pour rester debout* » (*La voix contagieuse*, éd. Tallandier).

A lire de François Cassingéna-Treverdy : *Cantique de l'infinistère*, éd. Desclée de Brouwer.

Cau Jean : Un des grands journalistes français du siècle dernier. Celui qui fut le secrétaire de Sartre durant sa jeunesse a montré la voie à tous ceux qui ont cessé d'être de gauche dans les années 1980. Prix Goncourt pour la *Pitié de Dieu* en 1961 Cau a vécu, de l'intérieur, la formidable imposture existentielle d'une certaine intelligentsia concentrée sur le mouchoir de poche de Saint-Germain-des-Prés transformé en nombril narcissique d'une révolution imaginaire. « *A ma grande stupeur qu'est-ce que je découvre ? Je découvre que tous ces intellectuels étaient tous d'origine bourgeoise mais qu'ils adoraient le peuple et qu'ils adoraient la gauche. Tiens me dis-je voilà une grande surprise ! Ils n'ont jamais vu un ouvrier de leur vie, ils ont des domestiques, ils ont des bonnes, mais ils sont de gauche. Il y avait là une attitude névrotique, un règlement de compte personnel. Ils allaient au peuple mais n'en sortaient pas* » écrira celui dont le père était ouvrier et la mère femme de ménage. Extraordinaire portraitiste, il exercera ce talent à *Paris Match* mais aussi dans *Croquis de* *mémoire* où il campe des écrivains et des hommes politiques de son temps. Cau fut un sondeur hors pair de l'âme humaine, laquelle se révèle en détail sous sa plume. Il aura ridiculisé la tribu des « intellos » parisiens, leurs mœurs et leurs manies, leurs fausses générosités et leur vraie mesquinerie. Il est celui qui, avant tant d'autres, a donné ses lettres de noblesse à un certain « populisme », s'étant progressivement aperçu que la gauche intellectuelle méprisait ontologiquement le peuple réel. Dégouté par son époque veule et geignarde, comme Montherlant ou Cioran, ce Camus de droite que fut Jean Cau était habité par une passion toute païenne pour le Sud et la Méditerranée (voir *Sévillanes*, éd. Laffont). Il aura plongé sa plume dans la gadoue du journalisme tout en restant écrivain dans le moindre de ses articles : « *Un écrivain honorable ne doit pas écrire pour être lu, mais parce qu'il se met à l'épreuve de cet acte qui consiste à écrire* ».

A lire de Jean Cau : *Croquis de mémoire*, éd. Plon.

Céline : l'immense poète du *Voyage au bout de la nuit* a subi une étrange destinée en France. Après avoir été considéré comme le pire des « collabos » à la Libération, il est devenu le chouchou de toute une coterie de snobs germanopratins qui ont décidé que toute la France avait collaboré avec l'Allemagne nazie sauf lui, qui fut le bouc émissaire de l'antisémitisme français. Le paradoxe de ce dogme aussi tordu qu'intimidant – à Paris on est facilement intimidé par ceux qui se prennent pour le nombril de l'intelligence – est que Céline fut finalement innocenté de tous les appels aux meurtres qui balisent son œuvre, de *Bagatelle pour un massacre* à ses dîners à l'Ambassade d'Allemagne que relate Ernst Jünger dans son journal. L'idée consistait, en fin de compte, à rendre coupables tous les Français des crimes de Vichy tout en en disculpant Céline. Il s'agissait de prétendre que Céline, écrivain génial, se cantonnait dans la métaphore, le juif n'étant chez lui que le symbole de l'humain honni par ce misanthrope qu'il fut. Tandis que chez Maurras et Pétain, l'antisémitisme était criminel au sens propre et non figuré. Or c'est l'inverse qui est vrai, tout simplement. Maurras et Pétain étaient des antisémites culturels à l'ancienne, ni plus ni moins, tandis que Céline était un raciste darwiniste qui ne sympathisait pas pour rien avec l'eugénisme nazi. Remise au goût du jour par Pierre-André Taguieff dans son livre *Céline, les juifs, la race : légende littéraire et vérité historique* cette vérité avait déjà été mise en évidence par le chercheur Philippe Alméras dont les biographies de Céline et de Pétain parues dans les années 1990, avait été occultées. Il faudrait plus d'un Simon Leys en France pour dépasser cette passion de l'illusion nourrie par un certain milieu intellectuel français qui se désintéresse des faits. Un milieu qui ostracisa si longtemps Camus au nom de Sartre et a préféré couvrir de fleurs les élucubrations politiques de Foucault plutôt que de reconnaître une once de génie à Raymond Aron.

A lire sur Céline :
Céline entre haine et passions, Philippe Alméras, éd. Robert Laffont.
Céline, les juifs, la race : légende littéraire et vérité historique, Pierre-André Taguieff et Annick Durrafour, éd. Fayard.

Chance pour la France : De Jacques Attali à Madame Parisot en passant par Emmanuel Macron, il est bien entendu que l'immigration est « *une chance pour la France* ». Ce stéréotype montre à quel point les mots ne sont jamais aussi innocents qu'ils paraissent. Bien sûr que l'immigration est une « *chance pour la France* » si elle est régulée et ne bouleverse pas les équilibres culturels et anthropologiques du pays. Qui se plaindrait de pouvoir rencontrer en France des Kabyles et des Africains, des

Chinois et des Japonais ? Personne à priori. Sauf qu' « immigré » ne veut rien dire en soi. Il n'y a que *des* immigrés. Et on mesure la perversité des sondages médiatiques à l'adresse des Français quand on leur demande s'il y a « trop d'immigrés » ou d'étrangers en France, lesquels Français, y compris quand ils sont d'immigration récente, répondent invariablement oui. Mais trop de qui exactement ? Chacun entrevoit le piège. Car prononcer ou écrire certains mots signifie que l'on risque de tomber dans la nasse des antiracistes officiels ou semi-officiels, qui sont à l'affût du moindre « dérapage » (voir **dérapage**). Essayons tout de même de nous confronter à une réalité complexe et polymorphe. Nous faisons partie de ces Français qui, s'ils étaient interrogés, répondraient, qu'en effet, il y aujourd'hui trop d'immigrés en France. Mais nous aimerions préciser ce que nous entendons par « immigrés ». Non, il n'y a pas trop de serbes, de japonais ou de cubains en France. Oui il y a trop de ressortissants provenant de nos anciennes colonies qui entretiennent une relation parfois ambivalente avec la France, relation faite de susceptibilité victimaire et de besoin de reconnaissance. Question taboue : pourquoi, depuis des décennies, sont-ce souvent des jeunes d'origine algérienne, marocaine ou malienne qui défraient la chronique des délits ordinaires ? Est-il honteux de considérer que l'inadaptation paradoxale dont témoignent ces jeunes, alors même qu'ils devraient être avantagés par rapport aux autres jeunes d'origine étrangère, n'est pas réductible à des problèmes sociaux ? Est-il saugrenu de penser que certains jeunes gens, originaires de Chine ou du Vietnam, sont tout simplement plus motivés que d'autres pour les études ? Pourquoi ne nous parle-t-on jamais des performances scolaires des jeunes chinois ou des jeunes vietnamiens ? Pourquoi ceux-là ne font ils jamais flamber les voitures et ne peuplent-ils pas les cellules de Fleury Mérogis ? A-t-on le droit de penser qu'une certaine immigration, non seulement n'enrichit pas culturellement la France, mais l'appauvrit ? Qui peut prétendre que nous sommes enrichis par les rythmes tonitruants de certains groupes de rap ? On répondra que le hard rock d'ACDC ne vaut guère mieux. Nous ne sommes pas experts en la matière, mais il faut bien, par égard pour la vérité, reconnaître qu'il existe des sous ou des para-cultures et que le rap en est une. Mick Jagger avait l'honnêteté de reconnaître que le rock était, techniquement parlant, une musique pauvre, aussi excitante fût-elle à écouter, en comparaison de la musique classique. Mais le rock est universel, tout au moins en Occident et, à un certain âge tout le monde l'apprécie, tandis que le rap reste une musique communautarisée.

Chance pour la France (2) : Plus grave : il n'est pas exclu qu'une certaine immigration puisse concourir au déclassement culturel français. Selon une étude publiée en Ulster et en Finlande par deux chercheurs, Edward Dutton et Richard Lynn dans la revue *Intelligence* (2015), le QI moyen des Français aurait baissé de manière significative ces dernières années. Il serait passé de 101,1 en 1999 à 97,3 en 2009. Une baisse que le journal *Le Monde* a récemment qualifié d'énorme. Selon ce journal les causes de cette baisse pourraient être les suivantes : le déclin de l'école et de la lecture mais aussi la banalisation de la drogue ou le temps excessif passé devant les écrans de télévision. Mais les deux chercheurs, l'un Finlandais et l'autre Irlandais, avancent aussi d'autres causes : l'influence de l'immigration magrébine et africaine sub-sahélienne. Dans cette étude le QI moyen des Chinois et des Japonais s'élève à 105, soit nettement supérieur à celui des Magrébins, qui avoisine les 80 et à celui des Africains qui descend jusqu'à 78 pour le Congo et 74 pour le Mali. Il faut bien-sûr être très prudent avec cette notion de QI car il est bien entendu qu'il existe des formes d'intelligence très différentes. Précisons ceci à l'adresse des dévots de l'égalité : l'intelligence cognitive ne définit pas à nos yeux la valeur d'un être humain. Il est bien entendu qu'un homme « intelligent » selon les critères du QI, peut être un pauvre type. Dans l'*Express* du 2 avril 2017, Laurent Alexandre tient ces propos troublants : « *Le tabou du QI est suicidaire* ». « *Parler du QI conduit les bien-pensants à sortir immédiatement la gousse d'ail et le crucifix [...]La montée en puissance des pays asiatiques dans le classement Pisa est troublante : la première guerre cérébrale – entre Asie et Occident – a été perdue. Le QI moyen à Singapour et à Hong Kong (108) est 10 points de plus de celui constaté en France (98). Il est illusoire, voire délirant, de penser que les Français auront un avantage dans la compétition mondiale avec des capacités intellectuelles inférieures aux Asiatiques* ». Mais attention pour cet expert le QI n'est pas une donnée intangible qui prouverait l'existence d'une humanité supérieure. « *Or les déterminants du QI sont connus : si la part génétique n'est pas encore manipulable, la dimension nutritionnelle, environnementale et scolaire peut être actionnée. Limiter le tabac, l'alcool, le haschich, les graisses saturées, les sucres rapides, l'obésité, les somnifères, les perturbateurs endocriniens et les polluants atmosphériques, faire du sport, lire dès le plus jeune âge, être bilingue, développer sa curiosité, voyager, débattre, s'engager, manger des fruits, des légumes et du poisson, personnaliser l'enseignement et avoir des enseignants respectés : tout cela augmente le QI* ». Enfin un article paru dans *Le Point* du 25 juillet 2017 constatait la baisse du QI à l'échelle de l'Europe toute entière. Parmi tous les facteurs qui peuvent expliquer cette évolution : le fait de trop regarder la télévision... On croit rêver ! Que n'ont entendu ceux qui subodoraient que la télé prolongée abêtissait le téléspectateur. On les a traités de passéistes et de réacs !

Chevènement Jean-Pierre : Un des rares hommes politiques de ce pays, si on considère qu'une activité politique a pour but la mise en œuvre d'un « bien commun » des Français. Nous ne retraçerons pas ici le parcours bien connu de cet homme d'action qui est aussi un grand intellectuel. Jean-Pierre Chevènement fut avec Philippe de Villiers ou Philippe Séguin, ses associés pour combattre le traité de Maastricht, le père du souverainisme à la française. Sa culture historique mais aussi littéraire et philosophique est considérable et ses livres, notamment *La France est-elle finie ?* et *1914-2014 : la France, sortie de l'Histoire ?* sont des essais d'une grande hauteur de vue. Son dernier ouvrage, *Un défi de civilisation* (éd. Fayard, 2016), est un acte de foi en l'universalisme républicain que nous ne partageons pas, aussi honorable soit-il. Chevènement minimise à notre avis le défi identitaire des peuples émergents. Ce n'est pas au nom de la supériorité proclamée de nos valeurs laïques que nous acculturerons les nouveaux venus mais en affirmant le caractère non négociable de notre civilisation et de ses héritages (grec et judéo-chrétiens mais aussi des Lumières) dont procède la culture républicaine.

A lire de Jean-Pierre Chevènement : *La France est-elle finie ?* et *1914 - 2014 : la France, sortie de l'Histoire ?*, éd. Fayard.

Chirac Jacques : considéré par Alain Juppé comme le « père de la nation ». Les Français n'ont pas mérité de Gaulle, qui fut, selon nous, un heureux accident historique, ils ont sans doute mérité Mitterrand et Chirac, ces rois de la *combinazione*. De Gaulle payait ses notes à l'Elysée, Chirac était sempiternellement invité et logé. Roi paresseux de ce pays, en dépit de son intense activisme, il n'a guère été capable d'honorer son passé historique et l'a même passablement délégitimé, démontrant par là qu'aimer la Corrèze et la tête de veau n'est pas en soi un gage de patriotisme. La littérature française, les « rois qui ont fait la France » comme le disait Edouard Herriot, tout cela laissait

Chirac passablement indifférent et il détestait Napoléon comme d'ailleurs la Rome antique. Comment les Français ont-ils pu, par deux fois, un homme, qui, comme l'aurait affirmé Hervé Gaymard, pourtant chiraquien, était « *apatride dans l'âme* » et même « *anti-occidental* » (selon une confidence faite à Jean Bothorel, que celui-ci rapporte dans ses mémoires : *Nous avons fait l'amour, vous allez faire la guerre* (éd. Albin Michel, 2017). Ni gaulliste, ni libéral, ni conservateur, ni vraiment de gauche, ni de droite, nul n'a jamais su au fond qui était Chirac. Le savait-il lui-même, lui dont la vie semble illustrer les deux grands axiomes du bouddhisme : l'inconsistance et l'impermanence. « *Il monte le Peyron de l'Elysée avec ses idées, il en redescend avec les miennes* » disait Mitterrand de celui qui fut son premier ministre. Il aurait dit aussi : « *Chirac fuit la solitude car il n'a rien à se dire* ». Ce qu'affectionnait cet homme au physique charismatique d'acteur américain : gagner les élections et occuper le pouvoir pour ensuite ne plus savoir qu'en faire. Sans doute est-ce sa politique étrangère, notamment avec le fameux discours de Dominique de Villepin à l'ONU en 2003, qui restera comme sa marque la plus honorable. Chirac était-il vraiment fait pour présider la France ? « *Jacques Chirac est un Africain blanc, il en a l'âme, ce qui a le don de dérouter ses amis* » écrit un de ses biographes, le journaliste Arnaud Ardouin. « *Il se sent loin de l'Occident, il voue une méfiance à la civilisation occidentale. Il n'aime pas Rome, ses empereurs et ses vieilles pierres, cette espèce d'arrogance de l'Empire, ça l'ennuie profondément. Il considère que les Africains ont raison sur les Occidentaux, c'est finalement une vision tiers-mondiste* » affirme de son côté le gaulliste Denis Tillinac. L'africanisation de Paris et de la France ? Chirac aurait aimé. Mais les Français ?

A lire sur Jacques Chirac : *« Président, la nuit vient de tomber » : Le Mystère Jacques Chirac*, Arnaud Ardoin, éd. Cherche midi, 2017.

Churchill Winston : Objet d'un culte paradoxal de toutes les élites alors même qu'il était un anticonformiste accompli. Aux grands hommes, on pardonnera beaucoup. Car enfin si on lit ses *Mémoires* ou les ouvrages que lui a consacré l'historien François Kersaudy on s'aperçoit qu'aujourd'hui un homme comme Churchill serait classé parmi les gros méchants ! Qu'on en juge ! Churchill était un colonialiste convaincu de la suprématie anglaise, un racialiste invétéré qui croyait au génie de la « race allemande » et à la supériorité des nations occidentales. Amoral, lorsqu'il était ministre de la guerre, il fit utiliser des armes chimiques contre ceux qu'il comparait à des *« troupeaux de babouins »*, autrement nommés les bolcheviks de l'armée rouge de Trotski, en 1919 lors du blocus occidental contre l'URSS. Il gratifia Mussolini de son admiration et donna l'ordre des inutiles et monstrueux bombardements de Dresde et de Hambourg pour punir les Allemands d'avoir canardé les villes anglaises. Et il passa du bon temps au Kremlin avec Staline en 1944 ! *« Nous sommes tous des vers de terre ; mais je crois, moi, que je suis un ver luisant ! »* dira Churchill le nietzschéen qui n'avait pas grand-chose à voir avec ce qu'en ont fait les humanistes gnangnan qui l'encensent aujourd'hui.

A lire absolument : *Mémoires de guerre, 1919-1941*, Winston Churchill, préfacées par François Kersaudy, éd. Tallandier.

Clemenceau Georges : Une icône de la République souvent maniée par des gens qui ignorent et sa vie et sa pensée. Une vie traversée par de multiples avatars idéologiques puisque Clemenceau commença sa carrière très à gauche dans les rangs du parti radical en une époque où la SFIO socialiste n'existait pas encore, et la termina au centre droit, en se définissant lui-même à la fin de sa vie comme un *« mélange d'anarchiste et* *de conservateur»*. Avant de devenir le père la victoire de 1917, Georges Clemenceau a été le héraut de très nombreuses causes dont celle de la défense de Dreyfus. Il a été aussi de ceux qui furent visionnaires en s'opposant au messianisme colonial de la IIIe République. On se souvient de son célèbre discours à la chambre des députés sur les soi-disant races inférieures ! Clemenceau, à l'encontre de Jules Ferry et avant lui de Victor Hugo, était opposé à l'exportation des valeurs de la République. Hugo exhorte la France républicaine à coloniser l'Afrique. Tandis que Clemenceau ne succombe pas aux mirages de l'impérialisme français. Très peu judéo-chrétien, il écrit un essai païen, *Le Grand Pan,* où il déplore la victoire de Saint Paul sur l'hellénisme, ce qui lui fait ici un point commun avec Maurras (voir **Maurras**). Clemenceau admirait le Japon et se passionnait pour la civilisation indienne. Par ailleurs son culte de l'Etat n'impliquait nullement un mépris des classes populaires, au contraire. Il n'est pas certain qu'aujourd'hui, à l'aune de nos catégories libérales humanitaires, Clemenceau ne fut pas considéré comme un « populiste » avant l'heure voire même comme un réactionnaire au vu de sa conception de la femme qu'il considérait comme seconde par rapport à l'homme, tout en étant partisan de l'égalité des droits, notamment dans le domaine du libertinage. Après l'incendie du Bazar de la Charité qui, le 4 mai 1897, traumatisa la France entière et causa la mort de cent-vingt femmes, Clemenceau publia un article retentissant dans *l'Aurore* où il stigmatisait la lâcheté des hommes de la bourgeoisie qui ont abandonné des femmes dans l'incendie. Il écrit : « *Voyez ces jeunes gens du grand monde qui frappent à coup de canne, à coups de bottes les femmes affolées, pour s'esquiver lâchement du péril. Voyez ces domestiques sauveteurs. Voyez ces ouvriers, venus de hasard, qui exposent héroïquement leur vie, le plombier Piquet, qui sauve vingt créatures humaines et, tout brûlé, rentre à l'atelier sans rien dire. Méditez là-dessus, si vous pouvez, derniers* *représentants des castes dégénérées et gouvernants bourgeois de l'esprit de classe* ».

A lire sur Georges Clemenceau : *Dictionnaire Clemenceau*, sous la direction de Sylvie Borzia et Samuël Tomei, éd. Robert Laffont, coll. « Bouquins ».

Cohn Bendit : Figure emblématique de son époque, Daniel Cohn Bendit est en lui-même un personnage sympathique. Sa gouaille et son authenticité plaident spontanément en sa faveur. Mais nous devons distinguer l'individu de ce qu'il symbolise à nos yeux : la face enjouée d'une Europe en déshérence. Daniel Cohn Bendit est entré dans l'histoire le 22 mars 1968 en exigeant la possibilité d'accéder à la résidence universitaire des filles et ce contre l'avis de Pierre Grappin, recteur à Nanterre. Tout un programme post-pubertaire qui fut amplement réalisé par la suite. La France n'en pouvait plus de la censure sexuelle, le régime gaulliste ayant été particulièrement pudibond en la matière. La jouissance et le plaisir sont amplement légitimes, sauf à faire du désir une politique. Ce que firent justement ces libertaires qui se reconnurent dans le fatras de « l'anti-Œdipe » de Deleuze et Guattari, considéré par certains comme la Bible de Mai 68. Si les hommes font l'Histoire mais ne savent pas l'Histoire qu'ils font, Cohn Bendit l'hédoniste a bien été l'homme du destin pour devenir celui du festin libéral libertaire. Sa victoire symbolique en 1968 est celle de l'individualisme radical qui va s'épanouir dans les années 1980. Ses victimes sociologiques seront le catholicisme, le gaullisme et aussi le communisme qui, au-delà de tout ce qui les opposait, avaient en commun un certain rigorisme dans le domaine des mœurs. Le libéral-républicain Raymond Aron écrit dans ses mémoires : « *Je n'étais pas un gaulliste inconditionnel mais la victoire de Cohn Bendit sur le général m'aurait blessé en profondeur* ». Si l'on en croit Christine

Clerc qui traite le sujet dans *Le tombeur du Général* (éd. Allary, 2016), le conditionnel est de trop. Cohn Bendit a emporté la mise parce qu'il était en phase avec son époque anti-familialiste et post-religieuse. « *Les jeunes libertaires finiront en vieux libéraux* » avait prédit Alain Madelin, qui fut un des premiers soutiens d'Emmanuel Macron. A l'instar de Cohn Bendit ! Comme on se retrouve ! de Gaulle : le père. Mitterrand : l'Oncle (« Tonton » !). Macron : le fils (maman n'est pas très loin). Les hommes sont toujours à la barre mais ils ne symbolisent plus le même ordre. En un demi-siècle nous sommes passés du paternalisme éclairé (de Gaulle) à un vivre ensemble aussi forcé que maternant.

Collaboration : Un mot surutilisé, notamment par les publicistes de gauche, pour stigmatiser la collaboration de certaines élites avec l'Allemagne durant l'occupation. Nous appellerons « collaborationnisme » cette tendance de certaines élites à chercher des arrangements avec les nouveaux maîtres, que ceux-ci fussent allemands ou soviétiques. Il est un fait que certaines élites culturelles françaises n'ont pas détesté la férule nazie, il suffit de s'intéresser aux activités du monde du cinéma et de la culture entre 1940 et 1944 pour s'en convaincre. Dans son livre sur *Arletty* (éd. Tallandier) qui eut une idylle avec un allemand haut gradé, David Alliot écrit : « *La journée du 17 janvier 1942 est à retenir. Ce jour-là Goering en personne, est en visite dans la capitale [...]et le Tout-Paris intellectuel et artistique se presse pour voir l'homme fort du Reich, successeur putatif d'Hitler. Dans l'ambassade d'Allemagne, parmi une foule compacte, Arletty est de la partie et même présentée au Maréchal [...] A l'ambassade d'Allemagne ce soir-là, on ne compte plus les invités prestigieux : Elvire Popesco, Alice Cocea, Sacha Guitry, Danielle Darrieux, Jacqueline Delubac, Edwige Feullière, Yvonne Printemps, Paul Morand, Montherlant,*

Brasillach, Drieu la Rochelle, Jacques Chardonne, Pierre Benoit, Jean Luchaire, Abel Bonnard etc. ».

Il serait cependant injuste de faire peser sur le seul monde de la culture le poids de la faute. Dans leur *Histoire de la collaboration* (éd. Taillandier, 2017) François Broche et Jean-François Muraciolli dressent les états de toutes les formes de collaboration avec l'Allemagne nazie, notamment celle des milieux industriels. De l'autre bord, une certaine France cryptocommuniste a adoré l'URSS et était prête à s'y soumettre. Si Staline avait décidé de pousser son avantage jusqu'à Paris en 1944, il aurait sans doute trouvé de bons amis pour l'accueillir au nom des idéaux de la Révolution Française dont la glorieuse Révolution soviétique était pour eux le prolongement. Il y a fort à parier que non seulement les Thorez et les Duclos mais aussi les Sartre, les Aragon, Eluard et autres Maurice Blanchot et Marguerite Duras se seraient fait un devoir de collaborer avec les libérateurs de l'humanité. Comment en douter quand on voit avec quelle frénésie la France des intellectuels de gauche s'est prosternée devant Mao, Castro ou Boumédiène, dont Jean Daniel fut le grand thuriféraire en France pendant des années, à la tête du *Nouvel Observateur* ? Dans un numéro du mois d'août 2016, le *Nouvel Obs* qui a chanté si souvent les louanges de la révolution algérienne, affirme que Mao est le plus grand criminel de l'Histoire et s'étonne que tant d'intellectuels français se soient laissés fasciner. Ce qui est cocasse dans ce numéro de *l'Obs*, c'est qu'il ne propose pas une ligne d'autocritique, comme s'il n'avait jamais été concerné par le gauchisme pro-chinois, alors que Sartre, Barthes et Sollers ont été, des années durant, les vedettes de ce magazine. Comment a-t-on pu être maoïste ou maoïsant ? Avec un peu de courage ce journal aurait pu s'inclure dans le « *on* ».

Cologne : Après l'eau mondialement célèbre, cette ville qui a symbolisé la réconciliation franco-allemande, est devenue, le 31 décembre 2015, le symbole traumatique d'un immense fiasco : celui d'un certain féminisme anti-occidental ; celui de ces élites « libérales-libertaires » qui, dans leur naïveté ou leur perversité (en général un mélange des deux), croient au « vivre ensemble » comme à une sorte d'*open space* où chacun vient « comme il est », comme nous y invite la publicité pour Mac Donald. Ce sont plus de sept cents femmes qui ont subi, en quelques heures, les attouchements d'hommes musulmans éméchés par l'alcool. Le plus étonnant dans cette affaire fut la réaction des néo-féministes prises en flagrant délit de perversité et (ou) de sottise. Ce qu'il y a de bien avec twitter c'est qu'on ne peut fignoler sa pensée, celle-ci part comme un bouchon. A cette occasion, Madame Autin nous a gratifié d'un désormais célèbre : « *en 1945 ce sont un million de femmes allemandes violées par les Russes* ». Histoire de dire que les mâles blancs sont encore plus méchants que les Arabes. Na ! Sous-entendu : Le viol commis pas un « arabe » c'est la vengeance d'un « dominé » tandis que celui commis par un russe ou un allemand de la fête de la bière est celui d'un mâle « dominant ». Voilà sans doute ce qu'il faut comprendre, s'il y a quelque chose à comprendre, dans la « pensée » de Madame Autin. Madame Caroline de Haas, de son côté, nous a fait partager sa hauteur de vue avec un tweet contre « *la merde raciste* ». Au moins est-ce concis, si ce n'est guère consistant. En 1945 les soldats russes arrivaient harassés de froid, de peur et de misère, après des combats titanesques. Les Russes qui ont perdu plus de vingt millions d'hommes pendant la guerre avec Hitler n'avaient pas été accueillis à bras ouverts et dans tout soldat sommeille un prédateur, notamment sexuel, parce que la mort et la peur excitent les pulsions sexuelles. (voir *L'homme en guerre*, essai de l'historien John Keegan préfacé par Hanna Arendt chez Perrin). Le viol est évidemment un crime mais s'il y a un viol que l'on peut « expliquer » (anthropologiquement parlant), ce qui ne veut pas dire admettre, c'est bien celui-là. Un homme qui risque sa vie à tout moment dans le froid et la poisse perd la boussole du bien et du mal, habité qu'il est par le seul instinct qui vaille à la guerre : celui de la survie. Le général Joukov, bien que communiste, a fermé les yeux sur cette prédation sexuelle qui s'est abattue sur des centaines de milliers de femmes allemandes qui, de leur côté, n'étaient pas particulièrement outrées par les massacres et les orgies sexuelles perpétrés par la Wehrmacht à l'Est et en Russie. Symboliquement, les « sous-hommes » slaves se sont vengés sur les femmes des prétendus « surhommes » aryens. De même, le général Juin a fermé les yeux en 1944 sur les viols commis par les Tabors marocains en Italie, ce qui laissera des traces traumatiques dans ce pays, dont le célèbre film avec Sophia Loren, *La Ciocciara*, témoigne. Car dans les traditions tabors marocaines, la razzia et le viol font partie des privilèges de la victoire. Ce sont aussi des soldats marocains du Rif qui, enrégimentés par le général Franco durant la guerre d'Espagne, inspirèrent à la dirigeante communiste Dolorès Ibarruri des tirades très violentes, contre les Maures, autrement dit les Arabes, violant les femmes espagnoles ! Et oui, les communistes aussi peuvent être « racistes »...

Colonialisme : Le mal absolu dès lors qu'il s'agit de dénoncer le colonialisme de la France qui débute avec la conquête de l'Algérie. S'il y a plusieurs types de colonisation, il n'y a eu qu'une idéologie qui postulait le devoir des peuples occidentaux, proclamé notamment par Jules Ferry, de civiliser les peuples « arriérés ». Cette idéologie datée n'est plus aujourd'hui revendiquée par personne. Cependant, la colonisation sous d'autres formes semble être un phénomène récurrent. Rome n'a-t-elle pas colonisé la Gaule ? On voit bien l'absurdité de l'idée de réparation historique si on la pousse à l'extrême. Les Arabes n'ont-ils pas colonisé, en grande partie par la force, les peuples berbères par le développement de l'islam ? Les Japonais n'ont-ils pas colonisé la Corée etc. ? Si on entend aussi par colonisation l'acculturation d'autres peuples à sa vision du monde, nous sommes tous des colonisés ou des colonisateurs en puissance. La France n'a-t-elle pas été acculturée au mode de vie américain et ne sommes-nous pas colonisés aujourd'hui par l'immigration ? La question est de savoir, et nous ne l'aborderons pas ici, ce qu'il faut accepter ou refuser de l'autre (voir **Autre**). Trop de refus et l'on tombe dans la xénophobie – et non le racisme, ainsi du Japon avant l'ère Meiji. Trop d'acceptation peut, à l'inverse, engendrer une perte d'identité ou une dissolution. N'est-ce pas ce qui menace aujourd'hui l'Europe occidentale ?

Communautarisme : le communautarisme c'est toujours celui des autres… Un mot polémique puisque personne ne fait l'éloge de son communautarisme mais a tendance à critiquer celui du voisin. On confond en France le communautarisme idéologique, qui procède de la politisation de sa propre communauté, et le fait communautaire, qui est fondé sur le sentiment d'une identité partagée, fût-elle en partie imaginaire ou mythique. Le communautarisme qu'il faut à notre sens combattre commence avec le chantage **identitaire**. Un musulman identitaire qui considère que la politique française doit être jugée à l'aune de l'islam est communautariste, ainsi des salafistes. Un juif qui affirme le vote juif à partir de la politique française à l'endroit d'Israël est communautariste etc. Mais un juif ou un musulman qui affiche son identité de juif ou de musulman ne l'est pas forcément. C'est la politisation de l'identité qui fait le communautarisme.

Communauté : Un terme passe-partout. L'idée de communauté suppose que ceux qui en sont partie prenante éprouvent entre eux un lien ou une relation particulière. A cet aune, la notion de communauté ne résiste guère à la critique car plus le cercle des appartenances s'élargit et plus cette notion de communauté devient floue. Ainsi quand il est question par exemple de « communauté nationale ». La nation est-elle une « communauté » à proprement parler ? Plutôt un sentiment, d'où justement sa fragilité. C'est le sentiment d'attache à un pays qui peut éventuellement solidariser les Français entre eux malgré les égoïsmes de classe ou de statuts. Or ce lien, il faut bien l'admettre, est très affaibli aujourd'hui, en particulier dans les classes supérieures qui vivent dans un univers mental « mondialisé » et « ouvert ». Pour qu'il y ait du « vivre ensemble », il faut des affinités et des représentations communes, des souvenirs à partager, des fidélités à entretenir et aussi un sentiment de ressemblance. Sinon on ne vit pas ensemble mais à côté.

Communauté (2) : La communauté la plus vivante aujourd'hui est sans doute la famille car les liens de sang constituent une relation non-aléatoire. On peut, à la rigueur, changer de nationalité, on peut plus difficilement oublier ou nier ses plus proches. Si je rencontre un cousin que je n'ai plus vu depuis des années dans une ville étrangère où je suis égaré j'aurais tendance à compter sur lui pour m'orienter ou me guider. Mais au-delà du cercle familial ou des affinités privées la notion de communauté devient assez vite floue. Quand les judéo-chrétiens parlent de « famille humaine », ils se fondent sur l'idée d'une descendance commune provenant du premier couple de la Genèse. Cette affirmation est dépendante de la Révélation. Hors de cette Révélation, la notion de communauté humaine ne fait pas toujours sens, notamment pour les bouddhistes aux yeux de qui il existe une communauté du vivant dont les humains et les animaux procèdent ensemble.

Consentement : Une notion devenue l'enjeu d'un débat très complexe, de nature éthique, juridique et philosophique et qui a souvent trait à la sexualité mais aussi à la fin de vie (euthanasie). La question étant par exemple de savoir quelle marge de liberté ont les individus qui « choisissent » de vivre une vie considérée comme « indigne » ou « aberrante » (par exemple en portant pour des raisons pseudos religieuses une tenue étouffante qui couvre leur corps en plein été). Comme le souligne la philosophe Michela Marzano, les questions du consentement sont généralement liées à notre relation au corps, à son image et au regard des autres. Sommes nous indissociables de notre corps, comme dans la tradition chrétienne où la chair est *« cet autre nom de l'âme »* (Antoine **Vidalin**) ? Ou est-il une propriété qui ne nous engage pas complètement, distinct qu'il est de notre esprit. C'est évidemment dans la sexualité que cette question devient un enjeu existentiel vertigineux. Sommes-nous engagés « corps et âme » dans un acte sexuel et y consentons-nous vraiment quand nous sommes partagés entre acquiescement, honte ou dégoût ? La réponse est à notre sens indicible et aléatoire, on ne peut trancher ici de manière dogmatique et c'est justement là qu'est le dilemme. Par exemple, dans le film récent de François Ozon, *Jeune et jolie,* la très belle Marine Valch se prostitue librement et jouit d'un érotisme à la fois vénal et transgressif. Ce sujet est tabou car il remet en cause l'idée que, par définition, une femme est contrainte de se prostituer pour des raisons strictement économiques. Certaines féministes (pas toutes) ne veulent pas admettre que moult femmes érotisent l'argent, symbole de désir et de pouvoir. Ces femmes consentent donc à un acte que l'on peut considérer dégradant mais qui leur procure du plaisir. Pour autant cela ne veut pas dire que ce consentement est une adhésion. On peut consentir à un acte que l'on désapprouve « moralement » en son for intérieur.

A lire sur les questions du consentement : *Je consens donc je suis...*, Michela Marzano (PUF)

Conservateur : Aucun leader de la droite politique française ne s'affirme ou ne s'affiche conservateur alors que c'est le cas ailleurs. C'est l'effet de l'extraordinaire emprise sémantique de la gauche sur les esprits en France depuis la libération. « *Conservateur est un mot qui commence mal* » disait Bernanos. Mais socialiste aussi, si l'on va par là. En réalité la France est en manque d'un vrai conservatisme qui sache se penser lui-même. La droite intellectuelle a manqué la rencontre avec celui qui fut sans doute le plus grand penseur politique français : Alexis de Tocqueville pour qui un progrès dans tel ou tel domaine, par exemple technique ou scientifique ne s'identifie pas forcément à un progrès de civilisation. Le conservatisme n'a en effet de sens que s'il existe des ordres de réalité qui vaillent d'être conservés dans le temps mais aussi défendus contre ceux qui veulent les détruire. Pour le conservateur, il ne fait pas de doute que ces réalités existent au sens anthropologique du terme mais aussi au sens philosophique ou politique. Par exemple la famille, valeur affective fondamentale, la nation comme communauté politique ou encore la religion comme creuset historique et moral. La philosophe Laetitia Strauch-Bonnart qui traduit l'œuvre du penseur conservateur anglais Roger Scruton (voir **Scruton**) a développé cette thématique dans son enquête récente sur le conservatisme, et le journaliste politique Guillaume Perrault l'a illustrée dans son dernier livre : *Conservateurs, soyez fiers* ! Enfin le Dictionnaire du conservatisme supervisé par Frédéric Rouvillois, Olivier Dard et Christophe Boutin explore les multiples tendances de ce très vaste continent. A donner à lire d'urgence à ces hommes politiques timorés qui n'osent pas prononcer le mot de peur d'être réprimendés par les médias !

A lire : *Conservateurs soyez fiers*, Guillaume Perrault, éd. Plon. *Vous avez dit conservateurs*, Laetitia Strauss-Bonnard, éd. Cerf. *Dictionnaire du conservatisme*, Frédéric Rouvillois, Olivier Dard, Christophe Boutin éd. Cerf.

Corse : Il se pourrait que ce petit pays, longtemps méprisé par les Jacobins, devienne un havre de paix pour les Français qui veulent passer des vacances paisibles sans être importunés par ces fléaux du « vivre ensemble » que sont la vulgarité de touristes bruyants ou la noire compagnie de femmes en niqab qui, depuis Cabourg à Marseille, sillonnent désormais les plages françaises. Il y a, en effet, une exception corse qui n'est pas seulement négative. Paradoxalement, la Corse, qui n'a rien de gauloise, sera peut-être le dernier village à résister à l'emprise du village marchand que la France est en train de devenir. Certes la Corse est un pays violent, comme l'a déploré Manuel Valls mais Marseille aussi. Sauf qu'en Corse ce sont les Corses qui ont le monopole de la violence et non des « Français » dont nous tairons l'origine. En Corse, c'est vrai, la criminalité organisée, le *lascia corre* (laisser courir) et un fort incivisme existent, mais en Corse existe aussi une douceur de vivre et des formes de solidarité spontanées qui font qu'un jeune homme agressé ou une femme importunée sont aussitôt défendus. On n'agresse pas une jeune fille en Corse ou rarement. Saluons donc la Corse pour ses qualités : les Corses, s'ils ne s'aiment pas forcément entre eux, ont en commun d'aimer une Corse qu'ils protègent de ceux qui, à l'ère de l'immondialisation, s'imaginent partout à domicile. Alors chantres du cosmopolitisme pour galeries marchandes, passez votre chemin, ce pays n'est pas pour vous… Par ailleurs cette région pose on le sait un grave problème d'ordre politique : celui de sa relation avec une France dont elle a tendance à s'exclure sans toutefois aller au bout du processus de séparation. Ce que l'on peut reprocher aux nationalistes corses qui ont désormais trois représentants à l'Assemblée nationale d'un pays, la France, qu'ils ne revendiquent pas comme leur, est leur ambigüité. Si les nationalistes catalans ou Ecossais aspirent à l'indépendance, qui est la finalité logique de tout mouvement nationaliste, tel n'est pas le cas de ces nationalistes corses qui veulent le maximum d'autonomie sans toutefois prendre le risque de rompre les amarres. Le nationalisme corse butte sur un grave problème de définition concernant le peuple corse. Sur quoi repose l'identité Corse et qu'est ce qui autorise Monsieur Talamoni à en parler comme s'il en était le détenteur ? Selon nous il a existé un peuple corse, au sens ethnique du terme, qu'a tenté d'unifier Paoli et qui s'est par la suite aggloméré au peuple français au XIXe siècle. Ce peuple était plus proche de l'Italie que de la France mais les mariages mixtes et l'adhésion de moult corses, notamment des élites, à la République française ont contribué à franciser la Corse. Aujourd'hui beaucoup de corses sont marriés à des Pinzutti et il est à peu près impossible de circonscrire un peuple corse absolument distinct des continentaux à moins de prétendre, comme le font certains nationalistes, que la vie en Corse est le critère de la corsité. Cette idée est selon nous absurde : d'une part elle exclut du « peuple corse » la « diaspora » corse qui vit sur le continent, et d'autre part elle prétend inclure à la « nation corse » des gens qui ne sont tout simplement pas corses, à l'instar des marocains, très nombreux sur l'île. Nous n'avons pas d'objection contre l'idée d'un peuple corse en formation ou en reformation, encore faudrait-il, pour que ce peuple existât que les Corses de la diaspora réintègrent la Corse pour y vivre et pas seulement pour y mourir ou y passer des vacances. Or ce n'est pas le cas. Il y a donc selon nous plutôt qu'un « peuple corse » une communauté d'origine constituée des corses insulaires et des corses non-insulaires. Les continentaux et les magrébins vivant en Corse ne sont pas corses à nos yeux mais leurs enfants nés d'une union avec une femme corse peuvent évidemment le devenir. En somme la notion de « peuple corse », à forte teneur idéologique et affective, pose plus de problèmes qu'elle n'en résout.

CRAN (Conseil représentatif des associations noires) : Cette organisation communautariste soutient qu'il existe une condition noire en France perçue comme inférieure ou qui vit une situation d'infériorité, et qu'en conséquence, une politique de discrimination positive en faveur des personnes noires doit être entreprise. A partir d'un sentiment qui peut être ressenti mais qui est invérifiable objectivement, cette association prétend octroyer des droits spécifiques aux « communautés noires », notion à notre avis absurde. Il existe des Africains de moult nationalités et des Antillais français, il n'existe pas de « communauté noire » excepté dans l'esprit de ceux qui l'imaginent pour des raisons idéologiques. Que dirait-on si les Français de souche qui vivent dans les quartiers africains et chinois fondaient une Conseil représentatif des associations blanches ?

CRIF : Les hommes politiques français, tout en communiant régulièrement dans la dénonciation du communautarisme, ne trouvent rien à redire au fait de légitimer une institution dont les orientations politiques relèvent ni plus ni moins d'une forme de communautarisme politique, si les mots ont un sens. Voilà bien un paradoxe français ! Nous ne voyons aucune objection au fait qu'il y ait des sentiments communautaires de toutes sortes du moment que les individus ne sont pas assignés à une identité contre leur gré. Surtout le communautarisme commence au-delà : dans la politisation du fait communautaire. De ce point de vue il y a bien aujourd'hui un communautarisme musulman ou un communautarisme juif tandis qu'il n'y a pas de communautarisme chrétien ou catholique. Car il existe bien des communautés chrétiennes hétérogènes politiquement puisque, comme le montrent les enquêtes, si les catholiques votent majoritairement à droite, ils peuvent aussi voter à gauche. Il y a communautarisme quand des instances communautaires appellent les gens de leur prétendue communauté à se mobiliser pour tel ou tel parti ou contre lui. C'est le cas aujourd'hui du parti des Musulmans de France ou du CRIF qui ont ensemble dénoncé Marine Le Pen et Jean-Luc Mélenchon.

Crime contre l'humanité : A force d'être employée la notion n'est-elle pas devenue abusive ? Ne court-elle pas le risque de devenir tautologique, puisqu'il n'y a de véritable crime que contre l'humanité ? Si l'inhumanité et le crime sont les propres de l'homme à quoi bon forger une notion qui, à force de servir à tout, n'est plus bonne à rien ? Cette notion a été conçue lors du procès de Nuremberg pour qualifier les crimes nazis motivés par la race ou l'origine. Or certains ont décidé, dans les années 1990, de l'utiliser pour qualifier toutes sortes de phénomènes historiques, comme s'il s'agissait de dédommager chaque groupe humain du mal qu'il avait subi en violant, au passage, le sens des mots. N'est-il pas suffisant de qualifier un crime d'infâme, notamment en ce qui concerne la traite négrière, dans la mesure où le but du négrier n'est pas la mort de l'esclave, mais son usage ? Ou encore l'exploitation des esclaves zeks qui mourraient de faim ou de froid au Goulag ? Si l'on n'a pas condamné l'URSS pour crime contre l'humanité ce n'est pas pour atténuer l'horreur du Goulag mais parce que la raison d'être de la notion de crime contre l'humanité est justement de se distinguer des autres formes de crimes. Si l'on ne procède pas ainsi pourquoi ne pas considérer que l'exploitation des ouvriers dans l'Angleterre manchestérienne relève aussi du crime contre l'humanité puisque des enfants de douze ans travaillaient dans des conditions atroces ? Mais aussi que Rome et la Grèce ou l'Egypte qui légitimaient l'esclavage, étaient des civilisations criminelles ? Sans oublier d'y inclure la Russie des serfs etc. On peut ainsi considérer que toutes les sociétés humaines ont été criminelles contre l'humanité. On voit bien qu'en généralisant la notion de crime contre l'humanité, on finit par la diluer. Trop d'usage tue le sens. Par exemple, Albert Camus qui avait le sens des mots, n'a jamais qualifié la colonisation française de crime contre l'humanité comme l'a fait Emmanuel Macron lors de son voyage à Alger en février 2017. Si le colonialisme français a en effet engendré des actes barbares lors de la conquête de ce territoire, et si l'armée française a eu recours à des méthodes de terreur, on ne peut prétendre que ces crimes relèvent du crime contre l'humanité. Cette notion, pour être valide, doit être réservée au massacre intentionnel d'un groupe humain en tant que tel. Quand Churchill fait bombarder Dresde ou Hambourg, plusieurs dizaines de milliers de morts en quelques heures, cela ne constitue pas un crime contre l'humanité parce que Churchill ne visait pas les Allemands en tant que tels. Son but était de faire capituler l'Allemagne par la terreur. Le crime contre l'humanité commence théoriquement quand on assassine un groupe humain au seul motif de son existence : ainsi des juifs ou des tziganes pendant la seconde guerre mondiale ou encore les Tutsis au Rwanda.

Culpabilité : « *Le monde est plein d'idées chrétiennes devenue folles* » écrivait le grand écrivain catholique écossais Chesterton dans *Orthodoxie*. Beaucoup de français athées ou post-chrétiens ont gardé le goût d'expier. Au lendemain du massacre de Nice survenu en juillet 2016, l'inénarrable Hervé Hamon, interviewé par Apolline de Malherbe sur BFM a déclaré : « *Qu'est-ce que cela dit de nous ?* » Fabuleux mot. On aurait pu s'attendre à ce que cet athlète cérébral nous dise « *Qu'est-ce que cela dit sur eux, les assassins* ? » Un criminel d'origine maghrébine, comme le sont presque tous ceux qui ont commis des attentats en France est d'abord un cas psychologique ou social pour les mémères du « vivre ensemble » que sont Aubry, Duflot, Hamon ou Pleynel. S'ils étaient Chinois ou Russe, il n'en serait sans doute pas de même, tant il est vrai que la mauvaise conscience antiraciste s'exerce avant tout à l'encontre de nos anciens colonisés. Lorsque des Chinois se plaignent d'être dévalisés et ciblés par des gangs de voyous à Paris, les associations antiracistes font le service minimum et l'on n'a guère entendu les complaintes des *altérophiles*. A l'argus de l'indignation les malheurs de ces Chinois-là ne valent pas ceux d'un seul Rom expulsé.

Culturalisme : « *Et enfin la découverte la plus importante : les hommes, les gens du pays, les indigènes. Etonnante la façon dont ils s'accordent à ce paysage, à cette lumière, à cette odeur ! Stupéfiante la manière dont l'homme et son environnement vivent en symbiose, forment un ensemble indissociable, le degré d'intégration de chaque race à son paysage, à son climat ! C'est nous qui façonnons notre décor et c'est lui qui sculpte les traits de notre visage. Parmi ces palmiers, ces lianes, cette forêt vierge et cette jungle, l'homme blanc est comme une pièce rapportée, bizarre et discordante. Pâle, faible, la chemise trempée de sueur, les cheveux collés, sans cesse tourmenté par la soif, par un sentiment d'impuissance, par le spleen [...] Avec leur force, leur charme et leur endurance les gens du pays se déplacent naturellement, librement, à une cadence fixée par le climat et la tradition, à un rythme régulier, un peu* *ralenti, nonchalant – puisque de toute façon on n'a pas tout ce qu'on veut dans la vie et qu'il faut en laisser pour tout le monde !* » Sans le savoir ni le vouloir Ruizard Kapuscinski, sans doute un des plus grands journalistes de l'Histoire, a écrit un manifeste culturaliste avec *Ebène, aventures africaines* où il décrit le choc qu'il a ressenti en découvrant l'Afrique. Ce texte ne serait plus publiable tel quel, bien que Kapuscinski fut communiste et donc universaliste philosophiquement. On l'y accuserait ni plus ni moins d'essentialiser les Africains. Tout y est : indigènes, race, tradition, tempérament etc. Il écrit : « *l'Européen et l'Africain ont une conception du temps différente, ils le perçoivent autrement [...] pour les Européens le temps vit hors de l'homme, il existe objectivement, comme s'il était extérieur à lui, il a des propriétés mesurables et linéaires. Selon Newton le temps est absolu : « le temps mathématique, absolu, s'écoule de par lui-même, par sa propre nature, uniformément et non en fonction d'un objet extérieur ». L'Européen se sent au service du temps, il dépend de lui, il en est le sujet [...] Les Africains perçoivent le temps autrement. Pour eux le temps est une catégorie beaucoup plus lâche, ouverte, élastique, subjective. C'est l'homme qui influe sur la formation du temps, sur son cours et son rythme (il s'agit bien entendu de l'homme agissant avec le consentement des ancêtres et des dieux. Le temps est même une chose que l'homme peut créer car l'existence du temps s'exprime entre autres à travers un évènement. [...] C'est tout à fait l'inverse de la pensée européenne. Pour la traduire en termes pratiques, cela veut dire que si nous allons à la campagne où doit se tenir l'après-midi une réunion et qu'il n'y a personne sur les lieux de cette réunion, la question : « Quand aura lieu la réunion ? » est insensée. Car la réponse est connue d'avance : « quand les gens se seront réunis ». C'est pourquoi l'Africain qui prend place dans l'autocar ne pose aucune question sur l'heure du départ. Il entre, s'installe à une place libre et sombre aussitôt dans l'état où il passe la majeure partie de son existence : la torpeur. [...] En quoi consiste cette torpeur. Les gens qui sombrent dans cet état sont conscients de ce qui va advenir : ils essaient donc de s'installer le plus confortablement possible, dans le meilleur endroit possible. Parfois ils se couchent, parfois s'assoient directement par terre, sur une pierre ou à croupetons. Ils arrêtent de parler. Celui qui est tombé dans cet état est silencieux. [...] L'homme ne regarde pas autour de lui, ne cherche rien du regard. Parfois ses yeux sont mi-clos, mais pas toujours. Ils sont généralement ouverts, mais le regard est absent, sans étincelle. Pour avoir observé des heures durant des foules entières en proie à cet état, je peux affirmer que les gens sombrent dans un profond sommeil physiologique [...] Que se passe-t-il dans leur tête ? Je n'en ai aucune idée. Pensent-ils ? Rêvent-ils ? Evoquent-ils des souvenirs ? Ont-ils des plans ? Méditent-ils ? Séjournent-ils dans un autre monde ? Difficile à dire* ». Ce texte est issu d'un livre magnifiquement écrit, publié en 1998 : *Ebène, aventures africaines* où le grand journaliste polonais décrit le choc émotionnel qu'il a ressenti en allant une première fois en Afrique dans les années 1960. A l'aune des catégories de l'antiracisme idéologique ambiant il relève, ni plus ni moins, d'une forme de différentialisme. A nos yeux ce texte n'est nullement raciste mais culturaliste ce qui ne veut pas dire que l'auteur ne s'égare pas dans des considérations discutables. Culturalistes à des degrés divers nous le sommes spontanément, et le plus grand de tous est sans doute Montesquieu qui dans *l'Esprit des lois* montre à quel point le climat, la géographie et les mœurs influent sur notre manière d'être. Ce culturalisme-là n'est pas raciste car il n'induit pas de jugement de valeur hiérarchique. Le culturalisme est dangereux s'il devient systématique. Les hommes peuvent communiquer entre eux malgré leur différence sinon aucune universalité ne serait concevable.

A lire absolument : *Ebène, aventures africaines*, Ryszard Kapuscinski, éd. Plon.

Culturalisme (bis) : La France est ce pays où un Premier ministre, en l'occurrence Manuel Valls, peut affirmer sans encourir la moindre critique qu'il existe une « *violence enracinée dans la culture corse* ». Personne n'a protesté, sauf en Corse. Qu'est-ce d'autre qu'une affirmation culturaliste ? Si cette assertion est partiellement vraie en Corse, pourquoi tant de pudeur quand il s'agit d'évoquer la violence des bandes ethniques qui sévissent dans la banlieue parisienne ? C'est qu'il y a en France deux poids deux mesures, selon que vous faite partie d'une minorité franco-française ou d'une minorité d'origine afro-maghrébine. Et si vous démontrez, comme l'a fait Hughes Lagrange, dans *Le Déni des cultures* que les jeunes vietnamiens ou chinois ont de meilleurs résultats scolaires que les jeunes africains au même âge, cela ne démontre rien, excepté le racisme insidieux de l'auteur de l'enquête. Certains occupent en France un étrange privilège : leur violence est *toujours* d'origine sociale. Un délinquant d'origine magrébine ou africaine est d'abord un cas qu'il faut étudier sous l'angle de « l'exclusion ». Mais si ce sont les basques, les bretons ou les corses qui sont violents alors cela devient aussitôt culturel ! Nul n'a protesté quand est paru, voici quelques années, un essai de sociologie sur la criminalité des caïds corses. (*Les bandits corses : des bandits d'honneur au grand banditisme*, Grégory Auda, éd. Michalon). Cette enquête mettait en évidence, statistiques à l'appui, que les Corses fichés au grand banditisme étaient surreprésentés. On imagine le tollé des antiracistes si l'on s'était aventuré à faire la même enquête sur la criminalité d'une autre minorité ! On aurait hurlé au culturalisme, ce prétendu racisme déguisé. Mais pourquoi ne pas admettre l'existence d'une violence spécifique à tel ou tel groupe humain ? La vendetta pratiquée en Albanie, le fameux *Kajun* sur laquelle Ismaël Kadaré a écrit, n'a pas suscité la mise au ban des Albanais, que l'on sache. Nous ne croyons pas qu'il y ait un gène de la violence. On ne naît pas criminel, on le devient, mais les représentations culturelles qui font de la violence une forme d'affirmation légitime peuvent y contribuer. Et il est, selon nous, patent que les cultures claniques et fortement familiales du pourtour méditerranéen, corses, siciliennes ou berbères, peuvent y prédisposer.

A lire : *Le déni des cultures*, Hughes Lagrange, Le Seuil.

D

Daoud Kamel : Journaliste et écrivain de talent que les lecteurs du *Point* connaissent bien puisqu'il s'y exprime chaque semaine. Daoud démontre qu'un journaliste peut encore honorer ce métier par sa liberté de ton et son style. La question n'est pas ici de savoir si l'on est d'accord ou non avec tel ou tel de ses propos sur l'Algérie, le racisme, l'islam et l'islamisme mais si une voix singulière et non stéréotypée peut être entendue. C'est le cas avec Kamel Daoud dont on doit souligner le courage, la talent et l'indépendance d'esprit.

A lire de Kamel Daoud : Ses chroniques dans *Le Point*.

de Benoist Alain : Celui qui fut longtemps considéré comme le représentant des forces obscures par le clergé intellectuel français est aujourd'hui respecté pour le sérieux de ses essais. Autodidacte à l'érudition immense, Alain de Benoist est l'un des esprits les plus téméraires qui soient, si on mesure la témérité à la capacité de braver les oukases et les interdits venant de ceux qui, par leur masse médiatique, intimident les esprits singuliers. Auteur de plusieurs dizaines de livres, cet ancien ami d'Ernst Jünger est l'auteur d'un livre, *Vu de Droite,* paru en 1977 qui enthousiasma Louis Pauwels. Grâce à un travail de titan, Benoist avait réussi à faire sortir de l'ombre et de l'oubli des penseurs et des écrivains remarquables que l'emprise lénifiante et totalitaire de la gauche avait réduit au statut de marginaux. Ainsi de Jules Monneron, l'auteur de *Sociologie de la Révolution* dont les travaux influencèrent Raymond Aron ou encore le philosophe politique Julien Freund (voir **Freund**), auteur d'un livre monumental, *l'Essence du politique*, que le même Aron qualifiera de maître-livre. *Vu de droite* a dressé le panorama de toute une sensibilité que l'on peut définir à la fois comme conservatrice et révolutionnaire, ou si l'on veut antilibérale et antimarxiste. S'y retrouveront Jünger, Jean Cau, Jules Monnerot, Montherlant, Drieu la Rochelle, Malaparte, Julius Evola et tant d'autres dissidents du monde libéral dont certains furent fascistes ou fascisants. On accusa évidemment Benoist de fascisme, ce qu'il démentit, non qu'il se sentît outragé d'être traité de fasciste par une gauche qui s'était compromise dans la collaboration avec l'URSS, la Chine ou le FLN, mais parce que cela n'était plus vrai. Editeur d'*Eléments*, revue d'une excellente facture, il est aujourd'hui un penseur communautarien plus que critique envers tous les universalismes qu'ils soient religieux ou politiques, comme le libéralisme. Avec Jean-Claude Michéa il est, en outre, un des rares intellectuels qui assument le qualificatif stigmatisant de « populiste », notamment dans *Le moment populiste* (éd. Pierre Guillaume De Roux, 2017). Dans *Ce que penser veut dire*, Benoist fait une synthèse de certains enjeux de la pensée contemporaine à travers les commentaires des œuvres d'Arendt et Heidegger ou de Rousseau et Carl Schmitt entre autres.

A lire d'Alain de Benoist : *Vu de droite*, éd. Le Labyrinthe et *Ce que penser veut dire*, éd. du Rocher.

Debray Régis : Sans doute un des derniers intellectuels romantiques de son époque pour qui les idées devaient être vécues. Nous ne suivrons pas ici la trajectoire de jeunesse de cet homme fasciné par l'idéal révolutionnaire dont il semble porter le deuil à jamais. Un deuil qui l'amènera à admirer l'homme de la rupture en de Gaulle puis à accompagner François Mitterrand dont il fera un magnifique portrait dans *Loués soient nos seigneurs* (éd. Gallimard, 1996) mais qui le décevra finalement parce qu'il ne sera jamais un « rebelle ». Mélancolique des causes perdues, les seules qui vaillent la peine à ses yeux d'être défendues, Debray a publié de nombreux et brillants essais, notamment sur le phénomène religieux. Agnostique dans l'âme, ce disciple de Michelet dont les valeurs sont de gauche mais dont l'anthropologie est conservatrice, considère à juste titre, que l'homme n'est rien sans ses héritages. Son dernier essai, *Civilisation, comment nous sommes devenus Américains*, fait le constat désabusé d'une Europe en déclin que l'américanisation des mœurs a déracinée culturellement. Il affirme par ailleurs que plus personne en Europe n'est prêt à mourir pour une idée, car tout sacrifice suppose un sacré qui le légitime. Nous avons fait le même constat dans *Malaise de l'Occident* (éd. Pierre Guillaume de Roux, 2015). Comme Michel Onfray, Debray ne croit plus guère en la capacité de sursaut de la France mais il reste un dévot de la République. (voir **Déclin**) On ne se refait pas...

A lire de Régis Debray : *Civilisation, comment nous sommes devenus Américains*, éd. Gallimard, 2017 et le *Nouveau pouvoir*, éd. Cerf.

Débord Guy : Ce théoricien du situationnisme écrivant dans un français digne du Cardinal de Retz est un nom plus qu'une œuvre. Son maître-livre, *La société du spectacle* publié en 1967, est un chef d'œuvre de paranoïa hegelo-marxiste. Le monde y est décrit comme un théâtre de marionnettes où les acteurs ne sont que des fantoches de la société du spectacle et où chacun participe à la mystification générale. L'œuvre de Debord témoigne par ailleurs d'une certaine nostalgie du vieux Paris des années 1950, un monde canaille disparu, « pré-bourgeois » en quelque sorte et qui a précédé l'américanisation et la boboïsation des mœurs. Debord, qui fut à la fois un aristocrate et un anarchiste, ne méprisait pas le peuple des faubourgs. Un solitaire qui s'est exilé de son temps à force de mépris.

A lire absolument de Gut Debord : *La société du spectacle*, éd. Gallimard.

Décadence : Un terme qui revient à la mode depuis le succès du livre de Michel Onfray, paru en janvier 2017 *Décadence*. Contrairement au mot déclin qui relève d'une réalité mesurable, la notion de décadence relève de l'intuition et induit un jugement de valeur. Dans *Décadence*, Onfray affirme que les idéaux du christianisme qui ont marqué l'Occident sont en déclin. On peut déplorer ce constat mais il est difficile de ne pas l'avaliser au moins partiellement. Non seulement les dogmes catholiques ne sont plus partagés que par une petite minorité de Français mais les idées de « vérité objective » et de « bien commun » qui sont au cœur de la construction catholique, ont été mises à mal par le relativisme d'une modernité consumériste et hyper-individualiste. L'Occident sécularisé est, d'une certaine manière, redevenu « païen », mais ce paganisme postmoderne est dominé par la science, la technique et l'idéologie des droits de l'homme, il n'a plus rien à voir avec le paganisme antique qui était élitiste et aristocratique. Pour autant sommes-nous condamnés, comme l'affirme Onfray, à mettre la clé sous la porte, ou comme le suppose Houellebecq, à nous soumettre à un islam qui, tôt ou tard, nous sera imposé ? La décadence est inéluctable dès lors que les élites sont incapables d'affirmer la légitimité de leur propre civilisation. Il est patent que certaines élites occidentales ont été gagnées par la culture du ressentiment post-colonial. Elles sont amplement responsables de l'immense dénigrement qui s'est emparé de nos sociétés coupables. « *La France sera sauvée par ses élites* » écrit Bernanos dans sa *Lettre aux Anglais*. Onfray ne croit plus qu'elle puisse être sauvée. Peut-être a-t-il raison. Mais cela n'empêche pas d'essayer de mettre en œuvre le principe prôné par Maître Eckart : si tu as fait tout ce que tu as pu, tu as tout fait. Dans un numéro du *Magazine littéraire* consacré à la thèse défendue par son essai (mars 2017) le philosophe Jean-Luc Marion propose un distinguo intéressant entre la décadence d'une société, la nôtre, et le déclin éventuel du christianisme. « *Il y a donc décadence quand il n'y a plus de crise possible, de crise qu'une décision puisse (il s'agit du même mot,* krisis*) trancher et surmonter. Notre société, la France et l'Europe occidentale toute entière, se trouvent ainsi en décadence : personne ne sait plus quelle décision prendre, ni surtout si prendre une décision reste encore possible* ». Selon le philosophe qui est aussi un catholique engagé, notamment dans la revue catholique internationale *Communio*, (voir **Jean-Luc Marion**) c'est cette impuissance qui qualifie notre époque.

Décadence (2) : Dans un essai personnel *Décadence fin de siècle* l'historien Michel Winock montre à quel point la fin du XIXe siècle français a été obsédée par cette question de la décadence. De très grands noms de la littérature, de Barrès à Léon Bloy (voir **Bloy**) en passant par Karl Huysmans qui a inspiré à M. Houellebecq son roman *Soumission*, étaient convaincues que la France était agonisante et que la « race » française était menacée de l'extérieur par la puissance germanique, mais aussi de l'intérieur par une forme de dégénérescence. Et à l'époque, ni l'immigration ni l'islam ne pouvaient servir d'argument. Winock montre à quel point le recul du catholicisme et les progrès du rationalisme positiviste ont accompagné ce sentiment de déliquescence, lequel peut par ailleurs être très fécond sur le plan artistique et culturel, comme l'affirmeront aussi bien Nietzsche que Barrès. « *Décadence ! Ce mot-là est associé en effet à la conviction séculaire, théologique, du grand coup de balai qui jettera le monde dans un abîme apocalyptique, d'où l'on espère voir sortir la régénérescence de l'humanité* » écrit Winock. Ce sentiment n'est-il pas universel ? C'est ce que tend à démontrer le politologue Julien Freund dans son grand essai, *La Décadence*. Il y étaye la réflexion de tous les philosophes, historiens et poètes qui ont utilisé ce terme en Occident comme en Russie ou dans le monde islamique avec Ibn Khaldoun depuis les débuts de la modernité. Une œuvre puissante où il montre qu'en fin de compte les penseurs qui ont cru au progrès linéaire de l'humanité, à la fois scientifique, technique et moral, sont loin d'être majoritaires.

A lire sur le thème de la Décadence :
Décadence, Michel Onfray, éd. Flammarion.
La Décadence de Julien Freund, éd. Sirey.
Décadence fin de siècle, Michel Winock, éd. Gallimard

Déchéance de la nationalité : Peut-on déchoir quelqu'un de sa nationalité ? Sans doute si on considère que celle-ci est un attribut détachable de la personne. Sûrement pas si l'on considère que la nationalité n'est pas un attribut mais une des expressions de l'identité personnelle. Peut-on déchoir quelqu'un de ce qu'il est, sous prétexte qu'il a trahi son pays ? Cela est peu probable. Maurice Thorez qui fut déchu de sa nationalité en rejoignant l'URSS en 1940 la retrouva pour entrer dans le gouvernement du Général de Gaulle en 1944. Avait-il cessé d'être français entre temps ? Les jeunes Français qui ont combattu dans la division Charlemagne restaient français comme sont restés français Céline et Drieu la Rochelle. Idem pour ces djihadistes qui, malheureusement pour nous, sont pour certains devenus français grâce au principe du droit du sol. On peut être français et détester la France comme idéalité, ce phénomène est très banal à l'extrême gauche. La déchéance de la nationalité n'est-elle pas un faux débat ? Mieux vaudrait interroger l'idéalité elle-même. Pourquoi tant de Français ne se reconnaissent-ils pas dans cette France idéalisée ? Parce qu'elle n'appartient pas à leur imaginaire, ni à leur représentation. Les élites républicaines ont créé une idéalité, « la France comme pays de l'universel et des droits de l'homme » qui prétend transcender des réalités d'ordre généalogiques et anthropologiques qui ne relèvent pas de l'adhésion. Être français ne peut relever selon nous d'une valeur, républicaine ou autre, car si c'était le cas les monarchistes ou les anarchistes ne pourraient être français. Xavier Vallat, commissaire à la question juive sous Pétain considérait que les Français qui n'étaient pas pétainistes n'étaient pas de vrais français. La guerre intérieure qui déchire la France est liée à une querelle sur ce qu'il convient de nommer à travers la France. Maurras aussi vénérait une idéalité qu'il nommait la « déesse France » héritière à ses yeux de la civilisation gréco-latine. Or ce débat est insoluble car l'idée que l'on peut se faire de la France dépend des Français et elle évolue avec le temps. C'est pourquoi la nationalité devrait relever d'une réalité généalogique naturelle et ne devrait pas dépendre d'une valeur idéologique ou morale. Je suis Français si mes parents le sont, tout simplement. Charles Maurras et Raymond Aron étaient tout autant français l'un que l'autre même s'ils professaient des valeurs opposées. Le droit du sol, et notamment la double nationalité, ont généré la confusion entre nationalité administrative et identité subjective. Autant la France peut être conçue comme une idéalité, autant le fait d'être ou non français est un fait.

Déclin : Concept utilisé en France depuis des années par les intellectuels et les publicistes qui n'hésitent plus à affirmer le caractère peut être irrémédiable du « déclin de la France », mais pour des raisons parfois opposées. On trouvera ce terme utilisé à droite comme à gauche. Et c'est pourquoi il est nécessaire de le contextualiser pour ne pas en faire un simple synonyme de décadence. Si la notion de décadence est liée à un sentiment de chute, ce que dit le mot *decadere*, la notion de déclin a l'ambition d'être plus objective et mesurable. Nous distinguerons ici trois types de déclin pensables. Un déclin économique sur lequel de nombreux observateurs s'accordent, de Nicolas Baverez à Jean-Pierre Chevènement et qui se manifeste par la désindustrialisation, le chômage de masse et la faible compétitivité de nos entreprises. Un déclin culturel qui s'exprime par le moindre rayonnement d'une littérature qui a jadis été une des plus brillantes, voire la plus brillante au monde, comme en témoigne un XXe siècle français extraordinairement fécond : Proust et Céline, Morand et Drieu la Rochelle, Montherlant et Aragon, sans oublier Giono, Gracq, Malraux, Camus, Sartre, Gide et tant d'autres. Enfin si, comme le pensait de Gaulle, le travail et la lutte sont des invariants de la condition humaine, il semble que ces deux notions aient du plomb dans l'aile. L'affrontement, le conflit, ce qui relève de *l'agôn* (Agonie, agonistique etc.) est devenu impensable à une humanité qui exclut le tragique et n'a plus pour horizon que des passions privées. Ce « *petit homme sautillant* » qu'évoque Nietzsche dans le *Gai savoir* est évidemment très tolérant, comme tous ceux qui croient que la vie est un long fleuve tranquille, à l'abri de ces grandes crues qui s'appellent guerres ou conflit violent. Il va sans dire que ce nouveau type humain, consumériste, hédoniste et areligieux, représente une caricature de choix pour ces musulmans qui méprisent l'Occident.

De Gaulle : Tout le monde s'accorde aujourd'hui pour considérer que de Gaulle est le Français capital du XXe siècle. Mais on peut aussi penser que la consensualité de De Gaulle, en particulier à gauche, participe de l'occultation du gaullisme réel (voir **Gaullisme**). Selon nous de Gaulle a été tué deux fois. En 1969 par la droite durant le fameux référendum où le patronat qui ne voulait pas de son idée de participation fut ravi de se débarrasser de lui, et ces dernières années par une gauche qui s'est découverte gaulliste pour mieux enterrer un personnage non conforme à ce que la gauche attend de la République. De Gaulle signait une directive le 12 juin 1945 qui n'était pas piquée des vers : « *Sur le plan ethnique il convient de limiter l'afflux des Méditerranéens et des Orientaux, qui ont depuis un demi-siècle profondément modifié la composition de la population française. Sans aller jusqu'à utiliser comme aux USA le système rigide des quotas, il est souhaitable que la priorité soit accordée aux naturalisations nordiques, belges, luxembourgeoises, hollandaises, danoises, anglaises, allemandes…* » Que dirait-il aujourd'hui ! Pas vraiment de gauche, ni républicain à la mode de Chirac, Hollande ou Jean-Louis Debré, le père **de Gaulle**…

A lire absolument du général de Gaulle : *Les grands discours de guerre*, préfacé par R. Debray, éd. Perrin.

Delsol Chantal : Philosophe personnaliste chrétienne auteur de nombreux essais. Cette intellectuelle qui a été marquée par la pensée de Julien Freund (voir **Freund**) trace sa route depuis de nombreuses années, entre l'indifférence des médias de gauche et l'hostilité du milieu intellectuel parisien. Conservatrice assumée elle a tout pour déplaire à l'intelligentsia organique qui prétend incarner la pensée française. Ses travaux sont fortement marqués par la pensée d'Hannah Arendt et elle a eu le courage avec quelques autres de démystifier la notion de populisme dans

Les demeurés de l'histoire (éd. Cerf). Elle s'emploie à démontrer à quel point ce concept était condescendant à l'égard de ceux que l'on prétend « éduquer » au bon sens de l'Histoire en les convainquant que le mariage pour tous et la PMA sont des bonds en avant pour l'humanité. Membre de l'Institut de France et directrice de l'Institut Hannah Arendt, Chantal Delsol considère que la notion même de philosophie est singulière à l'Occident. On peut lire dans *Quel lycée au XXI*[e] *siècle*, ouvrage publié sous la direction de Pierre Nemo, « *La philosophie a un statut spécial. C'est une discipline inventée par l'Occident, qui demeure occidentale et traduit la quête fondatrice de cette culture. De quoi s'agit-il ? La Philosophie n'est pas seulement, comme son nom l'indique, l'amour de la sagesse, mais elle s'inscrit dans la culture du* logos, *autrement dit de la recherche de la vérité. Elle n'est pas une « discipline » comme les autres : elle est cette pensée qui dépasse l'âge des mythes pour aborder d'autres rivages (ce qui ne veut pas dire qu'il faudrait dès lors mépriser les mythes. Vico* (voir **Giambattista Vico**) *a bien montré qu'ils contiennent poétiquement leur part de vérité aveugle et humanisent la raison sèche qui a tendance à nous envahir)* ». Aristotélicienne, elle se situe avec d'autres intellectuels comme Robert Redecker (voir **Redecker**) ou feu Jean-François Mattei (voir **Mattei**) à l'opposé du relativisme de la postmdernité qui considère que la quête de la vérité est devenue vaine en philosophie. Par ailleurs fédéraliste sur le plan de l'Europe, Delsol occupe une position originale dans la galaxie des intellectuels conservateurs, souvent antis-européistes.

A lire de Chantal Delsol : *Les demeurés de l'Histoire*, éd. du Rocher.

Del Valle Alexandre : A l'instar de Pascal Bruckner le géopoliticien Alexandre Del Valle dénonce d'essai en essai la complaisance masochiste de ces élites occidentales qui plaident coupables notamment face à la montée de l'islamisme. Mais contrairement à Bruckner il est très sévère à l'endroit d'une politique américaine qui fut souvent ambivalente à l'égard de l'islamisme et inclut la Russie dans sa vision de l'Occident. A ses yeux il est vital de refonder l'Europe à l'aune de ses référents civilisationnels communs que constitue le triple d'héritage d'Athènes, Rome et Jérusalem.

A lire d'Alexandre Del Valle : *Les vrais ennemis de l'Occident : du rejet de la Russie à l'islamisation des sociétés ouvertes*, Ed Artilleurs.

de Maistre Joseph : Que Joseph de Maistre soit un très grand prosateur ne fait aucun doute, il suffit d'ouvrir son fameux livre *Les soirées de Saint-Pétersbourg* pour s'en rendre compte. Une des originalités de Maistre est d'affirmer le rôle homéopathique du mal dans l'Histoire, notamment celle d'une Révolution française dont il dénoncera le caractère « satanique ». Maistre touche ici le dogme catholique en plein cœur. Pourquoi Dieu a-t-il autorisé l'homme à être méchant sinon pour démontrer, par le truchement du mal, la validité du bien lui-même ? Si le mal n'existait pas, le bien n'aurait pas la valeur que nous lui octroyons. On retrouve cette pensée chez Louis de Bonald pour qui le « *mal est partie intégrante de l'Ordre* » selon Philippe Nemo qui ajoute : « *Car vouloir supprimer le mal c'est l'augmenter. Il faut donc accepter le mal comme une chose normale, comme l'état permanent de l'Humanité* » (*Histoire des idées politiques*, PUF). Cette perspective peut être perçue comme gnostique et on la retrouve notamment chez Carl Schmitt. Une des autres grandes originalités de Maistre est par ailleurs son philo-judaïsme. Comme Giambattista Vico (voir **Vico**) il considère le peuple hébreu comme prophétique. Autrement dit, si Joseph de Maistre a inspiré la pensée contre-révolutionnaire française, son statut est totalement original.

A lire de Joseph de Maistre : *Œuvres*, éd. Robert Laffont, coll. Bouquins.

Dérapage : Un terme qui signifie qu'une personne a enfreint la loi non-écrite stipulant que certains mots sont bannis du langage. Exemple de « dérapage » couru : *« Il y a trop d'immigrés en France »*. C'est ce que pense l'écrasante majorité des Français, environ 70 %, selon les derniers sondages de l'IFOP, sans compter ceux qui n'osent pas le formuler. Mais si un représentant politique, un intellectuel ou un journaliste se risque à exprimer de manière aussi brute cet énoncé il risque l'opprobre de ceux qui, pour beaucoup d'entre eux, pensent la même chose, mais ne le diront qu'en privé. Autrement dit, les institutions et les médias morigènent et accusent les Français eux-mêmes de ne pas être fidèles aux « valeurs de la République ». Un peuple mis au banc des accusés : voilà la situation des Français aujourd'hui.

« Dieu est mort » : Cette célèbre formule de Nietzsche issue du *Gai savoir* n'est pas forcément une invitation à l'athéisme comme on le croit trop souvent. Le reflux de la foi chrétienne en Europe ne signifie pas que le christianisme va disparaître mais qu'il n'oriente plus notre devenir, déterminé par la science et la technique. On ne peut pas préjuger de ce qu'aurait pensé Nietzsche de la montée en puissance de l'islam pour lequel il avait une sympathie paradoxale du fait du caractère « viril » et passablement misogyne de cette religion. Par ailleurs le philosophe Jean-Luc Marion fera remarquer que si Dieu meurt c'est qu'il n'était pas Dieu, lequel, par définition, ne peut pas mourir. « Dieu est mort » est donc, à certains égards, un fabuleux oxymore philosophique.

Dignité humaine : Une notion finalement peu interrogée, comme si l'on avait peur de découvrir le flou sidéral que l'association de ces deux mots recouvre. La question, qui relève tout à la fois de l'anthropologie, de la métaphysique et du droit est très vaste et nous ne faisons ici que l'effleurer. Deux sensibilités principales s'affrontent sur cette question de la « dignité humaine » et de sa définition. La première, que l'on peut qualifier d'humaniste, considère que tout être humain est doté à la naissance d'une dignité imprescriptible. Cette conception est, notamment, celle des chrétiens qui fondent cette dignité sur le fait que l'homme a été créé *à la ressemblance* et à *l'image* du créateur comme il est postulé dans la Genèse. Il existe ici une cohérence entre théologie, ontologie et anthropologie. L'homme est doté d'une « dignité métaphysique » qu'il n'a pas choisie. Aussi indignes soient les comportements d'une personne, l'Etat ou la société n'ont pas le droit d'attenter à la dignité de la personne en question qu'il faut distinguer de l'individu subjectif. La personne ne peut être transformée en chose ou en objet d'échange, ni modelée à l'aune de nos caprices et de nos fantaisies. Ainsi les tenants de cette conception s'opposent-ils à l'eugénisme et aux dérives bio-ethiques (PMA et GPA), au transhumanisme (voir **transhumanisme**). Leur point de vue, restrictif sur le plan des libertés, est incompatible avec une vision ultra-libérale où les individus disposent du monde selon leurs moyens ou leurs désidératas, plus ou moins illimités. Car si cet ancrage métaphysique disparaît, que devient la « dignité humaine » ? Et qui va définir la frontière entre le digne et l'indigne ? Si mon désir est de transformer une femme en esclave sexuelle et que celle-ci y consent pour de l'argent, que devient la dignité de cette femme ? Il faut bien admettre que je nie sa dignité, même si elle consent à cette négation. Si certaines pratiques n'étaient pas « indignes » en soi, pourquoi les dissimulerions-nous ? Par exemple, le philosophe Rowen Ogien suggère la possibilité de pratiquer l'inceste, à titre d'expérience. Si l'individu est souverain pourquoi ne pas transgresser les normes (voir **Normes**) de la prohibition de l'inceste, dont Claude Lévi-Strauss a affirmé qu'elles étaient inhérentes à la culture ? (En Egypte ancienne les pharaons pratiquaient l'inceste mais ils étaient dotés d'un statut de Dieu). Selon nous la dignité humaine est inconcevable à l'aune d'une conception strictement libérale de l'homme. Si la dignité est équivalente à la liberté alors il faut admettre qu'elle n'a pas de contenu ontologique objectif.

Dignité humaine (2) : Si les monothéistes juifs et chrétiens sont cohérents en ce que, chez eux, les interdits de la civilisation sont fondés métaphysiquement, certains penseurs considèrent, à l'instar de Pierre Legendre ou de Claude Lévi Strauss que ces interdits sont tout simplement inhérents à la culture. La culture ou la civilisation supposent des normes (voir **Normes**) mais celles-ci sont-elles fondées sur des principes qui pourraient ne pas exister ? Existe-t-il une loi de nature morale, comme le croient notamment les judéo-chrétiens, qui serait au fondement de la notion de dignité de l'homme ? Selon Kant cette loi est inhérente au cœur humain. Nous pensons que l'on peut en douter. Les Cosaques qui, durant la guerre civile en Russie enlevaient et violaient les femmes après avoir massacré leurs hommes sous leurs yeux considéraient qu'il était naturel d'agir ainsi. De même, les Tabors marocains, qui violèrent les italiennes par milliers en 1944, considéraient que ces pratiques étaient des droits coutumiers. On ne sait pas qu'ils aient fait leur *mea culpa* après-guerre. La seconde guerre mondiale a, selon nous, plutôt infirmé l'affirmation kantienne sur l'impératif moral qui serait inscrit dans le cœur de l'homme car il n'est pas certain que les criminels de masse souffrent d'une culpabilité particulière. Cette culpabilité est l'effet des interdits de la civilisation et c'est justement pourquoi celle-ci doit être âprement défendue. Par exemple, si nous voyons un individu se faire molester par la police nous trouverons ce traitement indigne non parce que cet individu nous est sympathique ou pour des raisons d'ordre compassionnel, car nous pouvons aussi avoir de la compassion pour un animal mais parce que molester un individu sans défense est indigne d'un Etat civilisé. L'homme concret, à savoir l'individu, peut ne pas être digne de la dignité qu'on lui octroie mais on ne peut nier l'existence de celle-ci sans ouvrir la voie à la barbarie. Attribuer à une personne, aussi dégradée soit-elle, une dignité présumée, est sans doute le propre de notre civilisation marquée par l'héritage chrétien.

Diversité : Ce mot fait partie du vocabulaire sacré du « vivre ensemble ». Depuis les années 1990 nous sommes sommés de faire leur place à ce qu'il est convenu d'appeler les « minorités visibles » dont les citoyens seraient défavorisés par des formes d'exclusion. Plutôt que de prendre le taureau par les cornes en réalisant de véritables statistiques ethniques sur des réalités insaisissables ou difficilement dicibles nous préférons sur représenter les minorités, notamment d'origine africaine ou antillaise, sur les écrans publicitaires, ce qui ne fait qu'accentuer le malaise. Surtout cette idéologie de la diversité est à double tranchant. Elle est bien venue quand il s'agit de promouvoir une discrimination positive qui ne dit pas son nom mais très mal venue quand les peuples autochtones évoquent leur droit à une identité pérenne. « La diversité des cultures étant considérée comme un obstacle à l'unité du genre humain, on veut à la fois unifier l'humanité et ruiner la diversité des modes de vie, des mœurs et des coutumes, des façons spécifiques d'être collectivement présent au monde. On allègue ainsi la diversité pour mieux la faire disparaitre. La diversité mise au service de l'idéologie du Même, tel est le sinistre aboutissement de cette évolution » écrit Alain de Benoist. Une évolution qu'avait peut être anticipée Claude Lévi Strauss quand il écrivait : « Il n'est nullement coupable de placer une manière de vivre et de penser au dessus de toutes les autres et d'éprouver peu d'attirance envers tels ou tels dont le genre de vie, respectable en lui-même, s'éloigne par trop de celui auquel on est traditionnellement attaché. Cette incommunicabilité relative n'autorise certes pas à opprimer ou détruire les valeurs qu'on rejette ou leurs représentants, mais maintenue dans ces limites, elle n'a rien de révoltant. Elle peut même représenter le prix à payer pour que le système de valeurs de chaque famille spirituelle ou de chaque communauté se conservent et trouvent dans leurs propres fonds les ressources nécessaires à leur renouvellement. S'il existe entre les sociétés humaines un certain optimum de diversité au-delà duquel elles ne sauraient aller, mais en dessous duquel elles ne peuvent pas non plus descendre sans danger ; on doit reconnaitre qu cette diversité résulte pour une grande part du désir de chaque culture de s'opposer à celles qui l'environnent ; de se distinguer d'elles, en un mot d'être soi ».

Domination (dominatrice) : La « dominatrice » de l'underground porno règne sur ces hommes immatures sexuellement qui rêvent d'être infantilisés et humiliés. Que peut bien signifier l'émergence de cette figure créée par un certain imaginaire pornographique masculin ? On connaît l'interprétation de la psychanalyse : la dominatrice du X symboliserait la mère toute puissante grâce à laquelle le petit mâle éprouve la délicieuse régression intra-utérine. Il est notable que cette figure est née dans une Angleterre puritaine et qu'elle s'est d'abord diffusée dans le monde protestant où le féminisme s'est développé. Il est notable aussi que le monde arabo-musulman, l'Afrique ou la Chine, où les valeurs castratrices du féminisme à l'américaine n'ont pas fait recette, semblent peu concernés par cette imagerie, tandis que la culture érotique nippone, au contraire, est friande de ces fantasmes fétichistes où le coït est esquivé, ce qui répond d'ailleurs à une réalité japonaise puisque le pays connaît une formidable pénurie de couples. Sur un plan métaphysique, la *domina* est l'inversion de la figure angélique créée par Dante, la fameuse Béatrice de la *Divine comédie* qui hisse son amoureux vers les sommets de la sublimation mystique. Cette anti-Béatrice créée par l'homme sexuellement infantile plonge le masochiste dans les délices de la régression où s'épanouit un nouveau type humain avide d'être régenté par une maman à la fois sévère et possessive. Faut-il voir dans le masochisme masculin en plein essor un symptôme pathologique du matriarcat (voir **Matriarcat**) ? Ce n'est pas à exclure.

d'Ormesson Jean (dit Jean d'O) : Sans doute l'écrivain français le plus consensuel dans la France d'aujourd'hui. Nul n'est censé ignorer l'œuvre et la vie de cet homme qui a su se faire aimer, ou du moins accepter, par ceux-là même qui ne l'appréciaient pas toujours et ce jusqu'en Corse où sa maison fut dynamitée à Saint-Florent par le FLNC en 1978. Jean d'Ormesson fut un fédérateur mondain. Il représenta à lui seul une sorte de synthèse de la France cultivée. Immense érudit en littérature, excellent prosateur qui a produit de très nombreux romans qui finissent par se confondre dans l'esprit du lecteur, il aura été le plus « taoïste » des écrivains français. Jean d'Ormesson est un peu à la littérature ce que Vladimir Jankélévitch fut à la philosophie : un poète du je-ne-sais-quoi et du presque rien où tout finit par s'arranger puisqu'au fond rien n'avait vraiment d'importance. On reconnaîtra ici une puissance de détachement qui n'est vivable que si on jouit de ce confort dans lequel Jean d'Ormesson est né. Les stoïciens affrontent l'adversité et parfois la misère qui semblent lui avoir été épargnées. Un nihilisme chic affleure sous l'amusement de celui qui ne croyait pas au Dieu chrétien, plutôt en une sorte d'immanence providentielle qu'il est difficile de démentir dans son cas tant le sort l'a choyé. Ce pourquoi Jean d'Ormesson est aimé n'est donc pas lié qu'à son œuvre. D'Ormesson aura aimé la vie sous tous ses coutures, inconditionnellement et nargué la dépression française. Son talon d'Achille est aussi ce qui l'a mené loin : une irrépressible besoin de plaire et de flatter. Son panégyrique d'Emmanuel Macron et de sa femme entre les deux tours des présidentielles, quelques jours après son soutien à François Fillon, ont été perçu par certains comme le numéro de trop.

Double nationalité : Peut-on avoir une double nationalité ? Si on la comprend comme un attribut administratif, évidemment. On peut même en avoir trois, comme Esther Benbassa ex-député des Verts qui prétend être française, israélienne et turque. Sauf que cela n'a guère de sens. Qu'on le veuille ou non, la nationalité renvoie à l'identité subjective de l'individu et celle-ci n'est pas démultipliable à l'infini. Vais-je demander la nationalité chinoise pour avoir les droits des Chinois sous prétexte que je vis et travaille en Chine ? Les Chinois seraient sans doute étonnés par une telle idée. Pourquoi les Européens qui ont fait leur vie en Afrique ne sont-ils pas devenus Africains ? Certains réfutent cette notion d'identit» en la considérant comme mythique. Il n'existe pas en effet de définition objective ou scientifique de l'identité. Mais il existe des conditions objectives d'une réalité : être né en France ou à l'étranger de parents français et parler le français sont des conditions objectives. Nul n'est besoin d'être patriote pour être français, mais le lien affectif avec son pays est, selon nous, une des conditions de la citoyenneté. A quoi bon être citoyen d'un pays dont le destin ne vous concerne pas ? A gauche on insiste sur la citoyenneté, à droite sur l'identité. En réalité ces deux notions sont complémentaires. J'ai beau aimer l'Italie, je ne me sens pas concerné directement par les évolutions politiques de ce pays. Etre français au sens politique suppose donc que l'on ait un minimum le souci de la France. Ou la nationalité n'est rien et dans ce cas pourquoi ne pas l'abolir, comme le réclament l'extrême gauche et les libertariens, ou elle fait sens et on ne peut la démultiplier. « Je suis français » signifie que mes parents étaient français (fait généalogique), que le français est ma langue naturelle, celle dans laquelle j'ai appris à lire, écrire et parler et que la France est un pays qui m'est familier. C'est cette familiarité que la mondialisation (voir **mondialisation**) met à mal en suggérant que tout un chacun est, ou peut être, à domicile chez les autres.

Droit du sol : Le dogme religieux de ces républicains français, pas tous, qui croient ou se font croire que l'on devient Français par l'opération du Saint-Esprit républicain, tout simplement parce que l'on est né en France et qu'on y a vécu quelques années. Dans un article du mois d'août 2016, paru après les attentats de Nice dans *Le Monde*, le théoricien de l'immigration Patrick Weil écrit ceci : « *C'est l'ultime outrage de cette fin d'été : Nicolas Sarkozy s'attaque au droit du sol et veut déstabiliser toute une jeunesse de France* ». Bigre ! comme aurait dit Jean Cau. Le mot « outrage » ne devrait-il pas être réservé à des profanations ou à des crimes ? Il est vrai que pour Patrick Weil, le droit du sol est de l'ordre du sacré. Dans son livre consacré à l'histoire de l'immigration, *Le sens de la république* (éd. Grasset, 2014), celui-ci ne se pose jamais la question de savoir au nom de quoi au juste faudrait-il qu'un enfant de parents turcs, pakistanais, malien ou finlandais change d'identité par le biais d'un processus administratif. Pourquoi ne pas inverser la perspective en s'excentrant de soi-même ? Imaginons Monsieur et Madame Weil en

Chine. Est-ce qu'ils trouveraient évident que leur enfant né en Chine devienne chinois à l'âge de 16 ans, sous prétexte qu'il été scolarisé en Chine ? Ou malien s'il est né au Mali, ou Mongol s'il naît en Mongolie de parents français ? C'est pourtant cela que nous proposons aux enfants chinois et africains : mettre leur origine sous le boisseau. Certains Français n'ont pas compris qu'on a pas forcément envie de leur ressembler, même si on trouve la France fort belle. Les Chinois et les Turcs, pour certains, veulent rester Chinois ou Turcs. A certains égards l'universalisme français est un ethnocentrisme qui s'ignore et qui ignore les affiliations des autres comme si elles étaient aléatoires. A qui fera-t-on croire qu'il est si gratifiant de faire partie d'un peuple dont les icônes sont, paraît-il, Omar Sy, Jacques Chirac et Mimi Mathy ? Jusque dans les années 1970 les immigrés espagnols, italiens, portugais etc. étaient gratifiés de devenir Français quand de Gaulle et Anquetil, Bardot et Delon, Saint-Laurent et Chanel représentaient la France pour l'étranger. Mais aujourd'hui ? Nous accordons aux militants du droit du sol que, si on mesurait la nationalité au sentiment d'identité, nombre de Français, qui croient que moins on a d'identité et plus on est universel, seraient recalés. Or l'universel n'est pensable, selon nous, qu'à partir de la notion de culture. L'homme est par nature un être de culture et c'est la culture qui est au fondement de l'universel humain. C'est donc la culture, au sens large, celui des mœurs et de la langue, qui est au fondement de l'identité d'un peuple.

Droit du sol (2) : Quand on voit le niveau intellectuel des djihadistes à la mode de chez nous, on sourit des arguments des thuriféraires du droit du sol. Historiquement le droit du sol a été conçu à la fin du XIXe siècle en France par la IIIe République, à une époque où les ouvriers italiens échappaient à la conscription.

Pour justifier leur incorporation à l'armée française, l'Etat accorda la nationalité à leurs enfants en stipulant que la naissance sur le sol français faisait de quiconque un français. De fait, malgré la xénophobie dont leurs parents furent souvent victimes, les enfants d'italien sont devenus français à part entière comme en témoignent les parcours de Lino Ventura ou de Yves Montand. Mais la question est loin d'être toujours aussi simple. L'acquisition du droit du sol suppose le consentement de la personne et ce consentement repose sur l'idée du caractère positif de la nationalité acquise. Dans *Histoire Particulières*, le livre d'entretien que nous avons réalisé avec Max Gallo (éd. CNRS, 2009) celui-ci explique la fierté que représentait pour lui l'acquisition de la nationalité française et il fera du droit du sol un pilier de l'identité de ce pays. Cette conception optimiste est aujourd'hui mise à mal par ceux qui font primer leurs origines sur une nationalité acquise automatiquement. Pour certains binationaux, la nationalité française est une commodité administrative qui dédouble leurs droits mais ne signifie rien affectivement.

Droit du sol (3) : Voilà ce que l'historien israélien Saul Friedlander, qui fut sauvé par une famille catholique durant la guerre, écrit à propos de la culture française. « *Je suis tombé amoureux de l'absolue beauté de la langue française. Je continue à penser en français. La quintessence de l'esprit français est exprimée selon moi par le* Grand Meaulnes, l'Education sentimentale *et* A la recherche du temps perdu *de Proust* ». (voir son Autobiographie *Quand vient le souvenir*, Le Seuil, 2016) Tout au long de son livre, Saul Friedlander rend un hommage émouvant à la culture française et à sa littérature, mais aussi au mode de vie parisien. Pour autant Friedlander n'a pas voulu de la nationalité française et a préféré rester israélien. Ce livre illustre selon nous le fait que l'affectivité et le désir sont plus importants que l'idée de citoyenneté dans le fait d'adopter ou non une nationalité. Il démontre aussi que la double nationalité en est rarement une. En réalité on est d'une nationalité ou d'une autre, et plus on surajoute les nationalités, plus on en affaiblit le sens. « *Ce que l'on vous donne alors que vous ne le demandez pas n'a pas de valeur symbolique* » soutient le philosophe psychanalyste Daniel Sibony (voir **Daniel Sibony**) qui, de retour du Maroc dans les années 1950, était devenu Français par naturalisation. Dans un entretien non publié avec l'auteur, il remerciait la France de l'avoir aidé « *à se tenir debout* » tout en émettant des doutes sur le bien-fondé de l'acquisition automatique de la nationalité. La naturalisation repose sur le désir et la motivation de celui qui la demande. L'auteur de ces lignes a, dans son entourage, plusieurs personnes qui ont fait cette demande. Ce que ces personnes ont en commun est leur excellence linguistique. Pour ces personnes la nationalité française fait sens car elles la désirent tout simplement.

Droite : Le politologue Alain-Gérard Slama a affirmé voici quelques années, que la distinction entre l'homme de droite et l'homme de gauche relevait de l'anthropologie. Fondamentalement, on peut dire que l'homme de droite est cet homme qui se méfie des généralités (valeurs, justice, humanité...) et fait plutôt confiance aux individus et aux communautés restreintes qu'aux entités collectives. C'est aussi un homme qui craint le conflit car il sait « *ce qu'il y a dans l'homme* » (Evangile de Saint Matthieu) et ne se fait aucune illusion sur la pseudo fraternité dont se gargarisent les humanistes en toute occasion. Le pessimisme anthropologique inhérent à l'homme de droite tend à le rendre prudent et conservateur si on entend par « conservateur » non l'homme buté sur ses avantages, mais celui qui, à l'instar d'Edmund Burke, considère que la tradition témoigne d'une expérience qui, ayant fait ses preuves, mérite d'être continuée. L'homme de droite est, en effet, celui qui crédite le passé d'une certaine valeur. Tandis que l'homme de gauche est celui qui croit à l'avenir comme intrinsèquement meilleur. A cette aune, on peut classer le libéral à gauche qui attribue la modernité à une supériorité intrinsèque. Il y a des droites distinctes et opposées tandis qu'il n'y a qu'une gauche, comme nous le rappellent ceux qui la déclinent au singulier durant ces élections où ils proclament qu'il faut rassembler LA gauche. A droite on dit « *nous sommes de droite* ». A gauche on dit *La gauche* comme l'on dirait La vérité. Ainsi, pour stigmatiser la candidature de François Fillon, Mme Roudinesco écrit ceci (*Nouvel Observateur* du 28 avril) : « *François Fillon aura été le pire candidat pour la droite en incarnant les valeurs d'une France passéiste, repliée sur un catholicisme d'un autre âge, entre nos ancêtres les gaulois façon Alain de Benoist et Ya bon banania modèle Zemmour* ». Outre le fait qu'Alain de Benoist n'a jamais été gallophile, on lui reprochera justement d'être germanophile, Mme Roudinesco fait un contre-sens complet sur Fillon. Ce qui a manqué à Fillon est justement l'incarnation. Il était peu crédible en chevalier des « valeurs » ! Mais sa faute fut et reste de s'être proclamé de droite aux yeux de la gauche cléricale. Le pire candidat de droite est celui qui assume de l'être. Le seul homme de droite possible pour la gauche est celui qui a honte de l'être ou ne l'est plus, comme Alain Juppé.

A lire absolument : *Les droites en France*, René-Rémond, éd. Aubier-Montaigne.
Droite-gauche ce n'est pas fini, Jean-Louis Harouel, éd. Desclée de Brouwer.

Droits de l'homme : Une expression devenue si banale qu'elle semble participer du sens commun. En réalité rien n'est plus complexe que cette fameuse question des « droits de l'homme ».

Ceux-ci procèdent-ils d'un droit « naturel », immanent à l'individu, ou participent-ils d'une très longue élaboration occidentale, que l'Occident a tendance à universaliser ? Une question lancinante se pose, à laquelle il est mal aisé de répondre : pourquoi a-t-il fallu si longtemps pour que les « droits de l'homme » nous apparaissent aller de soi s'ils relèvent d'un droit inné de la « nature humaine » (voir **Nature humaine**) ? Plusieurs réponses sont possibles. Pour les libéraux, les droits de l'homme sont liés aux progrès de la civilisation et au développement de la modernité politique à partir du XVIIe siècle en Occident. Ils sont inhérents à la démocratie qui signe l'avènement de l'individu autonome du corps social. Cette conception, qui a été générée par des philosophes qui se croyaient ou se voulaient chrétiens, comme John Locke au XVIIe siècle en Angleterre, est, avec le temps, devenue areligieuse et on la retrouve sous des formes diverses chez tous les penseurs libéraux contemporains. A l'opposé de cette conception, les catholiques affirment que les « droits de l'homme » sont indissociables d'une anthropologie fondée sur une loi naturelle marquée par la création divine et dont notre raison témoigne. C'est parce que nous sommes des êtres pourvus d'une dignité ontologique intrinsèque que nous avons des droits inaliénables, lesquels sont d'ailleurs limités par des devoirs. Devoirs envers la cité mais aussi envers autrui et d'abord envers nos proches. Quand les humanistes libéraux affirment le caractère immanent du droit naturel – celui de jouir de son corps et de ses biens, de sa propriété comme de sa liberté – les humanistes chrétiens considèrent que les droits de l'homme ne peuvent être pensés hors de toute métaphysique. Face à ces deux conceptions humanistes, l'une théocentrique et l'autre anthropocentrique, existent aussi des points de vue radicalement antilibéraux. A commencer par ceux des penseurs de la contre-révolution qui, de Joseph de Maistre à Carl Schmitt en passant par Charles Maurras ou

Donoso Cortès, nient les fondements ontologiques des droits de l'homme et de la démocratie. Pour eux la notion de droit de l'homme est une fiction dangereuse car elle octroie aux individus, des pouvoirs qui, en se contredisant les uns les autres, peuvent ébranler l'ordre social. Certains catholiques critiques à l'égard de Vatican II, comme le philosophe et historien du droit Michel Villey, récusent aussi cette notion de droit de l'homme. Pour Michel Villey l'Histoire de l'Occident est marquée par une rupture épistémologique liée à la naissance de la Modernité, notamment avec la pensée de Hobbes, pour qui la société est fondée sur un contrat artificiel. Cette conception qui rompt avec l'idée du droit tel qu'il a été conçu par Aristote et expérimenté à Rome (*jus naturalis*, littéralement droit naturel) sera au fondement du libéralisme politique qui fait de l'individu un atome distinct du corps social. Dans la conception aristotélicienne du droit, l'individu ne naît pas pourvu de droits, il naît dans une famille et devient un être social inséré dans des communautés qui définissent ses droits et ses devoirs, depuis la famille à l'Etat. Si ma subjectivité fonde mon droit comment restreindre les droits de ceux qui peuvent empiéter sur les miens ? Comment faire pour que les droits des uns n'entrent pas en conflit avec celui des autres ? Par exemple prenons le débat sur le droit de migrer. Selon les libéraux ou la gauche radicale, qui ont sur ce sujet le même point de vue, les individus ont le droit de s'installer où bon leur semble. De prime abord cela semble relever de l'évidence puisque « la terre appartient à tout le monde ». Mais si les citoyens ou les autochtones d'un pays s'y opposent, quel est le droit qui doit primer ? Celui des autochtones, qui veulent limiter ce droit ou celui des allogènes qui veulent en user ? Si le droit de migrer est fondamental, par exemple celui des Mexicains aux USA, en quoi celui des autochtones d'y mettre des limites serait-il moindre ? Dans un livre subversif, *Le Droit et les droits de l'homme* Michel Villey (voir

Michel Villey) écrit ceci : « *J'estime donc fondée la critique de Marx; elle portait, dans la* Question Juive, *contre les formules de la déclaration de 1789, qui sont un écho de la doctrine de Locke. Ces droits de l'homme « formels » (libertés) ne sont pas pour tous, mais pour quelque uns. Ils servirent à la destruction de la monarchie, mais lui substituèrent une oligarchie. Ils ont signifié la domination politique de la classe bourgeoise dans l'économie, du capitalisme. Un troisième fruit des « droits de l'homme »*. De son côté, l'historien du droit Jean-Louis Harouel, développe un point de vue très original : il affirme que les droits de l'homme actuels sont une déviance idéologique du libéralisme originel. Selon lui, l'effondrement des idéologies révolutionnaires a laissé la place à une gnose messianique humanitaire d'origine chrétienne qui se superpose aux Etats et tend à subvertir l'Europe. A cet égard il est très critique à l'endroit du Pape actuel qui a selon lui rallié cette idéologie. (voir **Jean Louis Harouel**)

A lire sur les droits de l'homme :
Le Droit et les droits de l'homme, Michel Villey, éd. PUF.
Les Droits de l'homme contre le peuple, Jean Louis Harouel, éd. Desclée de Brouwer.

E

Edern Hallier : Disparu en juin 1998, Jean-Edern Hallier était l'enfant fou des lettres françaises. Son amoralité n'avait pas de limite mais cette illimitation faisait aussi son charme destructeur et auto destructeur. Les vrais « salops » sont rares et Jean-Edern en était un, à sa manière, bien qu'il n'ait tué personne à notre connaissance. Il avait tous les vices et tous les défauts comme il l'a d'ailleurs écrit de lui-même (*Carnets impudiques*, 1988) mais il avait aussi quelques talents. Une plume par moment incandescente, un culot illimité et aussi un certain courage physique, ainsi lorsqu'il défia Bernard Tapie en venant le provoquer à Marseille. Son journal *l'Idiot international* restera comme la plus délirante aventure de presse des années 1980-1990 en France, qui réunit des talents littéraires originaux depuis Patrick Besson à Marc-Edouard Nabe et à Edward Limonov, mais aussi le général Gallois ou Alain de Benoist. Jean-Edern Hallier, qui était tout à la fois un anarchiste de droite et de gauche avait dénoncé la collusion libérale-libertaire, ce juste milieu où le discours sur les valeurs et les intérêts se conjoignent.

A lire de Jean-Edern Hallier : *Carnets impudiques*, éd. Michel Laffont.

Egalité : Comme l'avait vu Napoléon et après lui Tocqueville, les Français ont privilégié depuis la révolution l'idéal de l'égalité à celui de liberté. Or les idéaux ont une face sombre qu'il n'est nul besoin d'être psychanalyste pour éclairer : l'égalité est une valeur qui doit autant au ressentiment qu'à l'idée de justice, qui peut se contenter de la notion d'équité, tandis que la notion d'égalité tend vers un absolu dont on ne sait ce qui le limite. L'équité signifie que des disparités sociales extrêmes peuvent apparaître indécentes, comme c'est le cas lorsque nous festoyons à côté de pauvres hères qui crèvent la faim. A cet égard le monde où nous évoluons est-il moins indécent que celui de l'Ancien Régime ? Ce n'est pas sûr. Les romantiques chrétiens, comme Chateaubriand ou Balzac, ont cultivé la nostalgie d'un monde où les aristocrates pouvaient vivre dans une relative proximité avec un peuple qui intériorisait les distinctions sociales et où il était impensable que la fille du châtelain épouse le fils du meunier. Pour idéalisé qu'il fut, ce monde avait sa cohérence et il fut défendu par l'Eglise des siècles durant. Il se pourrait que la haine y fût moins forte que dans le monde moderne où tout un chacun, le fils du meunier comme celui du châtelain, peuvent devenir rivaux. Le monde qui advient avec la modernité est celui du *droit à la reconnaissance* (voir **Droit à la reconnaissance**). Il a été anticipé par Hobbes (voir **Hobbes**) qui y a vu le principe même de la lutte de tous contre tous.

Egalité (bis) : A cet égard, la puissante anthropologie de René Girard (voir **René Girard**) se situe dans le sillage de Tocqueville qui suggère que la démocratie, ce monde où tout un chacun peut prétendre à tout, est le système qui engendre le plus de rivalité entre les hommes et donc le plus de haine, fruit amer d'une reconnaissance impossible. Les sociétés hiérarchiques ont peut-être minimisé cette menace, les rivalités mimétiques y étant cantonnées dans une même caste. « *En posant l'égalité de droits de tous les individus, les sociétés démocratiques portent la rivalité mimétique à un degré d'intensité inconnu jusqu'alors* » écrit le philosophe Christian Godin (*Le Grand bestiaire de la philosophie*, Cerf, 2016). La promiscuité démocratique diffuse l'envie comme on le vérifie aujourd'hui avec la banalisation du lynchage médiatique sur les réseaux sociaux, où chacun exprime ses frustrations et ses ressentiments à volo. Si nous sommes dans un monde beaucoup moins violent physiquement que celui de nos aïeux, ce n'est pas que nous soyons devenus meilleurs. Nous craignons plutôt les conséquences immaîtrisables d'une violence, qui par ailleurs, nous fascine.

Elites : Il y a-t-il encore des élites en France ? Très certainement, mais ce n'est pas dans le monde politique qu'elles brillent le plus. « *La France sera sauvée par ses élites* » écrit Bernanos dans sa *Lettre aux Anglais*. Il est malheureusement permis d'en douter. Voici un compte rendu d'un séminaire du pouvoir politique français sous Sarkozy, au sujet de la question de l'identité nationale. Il est issu du livre de Maxime Tandonnet conseiller de Nicolas Sarkozy, *Au cœur du Volcan. Carnets de l'Elysée* 2007-2012. (éd. Flammarion).

Extraits :

Frédéric Mitterrand, ministre de la Culture : « *Il faut jouer sur l'affectif ; j'ai retrouvé une chanson de Charles Trenet qui pourrait être utile, Douce France…* »

Xavier Darcos : « *Dommage que tu ne nous la chantes pas…* »

Les ministres se mettent alors à le supplier : « *Chante, chante* »…

Sur un ton lyrique, déclamatoire, comme au théâtre, le ministre de la Culture déploie ses ailes : « *Mettons résolument l'accent sur l'apport de l'u-ni-ver-sel à la création française. Léonard de*

Vinci ! Michel-Ange ! Chagall ! Picasso ! Beethoven ! Mozart ! Schubert ! Cervantes ! Shakespeare ! Tolstoï ! Combien de prix Nobel devons-nous à l'apport de l'extérieur ? Songeons à Julien Green (Sic). Mais aussi à Jacques Brel qui était belge, comme Annie Cordy ! »

Les ministres : « *Chante, chante !* »

Frédéric Mitterand : « *Oui il faut introduire cette idée ! Rappeler tout ce que notre pays doit à l'u-ni-ver-sel ! Edith Piaf c'est la France ! Or son père était kabyle !* »

Les ministres : « *Chante, chante !* »

Fadela Amara, dans un invraisemblable brouhaha : « *Oui ! Qui le sait que son père était Kabyle ? [...] J'insiste sur le problème récurrent du lien entre la police et les jeunes des quartiers qui n'ont aucun sentiment d'appartenance à la nation. Je ne parle pas seulement de* « Mohammed » *mais tout autant du* « *petit* Benoît »...

Benoîst Apparu, secrétaire d'Etat au logement :

« *Quoi ? Qu'est-ce que j'ai fait encore ?* »

La salle explose de rire.

Fadela Amara : « *L'identité nationale se fera avec tout le monde, sans exclure. Frédéric (Mitterrand) a raison. Il faut aussi parler du raï, mettre l'accent sur les grandes vagues d'immigration qui ont forgé la France* ».

[...]

Bernard Kouchner, sentencieux, solennel :

« *La tournure prise par le débat me semble tournée vers le passé, et un état d'esprit défensif. Parlons* « *d'identification* » *plutôt que d'identité : insistons sur les valeurs nouvelles. Fadela, c'est très justement que tu as parlé du rap !* »

Les ministres, dans un tonnerre d'exclamation et d'éclats de rire : « *Du raï, du raï ! Pas du rap, du raï !* »

Bernard Kouchner, vexé : « *Bon c'est pareil... ! (Non, non ! font ses collègues) il faut réfléchir à l'identité nationale sous l'angle de ce que nous voulons proposer aux autres et avant tout l'Europe…*

[…]

Christian Blanc : « *Notre dernière grande fierté : la victoire en coupe du monde de football en 1998* »

Les ministres : « *Aaaaaaah !* »

Christian Blanc : « *On ne sait pas valoriser ce que nous sommes et nos réussites, par exemple le prix Nobel de math…* »

Le premier ministre : « *Une seule remarque, il n'y a pas de prix Nobel de mathématiques…* »

Nadine Morano, ministre de la famille : « *Ne pourrait-on prévoir une cérémonie solennelle de remise de la première carte d'électeur ? Pour reprendre l'intervention de Frédéric, je voudrais rajouter* My Way *de Claude François à* Douce France *de Trenet, comme symbole de notre identité nationale.* »

Bernard Kouchner : « *Il faut aussi rappeler qu'être français, ce n'est pas forcément parler français. Le monde entier connaît la France à travers les mots de French doctor. De même, nous avons oublié de parler de la télévision et de la contribution de l'émission* Star académy *à notre identité.* »

Etc.

Imagine-t-on ce genre de mélimélo lors d'une réunion ministérielle dans un gouvernement de Giscard ou de Pompidou ? Pas vraiment. La baisse du niveau intellectuel de ce pays concerne aussi ces élites politiques ou qui se prétendent telles. Frédéric Mitterrand en para-Malraux et Kouchner en para-Glucksmann sont affligeants, sans parler d'Amara et Morano qui n'auraient jamais été ministres il y a 20 ans.

Emeutes de banlieue : La grande peur de l'Etat depuis les événements de décembre 2005. A l'occasion de ces évènements, Albert Jacquard, généticien et coqueluche du journal sans lecteurs, mais non sans subventions, qu'est l'*Humanité* déclarera qu'il fallait avant toute analyse du phénomène exprimer « un immense respect » aux émeutiers pour ne pas les renforcer dans leur sentiment d'exclusion. Ce propos, tenu pendant les journées du livre de Pau, en décembre 2005 lors d'un débat avec Michel Serres, lui valut un concert d'applaudissements. Pour André Glugksmann ces émeutes démontraient la volonté des émeutiers – qui avaient cassé et brûlé des écoles en Seine-Saint-Denis – de devenir des Français à part entière. Belle manière en effet de manifester leur désir d'appartenance. A cette occasion, Alain Finkielkraut eut le courage solitaire, mais n'est-ce pas un pléonasme dans un pays où les meutes chassent groupées, de qualifier ces événements « d'émeutes ethniques », et de « pogrom anti-républicain » ce qui lui valut une virulente campagne orchestrée par le journal de gauche israélien *Haaretz* et *Le Monde* en particulier.

Ethique : Un mot servi à toutes les sauces depuis le monde de l'entreprise à celui du sport. Ce mot connaît une fortune inversement proportionnée au discrédit que le terme de morale a subi ces dernières années. *Ethique*, surtout écrit en anglais, *ethic*, fait chic et bien portant. Morale fait gnan-gnan et ennuyeux, en fin de compte rabat-joie. Tout cela, à vrai dire, n'est pas très consistant. Comme si Bergson n'avait pas écrit un livre qui fait encore autorité en philosophie : *Les deux sources de la Morale et de la Religion*. A ce sujet le point de vue de Paul Ricœur nous semble éclairant : « Faut-il faire une distinction entre morale et éthique ? A vrai dire, rien dans l'étymologie ou dans l'histoire de l'emploi des mots ne l'impose : l'un vient du latin, l'autre du grec ancien et les deux renvoient à l'idée de mœurs (*ethos*, *mores*). On peut toutefois discerner une nuance, selon que l'on met l'accent sur ce qui est estimé bon ou ce qui s'impose comme obligatoire. C'est par convention que je réserverai le terme "d'éthique" à la visée d'une vie accomplie sous le signe des actions estimées bonnes et celui de "morale" pour le côté obligatoire, marqué par des normes (voir **normes**), des obligations, des interdictions caractérisées à la fois par une exigence d'universalité et par un effet de contrainte. On reconnaîtra aisément dans la distinction entre visée de la vie bonne et obéissance aux normes l'opposition entre deux héritages : l'héritage aristotélicien, où l'éthique est caractérisée par sa perspective téléologique (de *télos*, signifiant "fin") et un héritage kantien où la morale est définie par le caractère d'obligation de la norme, donc par un point de vue déontologique, déontologique signifiant précisément devoir ». Ce texte est remarquable de clarté. Il renvoie selon nous à l'idée grecque de *vie bonne* ou la notion de devoir est toujours liée à une situation concrète et relève d'une forme de vertu (voir **Vertu**). Nous avons des devoirs impératifs envers nos proches, que ce soit dans un cadre affectif, familial ou professionnel. Par exemple l'éthique professionnelle me commande de remplir ma mission ou mon contrat. Il ne s'agit pas ici de morale à proprement parler. La morale relève de notions élémentaires, par exemple ne pas voler les affaires de mon voisin. Sa portée est plus universelle au sens ou sans un minimum de moralité la vie sociale n'est plus possible. Ai-je des devoirs envers qui je n'ai aucun lien social ou affectif, notamment celui que je croise dans la rue ? Par exemple à l'endroit des réfugiés ou des mendiants qui occupent la rue ? Le geste que je peux faire ou ne pas faire, en offrant à manger ou en donnant de l'argent, ne relève pas, à notre sens d'un devoir mais d'une initiative purement subjective qui n'a pas, en soi, de valeur morale particulière car elle ne répond à aucune obligation.

Exclusion : Tarte à la crème de moult médias et de nombreux politiques et idéologues. Après « *stigmatiser* » et « *ne pas faire d'amalgame* » « *ne pas exclure* » fait partie du b.a.-ba de la jérémiade ambiante. Comme si l'on ne savait pas que tout groupe humain ou toute institution, quels qu'ils soient, de l'association à l'Etat, ne peuvent inclure qu'à condition qu'ils puissent aussi exclure car les deux principes sont constitutifs et solidaires l'un de l'autre. N'a de valeur que ce dont nous pouvons éventuellement être privé. Ce sont les limites qui donnent leur consistance à tout lien social. Je ne peux être inclus dans une entreprise si cette entreprise n'a pas la possibilité, si je ne remplis pas mon contrat, de me donner congé. D'une certaine manière la possibilité d'exclure est la condition de toute inclusion. Ce qu'avait parfaitement compris les clubs ou les fraternités du monde anglo-saxon. « *Je n'aimerais pas faire partie d'un club qui accepte les gens comme moi* » plaisantait Groucho Marx. Mot profond : un groupe qui ne peut pas exclure celui qui se rend indésirable ne croit pas en sa légitimité. Pouvoir exclure, momentanément ou définitivement de l'école ceux qui gâchent la vie des enseignants devrait être le b.a.-ba. Il n'y a en outre de fraternité qu'élective, celle-ci n'est pas un droit acquis. Plus largement, je ne peux prétendre être intégré à une communauté dite nationale si la nationalité n'a pas de sens à mes yeux. La France est ce pays étrange où toutes sortes d'individus réclament les dûs de la citoyenneté tout en récusant l'idée d'être français. Mais nul n'est obligé d'être Français en France. Si des gens considèrent qu'ils ne sont pas français, qu'ils renoncent à leur nationalité ! Quant à ceux qui considèrent que celle-ci n'est fondée sur rien de réel et que toute nationalité est imaginaire, à l'instar des libertariens, rien ne doit les empêcher de choisir le statut d'apatride.

Extrême droite : Une sorte d'étoile jaune sémantique. Comme « raciste » ou « antisémite », ce terme sert à disqualifier d'avance celui qui en est l'objet. Dire à quelqu'un qu'il est « d'extrême gauche », c'est le qualifier, lui dire qu'il est « d'extrême droite », c'est le disqualifier. Nous sommes ici au cœur de la disparité française. Un conseil à qui se sent ainsi étiqueté : demander à l'étiqueteur ce qu'il entend au juste par « extrême droite ». L'accusé aura le plaisir de voir son interlocuteur s'enfoncer dans un marais de jugement flous et caoutchouteux. En gros, être d'extrême droite c'est ne pas aimer les étrangers, refuser cette merveille qu'est la mondialisation ou ne pas faire confiance en « l'humain », comme dirait Mélenchon. C'est sans doute aussi être sceptique sur les capacités des hommes à se supporter longtemps. A la manière de Schopenhauer qui écrivait : « *les hommes sont comme les hérissons, plus ou les rapproche, plus ils se piquent* ». Schopenhauer était-il d'extrême droite ? Allez savoir... A partir de ce critère moralisant on peut ainsi classer à l'extrême droite les figures littéraires suivantes : Léautaud, Montherlant et Cocteau, Morand, Giono et Nimier, Blondin, Michel Déon, récemment disparu, Marcel Aymé et Jean Anouilh tant d'autres et jusqu'à Michel Houellebecq !

Extrême droite (2) : Il arrive que certains journalistes accordent à ce mot une consistance historique précise, et ne confondent pas, par exemple, comme cela arrive si souvent, le Parti social français du Colonel de la Roque, mort en déportation et le mouvement du collaborationniste Jacques Doriot, le Parti populaire Français ; ou n'affirment pas, comme cela arrive si souvent encore sur ces chaînes de télévision qui cultivent l'ignorance et l'approximation, que le personnage de Jeanne d'Arc est un « symbole de l'extrême droite ». On peut alors débattre de ce que ce terme signifie même s'il ne recouvre plus grand chose aujourd'hui en France, où nul ne se réclame de l'héritage doriotiste ou de celui de Déat, fondateur du RNP, rassemblement national populaire, autre mouvement collaborationniste et ouvertement fasciste auquel appartiendra Lucien Rebatet. Reste que cette notion d'extrême droite est problématique. Car ces mouvements fascistes mêlaient des ingrédients révolutionnaires à leur idéologie et se réclamaient de l'héritage jacobin. En réalité, la véritable formation d'extrême droite qui eut une influence décisive sur les élites fut l'Action française de Charles Maurras qui était tout à la fois nationaliste, contre-révolutionnaire et pro-catholique. Or aucune force politique ne se réclame plus aujourd'hui de son héritage et sûrement pas le Front national, même s'il existe des maurrassiens dans cette formation. Autant que l'on sache, le Front national ne propose ni la destruction des institutions républicaines, ni l'abolition de la démocratie parlementaire. Autrement dit, quand les journalistes, presque tous, classent cette formation à « l'extrême droite » ils sont sous l'emprise mimétique de leur corporation et ne font qu'attester ce que tant de gens pensent des journalistes : des conformistes paresseux.

F

Fascisme : Un mot qui recouvre toutes sortes de sens et en dit souvent plus sur ceux qui l'utilisent que sur le fascisme en question. « *Un homme actif et pessimiste à la fois, c'est ou ce sera un fasciste, sauf s'il y a une fidélité derrière lui* » dit un personnage de Malraux dans *L'Espoir*. Au sens strict, le fascisme comme phénomène historique spécifique n'a jamais existé qu'en Italie puisque c'est le seul pays où un parti qui se désignait comme tel a exercé le pouvoir sous le régime de Mussolini. C'est aussi le seul pays où un parti, le MSI, s'est désigné lui-même comme néo-fasciste. Selon ses promoteurs, le fascisme est une idéologie qui prétend combattre à la fois le libéralisme et le marxisme et ériger la nation et l'Etat en absolus. Pour cela, cette idéologie absolutise le sang et le sol, voire la race. Pour que le fascisme soit, il est donc nécessaire que s'agrègent plusieurs ingrédients idéologiques. La contradiction intrinsèque au fascisme est qu'il a besoin de la bourgeoisie pour combattre le communisme tout en la méprisant. Cette contradiction ressort très bien dans ce beau roman sur le fascisme et le néo-fascisme d'Alberto Garlini : *Les noirs et les rouges*. Ce roman qui n'est pas sans évoquer les *Réprouvés* de Von Salomon met en scène la révolte antisociale de Stefano Guerra, un jeune étudiant italien de vingt ans. Il montre la séduction du romantisme noir du fascisme qui se pare d'une révolte contre la veulerie de la société du bien-être. Le jeune néo-fasciste Guerra a lu en long et en large Julius Evola et croit trouver en lui une réponse à son désarroi. Comme l'islamiste, le fasciste condamne la trivialité du monde au nom d'une héroïsation de la vie qui s'exprime à travers la guerre et la violence et finit toujours par déboucher sur la cruauté la plus absurde. Le fascisme est un spiritualisme de la volonté qui récuse toute forme d'humilité ontologique. Une synthèse manquée, et d'ailleurs impossible, de nationalisme plébéien, de modernisme et d'aristocratisme nietzschéen.

A lire : *Qu'est-ce que le fascisme ? Histoire et interprétation*, Emilio Gentile, éd. Gallimard.
Sur le fascisme aujourd'hui : *Les Noirs et les Rouges*, Alberto Garlini, éd. Gallimard.

Féminisme : Le féminisme a-t-il un avenir dans un monde libéral qui propose une image complètement dédoublée de la femme entre la doxa officielle sur la parité des droits et de l'autre l'érotisation de l'image des femmes, qui les ravale bien souvent au rang de fantasme ? Comment toute une jeunesse issue de l'immigration ne serait-elle pas déboussolée par ce double *mind* ? L'islamisation des mœurs pourrait bien fournir une réponse à la schizophrénie d'un Occident libertaire et permissif sur le plan des normes sexuelles alors même qu'il est idéologiquement normatif. Face à cette aberration, les féministes déboussolées n'ont pas de réponse cohérente. Les féministes républicaines et universalistes comme Elizabeth Badinter (voir **Badinter**) absolutisent la laïcité et la parité tout en légitimant l'immigration musulmane qui les subvertit. Elles admettent l'autre (voir **Autre**), le musulman (tout en le détestant secrètement) à condition qu'il finisse par adopter nos valeurs laïques évidemment universelles ! Sans voir que *l'autre* en question ne voit pas de raison particulière de ressembler à Madame Badinter qui avait théorisé le droit pour l'homme de faire des enfants ! Quant aux féministes non-universalistes qui réclament le droit des musulmans de rester comme ils sont (Le fameux « Venez comme vous êtes »), elles ne se posent pas la question de savoir si les autochtones non-musulmans n'ont pas, eux aussi, le droit de rester tels qu'ils sont, sans avoir à subir la pression culturelle de l'Islam. On peut donc se poser la question de savoir si le féminisme ne sera pas le tombeau de l'Occident. En réalité le féminisme ne parvient pas à surmonter une contradiction qui le mine depuis toujours : la femme est-elle l'autre de l'homme ou est-elle le même que lui, à la différence génitale près ? Les féministes ne parviennent pas à se mettre d'accord sur ce que recouvre au juste ce mot de « féminin ». Est-il un détail ou une altérité ? Est-ce un attribut biologique ou une réalité d'ordre anthropologique, voir ontologique (voir **masculin-féminin**) ? Dans la Kabbale juive, les sexes sont profondément dualisés, ils symbolisent des modes d'être différents. Chaque humain est un composé des deux sexes et c'est la prédominance de l'un sur l'autre qui fait la masculinité ou la féminité d'un individu. Ce dualisme que l'on retrouve dans la tradition taoïste chinoise, celui du Yin et du Yang est nié par le féminisme paritaire, qui ne voit en chacun de nous que des individus plus ou moins sexués mais des individus d'abord. Cette tendance ultra-individualiste de l'Occident est condamnée par les traditions spirituelles du monde entier. Tout simplement parce que la vision égalitaire paritariste dont elle est le vecteur va à contre sens de toutes les civilisations non-occidentales, depuis l'islam jusqu'aux cultures africaines en passant par le bouddhisme et le confucianisme, sans parler évidemment de l'hindouisme.

A lire sur le sujet : *Adieu mademoiselle* d'Eugénie Bastié, éd. Cerf.

Ferry Luc : Le philosophe qu'il est inutile de présenter tant il est omniprésent. Il donne des conférences par voie de mer (croisières…) d'air (Les ondes de *France musique*) et de terre (*Le Figaro…*) Libéral et moderne mais aussi élitiste et avec cela « gaulliste ». Mais qui ne l'est aujourd'hui ? Libéral, républicain, individualiste, humaniste et gaulliste : voilà qui donne le tournis. Plutôt que des interlocuteurs, Ferry donne parfois l'impression de n'avoir que des élèves qu'il essaie de hisser à son niveau. Luc Ferry est un excellent pédagogue qui réussit à rendre accessible des pensées très complexes, notamment celles de Kant qu'il a traduit ou de Heidegger qu'il a commenté. On peut aussi relever ses contradictions entre sa dilection pour Rousseau et son refus des utopies pédagogistes qui, selon lui, ravagent l'éducation nationale comme il l'écrit dans le livre publié avec Alain Boissinot : *La plus belle histoire de l'école*. (éd. Robert Laffont). Ces utopies fondées sur l'idée de l'auto-construction de l'enfant par lui-même ne sont-elles pas inspirées de la pensée de Rousseau ? On notera aussi qu'il n'est pas opposé au transhumanisme (voir **Transhumanisme**) du moment que celui-ci respecte la *« dignité de l'homme »* telle que la définit Pic de la Mirandole dans son célèbre essai : *De la dignité humaine*. Mais peut-on être humaniste et transhumaniste à la fois ?

A lire de Luc Ferry : La Révolution de l'amour, éd. Plon.

Finkielkraut Alain : La tête de turc du tout puissant « parti de l'*autre* », comme le philosophe l'a dénommé et que nous appellerons ici les *altérophiles* ou les *autristes*. Comment définir cette mouvance aussi molle et prégnante qu'un énorme mollusque qui vous enrobe dans son réseau de suspicions et ne vous lâche plus jusqu'à ce qu'elle vous ait forcé à avouer votre racisme présumé ? Ce qui définit le parti de l'*autre* est d'abord son statut de plaignant. Le parti de l'*autre* a décidé que l'Etat, ou, plus abstraitement, la France ou la République devaient répondre des crimes inhérents à la civilisation occidentale. Crime à l'égard de l'Afrique, du fait de l'esclavage, dont est exclu bien sur l'islam *« la civilisation esclavagiste par excellence »* selon Fernand Braudel (voir **Braudel**) puis de la colonisation. Crime du prétendu « apartheid » des cités, crime de l'inégalité sociale à l'école, crime des contrôles policiers au faciès... etc. Nous sommes tous des criminels dès lors que nous prétendons hériter d'une civilisation qui s'est prétendue supérieure et ce à l'instar de toutes les autres civilisations, puisque ce fut aussi le cas de la civilisation chinoise ou de la civilisation ottomane et enfin de la civilisation arabo-islamique. Mais pour le parti de l'*autre*, toujours selon Finkielkraut, nous sommes les seuls à devoir battre notre coulpe. La liste des criminels ? Elle commence à Clovis et se termine à Sarkozy en passant par ces monstres que furent Charlemagne, Louis XIV, Napoléon etc. Hérauts du parti de l'*autre* : Edwy Pleynel le chantre des minorités afro-magrébines, Emmanuel Todd et sa vision lénifiante de l'islam comme religion des « faibles », Edgar Morin et sa prédilection pour *Al Andalous*, avec Tariq Ramadan, en vizir éclairé d'une amitié judéo-musulmane imaginaire ; mais aussi Éric Fassin, qui cultive sa dilection pour les caïds de banlieue victimes du « racisme français », l'égérie de l'africanité blessée, Rockya Diallo sans oublier les pathétiques idéologues du *Cran* (voir **Cran**), ces créanciers de la négritude spoliée etc. Il faut ici appliquer le diagnostic imparable de Nietzsche sur le ressentiment comme symptôme de dégénérescence culturelle. Les *« malvenus »* (Nietzsche dans *La Généalogie de la morale*) ne sont plus les chrétiens mais ceux chez qui la culpabilisation des « dominants » tient lieu de dette infinie. Le racisme ou le colonialisme sont le péché originel de cette théologie victimaire. Comme chez Saint-Augustin nous sommes héritiers d'une faute originelle puisque l'Occident est né coupable depuis la Bible et

Platon. Et ce que ces gens détestent en Finkielkraut c'est qu'il synthétise ce qu'ils abhorrent : Français sans être franchouillard, conservateur sans être de droite, juif sans être antisioniste. Car s'il était juif mais antisioniste, républicain mais de gauche, français mais francophobe, il serait absous. Finkielkraut les excite car il échappe à leur dualisme. Il faut bien qu'ils aboient contre quelqu'un. Renaud Camus est trop peu connu et trop « France provinciale ». Richard Millet trop clairement réactionnaire. Éric Zemmour trop populaire. Finkielkraut est subtil, il aurait pu être des leurs, d'où leur haine dédoublée à l'encontre d'un ancien proche. Voilà qui ne sera pas pardonné.

A lire absolument d'Alain Finkielkraut : *L'identité malheureuse*, éd. Stock.

Foucault Michel : Le penseur de la gauche postmarxiste devenu l'épigone de la *French Theory* aux Etats-Unis dans les années 1970. Philosophe d'une puissance intellectuelle hors du commun, Foucault est l'auteur d'une œuvre que nous n'avons pas la prétention de juger, un terme qui aurait sans doute fait horreur à ce penseur anti-hégélien. Ce qui nous importe ici est d'abord ce qu'il a représenté d'emblématique, autrement dit la fin de l'hégémonie de Sartre et de l'existentialisme dans l'intelligentsia française, un Sartre qui le dénoncera d'ailleurs comme un penseur « bourgeois ». Avec son *Histoire de la folie à l'âge classique,* (1972) Foucault rompt avec la tradition du rationalisme français. L'homme est un champ de forces complexes qui ne peut prétendre à l'unité. Très marqué par Nietzsche et Georges Bataille, Foucault est anti-cartésien. Son grand livre *Les mots et les choses* participe de la déconstruction de la conception traditionnelle de l'homme défini depuis Aristote comme un animal rationnel. Pour Foucault, nous sommes des êtres de désir qui maquillons nos passions, nos humeurs et notre irrationalité sous ces alibis que sont les « valeurs ». Pessimiste quant à un sens quelconque de l'Histoire, Foucault aura été en quelque sorte le penseur implicite de la sensibilité « libérale-libertaire » qui se déploie dans les années 1980 quand il devient patent que la gauche au pouvoir ne « changera pas la vie » en rompant avec la logique du libéralisme. Pour Foucault qui est l'arpenteur d'une subjectivité multiple, les sociétés libérales-libertaires ou néo-libérales sont, à l'instar de la Californie, les seules vivables car elles sont moins vouées au contrôle social et les corps y sont plus libres pour expérimenter une sexualité hors-normes. Ce qui ne l'empêchera pas d'écrire des textes plus qu'ambigus sur la révolution iranienne en 1980. Comment peut-on être libertaire en Occident, au nom du droit des corps à une liberté radicale et soutenir une idéologie fondée sur leur négation en Iran ? Foucault n'a-t-il pas succombé à la posture classique de l'intellectuel de gauche qui imagine soudain que le salut peut venir de l'extérieur de l'Occident ?

A lire de Michel Foucault : *Les mots et les choses*, éd. Gallimard, 1966.

Fourest Caroline : Cette intellectuelle connue pour ses positions très tranchées soulève la polémique à chacun de ses livres. Laïciste et anti-catholique elle a été l'auteur de plusieurs brûlots notamment contre le Front national ou contre Tariq Ramadan. Son argumentaire est aussi connu que ressassé. La République est menacée par les forces obscurantistes que sont l'Eglise catholique « *l'extrême droite* » (voir **extrême droite**) et l'islamisme. Il est dommage qu'un esprit aussi brillant se prête à tant de stéréotypes. On l'entend moins fustiger le monde catholique depuis que le Pape a pris des positions immigrationnistes. Le rêve de ce petit père Combes en jupon n'est-il pas de ressusciter l'infâme de Voltaire (voir **Voltaire**) à savoir l'Eglise catholique, pour mieux pouvoir la combattre ?

France éternelle : On remarquera que le général de Gaulle dans son discours inaugural de la Libération de Paris d'août 1944 évoque la « *France éternelle* », « *celle qui se bat* » et non les « valeurs de la République ». Distinction signifiante. Chez de Gaulle, La France existe en soi, telle une essence singulière qui surgit à travers les brumes de l'Histoire pour délivrer un message d'Humanité et de grandeur. On trouve cette inspiration chez Michelet le républicain ou chez Péguy et plus tard chez Bernanos. Cette empreinte, de Gaulle la relie à une autre influence, celle du nationalisme barrésien et il tente de faire la synthèse de ces inspirations. Même si la France n'est pas fondée sur une race, la dimension ethnique de la nation française qui a fusionné des peuples cousins, gaulois, germains mais aussi latins est patente chez de Gaulle. Ce qui explique peut-être la dilection de De Gaulle pour les peuples du Nord. Son admiration pour les Allemands (un « grand peuple ») ou son goût pour l'Irlande.

Fraternité : Ce mot a été utilisé politiquement pour la première fois par Robespierre en 1793 qui voulait l'inscrire sur les drapeaux tricolores de l'armée avec ceux de liberté et d'égalité. En vain puisque la Révolution se contenta de revendiquer les valeurs libérales de liberté et d'égalité de droit. Historiquement, l'idée de fraternité, que la République post-jacobine puis l'Empire jetteront aux orties, resurgit durant la révolution de 1848 et elle sera inscrite dans la constitution de la IIe République où la devise liberté-égalité-fraternité voisine avec une autre devise : travail-famille et patrie. Mais il faudra attendre la IIIe République pour que la fameuse fraternité devienne un idéal politique sans rien perdre de son ambiguïté.

Fraternité (2) : Dès le départ ce terme est porteur d'une équivoque. Qui sont au juste les « frères » dont il est question ? Dans l'anthropologie chrétienne dont l'idéal républicain semble dériver à certains égards, le Père, incarné dans le Fils, fonde la fraternité entre les fils. Les hommes sont frères en vertu d'une affirmation théologique plutôt que d'une affiliation biologique. Tel n'est pas le cas dans l'idée républicaine où l'on ne perçoit pas ce qui fonde au juste la « fraternité ». Un être suprême ? La raison ? Si aux yeux d'un chrétien, toute communion est créatrice de fraternité, laquelle suppose une égalité ontologique qui transcende les disparités entre individus, on ne voit pas en quoi l'égalité générerait un sentiment de fraternité plutôt que l'inverse : un sentiment de rivalité. Par ailleurs, sachant quel usage la République a fait de sa fraternité proclamée, notamment en Vendée où des dizaines de milliers d'hommes et de femmes ont été passés au fil de l'épée, on ne peut qu'être sceptique sur cette notion de « fraternité républicaine ». La République française a créé une fraternité dont elle excluait par avance ses ennemis. En toute logique elle ne peut donc se prévaloir de cet universalisme humanitaire qui continue d'habiter les discours d'un Mélenchon. Les francs-maçons du Grand Orient se prévaudront de cette fameuse fraternité tandis que les catholiques la dénigreront comme impie avant que le Pape Léon XIII recommande aux catholiques d'adhérer à la République, ce qu'ils feront contre leur gré pour la grande majorité.

Fraternité (3) : La fraternité est-elle pensable ? Pour la filiation qui va de Machiavel à Sigmund Freud en passant par Hobbes et Nietzsche, il est évident que la fraternité ne peut être qu'une fiction puisque les hommes sont par définition rivaux, virtuellement hostiles ou, au mieux, insensibles à leurs sorts respectifs. Cette vérité est cependant très difficile à admettre car elle suppose de renoncer à l'idée même de « communauté humaine » (voir **communauté**). Marquée par l'universalisme chrétien, l'idée de fraternité fera dire à Malraux que l'on ne pouvait rencontrer celle-ci qu'en des circonstances exceptionnelles. Il arrive en effet que des hommes qui n'ont pas d'affinités particulières se sentent liés. Et l'on sait par exemple que tous ceux qui ont partagé des combats communs, notamment à la guerre, ont gardé un sentiment fraternel. Il en va de même pour les grandes amitiés liées à la jeunesse ou à l'enfance. Mais il s'agit, en l'occurrence, toujours de fraternités électives et non d'une fraternité générale et abstraite. En outre si l'on est chrétien on se doit d'être charitable. Mais dans une perspective incroyante ou matérialiste, l'autre est un autre individu. Semblable à moi sur le plan anthropologique, il n'est mon prochain que s'il le devient à travers une relation qui peut ne pas exister. Son statut est aléatoire. Les valeurs républicaines exigent donc de nous une fraternité dont elles nient par ailleurs le fondement ontologique. C'est en ce sens que les valeurs démocratiques sont des « *idées chrétiennes devenues folles* » (Chesterton).

Freund Julien: Philosophe politique français dont l'influence est méconnue. Résistant ayant combattu les Allemands pendant la seconde guerre mondiale, Freund a été traumatisé à la libération par le viol d'une jeune femme par les FTP. D'avoir vu les libérateurs se comporter d'une manière qui rappelait les occupants a sans doute été décisif dans la formation de son anthropologie politique marquée par la guerre et le conflit. Pour Julien Freund qui fondera un Institut de polémologie à Strasbourg, la guerre et le conflit sont des invariants de la condition humaine et donc de la politique, le propre de l'homme selon Aristote. Auteur d'une thèse sur *L'essence du politique* qui fut adoubée par un jury prestigieux, Freund va tenter de rendre compatible son aristotélisme et son pessimisme anthropologique. Durant sa thèse qui affirme le caractère indépassable du conflit entre les hommes, le philosophe hégélien Jean-Hyppolite lui dira que, s'il avait raison, il n'avait plus qu'à se suicider. Lecteur de Carl Schmitt, dont la pensée est très marquée par Hobbes (voir **Hobbes**), Freund va influencer aussi bien la philosophe aristotélicienne Chantal Delsol que le sociologue néo-païen Michel Maffesoli. Son travail qui intéressera Raymond Aron inspirera à Pierre André Taguieff un essai. Son meilleur livre est selon nous son essai sur le concept de *Décadence* (voir **Décadence**) à travers les cultures et les âges. Il y fait preuve d'une érudition et d'une puissance de synthèse exceptionnelle car il parvient à embrasser la thématique de la décadence à travers toute l'Histoire de la pensée. Pour Freund, il ne fait pas de doute que la décadence est partie prenante du destin d'un Occident où la politique a été destituée au profit de l'économie et des sentiments humanitaires.

A lire absolument de Julien Freund : *La Décadence*, éd. Syros.

Front républicain : La baudruche de ceux pour qui le Front national représente le mal en politique. Entendre Jean-Christophe Cambadélis, plusieurs fois condamné par la justice, évoquer régulièrement ses valeurs et en appeler au cordon sanitaire contre le Front national est assez cocasse. Devinette : qu'ont en commun Valls, Cambadélis, Baroin, Borloo et consorts ? Une rhétorique de type radicale socialiste qui semble parfois émaner des loges du Grand Orient de France auquel n'appartenait pas Clémenceau. Charles Pasqua affirma un jour que le Front national, il s'agissait à l'époque d'un parti plus à droite qu'aujourd'hui, avait des « valeurs » en commun avec les gaullistes. Alors ?

G

Gallo Max : L'homme du « roman national » (voir **Roman national**) dont il sera l'un des chantres sous la présidence de Nicolas Sarkozy. Jacobin déçu par Mitterrand dont il sera ministre dans les années 1980, Max Gallo incarnera la lente évolution de la gauche républicaine vers une certaine forme de souverainisme dans les années 1990. Disparu le mercredi 19 juillet 2017 à l'âge de 85 ans, cette force de la nature qui se levait à l'aube pour écrire aura produit plus d'une centaine de livres. Amoureux de Napoléon, de Louis XIV et de Gaulle mais aussi de Saint-Louis, Gallo était un inconditionnel de la France, qu'elle fût monarchique et chrétienne, bonapartiste ou républicaine. (cf. Max Gallo, *Histoires particulières* avec Paul-François Paoli, éd. CNRS). Tout à la fois souverainiste et universaliste il ne voulait pas entendre parler d'une remise en cause du droit du sol qui était pour lui le socle de l'assimilationniste à la française. Une personnalité mégalithique.

A lire absolument de Max Gallo :
Napoléon : Le chant du départ ; *Le soleil d'Austerlitz* ; *L'empereur des Rois* ; *L'immortel de Saint- Hélène.*
Sur Max Gallo : *Bella ciao* de Marielle Gallo, éd. Grasset.

Gauche : Depuis la Libération jusqu'aux années 2000, il sera à peu près impensable qu'un intellectuel ne soit pas de gauche en France. Être de gauche, le mot *être* est ici essentiel, relevant de l'évidence ontologique et de la norme intellectuelle. Par conséquent, être de droite pouvait suggérer une forme de déviance. Si Raymond Aron put, presque seul, contredire ce schéma c'est grâce à un magistère exceptionnel et aussi, sans doute, parce qu'il était juif. On ne pouvait lui faire le « coup de Vichy » avec lequel les intellectuels et les journalistes ont pu si longtemps intimider leur monde. Ce paradigme est aujourd'hui révolu. Il n'est certes pas toujours bien vu de s'affirmer de droite, la droite politique elle-même y rechigne parfois, mais être de gauche n'est plus la panacée. Il se pourrait que la crise du journalisme français – souvenons-nous de l'époque où le Général de Gaulle pouvait dire avec ironie : « *On ne gouverne pas la France contre le Nouvel Observateur* » - ne soit pas sans lien avec cette défaite historique de la gauche. La gauche va-t-elle perdre le monopole du pouvoir culturel en France ? Cela semble possible. Ce qui est certain c'est qu'il n'y a plus un seul intellectuel de renom qui se réclame aujourd'hui de *la gauche* en soi, comme c'était le cas il y a peu.

Gauchet Marcel : Philosophe et historien des idées à peu près unanimement respecté, ce qui est rare en France. Marqué par la pensée de François Furet et par le philosophe anti-autoritaire et anti-totalitaire Claude Lefort, Gauchet est difficilement situable idéologiquement, ce qui renforce encore son aura. Il est une référence aussi bien pour des conservateurs que pour des libéraux ou des républicains. Sa pensée politique s'inscrit dans une vision de l'Histoire fondée sur l'avènement de la démocratie comme principe global (voir *L'Avènement de la démocratie*). La démocratie n'est pas seulement un régime, comme l'avait vu Tocqueville, c'est une sensibilité qui concerne tous les domaines de l'existence. Cette sensibilité est fondée sur l'avènement de l'individu (voir **Individu, individualisme**) qui doit être en mesure d'assumer ses aspirations en dehors des impératifs qui ont présidé à la destinée humaine quand la religion définissait le sens de la vie. « *Le déclin de la religion se paie en difficulté d'être soi. La société d'après la religion est aussi la société où la question de la folie et du trouble intime de quiconque prend un développement sans précédent. Parce que c'est une société psychiquement épuisante pour les individus où rien ne les secourt ni ne les appuie plus face à la question qui leur est retournée de toute part en permanence : pourquoi moi ? Pourquoi naître quand personne ne m'attendait ? Que faire de ma vie quand je suis seul à la décider ? Serais-je jamais comme les autres ?... A quoi bon avoir vécu si l'on doit disparaître sans laisser de traces, comme si, aux yeux des autres, vous n'aviez pas vécu ? Nous sommes voués à vivre désormais nus et dans l'angoisse, ce qui nous fut plus ou moins épargné depuis le début de l'aventure humaine, par la grâce des dieux* » écrit-il dans son livre majeur selon nous : *Le Désenchantement du monde*. Pour Gauchet, nous sommes donc définitivement sortis de l'ère de la religion en Occident. Celle-ci était fondée sur le régime de l'hétéronomie pour entrer dans celui de l'autonomie qui est inhérent à la démocratie. (voir **Autonomie**). Le paradoxe qu'il soutient et qui nous semble profond, est que cette sortie s'est effectuée à travers le christianisme qui, en dissociant le sacré du profane, a promu une forme de « désenchantement du monde » qui rend inéluctable la fin de toutes les formes de théologie politique. Cependant, si l'individu est devenu le maître et le promoteur de ses normes et de ses valeurs, comme c'est prétendument le cas en Occident, comment se prémunir contre un relativisme intégral (voir **Relativisme**) ? Comment faire pour que l'individualisme occidental, né de l'humanisme laïc, ne se transforme pas en un post-humanisme suicidaire ? La pensée de Gauchet pêche à notre sens par un excès de confiance en une rationalité qui serait tout à la fois immanente et auto-limitative. Marcel Gauchet croit-il que nous sommes prémunis de la guerre du tous contre tous qui peut advenir dans un monde qui a, par trop absolutisé la souveraineté de l'individu ?

A lire absolument de Marcel Gauchet : *Le désenchantement du monde* et *L'Avènement de la Démocratie*, éd. Gallimard.

Gaullisme : Tout le monde est, a été, ou sera gaulliste, aurait dit le Général. Aujourd'hui, de Mélenchon à Marine le Pen en passant par François Baroin tout le monde est gaulliste. Ce qui est à la fois bon et mauvais signe. Bon, car cela veut dire qu'il est le référent fondamental des Français, mauvais si l'on considère que ce gaullisme consensuel est la meilleure manière d'édulcorer le gaullisme. Il est faux, à cet égard, de dire que le gaullisme n'est qu'un pragmatisme au service de la France. Quand Lang, Hollande, Macron ou n'importe qui d'autre se réclame de De Gaulle il y a de quoi s'inquiéter. Le gaullisme est fondé sur des principes intangibles qu'il est possible de dégager en lisant l'œuvre de De Gaulle, notamment ses discours de Londres, qui en posent les fondements. Il est possible d'extraire trois principaux piliers : l'indépendance de la France, ce que l'on n'appelait pas à l'époque sa souveraineté puisque celle-ci allait de soi. La force de l'Etat unificateur et l'existence d'une peuple français intrinsèque. De Gaulle considérait évidemment que les ultra-marins, antillais ou réunionnais, étaient des Français à part entière mais il ne faisait pas du peuple français un *melting pot* comme Juppé ou Macron. On ne peut être gaulliste et multi-culturaliste, gaulliste et post-national. Quant aux « valeurs du gaullisme » érigées par le chiraquien François Baroin comme un rempart contre le Front national elles peuvent faire sourire. Le général de Gaulle était en 1940, à Londres, entouré d'activistes d'extrême droite, à commencer par le Colonel Remy, fondateur du réseau *Notre Dame* et il ne fera référence à la République qu'en 1942. Chacun sait que certains anciens maréchalistes l'ont rejoint au RPF et que son retour au pouvoir en 1958 est lié à l'action des activistes partisans de l'Algérie française. Si de Gaulle n'a jamais fait d'alliance avec un mouvement d'extrême droite, il a accepté l'aide de gens qui en étaient issus.

A lire absolument sur le gaullisme : *De Gaulle inventaire : la culture, l'esprit, la foi*, Alain Larcan, éd. Barthillat.

Girard René : Une icône de la pensée française qu'il faut parfois faire semblant d'avoir compris pour essayer de paraître intelligent. Girard est au christianisme ce que Levinas est au judaïsme, un penseur extrêmement complexe mais dont la langue puissante envoûte le lecteur et tend à hypnotiser son sens critique. Nos élites ont une tendance spontanée à « girardiser » quand elles bavardent sur la violence ou le bouc émissaire car, en une vingtaine de livres, Girard a réussi à diffuser sa langue prophétique et apocalyptique. « violence sacrificielle », « désir mimétique » « bouc émissaire », etc. C'est à la diffusion de ces mots passés dans le langage courant journalistique que l'on mesure le succès de la pensée girardienne. La grande pensée de Girard nous semble être celle-ci : le Christ a aboli le sacrifice humain en s'offrant lui-même en sacrifice. Le christianisme est la religion anti-sacrificielle par excellence, contrairement à l'islam qui justifie le châtiment du mécréant. En dépassant la violence, l'homme accède à la sainteté tandis que le paganisme est la religion du sacré et donc du sacrifice. Par ailleurs, Girard démystifie le désir, il est en quelque sorte l'anti-Deleuze. Nous désirons toujours ce que les autres désirent, non en fonction d'une puissance comme chez Spinoza, mais d'une mimésis. « *Le sujet désire l'objet parce* *que le rival lui-même le désire. En désirant tel ou tel objet, le rival le désigne au sujet comme désirable. Le rival est le modèle du sujet [...] Le sujet attend de cet autre qu'il lui dise ce qu'il faut désirer pour acquérir cet être. Si le modèle déjà doté d'un être supérieur désire quelque chose il ne peut s'agir que d'un objet capable de conférer une plénitude d'être encore plus totale* » écrit-il dans *La Violence et le Sacré*. C'est dans le roman que Girard puise ses démonstrations, notamment chez Proust, Balzac, Stendhal ou Dostoïevski. Chez Girard le proustien, c'est l'autre qui désigne l'objet désirable au désirant que je suis. Nous élisons un modèle qui est aussi un obstacle et que Girard nomme le « médiateur ». Ce médiateur peut être inaccessible, par exemple Napoléon, chez Raskolnikov, il s'agit alors, selon la terminologie girardienne, du *médiateur externe*. Ou interne s'il est très proche de nous, un rival immédiat auquel nous voudrions ressembler. Un parent ou un ami proche par exemple, que nous imitons et qui est l'obstacle de la femme que nous désirerons parce qu'il la désire, comme dans le fameux film de René Clément *Plein soleil*, où Alain Delon rêve de prendre l'identité de Maurice Ronet pour séduire Marge (Marie Laforêt). Ainsi Girard prétend-il dépasser Freud en « désoedipiannisant » le désir. Selon lui l'enfant ne désire pas sa mère, il imite le désir du père qui est son modèle et son rival. L'anthropologue Claude Lévi-Strauss a refusé de débattre avec Girard dont la pensée repose sur des intuitions puissantes mais non vérifiables ni d'ailleurs réfutables « scientifiquement ». Une pensée d'une séduction indéniable mais qui a pu contribuer, à l'insu de son auteur, à une vulgate dont il faut se méfier parce qu'elle participe d'un certain victimisme ambiant. Girard ne peut nous convaincre de l'idée que toute victime est innocente du fait même qu'elle soit victime, ce dont notre époque compassionnelle fait ses choux gras. Pourquoi le faudrait-il ? Par ailleurs le système girardien suggère que les hommes sont semblables car habités par une communauté de désir, notamment celui de la reconnaissance. Girard veut démontrer le christianisme par la puissance de son anthropologie. Si nous ne soupçonnions pas que nous étions semblables nous ne désirerions pas autant nous distinguer les uns les autres. Paradoxe profond. Il n'en reste pas moins que cette identité ne résout pas la question des distinctions de valeur qui peuvent exister entre les hommes. Celles-ci ne sont-elles que quantitatives comme chez Hobbes ou sont-elles qualitatives comme dans la tradition classique où un homme vertueux ne se confond pas avec un homme vil ? Girard est chrétien mais est-il encore aristotélicien ? Et peut-on être catholique sans l'être ? Aussi semblables soient-ils les hommes se distinguent par la noblesse ou la vilénie de leurs passions. Girard ne s'est peut-être jamais délivré, selon nous, de l'influence sartrienne, car c'est Sartre qui affirmait à la fin des *Mots* qu'il se sentait « *fait de tous les hommes et qui les vaut tous* ». Adage à notre sens aussi faux qu'absurde et qui, sous couvert d'une humilité radicale dénote un formidable orgueil, car qui peut prétendre parler au nom de l'humanité en soi ? Il y a un pauvre type dans tout homme sans doute mais il n'y a pas forcément un artiste, un penseur ou un saint en tout pauvre type.

A lire absolument de René Girard : *La Violence et le sacré*, éd. Grasset et *Des choses cachées depuis la fondation du monde*, éd. Grasset. Sur René Girard : *Les derniers jours de René Girard*, Benoît Chantre, éd. Grasset.

Glucksmann André : Il faut distinguer l'intellectuel et l'idéologue, du penseur qui est à notre sens mineur. Le succès des livres d'André Glucksmann doit plus au personnage – lequel pouvait être attachant – et à son action politico-médiatique qu'à leur consistance philosophique. Un essai comme les *Maîtres penseurs*, consacré à Marx, Nietzsche et Hegel ne dépasse pas à notre sens le niveau d'une excellente dissertation. L'essentiel de

Glucksmann est déjà chez Jean-François Revel ou chez l'anarchiste chrétien Maurice Clavel. A chaque fois que Glucksmann a combattu pour une cause, de la Bosnie en passant par la Géorgie ou la Tchétchénie, il l'a fait en mobilisant une affectivité passionnelle qui pouvait mettre mal à l'aise, comme s'il revivait le traumatisme de son enfance : la déportation à laquelle ses parents juifs polonais ont échappé de justesse. Même s'il a écrit son premier livre, *La cuisinière et le mangeur d'hommes* (Le Seuil, 1976), consacré à la dénonciation du système soviétique sous le patronage d'Aron, Glucksmann était à l'opposé de ce dernier tant chez lui le pathos pouvait tenir lieu d'argumentaire. Dans ses *Mémoires*, Aron a eu des mots sévères sur sa volonté de comparer Sartre et Soljenitsyne, sous prétexte que le premier avait pris le parti des ouvriers de Billancourt comme si le sort de ceux-ci étaient comparable aux zeks du Goulag. Enfin, André Glucksmann ne semble pas avoir manifesté d'empathie particulière pour le sort des Palestiniens qui auraient pu figurer dans sa martyrologie. On ne peut pas aimer tout le monde à la fois. Le meilleur ennemi de Glucksmann était la Russie qu'elle fut stalinienne, brejnévienne ou poutiniste.

A lire d'André Glucksman : *Les Maîtres penseurs*, éd. Grasset.

GODF : Pourquoi nos élites républicaines s'obstinent-elles à parler la langue du Grand Orient de France ? Cette langue qui charrie les stéréotypes de l'humanisme le plus vague continue de régir les discours des présidents français dont les logorrhées se ressemblent inévitablement et ce dans une certaine indifférence, car qui est contre « l'humain » ou la « fraternité » ? Hier Chirac et Hollande, aujourd'hui Macron nous bercent de poncifs sur l'homme avec un grand H dont la France serait le pays d'élection. Le dernier livre du philosophe Jean-Luc Marion, *Brève apologie pour un moment catholique* (éd. Grasset), est à cet égard bienvenu ainsi que les travaux de Debray et Finkielkraut et de tant d'autres. Qui ne voit que cette langue, qui prétend être celle de l'universel, a vieilli ? « *Le Français est la grammaire de l'universel* » proclamait Paul VI. Cela fait très plaisir à l'auteur de ces lignes mais qu'en pensent les Chinois ? L'universel des catholiques n'est pas tout à fait celui des humanistes cathophobes qui croient que l'homme se suffit à lui-même. Et il n'est pas non plus celui des musulmans ou des bouddhistes. L'humanisme facile du GODF est la version la plus dogmatique des Lumières qui promeut l'idée de l'Homme créateur de ses normes et de ses valeurs sans voir que l'humanisme peut aussi générer l'enfer de la médiocrité. Qui peut vraiment croire que le PMA est un « progrès moral » comme le pense la sociologue Irène Théry ? (*Le Monde*, 28 juillet 2017). Pourquoi ces gens prétendent-ils que leurs valeurs ont statut de vérité et qu'est-ce qui le démontre ? Ce n'est pas parce que 52 % des Français sont pour telle mesure que celle-ci est un « progrès » car une civilisation ne se mesure pas à l'aune d'une évolution sociétale. Ce n'est pas parce que deux français sur trois pratiquent l'adultère que l'adultère est un progrès par rapport à la fidélité et qu'il faut inscrire dans le contrat de mariage une clause sur le droit à l'infidélité. L'idéologie du GODF postule que plus les humains ont de droits (les animaux vont suivre), plus la civilisation progresse. Nous croyons l'inverse : que la dignité éventuelle de l'homme dépend des limites qu'il s'impose. « *La démocratie est le seul système politique acceptable, mais précisément car elle n'a d'application qu'en politique. Hors de son domaine propre, elle est synonyme de mort car la vérité n'est pas démocratique, ni l'intelligence, ni la beauté, ni l'amour* » écrit Simon Leys dans *Le studio de l'inutilité*.

Gouguenheim Sylvain : Cet historien spécialisé dans le Moyen Âge germanique qui a publié des livres de référence sur l'histoire des chevaliers teutoniques, coulait une carrière tranquille de chercheur lorsqu'une bourrasque médiatique s'est déchaînée contre lui. Un livre à la fois audacieux et maladroit, *Aristote au Mont Saint-Michel*, redécouvrait le rôle du Mont Saint-Michel et notamment des travaux de Jacques de Venise dans la transmission des philosophes grecs au monde occidental. L'ambition du livre publié en 2009 n'était pas de démontrer que l'Occident ne devait rien à la pensée arabe, mais que d'autres filières existaient. Des approximations ou des erreurs, que l'auteur a d'ailleurs reconnues, ont servi de prétexte à une campagne de haine et de dénigrement de la part des idéologues d'un monde journalistique et universitaire offusqué du soutien apporté par Roger Pol Droit dans *Le Monde*. Des pétitionnaires signèrent des tribunes sans avoir lu le livre, ce que nous confirmera un des initiateurs de cette cabale au cours d'un entretien. L'érudit Rémi Brague dont l'autorité est indiscutée légitima le livre de Sylvain Goughenheim, tout en signalant ses insuffisances. La gauche islamophile montrera à cette occasion son vrai visage : celui de la haine christianophobe qui n'est pas sans rappeler le parti pris germanophile de certaines élites d'avant-guerre.

A lire de Sylvain Goughenheim : *Aristote au Mont Saint-Michel*, Le Seuil.

H

Hadjadj Fabrice : Une des figures les plus brillantes de l'intelligentsia catholique contemporaine. Auteur de nombreux essais, créateur de pièces de théâtre, Fabrice Hadjadj enseigne la philosophie. Issu d'un milieu juif d'extrême gauche, sa conversion au catholicisme a été marquée par une rupture avec la pensée de Nietzsche et de Georges Bataille (voir **Bataille**) qui ont fasciné sa jeunesse. Esprit très singulier il tente de concilier certains aspects de la postmodernité, notamment au niveau de la création artistique, avec un catholicisme qui relève pour lui d'une vision du monde ancrée dans le passé et solidaire de l'avenir. Très engagé sur les questions anthropologiques, notamment sur celles ayant trait à la famille, il est un peu un anti-Zemmour catho. Dans un entretien récent au *Figaro magazine* (Vendredi 2 juin 2017) il affirme par exemple que c'est « *le patriarcat qui a mis à mal l'idée de la paternité en Occident plutôt que le féminisme* ». Peut-être a-t-il raison, une idée dont on abuse finit par produire son contraire, mais il ne nous explique pas pourquoi, dans le judaïsme par exemple, le culte du père est resté si puissant alors qu'il a été arasé dans le monde catholique contemporain. Féru de théologie, il oublie de nous rappeler que le patriarcat fut légitimé par Saint Paul pour qui la femme devait être « subordonnée » au mari, quand bien même la relation conjugale était égalitaire spirituellement puisque les deux époux ne forment « *qu'une seule chair* ». L'originalité du christianisme par rapport à l'islam est que Saint Paul tente de concilier la parité ontologique des sexes et une primauté virile qui s'exprime dans des formules définitives signifiant la moindre capacité féminine dans l'ordre du *logos*. Exemple : « *Que les femmes se taisent dans les assemblées publiques* ». Pierre Boutang qui exerçait une autorité à l'ancienne et vouait un culte à l'idée de paternité a écrit sur le sujet des choses définitives. Le père de famille catholique, jusque dans les années 1960, était un *pater familias* et l'Eglise a prêché aux femmes la subordination au père et au mari pendant des siècles tout en affirmant la dignité ontologique de la femme. Nous ne déplorons pas la fin du *pater familias* mais qu'au moins on ne nous fasse pas croire que l'Eglise a toujours été féministe. Par ailleurs, dans *Dernières nouvelles de l'homme (et de la femme aussi)* Hadjadj règle son compte avec beaucoup d'humour et de talent aux déconstructionnistes de l'identité sexuelle, en particulier les partisans de Judith Butler qu'il considère comme des gnostiques qui aspirent à dissocier le corps et ses contraintes sexuées d'avec l'esprit. Il développe aussi l'idée selon laquelle une des originalités du christianisme est d'assumer l'abjection propre à la condition humaine, autrement dit son caractère impensable.

A lire de Fabrice Hadjadj : *La profondeur des* sexes, Le Seuil.

Harouel Jean-Louis : Historien du droit et universitaire, Jean Louis Harouel est l'auteur d'un essai aussi remarquable qu'insuffisamment remarqué, *Le Vrai génie du christianisme, laïcité, liberté développement*, où il analyse le processus de sécularisation de nos sociétés occidentales qui furent imprégnées par la pensée de Saint Augustin à la fin de l'Empire Romain. A ses yeux comme à ceux de Marcel Gauchet (voir **Gauchet**) mais aussi de Michel Villey (voir **Villey**), le christianisme est cette religion qui en dissociant le théologique du politique et le spirituel du temporel a permis l'émergence de l'espace laïc. Mais surtout le christianisme n'a pas de message politique à délivrer, le Christ est apolitique, son message est purement spirituel en ce qui concerne le salut de l'âme, contrairement à celui de Mahomet, qui est à la fois juridique et politique. Toute tentation d'instaurer le royaume des cieux sur la terre relève aux yeux de Jean-Louis Harouel de l'hérésie millénariste qui se développe en particulier avec la pensée de Joachim de Flore au XIIIe siècle et que va combattre l'Eglise. Cette thèse a aussi été défendue par le philosophe libéral Philippe Nemo (voir **Philippe Nemo**) dans son livre *Les Deux Républiques françaises* (éd. PUF). Pour Harouel, l'idéologie des droits de l'homme telle qu'elle est défendue aujourd'hui en Europe et à laquelle s'est ralliée l'Eglise tardivement, participe inconsciemment de cette hérésie millénariste. Il développe cette thèse dans les *droits de l'homme contre le peuple* (éd. Desclée de Brouwer) (voir **Droits de l'homme**). De droite, mais inclassable politiquement car tout à la fois libéral et conservateur, Harouel critique avec virulence une Eglise catholique qui à ses yeux trahit l'Europe sur les questions migratoires pour défendre sa survie institutionnelle en Afrique.

A lire de Jean-Louis Harouel : *Le vrai génie du christianisme, laïcité, liberté, développement*, éd. Jean-Cyrille Godefroy.

Heidegger Martin : Le philosophe nazi du XXe siècle. Voilà en quelques mots comment il faut l'évoquer, si l'on veut être bien vu de la *médiasphère* (Régis Debray), celui qui, aux yeux des principaux intellectuels de ce pays - parmi lesquels Alain Finkielkraut, Bernard-Henri Levy, Philippe Sollers, Jean-Luc Marion, Marcel Gauchet –, reste la figure majeure de la philosophie de ce siècle. Cette « nazification » de Heidegger a été accomplie en grande partie avec l'aide active d'Emmanuel Faye : intellectuel spécialisé dans les opérations de police sémantique. Si ce monsieur a sa place ici ce n'est pas en tant que philosophe mais comme préposé à la traque de la pensée. Emmanuel Faye ou l'introduction de la police dans la philosophie pourrions-nous écrire, en référence à son fameux livre *Heidegger ou l'introduction du nazisme dans la philosophie* (2005) qui lui vaudra d'être invité par Jean-Pierre Elkabbach sur *Public Sénat* pour un fameux débat avec François Fédier, en 2005. Nous ne discuterons pas ici sa thèse mais sa démarche qui évoque une enquête judiciaire. Rappelons que pour Faye, l'œuvre de Heidegger est un immense code secret servant à justifier le national-socialisme. Code auquel se sont fait prendre pratiquement tous les penseurs du XXe siècle depuis Sartre à Jean-Luc Marion, en passant par les penseurs d'origine juive que sont Levinas, Arendt, Leo Strauss qui ont tous admiré Heidegger. Pour Faye il n'y a pas, à proprement parler, de pensée philosophique de Heidegger mais une pensée nazie maquillée en philosophie. Selon Jean-Luc Marion (entretien avec l'auteur) l'argument de Faye souffre d'une tare congénitale : comment se fait-il qu'une telle pensée ait eu une tel impact si elle n'est pas digne de ce nom ? Toujours selon Jean-Luc Marion, Faye ne comprend tout simplement pas ce qu'il lit quand il lit Heidegger en allemand. Plus étonnant encore, le livre que Faye consacre à Arendt, *Arendt et Heidegger, Extermination nazie et destruction de la pensée* (éd. Albin Michel, 2016), où il prétend prouver la correspondance des pensées politique de Arendt et Heidegger, notamment en utilisant une formule de celle-ci sur *« l'inégalité naturelle des hommes entre eux »*. Ce qu'il y a de prodigieux dans la méthode Faye c'est sa logique, elle-même totalitaire. Arendt serait anti-démocratique parce qu'elle enfonce le porte ouverte d'une inégalité naturelle entre les hommes ! Quant à Heidegger, puisque sa pensée n'en est pas une mais une idéologie mortifère, il faut cesser de l'enseigner.

Pourquoi Faye n'incrimine-t-il pas la pensée occidentale dans son ensemble depuis Platon puisqu'il y est ? Voici la liste non exhaustive des grands penseurs qui ne croyaient pas en l'égalité naturelle des hommes entre eux et qui sont passibles de passer en jugement devant Emmanuel Faye : Platon, Aristote, Saint Paul, Saint Thomas, Saint Augustin, Boulainvilliers, Montesquieu, Voltaire, Louis de Bonald, Joseph de Maistre, Hegel, Schopenhauer, Nietzsche, Burke, Gobineau, Carlyle, Benjamin Disraeli, Leo Strauss, Hanna Arendt etc. car la liste n'est évidemment pas exhaustive…

> A lire de Heidegger pour entrer dans sa pensée : *Être et Temps*, éd. Gallimard, 1927 *et Chemins qui ne mènent nulle part*, éd. Folio.
> Sur Heidegger : *Heidegger une introduction critique*, Peter Trawny, Le Seuil

Hobbes Thomas : Le penseur fondamental de la modernité politique avec Machiavel. Les débats autour de son œuvre prolifèrent depuis quelques années. Conservateurs et libéraux notamment réfléchissent sur l'impact de sa pensée. Leo Strauss (voir **Leo Strauss**) lui consacre une part importante de son grand livre *Droit naturel et Histoire* mais c'est aussi le cas de Carl Schmitt (voir **Carl Schmitt**) qui en fait le penseur clé de l'Etat souverain moderne. Pour ces penseurs Hobbes est celui qui a rompu avec la pensée d'Aristote fondée sur l'idée d'une sociabilité naturelle de l'homme défini comme un animal politique. « *La plupart de ceux qui ont écrit sur les républiques présument, requièrent ou prétendent que l'homme est un animal né apte à la société… Or cet axiome, bien qu'il soit admis par le plus grand nombre, est faux et c'est une erreur qui provient d'une observation trop superficielle de la nature humaine* » écrit l'auteur de *Léviathan*. Hobbes est moderne en ce qu'il doute justement du caractère sociable de l'individu qui est pour lui un être social et associable en même temps. Cette anthropologie insiste en particulier sur la rivalité entre les hommes et sur leur désir de reconnaissance qui prime de loin sur leur aspiration prétendue à la justice ou à la vérité et elle aura des incidences très profondes, non seulement sur toute la tradition libérale, mais aussi sur des penseurs aussi a libéraux tels que Nietzsche, René Girard ou Michel Foucault. Si les hommes ne sont pas spontanément voués à s'entendre, mûs qu'ils sont par des passions aussi irrésistibles que futiles, il faut faire en sorte qu'ils évitent de s'entretuer pour que la société soit la plus vivable possible. D'où l'existence d'une instance supérieure, l'Etat, qui leur garantit la sécurité en échange d'une part de leur liberté. Au-delà de cette conception dont va s'inspirer le libéralisme politique, Hobbes aura anticipé sur l'individualisme moderne et démocratique dans lequel chacun prétend fonder sa vie sur la conception subjective qu'il s'en fait, contrairement à la conception classique de la « *vie bonne* », telle que la définissent les Anciens depuis Platon jusqu'aux conceptions en vigueur dans la tradition aristotélo-thomiste qui est encore celle de l'Eglise catholique. Chez ces penseurs « *la vie bonne* » suppose l'immortalité de l'âme dont nous devons assurer le salut et elle suppose aussi une morale conforme à la « loi naturelle ». Plus rien de tel chez Hobbes pour qui le bonheur terrestre devient la valeur suprême d'une vie sans finalité métaphysique. « *La félicité est une continuelle marche en avant du désir, d'un objet à un autre, la saisie du premier n'étant encore que la route qui mène au second* » écrit-il dans *Léviathan*. Dans cette optique le Bien et la Vérité ne sont plus des principes transcendantaux, comme ils continuent de l'être pour un judéo-chrétien ou un musulman mais des conceptions relatives à nos passions et à nos intérêts, comme le déplore Léo Strauss pour qui Hobbes est un des ancêtres du relativisme moderne, un mot qui n'existait pas en son temps mais qui fait fortune aujourd'hui. « *Si l'on a pu vouloir qualifier la théorie hobbesienne de subjectivisme des valeurs, c'est en effet que cette théorie fait du sujet la source de toute évaluation* » écrit Luc Foisneau dans *Hobbes la vie inquiète* où il cite cette phrase de Hobbes tirée d'*Eléments du droit naturel et politique* : « *Chaque homme, pour ce qui le concerne, appelle ce qui lui plaît et lui procure du plaisir Bien, et Mal ce qui lui déplaît* ». Un principe qui tourne le dos à la tradition classique où le Bien est indépendant de nos jugements de valeur. « *En indexant les valeurs morales sur le désir de l'agent humain* écrit Luc Foisneau, *Hobbes procède à un renversement sans précédent* ». Il ouvre la voie au subjectivisme des valeurs qui pose aux Modernes que nous sommes un problème insoluble car qui décide de la Valeur de nos valeurs (voir **Valeur**) proclamées ? Cette conception subjectiviste peut aboutir à considérer le Bien et le Mal comme de pures conventions de langage. Hobbes ouvre donc la voie qui mènera à Nietzsche, lequel considère que la notion de Bien est une fiction métaphysique mais aussi que les êtres humains sont tout simplement dépourvus de valeur objective, comme il l'écrira à la fin de sa vie (voir **Nietzsche**). Mais alors pourquoi se soucier de ce que les hommes ressentent comme « injuste » si la notion de Bien est une fiction ? Ainsi de ces républicains qui prétendent que leurs valeurs sont universelles alors même qu'ils s'affirment pluralistes sur le plan de la vérité. Dès lors que le sujet est l'agent de ses valeurs celles-ci peuvent-elles prétendre à un statut universel (voir **Universel**) si d'autres hommes peuvent les contester à travers le temps ou sous d'autres cieux ? Ainsi aujourd'hui par exemple de ces musulmans salafistes qui refusent des valeurs occidentales qu'ils ne tiennent pas pour leurs parce qu'elles contredisent l'idée qu'ils se font de la vérité. Que leur dire si nous ne croyons plus, nous même, en l'existence d'une vérité qui transcende l'Histoire ? Et en quoi nos valeurs seraient, par définition, supérieures aux leurs ? Tel est le dilemne de l'Europe actuelle : fonder un humanisme qui se veut universel sur des valeurs qui ont rompu avec la tradition classique propre à l'Europe.

A lire sur Thomas Hobbes : *Hobbes La vie inquiète*, Luc Doisneau, éd. Gallimard.

Houellebecq Michel : L'écrivain français capital de ces dernières années. Personne n'a exprimé comme lui la déréliction de l'homme postmoderne et sa morne quête de plaisir et de distraction dans un monde dépourvu de sens. La platitude étudiée et parfois désopilante de son style est parfaitement idoine à celle de l'univers qu'il décrit, voué à la toute-puissance du spectacle, de l'ivresse technologique et du divertissement de masse. Son génie tient tout entier dans son premier roman, *Extension du domaine de la lutte*, édité en 1993 par le grand éditeur que fut Maurice Nadeau. Ce roman met en scène la quête sexuelle et sociale d'individus vivant dans l'univers aseptisé de l'informatique et qui tentent d'exister comme ils peuvent pour échapper à l'ennui. Chez Houellebecq, la chair est triste car le désir qui suppose la rencontre et l'altérité a disparu. Transgresseur de tous les codes idéologiques de son époque, notamment ceux du féminisme et de l'antiracisme, ce disciple de Schopenhauer est toujours passé à travers les mailles de la censure. Il est vrai que les chiffres de ses ventes ont fait taire les procureurs éventuels du milieu de l'édition qui n'ont pas hésité à lâcher leurs chiens contre Richard Millet quand celui-ci a été expulsé de Gallimard. Les moralistes ont certes des « valeurs » mais ils ont aussi des intérêts et avec Houellebecq les seconds priment sur les premiers. Son dernier livre *Soumission* a jeté une sonde dans l'inconscient collaborationniste de certaines élites intellectuelles françaises. Germanophiles avant-guerre, soviétophiles après, ces élites qui se sontcourbées devant Boumediene et Mao sont pour certaines déjà soumises à l'impérium musulman.

Elles qui se délectent de toutes nos faiblesses semblent éprouver une étrange dilection pour la force quand celle-ci provient d'ailleurs.

A lire absolument de Michel Houellebecq : *Extension du domaine de la lutte*, éd. Gallimard, 1993.

Humanisme : Le mot rassurant par excellence qu'utilisent tous les politiques sans exception. Mais aussi les critiques (chanson, cinéma, littérature) qui, à tout propos, écrivent : « un film humaniste », « une chanson humaniste »... et récemment Emmanuel Macron a pu déclarer qu'il fallait « *Faire de la France un pays digne de l'Homme* » sans nous préciser au juste ce qui était digne ou indigne de « l'Homme » dans un pays qui allait autoriser le PMA. Ce mot d'humanisme a été l'objet d'une sévère critique de Claude Lévi-Strauss qui y verra une des illusions de notre civilisation. L'humanisme a été une réalité historique lorsque le rationalisme occidental s'est émancipé de l'univers théologique à l'époque de la Renaissance. L'homme est devenu le centre du monde et le maître de la nature dans la filiation de Descartes et de Galilée. Cette foi en l'homme, qui s'est épanouie à travers les Lumières et la Révolution française a aussitôt rencontré ses limites avec la Terreur et les guerres napoléoniennes. Disciple de Machiavel, Bonaparte qui fut rousseauiste dans sa jeunesse, n'est déjà plus un humaniste, c'est plutôt un homme de l'Antiquité. (voir **Napoléon**) Après avoir subi les critiques radicales du Romantisme, l'humanisme des Lumières (voir **Lumières/Anti-Lumières**) a été dévasté par les grands holocaustes du XXe siècle. Les hécatombes des deux guerres mondiales et la Shoah n'ont-elles pas définitivement abîmé la foi que l'homme pouvait avoir en lui-même ? Le philosophe Gunther Anders qui fut l'ami d'Hanna Arendt (voir **Arendt**) évoquera après l'horreur des massacres atomiques perpétrés par les Américains au Japon « *l'obsolescence de l'homme* ». Ce qui est certain, c'est que nous ne pouvons plus nous contenter de ces prêchi-prêcha humanistes qui rassurent et affligent en même temps. Repenser l'humanisme, notamment dans le domaine politique, exigerait de nous que nous soyons capables de nous dégager de la tyrannie du *pathos*. Est-ce l'humain en soi qui est précieux, comme l'affirment les militants de « l'humain d'abord » comme si tout ce qui était humain était par définition précieux, ou est-ce ce qui est plus grand que l'individu ? En réalité il y des degrés dans l'humanisme. *L'humanisme intégral* de Jacques Maritain n'était pas l'humanisme non-intégral de Churchill (voir **Churchill**) ni même de De Gaulle qui, malgré sa formule célèbre « *Il n'y a de querelle qui vaille que celle de l'homme* » n'était pas un humaniste à la mode François Bayrou. Pour ces grands politiques, la civilisation, l'Etat ou la nation étaient des valeurs supérieures à l'individu. On peut donc dire qu'ils n'étaient pas des humanistes absolus. Si l'individu devient la fin de notre civilisation comme le voudraient certains alors il faut reconnaître que nous sommes une civilisation de la fin.

I

Identitaire : Faut-il être identitaire pour contrebalancer la tendance à l'entropie que génère une mondialisation qui uniformise les représentations du monde à l'aune de Google ou de Yahoo ? Face à cette table rase de l'imaginaire, nous avons certes le droit de défendre ce que sont nos particularismes, ici en Catalogne, en Bretagne ou au Pays Basque et en Corse mais sans les absolutiser car à quoi bon renforcer les régions si c'est pour affaiblir les nations ? Et ce alors même que nous consommons les mêmes images et proclamons les mêmes principes démocratiques. Ce qui nous reste de spécifique c'est bien sûr la langue, des récits nationaux qui sont souvent antagonistes et aussi des *habitus*, manière de vivre qui distinguent encore un habitant de Cardiff d'un habitant de Séville. Cela est extrêmement précieux mais ne fait pas de l'identité un absolu. L'Europe, si elle se constitue un jour, devra se fonder sur un subtil équilibre entre particularismes régionaux et nationaux, sans occulter l'essentiel, ce qui fait de nous des Européens en terme de civilisation. Et c'est sans doute la principale critique que nous pouvons adresser aux européistes : avoir été incapables de penser l'Europe en tant que telle autrement que par la référence aux droits de l'homme. Ce ne sont pas les droits de l'homme qui fondent l'Europe mais des héritages spirituels et des traditions culturelles qui ont précédé les Lumières. Qu'est-ce que l'Europe doit à la germanité en termes de droits de l'homme ? Pas grand-chose et pourtant l'Europe ne serait pas pensable sans le monde germanique. Les droits de l'homme sont des valeurs essentiellement anglo-saxonnes et l'Occident, qui inclut les Etats-Unis, est une notion distincte de l'Europe. L'identité de l'Europe sera civilisationnelle ou ne sera pas. Dans *Les Chênes qu'on abat*, de Gaulle dit à Malraux ceci que nous pouvons méditer : « *La France a été l'âme de la chrétienté ; disons, aujourd'hui de la civilisation européenne. J'ai tout fait pour la ressusciter. Le mois de Mai* [Mai 68], *les histoires de politiciens, ne parlons pas pour ne rien dire. J'ai tenté de dresser la France contre la fin du monde. Ai-je échoué ? D'autres verront plus tard. Sans doute assistons-nous à la fin de l'Europe. Pourquoi la démocratie parlementaire (la démocratie des bureaux de tabac), qui agonise partout, créerait-elle l'Europe ? Bonne chance à cette fédération sans fédérateur* ». De Gaulle, dans une méditation digne de Chateaubriand, de Valery et de Spengler, pose la question en des termes qui rendent ridicules nos micro-débats sur l'identité. Si les Européens que nous sommes censés devenir n'ont plus la force d'âme de ne pas se contenter d'être Américains, comme le leur reproche Debray, c'est que nous n'existons déjà plus, spirituellement parlant.

A lire : *Les nouveaux enfants du siècle*, Alexandre Devecchio, éd. Cerf et *Cette guerre civile qui vient*, Ivan Rioufol, éd. Pierre Guillaume de Roux.

Identité française : Terme quasiment maudit aux yeux d'une certaine gauche qui peut être aussi bien universaliste et laïque, à la manière de Caroline Fourest (voir **Fourest**) ou multiculturaliste, à l'instar d'Edgar Morin, marxiste-léniniste version Badiou, ou social-libérale à la manière de François Hollande.

Pour François Hollande, la France est une « idée », ainsi qu'il l'a déclaré à Marcel Gauchet et Pierre Nora (Entretien au *Monde*, septembre 2016). Rompant ainsi avec la longue tradition qui va de De Gaulle à Mitterrand, en passant par Pompidou et Giscard pour qui la France était d'abord un héritage et une civilisation. Autant le dire : si la France est une idée, soit l'idée que s'en fait François Hollande, alors l'auteur de ces lignes préfère ne pas être français. Il se contentera d'être de culture française. Faisons une déduction logique : si la France est une idée, les Français qui ne sont pas conformes à cette idée sont, en somme, des non-Français ou des Français inaccomplis. Tout se passe comme si tous les peuples du monde avaient le droit de revendiquer une identité spécifique sauf le peuple français qui n'a pour lui que des « valeurs », celles de le République bien entendu, pour se convaincre d'exister. Certains n'hésitent pas à falsifier la célèbre formule de De Gaulle en affirmant que, pour lui, la France était une idée, ce qui est bien sûr faux. « *Une certaine idée de la France* » n'a jamais voulu dire que la France était une idée, mais que de la France à travers les siècles, de Gaulle se faisait une certaine idée, ce qui n'est pas la même chose. (voir **gaullisme** et **de Gaulle**). Autrement dit, réduire la France à des « valeurs » comme le fait Patrick Weil dans *Le Sens de la république* (éd. Gallimard, 2015) c'est la diluer. Dans ce livre d'entretien, l'apologue du droit du sol décline les quatre attributs qui doivent selon lui fonder l'identité nationale. La langue, l'histoire de la Révolution française, la laïcité et l'idée d'égalité. Ex-membre de la commission Stasi, Patrick Weil considère que c'est un sacrilège de déchoir de leur nationalité des jeunes djihadistes. L'universalisme républicain de Patrick Weil aboutit paradoxalement à l'exclusion de ces Français pour qui être français relève de l'évidence ou du sentiment d'affinité avec un pays et nullement de l'adhésion à des valeurs transnationales et qui se déclinent elles-mêmes comme « universelles ».

Dans un récent sondage, près de 60 % des Français se sentent indifférents aux valeurs républicaines. Faut-il les déchoir de leur nationalité ? Ce qui est étrange chez certains républicains c'est leur dualisme cartésien inconscient : chez eux la tête est toujours dissociée du corps. Un pays n'a pas le droit d'avoir un corps. Il n'a que des « valeurs » (voir **valeurs**). Le corps de la France, ce sont ces régions et ces terroirs millénaires où les civilisations gauloises puis romaine ont imprimé leurs symboles avant que la catholicité imprime les siens à travers 60 000 Eglises. Tout cela pour Monsieur Weil relève du passé, voir du passif. Mais si être français équivaut à un système de valeurs, comme on nous l'assène depuis si longtemps, comment expliquer que le Maréchal Pétain fut approuvé par des millions de Français ? Ceux-ci cessèrent-ils d'être Français ou le redevinrent-ils, en soutenant de Gaulle quelques mois après que Pétain ait fait un triomphe à Paris en avril 1944 ? On voit bien l'absurdité qu'il y a à fonder l'identité d'un peuple sur des valeurs. Les Allemands ont-ils cessé d'être Allemands après avoir cessé d'être nazis ? Les Italiens sont-ils redevenus italiens après avoir répudié Mussolini qu'ils avaient admiré ? Sûrement pas. Les valeurs n'ont jamais constitué un peuple. Être Français n'est pas davantage une valeur ou une idée qu'être italien ou allemand : c'est un fait. Je suis Français si mes parents le sont, tout simplement. C'est aussi, pour certains, une volonté de transmettre un héritage, une langue, une culture dont émanent des « valeurs » qui peuvent varier avec la couleur de l'époque. Car la notion de culture n'est pas réductible à un savoir ou à une érudition, c'est aussi et d'abord une sensibilité et des mœurs, liées à un pays terrestre, à un ensemble de lieux. C'est cette France-là, à la fois historique, patrimoniale ou culinaire, que recherchent les étrangers cultivés et non des droits de l'homme qui sont aussi en vigueur en Allemagne et en Angleterre. C'est tout cela aussi qui est remis en cause par la mondialisation multiculturelle des peuples et des nations, cet universalisme du pauvre, « *ce cosmopolitisme pour galerie marchandes* » ainsi que l'a défini Alain Finkielkraut.

A lire absolument : *L'identité de la France*, Fernand Braudel, éd. Flammarion.

Identité française (2) : L'auteur de ces lignes est d'autant plus à l'aise pour évoquer une certaine réalité occultée par l'historiquement correct alors qu'elle était autrefois exaltée (« Nos ancêtres les gaulois ») que sa généalogie personnelle chemine du côté de l'Italie. La question de l'origine ne doit pas devenir obsédante mais il n'y a pas de raison non plus pour en nier l'existence. Aucune origine n'est honteuse ou glorieuse en soi. Ce qui est certain c'est que sa représentation a des incidences. Si je dis, « je me sens corse », cela veut dire que je sens vivre en moi certains traits particuliers à la Corse et à l'ensemble du monde méditerranéen ; notamment l'importance accordée à l'oralité ou à l'affectivité dans les rapports sociaux. Les Corses sont étrangers à une certaine forme d'esprit que nous appellerons, pour simplifier, « cartésienne ». Nul ne confond un Corse avec un Bordelais. La France est le pays de Montaigne et de La Fontaine, de Pascal et de Descartes et bien sûr de Voltaire. Autrement dit d'un certain rationalisme mâtiné d'épicurisme et de scepticisme car nous classons Pascal parmi ces grands sceptiques que la foi a retourné.

Identité française (3) : Le débat sur l'identité de la France est sans doute indécidable à partir d'un critère unique. La France n'est pas d'une origine exclusivement gauloise, romaine ou franque, pays de langue d'oïl ou de langue d'oc etc. mais une interpénétration de toutes ces réalités. La France est un composé de peuples européens avant tout puisque ses fondements se sont constitués avant l'acquisition des territoires d'outre-mer. Commençons par savoir qui nous ne sommes pas pour mieux cerner qui nous sommes. Nous ne sommes ni Africains (pas encore), ni Berbères, ni Turcs, ni Chinois, ni Slaves, même si, parmi nous, de nombreux Français peuvent revendiquer cette origine. Nous sommes, pour la majeure partie d'entre nous, des Européens de l'Ouest, autrement dit des Occidentaux. Nous sommes d'origine caucasienne, selon les critères de l'anthropologie en vigueur, ce qui n'induit aucune supériorité envers nos compatriotes antillais, réunionnais etc. Dans *L'identité de la France*, Fernand Braudel rappelle que les origines du peuple français sont à chercher du côté des Gaulois, peuple celte probablement venu d'Europe centrale qui occupera la France plusieurs siècle avant Jésus Christ. Puis est venue la romanisation qui a transformé la Gaule en greffant sur ce pays une civilisation qui lui a donné son caractère latin. Les apports germaniques se sont insérés dans ce cadre, mais l'héritage anthropologique gaulois n'a pas disparu, comme le montrent depuis des années les travaux de Jean-Louis Bruneaux (voir notamment *les religions gauloises*, éd. CNRS, 2016). Faut-il considérer que les Gaulois sont les ancêtres de ceux que l'on n'appelait pas encore, à l'époque de Braudel, les « Français de souche » ? Pour celui-ci cela ne fait pas de doute. « *Ce sont sûrement des guerriers intrépides, des cavaliers passionnés, des forgerons experts, des artisans d'une habileté consommée et qui plus est, les porteurs de mythes brillants, d'une religion, d'une culture originale, d'une langue indo-européenne qui leur est propre. Ce sont nos « ancêtres » les Gaulois* » écrit Braudel (*L'identité de la France*, 1985), pour qui « *ceux-ci formaient mieux qu'une race, une civilisation* ».

Immigration : Le terme explosif par excellence puisqu'il définit la ligne de démarcation entre la normalité culturelle et morale qui stipule que « *l'immigration est une chance pour la France* » (voir **chance pour la France**) et la déviance morale ou idéologique de ceux qui considèrent que ce n'est pas ou plus le cas. Aujourd'hui, c'est le discours officiel dans son ensemble, celui des institutions comme celui des médias, qui est récusé par la majorité des Français. Les propos tenus par ceux qui prétendent représenter les Français ne ressemblent en rien à aux propos de ceux qui s'inquiètent, voire s'alarment, de la situation de villes comme Paris, où la population africaine s'accroît sans mesure ni raison, ou comme Marseille. Cette réalité qui frappe tous ceux qui viennent à Paris ou à Marseille est déniée par un Etat qui n'a pas le courage d'entreprendre un véritable recensement de la population qui vit en France. Nous avons le droit, en tant que citoyen français, de savoir qui habite en France, mais ce droit est impossible à exercer au nom du tabou républicain concernant l'origine des individus. Selon Jean-Paul Gourévitch, l'auteur de *Les migrations pour les nuls*, la « *part des personnes d'origine étrangère en France se situe autour de 13 millions de personnes, soit à peu près 20 pour cent de la population. A ces personnes il convient d'ajouter les migrants en situation irrégulière entre 400 000 à 700 000 personnes, selon mes calculs. Au niveau européen les estimations vont de 40 à 65 millions de personnes, 300 millions au niveau mondial* » (Editions First). Cette réalité est, soit occultée, soit minimisée, soit approuvée par ceux qui n'y voient rien à redire puisque la France est à leurs yeux un pays d'immigration. Or ce que nous appelons l'immigration en France date du milieu du XIXe siècle et de la révolution industrielle : c'est somme toute un phénomène historique récent. Il est vrai que la France a été un creuset. Mais ce métissage n'a jamais été accompli au nom d'une norme morale ou idéologique. Il s'est accompli par la force des choses entre des populations assez proches sur le plan ethnique et culturel. Belges, Allemands, Polonais, Italiens, Portugais, Espagnols, Yougoslaves, etc. sont en effet devenus Français et ce malgré les rejets dont certains ont fait l'objet par exemple dans les années 1930 où ce sont des dizaines de milliers de travailleurs italiens ou polonais qui ont été rapatriés chez eux au nom de la préférence nationale. Nos républicains patentés se gardent bien de nous rappeler que c'est au nom de la République, notamment sous le gouvernement radical de Daladier en 1938, que l'Etat français a instauré des contrôles très sévères contre l'immigration clandestine, contrôles qui pouvaient aller jusqu'à la délation. Il est vrai que la gauche dans son ensemble a la mémoire courte, si elle en a encore une. Pour elle xénophobie égal Vichy...

Incivilité : Une chaste expression pour désigner une violence qui s'est banalisée ces dernières années en France. Incivilité est un mot que les officiels utilisent à tout propos mais qui, à la lettre, embrasse des réalités distinctes. Elle désigne généralement un type de violence qui va de l'insulte à une velléité d'agression, une réalité que connaissent bien les personnels soignants dans ces hôpitaux où des violences contre les personnels se produiraient toutes les demi-heures. Il y a aujourd'hui une incivilité dont se plaignent depuis très longtemps pompiers et policiers qui interviennent ou n'interviennent plus dans des cités « sensibles », autrement dit où l'Etat de droit a parfois renoncé à s'exercer. Il y en aurait environ six-cents en France. La violence n'est l'exclusivité d'aucun groupe humain, mais il n'en reste pas moins vrai qu'on compterait dans la région parisienne environ deux-cents bandes ethniques composées de jeunes d'origine africaines, y compris des bandes de filles, qui sont réputées pour être extrêmement violentes.

Individualisme : Un mot qu'il convient généralement de dénoncer en l'associant à l'égoïsme. La difficulté commence lorsque nous comprenons qu'individualistes nous le sommes tous, à des degrés divers, dès lors que nous sommes conscients de notre subjectivité. Contrairement à ce que pense Michel Maffesoli dans son essai *Le temps des tribus* (1988) (voir **Maffesoli**) les nouvelles formes de communautés tribales, sexuelles ou ethniques qui se développent à travers la postmodernité ne révèlent pas un retour vers une société holiste mais témoignent au contraire de la progression de l'individualisme dans nos sociétés. La nostalgie romantique des ordres et des castes n'a rien avoir avec le communautarisme (voir **communautarisme**) contemporain. La question que pose l'individualisme aux individualistes que nous sommes tous, plus ou moins, dès lors que nous jouissons de notre *privacy* est celle des limites. Jusqu'à quel point une société peut-elle faire cohabiter des individus aux manières de vivre et de penser très différentes ? Si on nous exhorte autant au « vivre ensemble » (voir **Vivre ensemble**) c'est que celui-ci ne va pas de soi. La question est donc celle du « monde commun », pour évoquer un terme cher à Hannah Arendt. Existe-t-il un « monde commun » entre des musulmans rigoristes, des cathos traditionnalistes, des militants LGBT et des républicains à l'ancienne ? C'est très improbable. Or il n'y a pas de communauté politique sans un minimum de représentations communes. Dans sa *Brève apologie pour un moment catholique* (éd. Grasset, 2017) Jean-Luc Marion affirme la nécessité d'un universel qui soit capable de lier les Français entre eux, un universel que les valeurs républicaines ne parviennent plus à incarner. « *Par universel nous entendons ici tout ce qui transcende les affrontements particuliers entre groupes, intérêts, idéologies et identités contradictoires, tout ce qui met en danger l'unité de la nation. Cet universel, de toutes parts s'effrite et s'effondre. Nous savons maintenant que la société française est mortelle, qu'elle peut se dissoudre, qu'elle n'a* *pas les promesses de l'éternité. Qui peut rétablir l'universel chez nous ?* » (voir **Universalisme, universel**). La question est à notre sens fondamentale. Mais la réponse est devenue impossible car plusieurs universalismes se trouvent concurrents et s'excluent par certains aspects. Les universalismes juifs et chrétiens d'un côté, celui de l'islam de l'autre. L'universalisme républicain laïc et celui, minimal, du libéralisme. A moins de faire une synthèse pauvre fondée sur un vivre ensemble vague, il est peu crédible que ces universalismes puissent s'accorder. Le projet national universaliste ne peut inclure des citoyens d'origines diverses (race, religion etc.) que s'il peut aussi tracer des frontières et des limites. En tant que citoyen français j'ai des droits que les étrangers ne doivent pas avoir, notamment des droits politiques, sinon la citoyenneté nationale n'a simplement plus de sens. Et je considère par ailleurs que ces droits, politiques, priment sur des droits de l'homme dont la nature n'est pas politique, mais prétendument morale. Exemple : un étranger en situation irrégulière a des droits humains, notamment celui de ne pas être molesté ou torturé par quiconque, mais il n'a pas le droit d'imposer sa présence sans mon consentement.

Insoumises : Les insoumises sont ces intellectuelles qui refusent la doxa féministe normative des médias et des institutions. Elles méprisent, à juste titre, la lâcheté de ces hommes plus féministes que les féministes qui surenchérissent pour complaire à la doxa. Elles sont généralement charmantes et ne se reconnaissent pas dans le discours convenu sur la parité. Elles refusent le statut de « *dominée victime* » qui a des comptes à régler avec un patriarcat qui a disparu depuis longtemps. Citons la philosophe Bérénice Levet, auteur de plusieurs essais remarqués dont un sur Hannah Arendt. Natacha Polony (voir **Polony**) brillante journaliste du *Figaro* et esssayiste renommée. Eugénie Bastié, auteur précoce *d'Adieu Mademoiselle* (Cerf) où elle ridiculise le féminisme paritaire cher à Anne Hidalgo et consorts. Sans oublier celle qui fut précurseur en la matière, Elisabeth Levy (voir **Elisabeth Levy**), fondatrice de la revue *Causeur*. Ce qu'elles disent ou suggèrent : la femme post-féministe est l'avenir de l'homme, sinon les deux disparaîtront ensemble ou comme l'a écrit Alfred de Vigny : « *mourront séparément* ».

Intellectuels : « Où sont passés les intellectuels ? » se demandent régulièrement les experts. Ils ont cessé, pour beaucoup, d'être de gauche et cela constitue un tremblement de terre idéologique en France, pays des intellectuels de gauche par excellence. On a vu à quel point Manuel Valls avait été perturbé par l'évolution d'un Michel Onfray qu'il a rappelé à l'ordre comme on le fait une brebis égarée. C'est que la gauche a, non seulement, perdu une grande partie des classes populaires mais elle a aussi égaré l'intelligentsia. L'intellectuel français naît avec l'Affaire Dreyfus qui voit apparaître des clercs d'un genre nouveau qui vont, d'une certaine manière, remplacer le pouvoir de l'Eglise. Ces clercs vont absolutiser politiquement des notions comme La vérité ou La justice et mesurer la politique à cette aune en oubliant que la politique considère le mal comme intrinsèque à la condition humaine, ainsi que le pense Machiavel pour qui l'homme est habité par des passions néfastes. Comment la société pourrait-elle être juste puisqu'elle est constituée par des individus qui ne le sont pas ? Fort de cette illusion, l'intellectuel de gauche, qui détient à la fois la boussole de la vérité et la sens de l'Histoire, est né. Il possède aussi le monopole du cœur. Et qui déroge à ce catéchisme nouveau ne peut qu'être renvoyé aux marges de la perversion ou de la déviance.

Intouchables : Un film phénomène oh combien signifiant ! Le succès commercial de ce film inspiré d'une histoire vraie, celle d'un semi délinquant pauvre qui se transforme en nounou pour un grand handicapé riche, peut se lire de diverses façons. En lui-même le scénario est très original et les acteurs du film (François Cluzet et Omar Sy) excellents. Le film est épatant même si certaines scènes sont peu crédibles. Mais après tout il s'agit d'une fable. Or le succès de cette fable est loin d'être innocent, il véhicule des stéréotypes qu'il n'est pas absurde de décrypter. Le stéréotype humanitaire d'abord : on a besoin des autres lorsque l'on est dans la panade. Notre monde égoïste l'a oublié, voilà pour la dimension compassionnelle du film. Mais celui-ci contient aussi une dimension idéologique. Ces jeunes que nous « excluons » du regard parce qu'ils sont des « racailles » de banlieue pourraient bien se révéler indispensables. Pourquoi pas ? Par des propos bien intentionnés le barbare du cliché négatif se transforme en bon sauvage rousseauiste qui peut régénérer notre vieux monde blasé. Une scène est à cet égard très significative. Driss (Omar Sy) emmène Cluzet au théâtre où le bon sauvage rit devant la mise en scène postmoderne à laquelle il ne comprend rien. Il manque de provoquer le scandale parmi un auditoire guindé. Cette scène est bienvenue parce qu'il est africain (autrement dit innocent), s'il avait été un blanc (autrement dit coupable) elle aurait passé pour réac et franchouillarde. Driss, quand il parle de sexe est cru et son machisme est sans ambages. « *Les femmes elles aiment le blé, ce qu'elles veulent c'est la sécurité* ». Le propos amuse par son simplisme mais s'il était proféré par Gérard Jugnot ou Christian Clavier, les ligues néo-féministes s'offusqueraient. Tout se passe dans la France des élites blanches comme s'il suffisait d'être issu de l'immigration pour avoir le droit d'être soi-même, brut de coffre. Ce phénomène de fascination trouble se retrouve à certains égards dans le film culte *Bande de filles* (multi diffusé sur

Arte) qui raconte la dérive délinquante d'un groupe de jeunes africaines de la banlieue parisienne. Leur violence fascine car elle révèle un monde primitif qui ne paraît innocent que parce qu'il est celui de l'immigration africaine. Mais si on transposait cette violence tribale aux groupes de supporters de foot anglais ou russes alors nous aurions droit aux dénonciations habituelles sur la violence masculine. On a là l'indice de la malhonnêteté pathologique du *correctness* multiculturel : machisme et violence sont permis ou excusés dans la culture des « dominés », mais intolérables chez les Blancs. A ce degré de perversité, il n'est sans doute pas exagéré de parler d'ethno-masochisme.

Islamophobie : Un terme apparu dans les années 1990 à l'époque où la question du voile islamique s'est posée à l'école. Cette expression s'est largement diffusée dans des milieux que l'on peut qualifier « d'islamo-progressistes » et qui vont du parti des Indigènes de la république au grotesque et pompeux Observatoire de l'islamophobie ou encore le MRAP, autant de mouvances sans légitimité démocratique particulière. Où et quand commence au juste l'islamophobie, on serait curieux de la savoir. Si être islamophobe c'est mépriser les musulmans en tant que tels ou les tenir pour des « sous-hommes », alors en effet l'islamophobie relève de l'aberration. Les musulmans sont aussi des individus et c'est en tant qu'individus qu'ils doivent être appréciés, comme tout un chacun. Par ailleurs l'islam encourage des vertus (voir **Vertus**) que l'on peut tenir pour universelles : le respect des parents, la charité envers les plus pauvres ou les plus démunis (*zaaka*), le secours apporté aux plus faibles, le refus de la goinfrerie, une certaine retenue que l'on retrouve dans toutes les traditions de l'humanité. En somme une forme de décence ou de dignité humaine. Là n'est donc pas la question. Si l'islam n'était que cela, l'islamisme n'existerait pas. Mais l'islam est tout autre chose aussi : c'est une parole révélée qui n'admet, à terme, que deux options : la conversion ou la mécréance tenue pour une forme de déviance. L'athéisme ou l'agnosticisme ne sont pas pensables à terme en Islam parce qu'il existe un pacte originel entre le créateur et sa créature que celle-ci ne peut défaire et dont elle ne peut s'abstraire (voir l'essai de **Christian Jambet** : *Qu'est-ce que la philosophie islamique,* Gallimard, 2011). L'homme musulman ne jouit donc pas de l'autonomie de conscience dont il jouit dans la vision chrétienne énoncée par Saint Paul dans *Apocalypse 3. 15* : *« Ainsi parce que tu es tiède et que tu n'es ni froid ni bouillant, je te vomirai de ma bouche »*. Pour l'Eglise catholique, un athée qui cherche la vérité n'est pas un mécréant, c'est quelqu'un qui est « en chemin ». On peut être athée et parfaitement respectable dans le christianisme dès lors que l'on ne transgresse pas la loi naturelle, notamment celle qui, selon l'Eglise, distingue le bien du mal. La preuve en est que, depuis Vatican II, les catholiques n'ont cessé de dialoguer avec les philosophes athées. Rien de tel en islam où ce dialogue n'a guère de sens. Comme l'ont rappelé Alain Besançon et Rémi Brague, de manière générale, les musulmans recherchent peu le dialogue avec les chrétiens parce que celui-ci est sans objet pour eux. Leur foi ressort de l'évidence. C'est donc au nom de la liberté de l'esprit que nous devons refuser la progression de l'islam sur nos territoires. Cette emprise commence à l'école quand des élèves refusent tel enseignement parce qu'il contredit le prophète et elle se poursuit à l'hôpital quand des hommes refusent que l'on ausculte leurs femmes malades.

Islamophobie (2) : En prétendant islamiser la société, l'islam politique s'expose à une forme d'islamophobie qui n'a rien à voir avec le racisme. Le racisme a trait aux personnes l'islamophobie a trait à une pratique religieuse. Tout islam de masse est politique en puissance puisqu'il tend à islamiser la société. Comme l'écrit Tariq Ramadan dans son érudit mais fort peu convaincant essai « *Être occidental et musulman aujourd'hui* » (éd. Presse du Chatelet, 2015) : « *L'islam n'est pas une culture. L'essence de l'islam, qu'on le veuille ou non, est d'ordre religieux* ». Il a tout dit et à son insu infirmé en quelques mots sa propre thèse sur la possibilité d'être pleinement musulman et pleinement occidental en même temps car on ne peut être les deux sans devenir schizophrène. Car l'Occident est justement cette partie du monde qui est sortie du religieux, comme l'a démontré Marcel Gauchet dans le *Désenchantement du monde* où il met en évidence le processus historique qui a fait du christianisme « *la religion de la sortie de la religion* ». La religion implique une interpénétration de tous les domaines de la vie à l'aune de la Révélation. Être religieux veut dire l'être intégralement. D'une certaine manière l'islam est bien la dernière des religions en Occident en ce qu'elle lie organiquement tous les domaines de l'existence : la vie sociale et la vie privée, le politique et le spirituel, le spirituel et le théologique. Les chrétiens occidentaux, excepté les fondamentalistes comme *Civitas,* admettent depuis longtemps le caractère laïc de la société. C'est en cela aussi que le catholicisme est désormais moins une religion qu'une culture. A ce sujet les discours du Pape François (voir **Pape François**) sur le « bon islam » apparaissent discutables sur un plan théologique, y compris et d'abord pour un catholique cohérent. Il n'y a, à proprement parler, ni bon ni mauvais islam en soi. Il y a un islam compatible avec la laïcité et qui ne peut être que minoritaire et un islam dangereux pour la laïcité quand il devient hégémonique.

Israël : Tous les chemins mènent à Jérusalem dès qu'il est question de se disputer en France. Israël est, avec l'islam, le terrain miné de clivages qui traversent les partis. Est-il possible de refuser la passion dans un domaine où elle semble immaîtrisable ? Les intellectuels philo-sionistes tels Pierre-André Taguieff, ont raison de dire que le nouvel antisémitisme trouve dans la politique israélienne un alibi juteux. L'antisémitisme est une passion multiforme et en partie irrationnelle. Il est aussi fort à gauche, notamment chez les proudhoniens qu'à droite chez certains proches de l'ancienne Nouvelle Droite (voir **antisémitisme**). Mais Israël pose une question qui ne se réduit pas à la vieille antienne de l'antisémitisme ainsi que ne cessera de le rappeler Pierre Boutang pour qui Israël était un Etat-nation archétypique car fondé sur la filiation. Si Israël est une démocratie politique, il est aussi un Etat fondé sur le « droit naturel et historique » du « peuple juif » de vivre sur sa terre comme le déclarera Ben Gourion en 1946. Autrement dit, la légitimité historique d'Israël n'est pas fondée exclusivement sur la Shoah mais sur un principe généalogique puisque le sionisme est né avant la Solution finale. On peut évidemment contester la validité de la notion de peuple juif sans être antisémite ou antisioniste. Pour Raymond Aron par exemple l'idée que les communautés juives disséminées par l'Histoire et distinctes culturellement appartenaient au même peuple est très contestable. Et s'il a attaqué de Gaulle dans son célèbre livre *De Gaulle, Israël et les Juifs*, il ne mettra jamais en doute la légitimité de la revendication palestinienne. « *Je ne pense pas que l'on puisse affirmer l'existence objective du « peuple juif » comme celle du peuple français. Le peuple juif existe par et pour ceux qui veulent qu'il soit, les uns pour des raisons métahistoriques, les autres pour des raisons politiques* » écrivait-il. Pour Raymond Aron, un peuple a besoin pour s'autodéfinir d'un territoire, d'un Etat et d'une langue commune. Ces conditions sont réunies en France, bien qu'elles sont désormais contestées par la gauche pour qui la France est une idée. Elles ont été créées *manu militari* pour Israël, pays non du peuple juif mais du peuple israélien. Autrement dit pour Aron, et c'est aussi notre avis, on ne peut faire partie de deux peuples à la fois. « *Les Juifs d'aujourd'hui ne sauraient éluder leur problème : se définir eux-mêmes israéliens ou Français ; juifs et français, oui, israéliens et français non – ce qui ne leur interdit pas d'éprouver pour Israël une dilection particulière* ». Écrivait-il dans ses *Mémoires*. En outre et quoiqu'on pense de l'existence ou non d'un « peuple juif » il est évident que si Israël est fondé sur les droits de ce peuple à avoir un Etat, c'est évidemment le cas de tous les peuples du monde. Le droit que Ben Gourion revendiquait pour Israël de vivre sur sa terre d'élection est-il défendable pour nous Français ? Bien sûr que oui, car s'il n'était pas défendable pour nous, Français, Anglais, Allemands etc. il aurait encore moins de sens pour un peuple, le peuple juif, dont l'existence est contestable historiquement ! Dans *Quand la gauche agonise* (Paul-François Paoli, éd. du Rocher, 2016) nous avons relevé la contradiction qui habite ces juifs de gauche universalistes qui ne trouvent rien à redire au fait qu'Israël soit un Etat juif alors même qu'ils affirment que la notion d'Etat français est dépassée ! Sur un plan logique : si un peuple qui a été disséminé dans le monde a le droit de revendiquer sa terre d'origine, comment n'en serait-il pas de même pour des peuples qui n'ont pas été disséminés ?

J

Jambet Christian : Sans doute une des figures les plus originales du milieu intellectuel français. Ce philosophe qui fut invité à 20 ans à Pékin par Zhou Enlai à l'occasion d'un rassemblement des organisations révolutionnaires pro-chinoises, il dirigeait la *Gauche prolétarienne,* a rompu d'un coup avec son passé sans toutefois le renier. En 1975 il publiait un livre étrange avec Guy Lardera *L'Ange* qui marquait les débuts de ce que l'on appellera bientôt la nouvelle philosophie. A l'instar de son ami Maurice Clavel, il percevait dans les événements de Mai 68 une révolte d'ordre spirituel aux accents messianiques, bientôt détournée par la gauche et les prophètes du désir libéré qui allaient adopter *l'Anti-Œdipe* de Deleuze et Guattari comme livre de chevet. Platonicien plutôt que judéo-chrétien Jambet allait découvrir grâce à celui qui deviendra son maître, Henri Corbin, la spiritualité chiite très marquée par le néo-platonisme et Plotin. Il est devenu en France avec Rémi Brague avec qui il a d'ailleurs dialogué le meilleur exégète de la philosophie islamique à laquelle il a consacré un livre qui fait autorité : *Qu'est-ce que la philosophie islamique ?* Très ami avec le regretté Abdel Waheb Medheb, Jambet qui se tient à l'écart des querelles politiques sur l'islam, n'a de cesse de rappeler et d'abord aux musulmans que le Coran ne doit pas faire l'objet d'une lecture littérale. Car littéralement parlant « *le Coran n'a pas beaucoup d'intérêt* » (confidence à l'auteur) ce qui est un comble venant d'un expert ! Marqué par la pensée ésotérique de Louis Massignon et spécialiste du penseur persan Mulla Sadra, il en appelle à une rencontre spirituelle autour de la figure de Jésus entre chrétiens et musulmans, qui dépasserait les questions secondaires de vêture, de voile etc. Elitiste et même gnostique son propos a peu de chance d'être entendu dans un monde où l'islam est moins vécu comme une spiritualité que sur le mode identitaire. Il n'en reste pas moins très méritoire.

A lire de Christian Jambet : *Qu'est-ce que la philosophie islamique ?* éd. Gallimard.

Jeanne d'Arc : Continue d'être considérée par les ignares et les sots comme un « symbole de l'extrême droite ». Un stéréotype paresseusement ressassé dans certains médias par ceux qui oublient ou ignorent que Jeanne d'Arc est un des rares figures fédératrices de la France, bien avant Marianne. De Michelet le républicain à Maurras l'antirépublicain, en passant par Péguy et Barrès, Jeanne d'Arc a suscité une telle fascination que sa vie a été enseignée à l'école sous la IIIe République. Dans un beau livre *Jeanne d'Arc à travers l'histoire* (éd. Belin, 2017) et préfacé par Pierre Nora, l'historien allemand Gerd Krumeich rappelle à quel point la gauche républicaine a vénéré la figure de Jeanne D'arc au lendemain de la Commune de Paris. Jules Fabre, le député radical-socialiste de l'Aveyron milita même pour la création d'une commémoration nationale de la Sainte républicaine le 8 mai. Certes Voltaire raillera son pucelage et la traitera de « pauvre idiote » mais qui ne raillera-t-il pas ? Pendant la seconde guerre elle est le point de croisement du Maréchal Pétain et du Général de Gaulle qui en font le symbole du patriotisme et du refus de l'abdication face à l'impérialisme étranger.

A droite Philippe de Villiers lui consacrera un roman biographie et à gauche l'intellectuel trotskyste Daniel Bensaïd fera son panégyrique. Le 8 mai 2016 à Orléans Emmanuel Macron dresse son éloge : « *Car Jeanne d'Arc, comme nos autres grandes figures, comme notre hymne national, comme notre drapeau, ce sont nos héritages, notre histoire commune, ce qui nous a faits et nous tient ensemble [...] Jeanne d'Arc est beaucoup plus qu'elle-même ou que son époque. Elle contribue à forger cette identité française* ». A bon entendeur salut ! Il sera donc bien dit que la France a bien une identité et que celle-ci s'est forgée au fil des siècles avant la Révolution, n'en déplaise à Mélenchon, Hamon, Cambadélis et... Hollande. Plus inattendu, l'éloge que le mécréant Jean Cocteau fera d'elle mérite d'être cité : « *De tous les écrivains de France, Jeanne d'Arc est celui que j'admire le plus. Elle signait d'une croix, ne sachant point écrire. Mais je parle de son langage et de ses brefs qui sont sublimes. Pourquoi s'exprime-t-elle si bien ? C'est qu'elle pense bien et que c'est la première vertu d'un style. Elle dit ce qu'elle veut dire et en quelques mots. Les réponses de son procès sont des chefs d'œuvre. Ses réponses reflètent sa vie courte et sensationnelle, mieux que l'Histoire ne nous la raconte* ». Et Léonard Cohen dans une chanson qui lui a consacrée : « *J'ai vu ses cris, vu sa douleur, j'ai vu la gloire dans ses pleurs* ».

A lire : *Jeanne d'Arc : Histoire et dictionnaire*, Philippe Contamine, Olivier Bouzy, Xavier Helary, éd. Robert Laffont.

Jerphagnon Lucien : Un immense historien doublé d'un écrivain et d'un conteur singulier. Le génie de Jerphagnon est de raconter l'Histoire comme s'il nous racontait des histoires, notamment dans sa grandiose *Histoire de la Rome antique*. Ce ton de familiarité avec les morts illustres, depuis Saint Augustin à Plotin qui furent ses maîtres, rend les récits de Jerphagnon prodigieusement vivant. De Plotin qui écrivait « *L'homme ressemble* *à ce qu'il regarde»* il dira: «*Il est la clé de tout. Il m'a empêché d'être athée*». On sent chez ce familier de la pensée antique une inquiétude fondamentale quant au sens de l'être. Lui qui endossa un temps la prêtrise, il quitta les ordres en 1961, n'a jamais cessé de s'interroger sur la destinée de l'homme, comme en témoignent les ouvrages posthumes publiés après sa mort grâce au travail de l'éditeur Stéphane Barsacq.

A lire absolument de Lucien Jerphagnon : *L'Histoire de la Rome antique*, éd. Robert Laffont et *Histoire de la Philosophie*, éd. Robert Laffont.

Jeunes: Un mot qui, à lui seul ne signifie rien d'autre qu'une classe d'âge, mais qui, dans la langue médiatique, est lourd de sous-entendus et signifie parfois ce qu'il ne dit pas. Ainsi dit-on « les jeunes » pour désigner les participants de *Nuit Debout* comme si cette manifestation était représentative de la jeunesse ou « les jeunes » des quartiers défavorisés ou des quartiers sensibles. Des individus qui jettent des projectiles sur des voitures de pompiers dans un quartier dit *sensible* ne sont jamais qualifiés autrement que par ce mot de *jeunes*. Mais chacun sait qu'il ne s'agit pas de jeunes chinois. Si des jeunes participent à la *Nuit des veilleurs* comme cela fut le cas aux *Invalides* après les grandes manifestations contre le mariage pour tous en 2012 on dira les jeunes catholiques, le mot de catholique étant ici dépréciatif. Autre terme dépréciatif: corse ou breton.

Julliard Jacques: L'intellectuel de gauche préféré des conservateurs et de la droite en général. Julliard est de gauche à l'ancienne, pourrait-on dire, c'est-à-dire plus que critique à l'endroit de la postmodernité intellectuelle marquée par l'influence de Michel Foucault. Historien des idées et grand éditorialiste, l'homme a été marqué par la pensée de Proudhon et de Georges Sorel, ce qui a facilité son dialogue avec le pape de la pensée antilibérale-libertaire qu'est Jean-Claude Michea. Respecté par tous, sauf par la gauche radicale et islamophile qui voit en lui un apostat, Jacques Julliard est sans doute une des dernières grandes figures intellectuelles d'un socialisme français qui a échappé au conformisme du politiquement correct et au machiavélisme mitterrandien. Dans le dernier ouvrage publié qui réunit une sélection de ses écrit, *L'Esprit du peuple, la gauche en 2017 : requiem du renouveau*, il affirme : « *Au printemps 2017, le peuple et la gauche, et plus précisément le peuple et le Parti socialiste qui avaient partie liée depuis les origines, ont fait le constat qu'ils n'avaient plus rien à se dire ni non plus à faire ensemble* ». Un constat qui, s'il était établi par Onfray, ou Michea, serait bien entendu qualifié de « populiste ». Il écrit aussi ceci qui nous paraît terrifiant : « *L'école n'est plus perçue par les Français comme un double magistère de progrès et de justice et surtout elle n'est plus à aucun niveau, notamment dans le recherche et l'enseignement supérieur, ce haut lieu d'excellence scientifique qu'elle fut par le passé. Quel que soit le critère retenu – prix Nobel, classements internationaux, attraction sur les étudiants étrangers – la France est, au regard de ses concurrents, un pays en voie de sous-développement. Que s'est-il passé ? Que sous la double influence de la sociologie de Pierre Bourdieu* (voir **Bourdieu**) *et du pédagogisme de Philippe Meirieu, l'objectif de l'égalité s'est totalement substitué dans l'Ecole française à celui de la diffusion du savoir* ».

A lire de Jacques Julliard : *L'esprit du peuple, la gauche en 2017 : requiem du renouveau*, éd. Robert Laffont.

Jullien François : Philosophe, François Jullien tente à travers ses livres de faire la généalogie des concepts de la tradition occidentale à partir du langage. Son intérêt pour la Chine est lié à ce que celle-ci est pour lui une « hétérotopie », la Chine ayant échappé à l'influence de la pensée grecque comme de la tradition judéo-chrétienne. Grâce à ce détour, Jullien peut tenter de comprendre comment nous nous sommes construits en tant qu'occidentaux ainsi qu'il le fait dans *L'invention de L'idéal et le destin de l'Europe* (éd. Gallimard, 2017), un livre important où il montre le rôle fondamental du platonisme dans la vision du monde fondée sur le clivage entre l'intelligible et le sensible. S'il critique la notion d'identité culturelle ce n'est donc pas au nom d'un universalisme qu'il qualifie de facile et auxquels les occidentaux succombent spontanément mais parce qu'à ces yeux l'Europe doit être capable de réactiver ses propres traditions pour retrouver sa fécondité créatrice.

A lire de François Jullien : *L'intervention de l'idéal et le destin de l'Europe*, éd. Gallimard.

K

Kepel Gilles : Les essais de Kepel et notamment son livre précurseur de 1987, *Les banlieues de l'Islam naissance d'une religion en France*, sont d'autant plus précieux qu'ils sont dépourvus de polémique inutile. Gilles Kepel nous aide à comprendre ce phénomène qu'est « l'islamisation latente » (Yves Thréard) de la société française. Quelques années après les émeutes de 2005, il a réalisé une étude commanditée par l'institut Montaigne dans la ville de Montfermeil qui démontrait la fausseté de l'idée selon laquelle les banlieues à forte densité d'immigrés avaient été abandonnées par l'Etat. A ses yeux l'islamisme n'est nullement réductible à des questions d'exclusion sociale mais possède une dynamique intrinsèque. Depuis des années, ses thèses se confrontent à celle d'Olivier Roy (voir **Olivier Roy**) sur la question de la radicalisation islamique.

A lire de Gilles Kepel : *Quatre-vingt-treize*, éd. Gallimard.

Koenig Gaspard : Des airs de Kennedy en beau brun ténébreux. Le libertarisme français a trouvé en lui son séduisant trouvère. La pensée de Koenig est simple, simplissime même, voire élémentaire. Faites tout ce que vous voulez et tout ira pour le mieux dans le meilleur des mondes possibles. Une sorte de synthèse de Milton Friedman et Ayn Rand, la prophétesse libertarienne (voir **Ayn Rand**). Ce qu'il y a de bien avec Gaspard, nom qui sent l'enfance et la farce, c'est qu'il met le rêve libéral-libertarien à nu. Dans le monde libéral-libertarien, il n'existe que des individus qui nouent des contrats de toutes sortes. Travail, amour, sexe, propriété, procréation assistée etc. Ils ont fondé une « ville *free* » aux USA sur le modèle du « je te prends je te quitte », d'une société liquide où il n'y a d'engagement que de courte durée. L'anti-féodalité en somme où tout lien était fondé sur l'honneur de la parole donnée. Leur culture est anti-orale, juridique et anglo-saxonne et c'est pourquoi ils n'ont que peu d'adeptes, pour l'instant, dans le monde latin, arabe, turc, iranien, chinois, indien ou africain, ce qui fait pas mal de monde et démontre, s'il en était besoin, le caractère non-universel du libertarisme, cet anarchisme pour riches. Inutile d'évoquer un bien commun (cela sent le catho) un monde commun (cela sent Hanna Arendt) ou encore toute idée de peuple, de nation, d'héritage qui les amusent. Avec eux les contraintes du réel ou les hantises de l'idéal se dissolvent. Ne reste plus que les affaires de chacun. Les libertariens sont le versant non marxiste de Mai 68. Jouissons avec le moins d'entraves possibles, les autres constituant des entraves éventuelles. Le comble est qu'ils sont aussi humanistes et les voilà qu'ils se soucient des précaires à travers l'idée d'un RMU. Les « exclus » sont un peu aux libertariens ce que les pauvres sont pour certains cathos : une compensation subliminale de leur jouissance hédoniste.

L

Lang Jack : Quoi qu'il dise ou ne dise pas, fasse ou ne fasse pas, le président de l'Institut du monde arabe est au sommet dans les sondages. Un des symboles de la schizophrénie de ce pays qui réclame de l'autorité et prime ceux qui l'ont mise à bas. « *Dieu se rit de ceux qui déplorent les effets dont ils chérissent les causes* » écrivait Bossuet. On doit à Jack Lang le fameux oxymore de *l'élitisme pour tous* quand il était ministre de la Culture. On lui doit aussi d'avoir légitimé à grand renfort de rhétorique la sous-culture du rap et la taggisation de la France, la flatterie éhontée de « la » jeunesse et d'un certain milieu prétendument créatif. Place des Vosges ou réside Lang les tagueurs s'abstiennent de créer. Dommage…

Lasch Christopher : L'auteur de la *Culture du narcissisme*, livre paru en 1979, est un des penseurs culte de ces dernières années. Comme souvent avec les auteurs culte, il sert désormais de référence et parfois de manière simpliste alors que sa pensée est très élaborée. On peut le considérer comme un « conservateur de gauche » pour qui le marxisme reste une référence. Pour Christopher Lasch, la culture du narcissisme constitue une rupture anthropologique au sein de la Modernité. Cette culture rompt avec tous les univers qui l'ont précédée en ce qu'elle fait de la satisfaction égotique et pulsionnelle le critère ultime du bonheur humain. Elle se manifeste à travers des réalités que chacun connaît : refus de vieillir, jeunisme ou sexualité vécue sur le mode consumériste, culte outrancier du corps etc. Un des archétypes de cette « *culture du narcissisme* » est l'adolescent éternel dont la figure se dessine, notamment après la Seconde Guerre mondiale, époque où le cinéma va transformer des figures de rebelles immatures comme James Dean en icône. Cet homme-adolescent entretient un rapport privilégié et infantilisant avec la mère qui devient la figure centrale du foyer dans un monde où le père a tendance à s'effacer. Ce nouvel homme libidinal vit au rythme de l'instant et ne parvient plus à se projeter dans un avenir dont le sens lui paraît d'ailleurs aléatoire. Publié en 1979 aux Etats-Unis, ce livre aura un immense impact jusque dans le monde politique. Il paraît en France en 1981 pour la première fois et sera préfacé par le philosophe Jean-Claude Michéa (voir **Jean-Claude Michea**). Cette même année, paraît aussi un autre livre culte, moins connu, celui-là : *Le capitalisme de la séduction* du sociologue marxiste Michel Clouscard (voir **Liberal-Libertaire**) qui influencera Michel Houellebecq et dont les thématiques sont très proches de celles de Christopher Lasch.

A lire absolument de Christopher Lasch : *La Culture du narcissisme*, éd. Flammarion.

Le Pen Jean-Marie : Le chouchou de la gauche des décennies durant. Celui qu'elle jouissait de haïr pour éprouver sa belle âme. Le Pen a joué dans la société française le rôle du mauvais démiurge. Il lui suffisait de dire qu'il aimait Beethoven pour rendre celui-ci suspect. En réalité Jean-Marie Le Pen n'a jamais eu d'idée très originale. Il a été un pot-pourri de toutes les droites, bonapartiste, légitimiste, maurrassienne et pétainiste sans trop savoir lui-même où il se situait. Il a été bien incapable, par exemple, d'écrire un seul livre qui synthétise sa pensée ou ses projets pour la France. Celui qui fut le meilleur orateur de l'Assemblée nationale et dont la grammaire était irréprochable, aspirait à la reconnaissance et à la notabilité, comme l'avait compris Mitterrand. Son goût de la transgression, notamment à travers des mots stupides comme « *Durafour crématoire* » a grandi au fur et à mesure que cette reconnaissance lui parut impossible. La transgression sémantique est le moyen que les exclus du système ont pour se faire reconnaître, en négatif. Ainsi d'Alain Soral, par exemple. Pour les médias, il vaut encore mieux être méchant qu'oublié.

Le Pen Marine : On peut n'éprouver aucune sympathie particulière pour Marine Le Pen et trouver néanmoins assez honteux le traitement que les médias lui ont fait subir pendant la campagne présidentielle. Celle-ci a montré ses limites intellectuelles pendant le fameux débat avec Macron au cours duquel elle est apparue agressive et incompétente. Cela justifiait-il une telle réaction de certains médias, faite de mépris et de haine ? Jamais Georges Marchais, qui maniait l'insulte et le mensonge, n'a été traité ainsi. *Libération, Le Monde, Le Nouvel Obs,* pour ne citer qu'eux, ont ressassé *ad nauseam* l'antienne usée du fascisme et du racisme, voire de l'antisémitisme concernant son projet pour la France alors que son propos démagogique était conçu pour ratisser le plus large possible. Son projet était à la lettre populiste, étatiste et anti-européen, ni plus ni moins. Ne pas admettre que Marine Le Pen n'est pas le duplicata de son père, c'était prendre les millions de Français qui ont voté pour elle pour des imbéciles. On retombe sur la fine analyse de Christophe Guilly : le vote réflexe anti-Marine n'est pas du tout anti-fasciste, c'est avant tout un marqueur social.

Levet Bérénice : Philosophe de formation, Bérénice Levet est un disciple d'Hannah Arendt à laquelle elle a consacré un bel essai : *Le musée imaginaire d'Hanna Arendt*. Elle a aussi publié un ouvrage percutant contre la théorie du genre qui lui a valu le soutien de Michel Onfray dans le *Nouvel Observateur*. Enfin voilà que celle qui fut proche des positions d'Alain Finkielkraut a eu le courage de franchir le Rubicon en publiant un livre très polémique, *Le crépuscule des idoles progressistes* (éd. Stock) où elle n'a pas craint de justifier certaines affirmations sociétales du Front national, notamment à propos de l'immigration (voir **Immigration**). Conservatrice assumée, elle participe à la revue du mensuel *l'Incorrect* lancée par le journaliste catholique Jacques de Guillebon et auquel participe aussi Chantal Delsol.

A lire de Berenice Levet : *La théorie du genre ou le monde rêvé des anges*, éd. Grasset.

Levinas : Peut-on ne pas être lévinassien ? Il semble qu'il n'y ait que deux partis philosophiques en France, les lévinassiens, de Bernard-Henri Lévy à Jean-Luc Marion et feu Jacques Derrida voire Alain Finkielkraut, et les autres qui préfèrent ne rien en dire. Le culte et la révérence nécessaires qui entourent Levinas peuvent finir par agacer. N'ayant pas la prétention de juger une pensée aussi éminente que complexe, nous nous contenterons d'émettre une réserve sur la référence à Levinas (voir **Autre**) revendiquée par des individus dont l'égotisme et l'égocentrisme ne sont pas les moindres attributs. La pensée du « visage de l'autre » (voir **Autre** et **Daniel Sibony**) est certainement puissante mais on peut être sceptique quant à son efficience. « *Bref entre Sade et Levinas il faut choisir* » écrit Jean-Luc Marion dans sa *Brève apologie pour un moment catholique* (éd. Grasset, 2017). Mais s'il nous était impossible de faire un choix aussi tranché entre le solipsisme sadien et la réceptivité au visage d'autrui ? Qui peut prétendre être cohérent dans ce domaine ?

A lire absolument pour entrer dans la pensée d'Emmanuel Levinas (ou du moins essayer) : *Totalité et infini*, éd. PUF.

Lévi-Strauss Claude : Sans doute le penseur français à la plus grande renommée mondiale. Au-delà du respect dont chacun lui témoigne, son œuvre est depuis quelques années l'objet de débats idéologiques. Derrière l'unanimité de façade, un malaise s'est insinué concernant certaines interprétations de son œuvre. Bien qu'il fut de gauche dans sa jeunesse et ardent adversaire de toutes les formes de racisme, Claude Lévi-Strauss, qui succéda à Henry de Montherlant à l'Académie Française – un Montherlant dont le scepticisme sans espérance était assez proche du sien – n'était pas un progressiste, mais un conservateur. En 1983, lorsque le philosophe catholique et royaliste Pierre Boutang publia son monumental livre sur *Maurras, la destinée et l'œuvre* (éd. La Différence), celui-ci lui envoya son essai et reçut la réponse suivante, assez stupéfiante venant d'un homme qui aurait pu subir l'ostracisme des lois de Vichy : « *N'était la fureur antisémite, la pensée de Maurras me semblerait digne de la plus grande considération. Par ce que j'en connais du moins, qui est trop peu. Je vous remercie de m'avoir envoyé votre livre que je m'apprête à lire avec une extrême attention* ». Inclassable idéologiquement, son conservatisme n'est pas lié à un humanisme de type judéo-chrétien puisqu'il ne cachait pas sa sympathie pour le bouddhisme mais plutôt à un profond scepticisme quant aux canons du progressisme fondés sur l'idée que les progrès des sciences et de la technique ne pouvaient pas ne pas engendrer une bonification de l'homme. Sur le plan de la vie collective, cet admirateur du Japon refusait l'idée que les peuples dussent sacrifier leur mode de vie au nom de la globalisation de l'humanité dont il s'inquiétait. Etranger à toute idée de supériorité raciale, Claude Lévi-Strauss légitimait toutefois une certaine forme de xénophobie au nom du droit des groupe humains de perdurer dans leur identité. Dans *Race et culture* en 1971 il écrivait que les bouleversements déclenchés par la civilisation industrielle en expansion entraînent « *l'humanité vers une civilisation mondiale, destructrice des vieux particularismes auxquels revient l'honneur d'avoir créé les valeurs esthétiques et spirituelles qui donnent son prix à la vie et que nous recueillons précieusement dans les bibliothèques et les musées* ». Il défendit même en 1989 l'idée de « *seuil de tolérance* » auprès de François Mitterrand qui l'avait consulté à ce sujet et a toujours refusé de dénoncer le Front national.

A lire absolument de Claude Lévi-Strauss : *Tristes tropiques*, Le Seuil.
Sur Lévi-Strauss : *Le Regard éloigné de Claude Lévi-Strauss*, Didier Eribon, Le Seuil.

Lévy Bernard-Henri : Il est difficile d'évoquer un personnage qui n'admet généralement que la fascination, que celle-ci prenne la forme de l'adulation ou de la détestation. Si l'on veut être équitable il faut admettre que BHL a souvent été honni pour de mauvaises raisons. Riche, beau et célèbre à trente ans, il aura réalisé le rêve de tous les ambitieux. Cette réussite lui a valu des inimitiés et des admirations excessives. Si l'on juge son œuvre, on est frappé du contraste entre le charivari qui accompagne chacun de ses livres et la modestie de son apport philosophique. *Le Testament de Dieu* est peut-être son meilleur essai, en tout cas le plus dépourvu de polémique à caractère personnel. C'est tout au moins ce que lui concède Raymond Aron dans ses *Mémoires* où il le considère comme un « *Fouquier-Tinville de café littéraire* » plutôt que comme un penseur. Il faut dire que beaucoup de ses essais ne sont que des autobiographies où l'homme se mire dans le miroir de l'histoire contemporaine en usant d'un Je majuscule à tout propos. « *Qui es-tu pour prétendre débattre avec moi* ? « » dira-t-il un jour à un philosophe renommé dont nous tairons le nom (confidence à l'auteur). Le style, c'est l'homme, et celui de Bernard-Henri Lévy est frappé depuis *Barbarie à visage humain* du sceau de l'emphase. Tous les écrivains sont plus ou moins narcissiques et nous n'en ferons pas le reproche à BHL. Mais tous les écrivains n'atteignent pas cette extrémité dans la fatuité. Le plus insupportable est sans doute cette morgue pseudo aristocratique que BHL exprime à l'encontre de tous ceux qui contredisent ses pétitions de principe, ici sur Poutine, là sur le Brexit ou sur tout autre sujet.

Lévy Elisabeth : Cette journaliste intempestive a rompu avec fracas avec sa première famille, celle de la gauche en publiant un essai *Les Maitres censeurs* qui a marqué les esprits au début des années 2000. Ancienne collaboratrice au mensuel *Globe* (voir **Bergé**) elle dénonçait l'état d'esprit d'une gauche convertie au multiculturalisme qui ne redevenait voltairienne que lorsqu'il s'agissait de pourfendre l'Eglise catholique tout en se montrant plus qu'amène à l'endroit de l'islam.

A lire : *Les Maîtres censeurs*, d'Elisabeth Levy. Ed Lattès.

Leys Simon : L'auteur des *Habits neufs du président Mao*, paru en 1971, de son vrai nom Pierre Ryckman, est une des figures intellectuelles les plus respectées de notre époque. Presque seul, ce sinologue à la fois modeste et érudit vivant en Australie où il est décédé en 2014 a bataillé contre l'hypnose collective qui sévissait au sujet du maoïsme, en particulier à Paris, une des capitales du maoïsme culturel, lequel était particulièrement puissant chez les Normaliens de la rue d'Ulm après 1968. Il fut maltraité par *Le Monde* en plus d'être vilipendé par les mao-mondains de la revue *Tel Quel*. Voici quelques années, Philippe Sollers lui rendait finalement hommage en reconnaissant qu'il avait eu raison presque seul contre tous. Sa victoire posthume est celle de la probité intellectuelle sur tous les précieux(ses) ridicules de son temps qui ne se contentèrent pas de se tromper, ce qui en soi ne constitue nullement une faute mais qui intimidèrent et bafouèrent ceux qui, comme Simon Leys, revendiquaient le droit d'écrire la vérité.

A lire absolument de Simon Leys : *Les Habits neufs du président Mao*, éd. Livre de poche.

LGBT (Lesbiennes, gays, bisexuels et transgenres) : Groupe de pression réunissant activistes gays et lesbiennes qui prétendent réorganiser la société en fonction des tendances et des goûts sexuels de chacun. Cette ultra minorité très influente dans certains milieux aura été déterminante dans l'adoption de la Loi Taubira. De nombreux homosexuels ne se reconnaissent nullement dans ce communautarisme militant. Rappelons que l'*eros* grec n'a rien à voir avec la revendication gay, la notion d'homosexualité y étant inexistante, comme le démontrera Michel Foucault dans ses travaux sur la sexualité.

Libéralisme : La société française couve un mystérieux paradoxe. Nous sommes probablement un des pays les plus individualistes qui soient tout en étant celui où la culture antilibérale est la plus forte. Cette contradiction travaille en particulier la gauche et menace aujourd'hui de la disloquer, voire de la détruire. Historiquement, la gauche est née de la Révolution de 1789, révolution libérale qui proclame l'égalité des droits des individus et leurs droits à la liberté et à la propriété. Elle sera dénoncée comme telle par l'Eglise catholique dont l'antilibéralisme culminera en 1864 avec le *Syllabus* de Pie IX qui condamne les idées modernes et libérales et jusqu'à la notion de Progrès. L'Eglise condamnera le progressisme et l'individualisme qui sont le propre de la gauche républicaine dont certaines idées triompheront sous la IIIe République, notamment avec l'Affaire Dreyfus. Le libéralisme politique et le libéralisme moral et religieux sont bel et bien des idées de gauche revendiquées notamment par la tradition radicale socialiste. Clemenceau ne sera jamais collectiviste et il revendiquera son individualisme. A partir des années 1980 le monde occidental voit deux grandes forces s'éroder : le marxisme et le catholicisme qui avaient en commun la même aversion pour le néo-libéralisme (voir **Néo libéralisme**) qui triomphent dans l'Angleterre de Margaret Thatcher. La gauche qui avalise le libéralisme culturel, notamment à travers le féminisme et l'antiracisme, réfute le libéralisme économique sans voir que ces phénomènes ont partie liée. Le primat de la libération individuelle est au cœur du projet libéral comme du projet progressiste. Macron et Mélenchon illustrent cette convergence sociétale. Opposés économiquement, ils sont libéraux sur le plan des mœurs dès lors qu'ils considèrent comme un progrès de civilisation le mariage pour tous, la PMA ou le droit au suicide.

Libéral-libertaire : Terme inventé par le sociologue marxiste Michel Clouscard en 1981, date de l'accession de la gauche au pouvoir. Michel Clouscard semble être un des premiers à avoir compris la révolution culturelle qui bouleversait la gauche de l'intérieur. Dans *Le capitalisme de la séduction* (éd. Delga), essai qui exerça une forte influence sur Houellebecq, cette mutation est déjà entrevue. Alors que les révoltes des jeunes rebelles du monde ouvrier ne mettaient pas en cause les valeurs traditionnelles, les nouveaux « rebelles » des années 1980, sont l'expression d'une conception du monde ludique et transgressive dont témoignera la culture *Canal Plus*. Clouscard évoque le troc historique de la nouvelle gauche : l'abandon du mouvement ouvrier pour les minorités progressistes, les femmes et les jeunes immigrés. Les femmes et les jeunes sont à l'avant-garde de cette révolution des normes qui va rencontrer la dérégulation néo-libérale qui prône le libre-échange et la fin des frontières. A première vue, le libéralisme est l'inverse de l'esprit libertaire puisqu'il valorise le travail tandis que la sensibilité libertaire est anti-productiviste. Cependant, libéraux comme libertaires ont en commun le consumérisme et l'individualisme, une rencontre que le capitalisme va rendre possible. Pour le marxiste Clouscard, peu suspect de vouloir restaurer les valeurs de l'ordre patriarcal, la sensibilité libérale-libertaire exprime symboliquement la victoire du fils sur le père transformé en copain. Un fils qui renvoie aux calendes grecques l'entrée dans le monde de la paternité. L'originalité de Clouscard est de prétendre démontrer que cette évolution est le fruit d'une rupture historique engendrée par le Plan Marshall qui a constitué l'entrée de la France dans un *way of life* américain qui aura été témoin de la diffusion de la culture de masse anglo-saxonne. Celle du *jean* et du *juke box*, du rock ou d'un cinéma où l'immaturité, notamment à travers le mythe de James Dean, est transformée en valeur rebelle. Révolte adolescente qui est l'alibi d'un nouveau monde fondé sur la consommation de masse et le culte du corps dont Christopher Lasch (voir **Lasch**) fera l'analyse dans son célèbre essai *La culture du narcissisme* paru en 1979.

A lire de Michel Clouscard : *Le capitalisme de la séduction*, éd. Delga.

Libertarien : Le courant libertarien est une tendance radicale du libéralisme américain inspiré notamment par les écrits de la philosophe Ayn Rand (voir **Ayn Rand**). Les libertariens qui sont des individualistes radicaux considèrent que l'individu est le centre de toute chose. Dans ce cadre, certaines communautés sont pensables à condition d'être aléatoires et négociables. Certains libéraux pensent que le cadre étatique national est dépassé mais quel cadre d'élaboration politique nous proposent-ils ? Pourquoi ne pas instituer une société mondiale fondée sur les droits de l'homme ou chacun gérerait son nomadisme sans importuner autrui ? On trouve toujours plus libertarien que soi. Comme la plupart des utopies, l'utopie libertarienne n'a pas de lieu crédible pour s'instituer tout simplement parce que qui dit lieu, dit passé, donc Histoire. Or les libertariens raisonnent comme si l'Histoire n'existait plus et qu'il n'existait que des individus a ou post-historiques. Cet anarchisme pour riches est donc moins une utopie, car l'utopie suppose le rêve, qu'une atopie. « *Les pauvres, qui n'ont que la patrie* » comme disait Jaurès ne sont jamais libertariens, s'ils sont parfois libertaires.

Lipovetsky Gilles : Ce sociologue et philosophe est l'auteur d'un livre emblématique qui a défini l'époque des années 1980 : *L'ère du vide*. Au lieu de déplorer, comme le fera de plus en plus Jean Baudrillard, la vacuité du monde des apparences, Lipovetsky, spécialiste de la mode, s'en fait le thuriféraire. Le nihilisme a une face ludique : celle du simulacre sans fin. Relativiste conséquent, Lipovetsky considère que le propre de notre civilisation qui a renoncé à délivrer un sens à la vie, est par essence futile et aléatoire. Une question à Lipovetsky : que reste-t-il de la dignité humaine dans un monde où le sens de la vie est si aléatoire et que reste-t-il au juste à transmettre à des enfants qui n'ont pas demandé à naître ?

A lire de Gilles Lipovetsky : *L'Ere du vide*, éd. Grasset et *La Troisième femme*, éd. Gallimard.

Lugan Bernard: Il est peut-être le meilleur spécialiste de l'Afrique en France. Auteur de nombreux ouvrages à propos de ce continent, et notamment d'une *Histoire de l'Afrique des origines à nos jours*, remarquable et insuffisamment remarquée, Lugan a voyagé et vécu dans cette région du monde une bonne part de sa vie. Dans la revue *l'Afrique réelle*, il s'inscrit en faux contre la sensibilité ambiante qui s'est emparée des élites multiculturelles qui perçoivent en l'Afrique le salut de l'Humanité, sans doute pour expier des crimes que nous n'avons pas commis. A l'opposé des fantasmes philanthropiques d'un Jean-Louis Borloo Lugano considère que le développement de l'Afrique est une illusion. Il perçoit dans la démographie explosive du continent africain une très grave menace et met le doigt sur un paradoxe: « *La colonisation eut des conséquences directes sur la démographie africaine. En un siècle, la médecine coloniale a multiplié la population par sept. Les colonisateurs débarrassèrent les Africains de la lèpre, de la rougeole, de la trypanosomiase (maladie du sommeil) du choléra, de la variole, de la fièvre typhoïde et ils introduisirent massivement la quinine afin de lutter contre la malaria. Au nom de leur universel « amour des autres » les colonisateurs provoquèrent le cataclysme démographique d'aujourd'hui* » affirmait-il récemment.

A lire de Bernard Lugan : *L'Histoire de l'Afrique*, éd. Ellipses.

Lumières (Anti-Lumières): Régulièrement ce débat resurgit, presque toujours à l'instigation de ceux qui prétendent être les gardiens des Lumières et stigmatisent au passage les « Anti-Lumières » ainsi que le fera l'historien israélien Zeev Sternhel tout au long de son œuvre. L'ennui dans cette vision dualiste voire manichéenne du monde, c'est que ni les Lumières ni les Anti-Lumières ne s'y retrouvent vraiment car ces mouvances ne sont pas si homogènes qu'on le croit. Ni Schopenhauer ni Nietzsche, ni Lévi-Strauss ne se laissent classer à partir d'un clivage aussi binaire qui distingue ceux qui croient au progrès ou n'y adhérent pas comme à un bloc. Ou situer Rousseau par exemple, qui renvoie la modernité et la tradition dos-à-dos et ne croit pas que la civilisation ait « bonifié » l'homme ? Ou ranger Péguy, qui voit dans la Révolution française une restauration de l'ancienne France, défigurée par une monarchie absolue tombée en décadence ? Que faire du philosophe Leo Strauss, défenseur du droit naturel classique mais aussi antitotalitaire résolu et qui choisit la démocratie libérale tout en la critiquant de l'intérieur ? Que penser d'un penseur décisif comme Giambattista Vico qui fut l'anti-Descartes avec sa science nouvelle où il prétend établir une généalogie des langues et la vérité du christianisme ? Il est somme toute rare qu'un penseur digne de ce nom soit tout entier dans le camp des Lumières, ainsi de Condorcet qui croit au progrès simultané de la science et de la morale. *Dans Malaise de l'Occident, vers une révolution conservatrice* (Paul-François Paoli, éd. Pierre-Guillaume de Roux, 2014) nous avons suggéré qu'il existait une zone médiane entre la croyance au progrès via la science, qui serait assez bien représentée aujourd'hui par Luc Ferry ou Michel Serres et le refus radical de la modernité en tant que telle, professée par les disciples de René Guénon ou de Julius Evola. Nous situons dans cette « zone » qui n'est ni moderniste ni systématiquement antimoderne des penseurs comme Burke, le grand critique de la Révolution française qui fut néanmoins un défenseur des libertés, mais aussi Sigmund Freud qui ne croyait pas que l'homme pouvait devenir meilleur, ou encore Claude Lévi-Strauss, admirateur de Rousseau, pour qui le progrès est toujours le fruit d'un sacrifice d'un mode de vie auquel nous renonçons.

M

Machisme : Ce mot de « machiste » recouvre un étonnant malentendu car les hommes qui sont accusés de l'être sont souvent ceux qui aiment le plus les femmes dans la vraie vie. On confond très souvent machisme et misogynie, deux types de représentations qui ne se recouvrent pas. D'une certaine manière c'est toute la littérature occidentale – que l'on songe par exemple aux romans de Malraux ou d'Hemingway – mais aussi tout le cinéma et la production culturelle, qui sont « machistes ». Ainsi du western qui est un genre machiste par excellence puisque les femmes y sont rivées à des fonctions précises : entraîneuses, mères respectables, femmes fatales etc. Le western comme le film noir, pensons à des chefs d'œuvre comme *Quand la ville dort* de John Huston ou *La soif du mal* de Orson Wells contiennent de véritables odes à la féminité qui représente certes la perdition mais aussi le salut de l'homme voué à la brutalité du monde. Les hommes des films américains, que ce soit dans les grands westerns ou les films d'action cherchent chez la femme une altérité à leur monde violent. La femme représente un havre ou une certaine forme de récompense. Que cette conception soit mythique, peut-être, mais elle ne relève pas de la misogynie, au contraire. Si on supprime ce formidable dualisme sexuel, il n'y a tout simplement plus de cinéma. Plus d'Humphrey Bogart, plus de John Wayne, plus de Grégory Peck. *Has been* pour toujours Paul Newman et Charles Bronson. *Has been* toutes les stars de la féminité du cinéma mondial. *Has been* Bardot et Romy Schneider ou Jane Birkin, dont la bouleversante féminité aux accents androgynes et adolescents est à l'opposé de la féminité d'une Maryline Monroe. Qui dit féminité ne dit pas forcément stéréotype. Il y a évidemment des modes d'être féminins distincts comme des mode d'être masculins différents. Que ces archétypes aient disparu des écrans français n'est un progrès que pour ceux qui rêvent d'une humanité transgénique où hommes et femmes se ressemblent au point de s'annuler dans l'interchangeabilité. Quand ces types d'hommes existaient les femmes étaient évidemment plus à l'honneur qu'aujourd'hui et elles n'ont peut-être pas fini de le regretter.

Macron Emmanuel : Elu le 7 mai 2017, le plus jeune président de la République Française est la divine surprise d'un certain libéralisme culturel où se rencontrent le sens de l'entreprise et les valeurs sociétales de Mai 68. Son triomphe par défaut est certes dû à des qualités remarquables et à un professionnalisme politique précoce, mais aussi au fait que le monde politique sur lequel il règne s'est singulièrement appauvri intellectuellement. Le physique d'Emmanuel Macron évoque celui de Lucien de Rubempré, le héros androgyne *d'Illusions perdues* que Vautrin sauve à la fin du roman du suicide. Il y a en lui une sorte de neutralité sexuelle et idéologique qui aurait sans doute intéressé Roland Barthes. Avec Macron, nous sommes de plein pied dans la postmodernité. Est-ce un détail si, au lendemain de son élection, le mensuel LGBT *Garçon* affichait le portrait semi dénudé d'Emmanuel Macron en épigone gay ? Avec cette formule en effigie : « *La communauté LGBT trouvera toujours en moi un défenseur* » : signée par Emmanuel Macron. Macron, qui était déjà le candidat des indépendantistes corses et des musulmans de l'ex-UOEF est en outre celui de la « communauté » gay qui a massivement voté pour lui. Pourquoi alors ces discours sur la République ? Il n'est évidemment pas exclu qu'Emmanuel Macron énonce des vérités ni qu'il ne propose, sur certains sujets, des réformes de bon sens, raison pour laquelle une partie de la droite le soutient. Ses prises de position dans le domaine de l'éducation nationale, notamment la revalorisation du grec et du latin sont très bienvenues, mais en complète contradiction avec son post-modernisme sociétal affiché, qui est d'ailleurs à notre sens peu compatible avec sa référence à la pensée judéo-chrétienne de Paul Ricœur (voir **Ricœur**). Par ailleurs quand il affirme que notre modèle social est inefficace et injuste, comment lui donner tort ? Macron croit que les choses vont s'arranger en se mettant en marche vers la société du « vivre ensemble ». Nous verrons bien. Jusqu'ici les lois de la politique ont plutôt illustré la pensée de Machiavel que celle de Paul Ricœur.

A lire sur Emmanuel Macron :
Le Nouveau pouvoir, Régis Debray, éd. Cerf.

Maffesoli Michel : Auteur d'essais érudits, Maffesoli a connu son heure de gloire avec le *Temps des tribus : le déclin de l'individualisme dans les sociétés postmodernes* (1986) où il diagnostiquait le surgissement de modes de vie et de comportement en rupture avec les valeurs de l'utilitarisme libéral ou du rationalisme républicain. Comme Lipovetsky (voir **Lipovetsky**) Maffesoli s'inscrit en faux contre le déclinisme de moult intellectuels qui croient, à l'instar d'Onfray, au déclin de l'Occident. Aux yeux du sociologue nous vivons une mutation anthropologique, le déclin du monothéisme judéo-chrétien et celui de l'universalisme vont de pair. Relativiste convaincu et disciple du sociologue jungien Gilbert Durand, Maffesoli prône un hédonisme antiélitiste et croit aux capacités des classes populaires à créer du lien social. Son affirmation selon laquelle nos besoins communautaires expriment une rupture avec l'individualisme n'est toutefois pas très convaincante. N'est-ce pas plutôt l'inverse : le communautarisme n'est-il pas au contraire une forme de collectivisation de notre individualisme ? Les Corses par exemple sont tout à la fois farouchement individualistes et très communautaires. Il en va de même pour les Basques ou les Bretons. Par ailleurs la dynamique du fondamentalisme islamique va à contre sens du déclin annoncé de l'universalisme. Est-ce pour cela que Maffesoli évoque si peu l'islam ?

A lire de Michel Maffesoli : *L'ombre de Dyonisos*, éd. Livre de poche.

Mai 68 : Faut il commémorer Mai 68 épisode vénéré par certaines élites qui y voient l'acmé de leur génération, ou au contraire vilipendé par d'autres qui y perçoivent le début de la fin de la civilisation. Et commémorer quoi au juste ? « J'aimerais bien savoir ce que l'Elysée va nous inviter à célébrer ensemble dans Mai 68 écrit Luc Ferry (*Le Figaro* du jeudi 26 octobre 2017). L'effondrement du système scolaire ? (…) Mai 68 n'est pas un objet de consensus. C'est une espèce d'oursin auquel l'Etat ferait bien de ne pas toucher… Qu'il le veuille ou non commémorer, venant de l'Etat, c'est sacraliser. (…) La vérité, aujourd'hui évidente, c'est que Mai 68 aura été un mouvement de déconstruction fanatique des autorités et des valeurs traditionnelles, déconstruction qui a ouvert la voie à l'hyperconsumérisme libéral en quoi nos révolutionnaires en peau de lapin qui se voulaient anticapitalistes furent les cocus de l'Histoire ». Allons nous être contraints de trouver ça formidable pour

être dans le vent, « modernes » et pas « maussades » ? Ce n'est pas tous les jours que Luc Ferry donne raison à Jean Claude Michea ! Et si Mai 68 était tout simplement surestimé à l'aune de l'Histoire ? Flaubert dans *L'Education sentimentale* décrit ainsi une manifestation durant la Révolution de 1848, qui contrairement à celle de Mai, ne fut pas que symbolique ?
« *Les tambours battaient la charge.* [Remplacez par les CRS]. *Des cris aigus et des hourras de triomphe s'élevaient. Un remous continuel faisait osciller la multitude. Frédéric pris entre deux masses profondes, ne bougeait pas, fasciné d'ailleurs et s'amusant extrêmement. Les blessés qui tombaient, les morts étendus n'avaient pas l'air de vrais blessés, de vrais morts. Il lui semblait assister à un spectacle* ». Excepté les morts, on croit être à la Sorbonne vers le 10 mai 1968.

Manent Pierre : Sans aucun doute un de nos intellectuels les plus remarquables et des plus discrets. Très influencé par la lecture de Saint Augustin, ce philosophe politique est aussi un historien du libéralisme auquel il a consacré plusieurs essais. Disciple de Raymond Aron mais aussi du philosophe Léo Strauss (voir **Léo Strauss**), Pierre Manent peut être considéré comme un « conservateur libéral » déchiré entre son assentiment à la démocratie libérale et la conscience de ses dangers. On lui doit des formules incisives : « *On aime d'autant mieux la démocratie qu'on l'aime modérément* ». Ou encore : « *Nos gouvernement ne gouvernent plus, ils nous surveillent* » (*Le Figaro*, 31/07/2016). Son dernier essai *Situation de la France* (Desclée de Brouwer, 2015) où il prône une sorte de compromis historique avec l'islam, a été perçu par certains comme une forme de soumission au fait accompli de l'islam en France. Enfin sur l'Europe et son avenir Pierre Manent, bien que catholique, se montre pessimiste et très sensible aux thèses souverainistes. Il s'exprima en ces termes dans une interview donnée à *Spectacle du monde* en décembre 2010 «*Je suis très surpris de la léthargie des Européens qui semblent consentir à leur propre disparition. Pis, ils interprètent cette disparition comme la preuve de leur supériorité morale*». Qu'en pense le Pape François?

A lire : *Les métamorphoses de la cité. Essai sur la dynamique de l'Occident* et *Le regard politique : entretien avec Bénédicte Delorme-Montini*, éd. Flammarion.

Maréchal-Le Pen Marion : L'icône de la droite identitaire. La plus jeune députée de France aura constitué un vrai phénomène politique. Remarquable dialecticienne, cette jeune femme dont les médias raffolent pour son physique glamour (tout en s'offusquant hypocritement de ses idées) a exprimé une forme de sincérité assez inusitée dans le monde politique. Dotée de tout ce qu'il faut pour être honnie des dévots du vivre ensemble multiculturel – elle est blonde et blanche de peau, de droite et de culture catholique – elle a démontré en disparaissant soudainement que son combat était probablement motivé par des convictions plutôt que par la volonté de puissance revancharde qui semble habiter sa tante. Dans son ultime entretien donné à *Valeurs actuelles*, elle définit ce qui devrait être, selon elle, le projet d'une droite en recomposition. «*Je crois que la droite traditionnelle et les classes populaires ont un souci commun, c'est celui de leur identité. Pas l'identité comme un folklore artificiel ou comme un musée qu'on dépoussière mais comme un ciment social. L'identité c'est ce qui nous donne le sentiment d'être un peuple, en dépit de lieux de vie différents, de modes de vie différents. Et ce ciment social a été brisé à plusieurs égards. L'enjeu essentiel de civilisation est de savoir comment conserver, protéger, transmettre et vivifier ce ciment social. C'est ici qu'intervient la question de l'école, de la culture, de nos traditions, de notre patrimoine,* *d'un certain mode de vie. Le philosophe François-Xavier Bellamy* (voir **Bellamy**) *dit que l'avantage de la Culture, c'est que c'est le seul bien qui se partage indéfiniment sans léser personne. Si on s'attache à la transmission et à la vivification de la France, nation littéraire, nation philosophique, nation historique, à partir de là, on peut défendre ce ciment social et sauver le pays des fractures qui l'attendent* ». Cette approche civilisationnelle apparaît légitime, à condition de permettre aussi d'inclure, par la culture et la langue ceux qui, d'où qu'ils viennent, désirent devenir Français.

Marion Jean-Luc : Sans doute l'un des philosophes français les plus doués de sa génération mais aussi l'un des plus difficiles à lire pour qui ne possède pas la technique des concepts philosophiques. Fondateur avec le philosophe Rémi Brague de la revue *Communio*, qui réunit une intelligentsia catholique internationale dans les années 1980, Marion est un spécialiste de la pensée de Descartes et de Saint Augustin (*Au lieu de soi, l'approche de Saint Augustin*, PUF, 2006). Jean-Luc Marion est un penseur que l'on peut considérer comme hétérodoxe par rapport au thomisme traditionnel des catholiques. Il a été profondément marqué par la phénoménologie de Husserl et par des penseurs comme Lévinas (voir **Lévinas**), Michel Henry et bien sûr Heidegger dont il fait sienne la critique de la métaphysique. A l'instar de Heidegger, il distingue *l'être* (une généralité irréductible à tout *étant*) et *l'étant* (tout *être* particulier). A ses yeux Dieu ne peut être cet *étant* suprême qu'il est aujourd'hui encore dans l'islam. Autrement dit, si « Dieu est mort » comme le proclame la vulgate nietzschéenne, il est aussi immortel car irréductible à cet être tout puissant qui n'est pas, selon lui, celui du christianisme. Phénoménologue de l'amour et de l'érotisme (voir *Le Phénomène érotique* chez Grasset), Marion fait de l'amour, quel qu'en soit la forme, le grand pourvoyeur de sens. Hormis l'amour d'un *être* ou d'un *étant* charnel, par exemple un pays (c'est le sens de la phrase d'Augustin « *aime et fais ce qui te plaît* »), tout est vanité, comme il est écrit dans l'Ecclésiaste. Tel est l'indépassable génie du christianisme : avoir compris que l'amour seul faisait sens parce que tout homme aspire, même sans le savoir ou le vouloir, à la communion. Dans son dernier essai *Brève apologie pour un moment catholique* Marion prend des risques avec la bien-pensance. S'il reconnaît sa dette à l'endroit de Nietzche et d'Heidegger, les deux penseurs qui se sont réellement confrontés au destin nihiliste de l'Occident, il déconstruit ontologiquement les fameuses « valeurs républicaines » en mettant en évidence leur faible consistance. Pour Marion, les catholiques sont les mieux à même de défendre une certaine idée de l'universel qui ne se confondrait pas avec l'universalisme facile du « vivre ensemble ». Selon lui, les catholiques détiennent la clé d'une Europe qui accueillerait en son sein ceux qui admettent les principes fondamentaux de sa civilisation fondée sur un triple héritage qui n'est pas négociable : l'héritage gréco-romain, l'héritage chrétien et celui des Lumières. Au terme d'identité, trop statique et restrictif, il faut préférer celui de tradition dont les contradictions ont pu être fécondes dans la création de l'Europe.

A lire de Jean Luc Marion : *La rigueur des Choses : Entretiens avec Dan Arbib*, éd. Flammarion et *Brève apologie pour un moment catholique*, éd. Grasset.

Marzano Michela : Brillante philosophe italienne, Michela Marzano peut être considérée comme une catholique de gauche. Personnaliste, elle s'intéresse en particulier aux thématiques ayant trait au corps et à ses représentations et à la sexualité. Militante engagée en politique en Italie elle a publié de nombreux essais en France et a notamment travaillé sur les questions liées au consentement (voir **Consentement**).

A lire de Michela Marzano : *La pornographie ou l'épuisement du désir*, éd. Buchet Chastel.
La Philosophie du Corps, éd. PUF.

Masculin-féminin : Qu'est-ce qui distingue un homme d'une femme au-delà de la distinction biologique et de la procréation ? A travers les études sur le genre qui se sont développées aux Etats-Unis, cette question est devenue le centre d'une controverse complexe qui a trait à la notion de nature et de culture et concerne toutes nos représentations. Il est de fait très difficile de se faire une idée claire des enjeux concernés par ce débat qui touche à la fois à l'anthropologie, au droit, à l'histoire, à la philosophie et jusqu'à la grammaire avec les théories inclusives sur le langage. Essayons d'y voir clair.
Trois conceptions principales sont en présence que nous allons tenter d'expliciter le plus clairement possible.

1) La première est dite naturaliste et elle induit des hiérarchies souvent implicites. Elle découle de la vision traditionnelle d'une répartition symbolique entre les sexes ayant chacun des traits de caractère distincts. On considèrera qu'il est normal que les hommes aient tel type de comportement plutôt qu'un autre, plus « approprié » aux femmes. Par exemple un homme est sensé mieux maîtriser ses émotions (notamment ne pas pleurer en public) qu'une femme pour des raisons constitutives qui ont plus trait à sa biologie intime qu'à l'éducation. De ce point de vue « l'infériorité » féminine est porteuse d'ambivalence : implicitement considérées comme plus émotives les femmes seront par exemple moins incriminées, du fait de leur « fragilité » supposée si elles se livrent à des débordements. On méprise plus ou moins

un homme lâche, on excuse une femme qui a peur durant une agression. On réprouve un homme qui perd le contrôle de lui- même, on excuse une femme éruptive. Autrement dit ce qui passe pour une forme d'infériorité est aussi ce qui permet parfois aux femmes d'échapper à l'opprobre. Une femme qui hausse le ton sur son lieu de travail sera bien plus tolérée (soupçon d'hystérie oblige) qu'un homme impulsif qui sera sanctionné. (Je témoigne de cette réalité pour l'avoir vécue : une entreprise de presse que je ne citerai pas n'a jamais sanctionné la journaliste à laquelle je pense, qui, des années durant, fera subir des scènes d'hystérie à son entourage professionnel tandis qu'un journaliste sera aussitôt sanctionné pour avoir proféré des paroles déplacées sous forme d'avances sexuelles). Les femmes sont donc avantagées socialement par une vision naturaliste qui, pour être naïve et stéréotypée, garde, selon nous, une certaine pertinence. L'émotivité féminine ne signifie pas que les hommes ne soient pas émotifs, elle signifie que les femmes extériorisent leur émotion plus ouvertement. Un jeu comme les échecs où les femmes sont moins présentes aurait tendance à valider cette affirmation « naturaliste », on n'y excelle qu'à condition d'être le moins émotif possible. En contrepartie de cette émotivité les femmes seraient plus compassionnelles. Si on admet qu'elles sont plus émotives il n'est pas extravagant d'admettre qu'elles sont aussi plus compassionnelles, ce qui est logique puisqu'il n'y a pas de compassion sans émotion. Là aussi, certes, le stéréotype peut sembler naïf. (Certaines femmes peuvent être très cruelles comme en témoignent certaines scènes de lynchage disponibles sur *YouTube* qui montrent à quel point les femmes peuvent être sadiques entre elles). Autrement dit la conception dite naturaliste est entachée par beaucoup de stéréotypes, ce qui ne veut pas dire qu'elle soit globalement fausse. Pratiquant des sports martiaux depuis de nombreuses années je confirme qu'il n'existe pas dans le monde des arts martiaux, à ma connaissance (évidemment très partielle) l'équivalent féminin du *mâle alpha*, un type d'homme guerrier qui est construit pour résister aux situations de stress les plus violentes. Peut-être le rêve de Judith Butler et de Caroline de Haas est-il qu'un jour enfin il y ait autant de championnes de sumo que d'hommes paradant en jupe dans un défilé de mode. Mais ce monde est-il vraiment souhaitable ?

2) Face à cette conception naturaliste, les tenants du subjectivisme sexuel influencés par les études de genre (dont la théorie du genre de Judith Butler est la version radicale) soutiennent que notre identité sexuelle est construite à partir d'identifications sociales et éducatives conventionnelles qui servent un ordre social hétérosexuel à la fois normatif et discriminant pour ceux qui ne s'y reconnaissent pas. Ils en appellent donc à une désaliénation et à une reprise par les individus de leur propre singularité à la fois multiple et en constant devenir. En réalité cette théorie, défendable à certains égards, devient aberrante si on la radicalise à l'extrême. Nous n'avons pas besoin des études de genre pour admettre qu'il n'y a pas de rapport de continuité nécessaire entre le sexe biologique et notre comportement sexuel. L'observation élémentaire et la littérature, à commencer par l'œuvre de Proust, en témoignent. Nos personnalités sexuelles témoignent de ces flottements identitaires. Un homme « macho » peut éprouver du plaisir à être « dominé » de manière ludique dans une relation érotique par une femme de même que des parangons de virilité hétérosexuelle, ou prétendus tels, peuvent se découvrir homosexuels dans certaines occasions. Les théoriciens du genre se réclament notamment de Foucault pour qui la sexualité est toujours déterminée par des rapports de pouvoir. Cette conception est sans doute valide avec ces individus qui ne s'identifient pas aux représentions habituelles de leurs sexes et qui sont souvent bisexuels. Mais à partir de ces réalités partielles et partiales, les militants de l'indistinction

sexuelle, pour qui nos identités sont artificielles, contestent le caractère fondamental de la dualité sexuelle. On se souvient que Monique Wittig présidente du MLF en 1968 disait qu'elle ne se considérait pas comme une femme. Soit. Ce qui est intéressant dans cette affirmation c'est qu'elle suppose justement l'existence de la femme que l'on n'est pas ou ne peut pas être. Un déviant qui s'autoproclame tel ou un pervers qui revendique sa perversion reconnaissent implicitement la norme et la loi. Le sens commun et le simple bon sens n'ont pas besoin de la *théorie queer* de Judith Butler pour s'apercevoir que Brigitte Bardot et Judith Butler ne sont pas du même genre. Et que si Bardot est une femme pour des millions d'hommes, autrement dit aussi une femelle, ce n'est pas le cas pour Judith Butler.

3) Troisième conception : la différence des sexes est d'ordre symbolique avant tout. Dans le cadre de cette vision, l'individu est plus ou moins en correspondance avec les archétypes de son sexe. Ainsi dans la cosmogonie chinoise où le *yang* (principe masculin) qui représente le dur et le *yin* (principe féminin) qui représente le souple, sont complémentaires. On retrouve cette dualité dans la *Kabbale* et on le sait le judaïsme honore ensemble le viril et le féminin comme étant indissociables. Cette vision constitue un entre-deux entre les deux autres qui s'excluent totalement. La différence des sexes est selon nous autant d'ordre symbolique que sociale, elle est ontologique. La femme est un être de relation et il est étonnant de constater que l'autisme est une pathologie exclusivement masculine quand l'anorexie, pathologie du lien est presque exclusivement féminine. Est-ce un hasard si les théories féministes du *care* (sollicitude) aux Etats-Unis (notamment Carol Gilligan) sont toutes conçues par des femmes tandis que les théories ultra-libérales (à l'exception bien sûr d'Ayn Rand) qui reposent sur l'individualisme sont toujours le fait des hommes. Une femme aurait-elle pu écrire *le*

discours de la Guerre de Carl Von Clausewitz ? Nous en doutons fortement.

A lire sur le masculin féminin :
L'homme est l'avenir de la femme : autopsie du féminisme contemporain, Natacha Polony, éd. JC Lattès.
Adieu mademoiselle : la défaite des femmes, Eugénie Bastié, éd. Cerf.
La théorie du genre ou le monde rêvé des anges, Bérénice Levet, éd. Stock.

Matriarcat : Théoriquement l'inverse du patriarcat, ce modèle anthropologique serait celui où les mères occupent une place prépondérante, voire dominante, dans le développement d'une société. En réalité il n'existe pas, à notre connaissance de société où les mères ont le pouvoir absolu, sauf peut-être dans certaines ethnies archaïques mais il existe des tendances matriarcales qui ont pu être compatibles avec des formes de virilité guerrière. Ainsi de certaines tribus indiennes matrilinéaires d'Amérique du Nord où les pères étaient très effacés tandis que les oncles occupaient une fonction symbolique importante dans l'éducation des jeunes indiens. Dans nos sociétés occidentales où la figure du père tout puissant s'est dissoute au XXe siècle – N'en déplaise à ces néo-féministes qui aimeraient qu'il se reconstitue pour avoir un os à ronger – le matriarcat l'a-t-il remplacé ? C'est la thèse de certains, qui pour être polémique, n'est pas tout à fait dépourvue d'arguments. On peut à notre sens parler de matriarcat si trois conditions sont réunies. Une maîtrise de la procréation et de la sexualité par les femmes ce qui est le cas aujourd'hui. Une toute puissance maternelle dans le domaine affectif, par exemple dans ces familles où la mère et l'enfant forment une sorte de couple. Enfin et surtout une prédominance des valeurs que l'on peut considérer comme féminines dans le domaine social : primat de l'humanitaire et déconsidération de tout ce qui participait hier des valeurs dites viriles, considérées comme brutales ou archaïques (nous avons développé ce thème dans *La féminisation du monde ou l'éclipse du guerrier*, éd. François Bourrin, 2010). Des personnalités politiques comme Martine Aubry, Anne Hidalgo mais aussi Angela Merkel, voire Brigitte Macron sont, à nos yeux, emblématiques de cette tendance. Jadis, les femmes de pouvoir – que l'on songe à Golda Meir ou Margaret Thatcher – avaient tendance à se viriliser et il n'était pas question de les attendrir. Les actuelles femmes de pouvoir ont plutôt tendance à être empathiques, tout au moins en apparence car cette empathie est inhérente à leur idéologie humanitaire. On ne peut certes négliger l'évolution de la sensibilité ambiante, mixte d'intimisme et d'hédonisme débridé. Des politiciens comme Benoît Hamon sont tout à fait en phase avec l'idéologie du *care* (soin) que défendra Martine Aubry et qui est fondée avant tout sur la sollicitude envers ceux qui souffrent ou prétendent au statut de victime. Cette sensibilité maternante, mais aussi autoritaire en ce qu'elle considère comme déviant tous ceux qui y rechignent, est à notre sens profondément castratrice symboliquement. On peut donc parler d'un matriarcat latent en Occident qui se heurte de plein fouet à la montée en puissance d'un islam qui en est l'exacte inversion dans tous les domaines. Ce pourquoi il est si attractif pour de nombreux jeunes issus de l'immigration qui regimbent à la douce lobotomie sexuelle que l'on veut leur faire subir. Il faut ici au passage signaler l'étrange contradiction des néo-féministes qui morigènent sans cesse un mâle blanc arrogant qui a quasiment disparu de nos villes boisées tout en fermant les yeux sur le virilisme et le machisme de jeunes issus de l'immigration qui harcèlent les jeunes femmes dans leurs quartiers. De même que Michéa a définitivement mis à nu l'imposture de la gauche immigrationniste libertaire dans son livre *Les Mystères de la gauche* il faudra bien un jour clouer au pilori les mystères et impostures du néo-féminisme.

Mattei Jean-François : Philosophe et universitaire disparu en 2015, Jean-François Mattei a produit une œuvre marquée par la pensée de Platon dont il était sans doute un des meilleurs connaisseurs en France. Mattei était aussi un très grand lettré tout particulièrement féru de Camus ou de Jan Patocka. Erudit passionné de jazz et de cinéma, Mattei a malheureusement rarement quitté le registre universitaire, ce qui est dommage pour un esprit aussi brillant. Son livre le plus personnel est justement inspiré de la pensée de Platon dont il démontre l'incidence de la cosmogonie sur le monde contemporain, aussi bien sur le plan des recherches mathématiques mais aussi sur les techniques du monde virtuel qui sont désormais les nôtres et notamment les procédés du cinéma d'anticipation. Dans *La puissance du simulacre. Dans les pas de Platon*, œuvre aussi originale que remarquable, il écrivait ceci : « *On voit désormais l'enjeu et il n'y a pas d'enjeu plus actuel : le monde relève-t-il d'un ordre rationnel, cosmos, ou d'un désordre sans raison, chaos, ou encore selon le néologisme forcé par Deleuze : d'un « chaosmos » ?* Il poursuivait en ces termes : « *le paradoxe du platonisme mathématique tient à ce que les simulacres, dont la philosophie dénonce l'instabilité, soient des illusions produites par des formes pérennes vers lesquelles la raison peut remonter. C'est la thèse que je défendrais dans cet ouvrage en montrant comment les phénomènes de simulation, loin d'être autonomes, proviennent de procédés rationnels qui projettent leur intelligibilité dans le sensible. (...) Le monde serait-il inconstant ; il lui faut une structure invariable pour que le simulacre vienne le subvertir et le nier. La seule raison d'être du simulateur, en définitive, c'est que ce parasite ontologique a besoin du modèle et de sa représentation, pour pouvoir la simuler* ». Dans ce livre en forme de testament intellectuel, Mattei ferraille avec brio et élégance contre certains sophistes de la postmodernité, en particulier Gilles Deleuze, pour qui la modernité philosophique est fondée sur la négation de l'idée d'origine et de modèle et qui récusent ainsi toute forme d'héritage ou de tradition. Jean-François Mattei montre que toute subversion intellectuelle dépend de ce qu'elle subvertit, sa créativité se nourrit de ce qu'elle nie.

A lire de Jean-François Mattei : *La puissance du simulacre. Dans les pas de Platon*, éd. François-Bourrin.

Maurras Charles : En 1913, Marcel Proust écrit une lettre où figure cette formule : « *Avec l'hommage de mon admiration pour votre talent, de ma sympathie pour votre caractère* ». Cette lettre était adressée à Charles Maurras. En 1923, André Malraux, dans sa préface à *Mademoiselle Monk*, un ouvrage de Maurras, Malraux le définit comme « *Une des plus grandes forces intellectuelles d'aujourd'hui* ». Ce qu'il y a de fascinant concernant Maurras est le formidable contraste entre le respect dont il jouissait de son vivant dans le milieu d'une intelligentsia qui le lisait et l'opprobre dont il est désormais l'objet pour un monde qui l'ignore sauf pour lui dresser les lauriers de l'ignominie. Et ce alors que tant d'intellectuels mais aussi d'homme politiques, furent influencés par lui à un moment ou un autre de leur vie, soit qu'ils aient été son disciple ou qu'ils aient tenu compte de son enseignement quitte à la contredire. Citons parmi les écrivains les plus connus du xxe siècle : Maurice Barrès, Jacques Bainville, Jacques Maritain, Bernanos, Drieu la Rochelle, Robert Brasillach, Henri Massis, Thierry Maulnier, Pierre Gaxotte, Georges Dumézil, André Malraux, François Mauriac, Roger Nimier, Antoine Blondin, Michel Déon, Kleber Headens, Jacques Laurent, Pierre Boutang, Raoul Girardet, Michel Mort et bien d'autres encore jusqu'à l'essayiste catholique Gérard Leclerc. Tous ces écrivains n'ont pas été maurrassiens, loin s'en faut à l'instar de Malraux et de Mauriac qui l'ont combattu avec respect, mais tous n'auraient peut-être pas été ce qu'ils furent sans Maurras. Parmi les hommes politiques français importants du XXe siècle, Charles de Gaulle, Pompidou et Mitterrand avaient lu Maurras sans être maurrassiens mais ils le tenaient pour un esprit considérable. Il n'est pas question ici de trancher un débat sur la pensée et l'œuvre d'un homme dont l'influence aura été capitale, pour le meilleur et pour le pire. Le meilleur à nos yeux : une certaine idée de la France monarchique marquée par l'humanisme grec et romain et par l'empreinte catholique. Le pire : l'obsession antijuive ou antiprotestante. L'erreur de Maurras fut sans doute de croire en la vérité en politique et que celle-ci obéissait à des lois scientifiques. Maurras croyait que l'on pouvait démontrer rationnellement et d'une manière indiscutable la supériorité de la monarchie telle qu'il la concevait, autrement dit fondée sur une tradition excluant les minorités étrangères à son génie, les juifs, protestants notamment. Ce que l'on reproche à Maurras ce ne sont donc pas ses crimes, il n'en commit aucun, contrairement à Staline, Mao et tant d'autres vénérés par les intellectuels français, mais un système fermé sur lui-même qui le mena à considérer qu'Alfred Dreyfus était ontologiquement coupable même s'il n'avait pas trahi. La faute de Maurras est inhérente à sa vision essentialiste du monde qui exclut qu'un individu puisse transcender son origine ou son milieu. Maurras, en somme, ne croyait pas à la liberté mais certaines de ses formules transcendent son idéologie par leur puissance, ainsi de celle-ci. « *La démocratie est la gestion de la dégénérescence* », d'où sa vision d'un ordre où les individus se sacrifient pour la communauté ; un ordre « beau et classique » où chacun se dévoue à l'œuvre commune d'une France qui a surtout existé dans son imaginaire de poète.

A lire pour entrer dans la pensée de Maurras : *L'avenir de l'intelligence*. Sur Maurras : *Maurras le chaos et l'ordre*, Stéphane Giocanti, éd. Flammarion.

Meclat Medhi : Le « beur idéal » et son compère black auxquels le fanzine *Inrockuptibles* avait accordé leur couverture avec Christiane Taubira étaient aussi les anges exterminateurs des « juifs » et des « pédés » sous un autre nom et sous d'autres cieux. Il se pourrait donc que la dilection de certaines élites de gauche pour les minorités soi-disant exclues soit un formidable quiproquo idéologique et anthropologique. Car les « jeunes de banlieue » - petits barbares qui font frissonner le délicat bobo – n'ont pas grand-chose en commun avec ces élites qui les flattent. Leur code de la route est spontanément machiste, homophobe et parfois judéophobe. Autrement dit l'alliance historique de la gauche libérale avec la jeunesse de banlieue est un leurre voire à certains égards une imposture. Pour nombre d'entre eux, ces jeunes, s'ils n'étaient pas d'origine immigrée, auraient leur place à la droite de la droite car ils sont allergiques aux valeurs sociétales de la gauche. C'est ce qu'a très bien compris le polémiste Alain Soral qui s'adresse tout particulièrement à eux sur son site *Egalité et réconciliation*.

Mélenchon Jean-Luc : Il se pourrait que cette figure politique dont les propos ont parfois des accents germanophobes ait un antécédent célèbre en Regimbart, dit le Citoyen, personnage créé par Flaubert dans *l'Education sentimentale*. En pleine effervescence révolutionnaire d'une journée de 1848 parisienne Regimbart apparaît :

« *« Quelle bêtise ! grommela une voix dans la foule. Toujours des blagues ! Rien de fort ! ». C'était Regimbart. Il ne salua pas Frédéric, mais profita de l'occasion pour épandre son amertume. Le Citoyen employait ses jours à vagabonder dans les rues, tirant sa moustache, roulant des yeux, acceptant et propageant des nouvelles lugubres ; et il n'avait que deux phrases : « Prenez garde, nous allons être débordés ! » ou bien : « Mais sacrebleu ! On escamote la République ! ». Il était mécontent de tout et particulièrement de ce que nous n'avions pas repris nos frontières naturelles. [...] « Prendre le Rhin, je vous dis, prendre le Rhin ! Fichtre ! » Puis il accusa la réaction.* » Dans le monde réel, il va de soi que Jean-Luc Mélenchon n'est pas réductible à cette caricature. Orateur talentueux et cultivé, l'homme est néanmoins mégalomane. Sa prédication durant les élections présidentielles aura été grandiloquente. Ce partisan de la VIe République passé par les loges du Grand Orient de France, est un républicain *made in France*, un bouffeur de curés dont il regrette qu'ils n'existent plus pour assouvir sa hargne alors même qu'il n'entretient pas de vindicte particulière à l'endroit des catholiques en privé. La moindre crèche de Noel dans la moindre mairie suffit à faire sortir de ses gonds celui qui redevient amène dès qu'il est question de l'islam qu'il suffit d'inviter à se républicaniser. Il y a du petit Père Combes chez cet ancien enfant de cœur. Ce Robespierre de café littéraire est par ailleurs une pure expression de la modernité idéologique comme le montre sa prise de position en faveur du mariage homosexuel. Ses dernières déclarations lors de la manifestation anti-Macron à la Bastille (23 septembre 2017), où il a fait un éloge du pouvoir de la rue est une honte aussi bien sur un plan historique que politique. Non seulement les nazis n'ont pas été vaincus par la rue mais ils sont nés de la rue ! Mélenchon, une névrose française ?

Métissage : Les idéologues antiracistes prétendent endiguer le racisme par le métissage, sans admettre que, si métissage il y a ou doit y avoir, c'est bien que des différences existent entre les groupes humains. Il est évident que dans un certain sens, nous sommes tous métissés. Personne n'est assez absurde pour se prétendre exclusivement normand, basque ou breton sur le plan généalogique puisque l'origine de nos gènes est incontrôlable. Mais ce n'est pas ce qu'entendent les idéologues du métissage : pour eux nous devrions mêler notre sang avec celui des Africains, des Turcs ou des Chinois afin d'aller dans un prétendu sens de l'Histoire et ne former qu'une humanité globalisée. Ce sens, s'il existait, relèverait d'une téléologie appauvrissante. On ne voit pas pourquoi, ni au nom de quoi, il faudrait que l'humanité efface ses différences ethniques.

Michéa Jean-Claude : Un des penseurs clés de notre époque. En quelques livres, par son érudition et son style, reconnaissable à une ironie cinglante qui fait tourner en bourrique ses adversaires, Michéa est devenu l'icône d'un certain antilibéralisme. Jean-Claude Michéa notamment dans *Les Mystères de la gauche* démontre que le progressisme issu des Lumières relève d'une anthropologie individualiste commune au libéralisme et à la gauche. Au contraire, le socialisme des origines ne relève pas de la bipartition droite/gauche qui naît avec l'Affaire Dreyfus. Les valeurs de l'individualisme inhérentes à la République sont dans la droite ligne de la philosophie libérale de la Révolution française qui constitue l'individu en sujet de droit. Cette vision est, selon Michéa, celle de la bourgeoisie qui promeut les droits de l'homme. Elle aura contre elle la tradition monarchiste et féodale mais aussi une classe ouvrière qui commence à s'auto-organiser au nom d'un socialisme communautaire dont les grands noms en France sont Pierre Leroux et Charles Owen. Or ce socialisme qui se prolonge à certains égards avec Proudhon promeut une anthropologie fondée sur le bien commun et l'échange. Le mutualisme et le syndicalisme naissants portent sa marque, notamment à travers les coopératives. C'est ce modèle que Michéa promeut, de livre en livre, en bataillant contre une gauche libérale qui est en effet l'enfant de ces Lumières que Michéa récuse sans pour autant se situer dans le camp des Anti-Lumières ou de la contre-révolution. (voir **Anti Lumières**). Bête noire des libéraux-libertaires et des libéraux, Michéa met à nu leur vision du monde fondée sur la souveraineté de l'individu aux dépens de toute forme de communauté. Il montre que la rupture de la gauche avec les classes populaires n'est pas accidentelle mais inscrite dans le projet progressiste lui-même qui ringardise les populations qui restent attachées à des valeurs dites traditionnelles au niveau des mœurs. « *Le fait que toute société libérale place ces progrès sous le signe philosophique de l'individu « souverain » et « indépendant » ne signifie évidemment pas que tous ses membres soient condamnés à vivre tels de véritables Robinson – dans une solitude absolue et continuelle. Cette société est probablement la plus connectée, la plus grégaire et la plus mimétique que l'Histoire ait jamais connue (en ce sens on peut même dire que c'est dans la figure de l'adolescent moderne – rivé à son MP3 ou à son écran d'ordinateur – que l'ordre libéral trouve son modèle d'humanité le plus accompli, jusqu'à fonder pour tous les adultes le seul impératif de « rester jeune à tout prix » [...] D'elle-même la société libérale ne pourra jamais offrir qu'une « socialité » de synthèse et des relations humaines préfabriquées, dont Twitter et Fac book sont aujourd'hui, les paradigmes les plus connus. [...] Cette « insociable sociabilité » de la civilisation capitaliste est, en dernière instance, la véritable source de presque toutes les souffrances morales et psychologiques de l'homme contemporain* » écrit Jean-Claude Michéa dans *Les mystères de la gauche*.

A lire absolument de Jean-Claude Michéa : *Les Mystères de la gauche*, éd. Flammarion.

Michéa Jean-Claude (2) : Cette critique anthropologique, pour puissante qu'elle soit, ne suffit cependant pas à nous convaincre du bien-fondé du socialisme de Michéa. Si l'homme est d'une intégrité intellectuelle indiscutable il est aussi, à sa manière, un intégriste. Il ne suffit pas de démontrer que le néo-libéralisme est inhérent à la privatisation du monde pour nous dire comment promouvoir une alternative crédible. Le dernier livre de Michéa, *Notre ennemi le capital*, marque à notre avis les limites de son engagement. Le projet d'une société socialiste supposant que les individus renoncent à leur individualisme est il crédible ? Pourquoi les révolutions échouent-elles toujours depuis le Venezuela à la Chine en passant par le Vietnam ? Parce qu'elles reproduisent inévitablement des structures de pouvoir et de domination. Pourquoi les sociétés primitives comme celle des Amérindiens étaient-elles dans un état de guerre tribale permanente alors même qu'elles ignoraient l'argent et le capital si ce n'est que le désir de reconnaissance et de prestige est un invariant de toutes les sociétés humaines ? Le point aveugle de la pensée de Michéa nous semble être la question de la rivalité entre les hommes que Michéa croit pouvoir résoudre grâce à un parti pris vertueux. L'aporie de sa pensée est, selon nous, métaphysique. Son modelé anthropologique est aristotélicien, fondé qu'il est sur l'idée d'un bien commun transcendant les individus, dans un monde qui refuse l'idée de vertu ou prétend l'avoir dépassé. Michéa ne parvient pas à concilier les idéaux socialistes et libertaires dont il se réclame, et l'anthropologie conservatrice sur laquelle il prétend les fonder. Que faire quand l'individu se heurte au groupe et à sa loi ? L'avènement de l'individu ne peut pas ne pas engendrer une certaine forme d'anomie. Soit on accepte la désespérance propre aux sociétés froides mais dont le contrôle social est faible, c'était le parti pris de Michel Foucault, soit on restaure un ordre social mais pour cela il faut user de la coercition et l'on transgresse l'idéal libertaire. Prenons l'exemple d'une mendicité qui se diffuse désormais dans tout Paris, où les indigents dorment dans la rue et indisposent tout un chacun par leur malpropreté. Faut-il les laisser indéfiniment errer ou au contraire interdire la mendicité comme l'a fait Napoléon, dont le décret avait scandalisé Léon Bloy (voir **Bloy Léon**) pour qui nous devons avoir le courage de regarder la misère en face ? Le libéralisme que fustige Michea est aussi ce système permissif qui permet aux marginaux de survivre tant bien que mal aux crochets d'une société d'abondance.

Milner Jean-Claude : Philosophe et linguiste, Jean-Claude Milner est l'auteur d'une œuvre rigoureuse et puissante marquée notamment par les influences de Lacan et Foucault. Il est insituable idéologiquement, même si l'homme qui fut une des têtes pensantes du maoïsme dans les années 1970 reste de gauche. Dans son dernier livre *Relire la Révolution* (éd. Verdier), il fait état de la mort clinique de l'idéologie révolutionnaire en France. « *La croyance révolutionnaire a disparu faute de croyants* » déclare-t-il lors d'un entretien au *Point* avec Philippe Sollers (16 décembre 2016). Pour lui, la victoire du Mitterrandisme à gauche – un Mitterrand dont la vraie dilection allait aux Rois qui ont fait la France – et la victoire idéologique de la conception libérale chère à François Furet, l'auteur de *Penser la révolution française*, auront d'une certaine manière signé la fin d'un cycle révolutionnaire qui s'est achevé avec l'échec des révolutions soviétique et chinoise, inspirées par la matrice révolutionnaire française en revendiquant notamment le moment terroriste de 1793. A cet égard, Jean-Claude Milner conteste la vision arendtienne de la Terreur comme foyer originel des futurs totalitarismes communistes. Pour Milner, il est important de relire les textes et les discours des révolutionnaires eux-mêmes, Robespierre Saint Just, Danton mais aussi bien d'autres aujourd'hui oubliés pour comprendre ce qui constitue le caractère exceptionnel de cet événement. Pour la première fois explique Milner, des hommes vivent et créent une politique qui les engage totalement et ce jusqu'à la mort. Il insiste par ailleurs sur la volonté de Robespierre et Saint Just de maîtriser le processus de la Terreur en légalisant la répression avec la création du Tribunal révolutionnaire après des massacres de Septembre. Un livre intéressant qui échappe au dualisme manichéen où nous avons par trop tendance d'enfermer l'Histoire de la révolution française.

A lire de Jean Claude Milner : *Lire la révolution*, éd. Verdier.

Mitterrand François : La vénération dont Mitterrand est l'objet constitue un bien étrange phénomène. Il est stupéfiant de voir à quel point ce personnage machiavélien, au machiavélisme centré sur son propre destin, fascine une certaine France. Mitterrand était un homme d'une intelligence et d'une culture très supérieure mais il aura symbolisé, à sa manière, le cynisme des années 1980. « *La fidélité c'est ce qui reste de la foi quand on l'a perdue* » écrit le philosophe Comte-Sponville. On pourrait appliquer cet adage a cet homme qui a tout été : catholique, pétainiste, socialiste, européiste, antisémite puis philosémite, pro-Algérie française puis anticolonialiste, partisan de la peine de mort en tant que Ministre de la Justice durant la guerre d'Algérie puis abolitionniste, jusqu'à finalement n'être plus que lui-même, sabordé de toutes les illusions. On nous dit qu'il croyait en l'Europe mais chacun sait que l'Europe est le pis-aller de ceux qui ne croient en rien. Le nihilisme de Mitterrand s'enracine peut-être dans une déception de jeunesse : un amour vrai et profond pour une femme qui a trahi cet amour ainsi que le suppose Éric Roussel dans sa biographie de Mitterrand (*François Mitterrand : de l'intime au politique*, éd. Fayard, 2015). Mitterrand aurait dû devenir écrivain au lieu de se venger sur la France. Lui et Chirac ont symbolisé l'inertie française et la soumission à l'air du temps. Mais il y a chez Mitterrand une dimension méphitique qu'il n'y a pas chez Chirac. Mitterrand et le culte dont il est l'objet, en témoignent encore ces fameuses lettres d'amour dont certains médias ont fait leurs choux gras, exprime à certains égards l'ampleur de la déliquescence de notre classe politique.

A lire sur Mitterrand d'Eric Roussel : *François Mitterrand : de l'intime au politique*, éd. Fayard, 2015.

Monde (Le) : Haut lieu d'un certain clergé intellectuel dont le magistère est aujourd'hui affaibli. Depuis sa fondation par Hubert-Beuve Méry à la Libération, ce journal a eu l'ambition de représenter ce qui se fait de mieux en termes de compétence et d'honorabilité. *Le Monde*, que l'auteur de ces lignes a commencé à lire dès son adolescence – son père y était abonné – peut se targuer d'avoir intimidé des générations d'hommes politiques, d'intellectuels et d'étudiants de Science Po qui y apprenaient leurs cours. De journalistes aussi. Jésuitique : c'est l'adjectif qui convient le mieux à ce journal qui a souvent maquillé ses choix éditoriaux et idéologiques sous la langue de bois de l'impartialité. Mais les grands jésuites d'envergure que furent Beuve Mery ou Jacques Fauvet n'ont pas été remplacés ou par des idéologues qui ont gardé de l'Eglise d'antan les méthodes inquisitoriales. *Le Monde* est un journal qu'aurait déploré Bernanos sans doute, lui qui préférait les francs athées aux chrétiens retors. De fait ce journal chrétien de gauche est devenu, progressivement, celui d'une certaine France cathophobe. Un soutien implicite à l'URSS et la Chine maoïste ainsi que des articles affligeants sur le Cambodge libéré en 1975 par les Khmers rouges sont restés dans les annales de la mauvaise foi. Aujourd'hui ce journal, où brillent encore de belles plumes, souvent féminines, est devenu une réserve de ronchons du gauchisme qui ont troqué leur internationalisme de jeunesse pour la globalisation et lancent leurs oukases contre les intellectuels considérés comme déviants, un jour Zemmour, le lendemain Finkielkraut, Camus, Millet etc. D'une certaine manière c'est un honneur que d'être étrillé par ce journal, car cela veut dire que vous êtes dans le vent. En 2002, 99 % de la rédaction votaient pour l'ancien trotskyste Jospin. Comment être plus monolithique ? Un tel unanimisme devrait être incompatible avec l'exercice du libre journalisme. *Le Monde* qui est grassement subventionné par des aides publiques (5 438 000 euros en 2015) drague son époque tel un vieillard qui tente de garder sa superbe. En 2016 les grands portraits complaisants du footballeur egocentrique Ibrahimovic et du magnat du porno Rocco Siffredi ont achevé la mue de ce journal né des cercles de la révolution nationale d'Uriage en un magazine branché de la « *presse Pigasse* ». *Le Monde* : une révolution française !

A lire : *La face cachée du Monde, du contre-pouvoir aux abus de pouvoir*, Pierre Péan et Philippe Cohen, éd. Mille et une nuits.
Le pouvoir du Monde, Bernard Poulet, éd. La découverte.

Mondialisation : Le plus petit dénominateur commun de l'humanité en cours de transformation. L'universalisme minimal dont elle est la promotrice providentielle, à travers la croissance économique de pays émergeants, la diffusion des nouvelles technologies et la progression de la démocratie rassure et inquiète à la fois. Un devenir suprêmement aimable aux yeux de moult penseurs libéraux ou de certains chrétiens qui croient peut-être que l'Eglise catholique y retrouvera les siens. Pour ceux qui la combattent elle est une immondialisation. Immonde signifie que la limite entre la civilisation et la décivilisation est franchie. Nous serions présomptueux de prétendre prévoir ce qui va advenir de ce principe comme le fait tous les six mois Jacques Attali. Nous verrons ou plutôt nos enfants verront si la mondialisation a tenu ses promesses ou si elle a ravalé l'humanité au rang d'une super animalité branchée.

Mondialisme : Un mot utilisé dans les années 1990 par Jean-Marie Le Pen pour stigmatiser les renoncements aux souverainetés nationales. On peut définir ce mot comme l'acceptation de la mondialisation dans toutes ces conséquences. Sont mondialistes ceux qui pensent que toutes les formes d'ouverture et d'échange sont positives et « progressistes » dès lors qu'ils mondialisent l'état de droit et l'économie de marché, sources de bien-être. Mondialistes : Attali, Alain Minc, Bernard-Henri Lévy, Frantz-Olivier Giesbert, Alain Madelin, *Le Monde, Inrockuptibles, Libération*... Ce mot n'a pas de sens injurieux sous notre plume. On a le droit de croire que la mondialisation et la globalisation sont des progrès mais on a aussi le droit de penser l'inverse puisqu'il ne s'agit, en fin de compte, que de jugements de valeur et non de vérités théologiques ou scientifiques. Or les mondialistes ne l'entendent pas ainsi, eux qui dualisent le débat au sens moral du terme. Pour le mondialiste, celui qui n'est pas mondialiste appartient à l'axe du mal. Ce sera le cas de certains néo-conservateurs américains ou de ces libéraux-libertaires français qui avaient trouvé en la famille Le Pen l'exutoire idéal. Toute personne dont les propos, de près ou de loin, pouvaient être comparés à ceux de Le Pen étant rangés dans la démonologie du fascisme.

Multiculturalisme : Les communautés de cultures distinctes et parfois antagonistes sont-elles vouées à cohabiter harmonieusement ? C'est ce que pensent les adeptes du multiculturalisme, idéologie parfaitement définie par l'intellectuel canadien Mathieu Bock-Côté : « *La société multiculturelle conteste le primat* *légitime de la culture nationale, elle ne nous laisse en commun que le patriotisme des droits* ». Tout est dit. Être multiculturel est généralement un gage de modernité. Le *« multikulti »* est positif en soi ! Il rime avec tolérance et ouverture à l'autre. Sauf que si la diversité culturelle est un fait, le multiculturalisme est une idéologie qui consiste à induire une parité de principe entre les référents civilisationnels dans un même espace. Or cette parité est un cheval de Troie pour ceux qui veulent nous faire admettre que, puisqu'il y a désormais entre cinq à six millions de musulmans en France, la France est tout aussi musulmane que catholique. C'est ce que pense, par exemple, Jacques Attali. Si l'on pousse ce raisonnement à son terme on peut admettre que la France sera aussi confucianiste, animiste et hindouiste, si les immigrations en provenance d'Afrique et de la Chine se développent. Ce relativisme civilisationnel met en danger le principe même de toute unité culturelle. En l'occurrence la France ne doit rien à l'islam sur le plan civilisationnel et encore moins au confucianisme ou au bouddhisme. Mais elle doit beaucoup au catholicisme – religion dans laquelle furent baptisés Clovis et tous les rois qui lui succédèrent.

A lire sur le multiculturalisme : *Le multiculturalisme comme religion* politique, Mathieu Bock-Côté, éd Cerf.

Murray Philippe : Un des écrivains qu'il faut avoir lu pour saisir l'essence de notre époque moratinesque. Découvert par Philipe Sollers, Murray a écrit deux livres majeurs : un sur Céline *Céline* (éd. Gallimard) et *Le* XIX*e siècle à travers les âges* (éd. Gallimard) où il montre le lien entre le socialisme et les phénomènes occultistes et irrationalistes du romantisme. Il s'est, par la suite, spécialisé dans la dénonciation baudelairienne de notre époque en stigmatisant l'égalitarisme et le féminisme notamment dans ses *Journaux* et son dernier livre : *Minimum* *respect.* Sa grande trouvaille reste l'idée « d'Empire du Bien ». L'Occident post-chrétien a développé une religion laïque sans espérance mais non sans contraintes : celle de *l'homo festivus.* Voué au divertissement et au vivre ensemble, l'homme occidental post-tragique, devenu le seul maître à bord, combat et diabolise tout ce qui prétend limiter sa souveraineté individuelle. L'obscénité propre à notre époque spectaculaire marchande est liée à ce dévergondage anthropologique qu'avait parfaitement anticipé Céline qui dénonçait en l'homme moderne « *cet homoncule qui se voit Jupiter dans la glace* ».

A lire de Philippe Murray : *Minimum respect*, éd. Belles Lettres et *Le XIXe siècle à travers les âges*, éd. Gallimard.

N

Napoléon : Il existe un véritable culte de Napoléon en France dont on se demande ce qu'il révèle au juste. Une nostalgie de l'impossible grandeur perdue mais aussi une forme de schizophrénie puisque les catégories de Napoléon étaient la parfaite inversion des nôtres. Napoléon méprisait les valeurs humanitaires, il méprisait l'égalitarisme et le féminisme, il méprisait le libéralisme. Il vénérait l'Etat et la force militaire en romain qu'il était. Autrement dit le culte napoléonien procède du besoin d'admirer ce qu'il est devenu impossible d'aimer en démocratie. Un goût secret pour la force dans une époque vouée à toutes les faiblesses.

A lire : *Napoléon et de Gaulle : deux héros français*, Patrick Gueniffey, éd. Perrin.

Nationalisme : Une des causes de tous les maux selon les idéologues du vivre ensemble. Terme qui a pris une connotation si négative qu'il est difficile de revenir sur son sens. Pour les adeptes du vivre ensemble, nationalisme signifie quasiment racisme et totalitarisme. Un petit rappel généalogique suffirait pourtant à démontrer que le nationalisme, né à gauche, fut une des grandes forces du XIXe et de l'accès des peuples à la démocratie. Durant le printemps des peuples de 1830, nationalisme et libéralisme allaient main dans la main. A l'époque du boulangisme et des débuts politiques de Barrès le nationalisme est de gauche et il s'accouple à l'idée socialiste. De fait, tout nationalisme revendique une dimension sociale et le national-socialisme lui-même ne pourra éviter d'utiliser ce phénomène qui explique que la majorité des ouvriers allemands votèrent pour. Né à gauche, le nationalisme a fini à de droite à la fin du XIXe, notamment sous l'influence de Maurras qui ne sera pas qualifié pour rien de Jacobin blanc pour avoir tenté de greffer le nationalisme sur l'héritage contre-révolutionnaire légitimiste. Le gaullisme quant à lui sera un nationalisme de synthèse qui tentera de concilier l'héritage républicain de Péguy, celui bonapartiste de Barrès et la démocratie chrétienne de Jacques Maritain. Le nationalisme français qui a toujours intégré une composante universaliste et humaniste survit aujourd'hui à travers des figures comme Max Gallo (voir **Gallo**), Henri Guaino, Florian Philippot.

Nature humaine : La nature humaine existe-t-elle ou s'agit-il d'un oxymore ? Il s'agit là d'un débat philosophique majeur qui concerne en fin de compte les limites de la liberté et de la souveraineté humaine. Pour la tradition naturaliste, fondée sur la pensée d'Aristote et dont l'Eglise catholique est héritière notamment à travers l'œuvre de Saint Thomas, il existe une « nature humaine » intangible puisque l'homme est défini avant tout comme un « animal rationnel ». Cette conception s'enracine en particulier dans la définition de l'âme que le théologien Boèce définit au Ve siècle dans *Contre Eutychès* comme « une substance individuelle de nature rationnelle ». Le terme de « nature » signifie ici que l'homme, créé à l'image et à la ressemblance de Dieu, est pourvu d'intelligence et d'une certaine marge de liberté.

Déchue à travers le pêché, notre « nature » peut retrouver, à travers le salut, sa pureté originelle. La modernité philosophique va rompre avec cette vision de l'homme, notamment avec Pic de La Mirandole qui considère que l'Homme n'a pas de nature fixe. Libre, il est le créateur virtuel de ses propres normes. L'existentialisme non chrétien, notamment chez Heidegger puis chez Sartre suggère que l'existence (*dasein*) précède l'essence. L'homme chez Sartre est ainsi *« condamné à être libre »*, célèbre formule emprunté à *L'Être et le Néant* . Quant à Hannah Arendt (voir **Arendt**) qui préférait la notion de condition humaine à celle de nature humaine, elle écrit dans *Condition de l'homme moderne*, ceci qui nous paraît génialement formulé : *« La « nature » de l'homme n'est « humaine » que dans la mesure où elle ouvre l'homme à la possibilité de devenir quelque chose de non-naturel par excellence, à savoir un homme »*. Par ailleurs cette contestation de la « nature » de l'homme n'empêche pas libéraux et progressistes d'affirmer que celui-ci a des « droit naturels ». Mais d'où viennent-ils, sinon d'une nature politique ou sociale de l'homme ? Le débat entre Aristote et les Modernes, notamment alimenté par Hobbes (voir **Hobbes**) et Rousseau, sur la « nature » de l'homme est loin d'être clos et il retrouve une actualité dramatique avec le transhumanisme qui prétend modeler l'homme à l'aune des nouvelles technologies.

Nemo Philippe : Disciple de Friedrich Hayek (voir **néolibéralisme**), le philosophe Philippe Nemo est l'auteur d'une monumentale *Histoire des idées politiques* parue en deux parties (éd. PUF). Son travail vaut le détour pour son originalité. Ainsi ne classe-t-il pas Montesquieu et Tocqueville parmi les penseurs libéraux, comme il est d'usage, mais parmi les conservateurs nostalgiques de l'aristocratie d'ancien régime. Il est par ailleurs l'auteur de l'ouvrage *Les deux Républiques françaises* (PUF) où il retrace l'Histoire de l'idée républicaine en France et montre à quel point notre vision de la république a été marquée par le jacobinisme dont il est un féroce critique.

A lire de Philippe Nemo : *Qu'est-ce que l'Occident ?*, éd. PUF.

Néo-féministe : Citons Caroline Haas, Clémentine Autin, Najat Vallaud-Belkacem. Elles ne sont pas seulement égalitaires mais paritaires : une femme doit pouvoir faire tout ce que fait un homme, conduire des autobus, brandir des kalachnikovs et devenir championne de sumo. Voir Flaubert qui dans *l'Education sentimentale* a campé la néo-féministe à travers le personnage de La Vatnaz durant la révolution de 48.
« *L'affranchissement du prolétaire selon la Vatnaz n'était possible que par l'affranchissement de la femme. Elle voulait son admissibilité à tous les emplois, la recherche de la paternité, un autre code, l'abolition ou tout au moins une "règlementation du mariage plus intelligente". Alors chaque Française serait tenue d'épouser un Français ou d'adopter un vieillard. Il fallait que les nourrices et les accoucheuses fussent des fonctionnaires salariées par l'Etat ; qu'il y eut un jury pour examiner les œuvres des femmes, des éditeurs spéciaux pour les femmes, une école polytechnique pour les femmes !* »

Néo-libéralisme : Ce terme surutilisé a-t-il une pertinence autre que polémique ? Pour certains intellectuels libéraux, comme Philippe Nemo ou Alain Laurent (*Les penseurs libéraux*, éd. Belles lettres), le « néo-libéralisme » n'existe pas. Il y a des sensibilités diverses à l'intérieur de la grande famille libérale et le néo-libéralisme est la branche radicale de la famille. Mais cette thèse n'est pas tout à fait convaincante. Ou situer Raymond Aron par rapport à Hayek ou même à Jean-François Revel ? Ou situer le catholique Pierre Manent, qui est souverainiste tout en se proclamant libéral ? Il nous semble que la frontière entre le libéralisme tempéré et le néo-libéralisme est d'ordre anthropologique. Le libéral tempéré admet que des pans entiers de l'organisation sociale ne soient pas régis par les lois du marché ou par les désidératas de l'individu. On peut soutenir qu'Aron, Gauchet et Manent sont de cette obédience, eux pour qui l'Etat doit faire des choix relevant d'un « bien commun » ou d'un intérêt général qui n'est pas réductible à la somme des intérêts individuels. Du côté des « néo-libéraux » ou des libéraux intégraux, comme Alain Laurent, ce bien commun est une fiction. Il n'existe que la loi et le droit, et en deçà les intérêts et les passions des individus. Extrémisée, cette conception est celle des libertariens pour qui le collectif est toujours une illusion.

Néo-libéralisme (2) : Pape intellectuel de ce que d'aucuns appellent néo-libéralisme, l'autrichien Friedrich Hayek est l'auteur d'un grand livre de philosophie politique : *La route de la servitude* paru en 1947. Dans son *Histoire des idées politiques* (PUF), Philippe Nemo, hayékien convaincu écrit : « *Ce serait appauvrir la raison humaine que de la limiter à la raison logico-déductive « cartésienne ». Il faut reconnaître la valeur déductive de l'intuition, de « l'esprit de finesse » et des normes déposées dans les traditions qu'un rationalisme naïf* [Hayek vise ici en particulier le rationalisme français des Lumières] *a voulu faire passer pour irrationnelles. Burke a eu raison, en ce sens de refuser, la critique systématique des « préjugés » des Lumières* ». Hayek défend une position médiane entre l'idée d'une loi naturelle intangible, défendue encore aujourd'hui par l'Eglise catholique et fidèle à l'anthropologie d'Aristote, et l'idée contractualiste fondée par Hobbes selon laquelle il n'existe pas de loi morale immanente à la nature humaine. Aux yeux d'Hayek les valeurs ne sont dont pas naturelles mais leur efficience est évaluée à l'aune d'une sélection par l'opinion démocratique. « *La théorie hayékienne de l'origine évolutionnaire des valeurs morales et juridiques, bien qu'elle fasse de ces valeurs un produit de l'évolution et de la « culture » et non la caractéristique d'une « nature humaine » intangible ou d'un transcendantal de type kantien, ne débouche donc nullement sur un quelconque relativisme moral* » écrit Philippe Nemo. Objection : sur un plan logique, cette sélection des valeurs et des normes est-elle irréversible et participe-t-elle d'un sens de l'Histoire ? Par exemple les valeurs de l'islam constituent une rupture avec les valeurs laïques et cependant des femmes y adhèrent en France alors qu'elles sont régressives aux yeux des libéraux. Comment l'expliquer ? Et comment ne pas admettre que la démocratie, par définition, dès lors qu'elle permet une pluralité de conceptions du bien ne soit pas virtuellement relativiste ? Par ailleurs, l'idée selon laquelle normes et valeurs dépendent d'une évolution est en contradiction avec la tradition naturaliste de l'Eglise catholique qui affirme par exemple l'impossibilité d'accepter l'adultère ou l'avortement qui sont des transgressions de la loi morale comme de la loi naturelle. Or aujourd'hui, l'adultère est toléré par la société et l'avortement accepté. Peut-on dire que cela constitue un progrès dans le domaine des valeurs ? Il nous paraît difficile de l'affirmer. On peut par contre affirmer que nos représentations ont tout simplement changé ce qui suppose d'admettre une certaine forme d'historicisme et donc de relativisme (voir **relativisme**).

Ne pas céder à la haine : Ressassé à longueur de temps par les béni-oui-oui du vivre ensemble, ce stéréotype est devenu l'alibi d'un syndrome de Stockholm sournois. Vous êtes agressé dans le métro ? Surtout ne cédez pas à la haine. Pompier, flic ou médecin, on vous jette des projectiles lors d'une mission dans un quartier « sensible » et on finit même par tenter de vous détruire, comme cela est arrivé lors du guet-apens contre la police à Grigny le dimanche 9 octobre 2016 ? Surtout, ne cédez pas à la haine et ne « *faites pas d'amalgame* » pour ne pas « *stigmatiser des populations* » etc. etc. etc. *Vous n'aurez pas ma haine* écrit au lendemain du massacre du Bataclan le père d'un des jeunes assassinés. L'auteur obtient un grand succès d'édition. Faut-il parler d'ethno-masochisme ? Qui a pu écrire « *La haine est sainte. Elle est l'indignation des cœurs forts et puissants. Le dédain militant de ceux que fâchent la médiocrité et la sottise* » ? Emile Zola dans *Mes haines*. Un homme que l'on peut ne pas aimer mais qui est d'une autre trempe que nos petits humanitaires transis de culpabilité.

Nietzsche : Sans doute le penseur le plus controversé de l'Histoire de la pensée occidentale avec Heidegger. Si les militants de la prophylaxie antiraciste étaient cohérents ils demanderaient l'interdiction des œuvres de Nietzsche en classe de philosophie mais aussi son exclusion des bibliothèques. Comment un penseur qui a fait l'apologie de l'esclavage peut-il encore être enseigné ? Que font Emmanuel Faye et les dévots du vivre ensemble ? Quel manque d'à propos ! Nul ne peut nier qu'Heidegger a été national-socialiste, même s'il l'a été à sa manière « philosophique ». Nul ne peut nier que Barrès était racialiste, même s'il a atténué sa position durant la guerre en publiant *Les diverses familles spirituelle de la France* et en intégrant à son paysage nationaliste les juifs et les protestants. Mais Nietzsche alors ? Pourquoi laisser ce vieux fou dormir tranquillement, lui qui écrivait dans *Par-delà le Bien et le Mal* : « *Qu'est ce qui est noble ? Il est absolument impossible qu'un homme n'ait pas dans le corps les qualités et les préférences de ses parents et de ses aïeux quoique les apparences puissent donner l'apparence du contraire. C'est là le problème de la race* ». Comme le rappellent les auteurs du *Dictionnaire Nietzsche* (éd. Robert Laffont, 2016) paru sous la direction de Dorian Astor, Nietzsche était convaincu de la réalité des hérédités spirituelles. Il était convaincu qu'il existait des « types humains » : le type chrétien, le juif, le grec, le romain etc. qui, s'ils ne recouvraient pas la notion de race définissaient néanmoins des anthropologies distinctes. En somme, Nietzsche ne croyait pas en un universalisme du droit et des valeurs. Aussi quand Frantz Olivier Gisbert ou les éditorialistes peu sourcilleux du *Nouvel Observateur* embauchent Nietzsche pour en faire un précurseur de l'Europe actuelle on croit rêver ! « *L'Europe se fera au bord de la tombe* » a écrit Nietzsche. Sauf que l'Europe qu'il désirait n'était pas celle des droits de l'homme mais d'une aristocratie qui aurait répudié aussi bien la démocratie que le christianisme. Dans son beau livre *Le grand bestiaire de la philosophie* (éd. Cerf, 2017) Christian Godin écrit : « *Il s'est produit, surtout en France, autour de la figure de Nietzsche une étrange contorsion intellectuelle. Alors que la pensée de Nietzsche est une pensée de « droite », voire de droite extrême (contrairement à ce qui a été beaucoup dit et écrit, son influence sur le fascisme et le nazisme n'est pas seulement issue d'une malencontreuse série de manipulations et de mésinterprétations) cette pensée a été principalement travaillée et mise en valeur par les philosophes de la gauche radicale et libertaire [...] Nietzsche a toujours été un ennemi farouche de l'idéal d'égalité et de ceux qui prônent cet idéal. Non seulement il a toujours cru à la nécessité culturelle et morale de la hiérarchie, mais il considérait que l'affaiblissement et la perte du sens de la hiérarchie constituaient l'un des principaux symptômes de la décadence de la modernité, laquelle décadence est résumée par le terme de « démocratie »* ». Ce formidable contre-sens est dû à la lecture biaisée qu'ont faite Foucault et Deleuze de Nietzsche. Ils ont projeté sur lui leurs schémas anarcho-nihilistes. Nietzsche était anti-nationaliste et anti-germaniste, cela suffira à une certaine gauche libertaire pour l'annexer. Alors même qu'il était anti-féministe et antiégalitaire. Nietzsche n'était ni libéral, ni libertaire, ni libertarien. D'une certaine manière, sa pensée tout à la fois élitiste et individualiste, quand bien même l'individualisme est habituellement associé aux idéaux d'égalité, est sans incidence politique directe car elle est irrécupérable.

A lire : *Dictionnaire Nietzsche* sous la direction de Dorian Astor (Robert Laffont)

Nihilisme : A l'instar d'un caméléon, le mot de nihilisme change de couleur selon le contexte. Au sens banal, nihilisme signifie dévalorisation radicale de la vie et de l'existence. En philosophie le sens de ce mot est plus complexe. Pour Nietzsche et Heidegger, le nihilisme débute avec la dialectique socratique et il est inhérent à la tradition occidentale qui en a fait son destin. C'est en Occident que le monde supra sensible de l'idéal a pour fonction de justifier le monde sensible mais aussi d'en mesurer la valeur. Autrement dit, la vie et le monde sensible n'ont de valeur que s'ils sont dignes du monde suprasensible qui est le vrai siège de l'être. Dans un monde, le nôtre, qui croit moins à la réalité du monde suprasensible ou surnaturel, cette déperdition de sens aboutit à une dévalorisation radicale de la vie qui en tirait sa légitimité. Si « Dieu est mort », autrement dit, si le monde des idéaux devient fictif, alors c'est la vie elle-même qui se transforme en simulacre et en complet non-sens. Nietzsche accusera le christianisme, plus encore que le bouddhisme qui admet le non-sens de l'existence et ne lui cherche pas de justification, d'avoir fait dépendre la vie d'un au-delà de la vie. Pour les Grecs de l'époque archaïque de *L'Odyssée*, la vie était divine en soi, par sa manifestation même, sans que la question de son sens soit posée. C'est lorsque l'on a commencé à lui attribuer une valeur qui en détermine le sens que sa dévalorisation a commencé. Dès lors que nous nous posons la question de la valeur de la vie, nous sommes d'ores et déjà nihilistes, sans même nous en rendre compte. A cet égard le nihilisme le plus radical est aujourd'hui celui de l'islamisme, qui considère qu'à l'aune du Dieu unique l'homme n'est rien. Ce qui autorise des abrutis sanguinaires à assouvir leurs instincts criminels dans les circonstances que nous connaissons.

Nique la France: Expression poétique chère à certains adeptes bruyants du « vivre ensemble ». Dans *Nique la France*, un rappeur qui sera poursuivi en 2016 devant la XVIIe Chambre correctionnelle écrivait ceci: « *Petit donneur de leçons / Petit gaulois de souche / Arrête ton arrogance / Arrête d'ouvrir ta bouche / Ce que j'en pense / de leur identité nationale / De leur Marianne, de leur drapeau / Et de leur hymne à deux balles / J'Vais pas te faire un dessin / ça risque d'être indécent / De voir comment je me torche / Avec leurs symboles écœurants* / etc. Il est à souligner que l'auteur de ce manifeste anal a été relaxé, le tribunal estimant que « *petit gaulois de souche* » ne relevait pas du racisme anti-blanc et que « *la blancheur ou la race blanche n'est en aucune manière une composante juridique de la qualité de Français* ». Le tribunal a, en outre, affirmé que « *les Français blancs dits de souche ne constituent pas un groupe de personnes* ». Il y a aussi un certain *Booba*, autre « poète » rappeur qui écrit: « *Les colons nous l'ont mise profond. A l'envers on va leur faire. Quand je vois la France les jambes écartées, je l'encule dans huile* ». Certains rappeurs ont une sorte de prédilection pour l'anus. L'anus les inspire. Il en a inspiré d'autres, Sade, Apollinaire ou Genet qui avaient, eux, du talent.

Noir: Il est devenu délicat aujourd'hui d'utiliser l'adjectif « noir ». On peut même dire que l'usage de ce terme et devenu impraticable. Un film comique comme *La Zizanie* avec de Funès ne serait plus envisageable. Dans ce film, de Funès a un majordome noir avec lequel il se montre odieux. Celui-ci lui manifeste son mécontentement en lui bloquant un jour le passage. Dialogue : « *C'est parce que je suis noir que vous me regardez de haut* ? » (Il mesure 1 m 90, effet comique garanti). Réponse de De Funès : « *Vous n'êtes pas si noir que ça !* ». Hurlement de rire du public dans la salle ! Désormais ce genre de blague est vécue comme une provocation par le parti négrophile occidental. Le négrophile est un négrophobe inversé. Il positive ce qui était perçu hier comme négatif. Quand le négrophobe insinue que les « noirs » sont trop souvent laids, stupides et paresseux, le négrophile a l'inverse suggère que les noirs sont presque exclusivement innocents, spontanés, beau etc. Ces assertions très aléatoires démontrent, s'il en était besoin, l'inanité de toute essentialisation d'un groupe humain, quel qu'il soit. Noir est une couleur de peau et non une identité. Il existe des Antillais ou des Haïtiens, des Africains ou des Afro-américains, il n'existe pas de « Noirs » en soi. L'auteur de ces lignes trouve certaines femmes noires (certains hommes aussi) magnifiques et d'autres très laides. Il n'en tire aucune conclusion sur la beauté ou non de l'entité « noire » qui est surutilisée par la publicité. Le racisme commence non à l'idée de race mais quand on essentialise ce qu'elle sous-tend. Les représentations ethniques existent et certains Africains sont fiers de leurs filiations qu'ils revendiquent eux même. Pourquoi pas, dès lors que l'identité ethnique ne devient pas une valeur en soi ?

Nomade : Le mot branché par excellence qui sied généralement à ceux qui restent sur place. Ainsi du philosophe Gilles Deleuze qui a conceptualisé le nomadisme et la « déterritorialisation » mais n'a jamais quitté Paris que pour le Limousin où il est enterré. Sauf que les vrais nomades ne nomadisent pas pour le plaisir ni pour illustrer une théorie, mais parce que, pour beaucoup, ils ne peuvent faire autrement et ont la faim ou la peur au ventre. Quand le Pape François affirme que nous sommes tous des migrants, au sens spirituel mais aussi au sens propre, il réjouit Jacques Attali mais profère une contre-vérité. Le déménagement perpétuel n'est pas la rêve de l'humanité, il serait plutôt son cauchemar. Et si certains individus aiment le nomadisme et le vagabondage, passions très honorables, on ne saurait en dire autant des peuples. Quand Jacques Attali justifie l'immigration de masse par les grandes invasions, il démontre à quel point il méconnaît l'histoire et prend ses fantasmes pour la réalité. Les envahisseurs des dites « grandes invasions » étaient nomades parce qu'ils fuyaient d'autres peuples qui les avaient contraints à partir. Le sens commun est sédentaire. Nous souhaitons tous, au fur et à mesure que nous vieillissons, retrouver un lieu familier qui continue de se ressembler pour pouvoir rassembler en nous les moments les plus épars de notre vie. Nous souhaitons, pour beaucoup d'entre nous, un foyer durable dans un monde toujours plus frappé par les deux grands fléaux de la condition humaine que sont, selon Bouddha, le fléau de l'impermanence et celui de l'inconsistance, les deux étant liés. Nos racines quand elles existent sont affectives avant tout, elles sont bien plus révélatrices de notre paysage intérieur et intime que de la « race » ou de la « souche ».

Nominalisme : Une notion qui a eu une influence décisive sur l'Histoire de l'Occident. Le nominalisme est cette conception défendue par des théologiens du XIIIe siècle qui tels Guillaume d'Okham, vont rompre avec la pensée d'Aristote et sa conception universaliste de la nature humaine. Pour les nominalistes il n'existe que des individus. La notion d'Homme est une abstraction. Les conséquences de cette scission seront considérables. Toute la pensée libérale est marquée par le nominalisme qui fait de l'individu l'alpha et l'oméga de sa conception du monde. Mais s'il n'existe que des individus, la notion de dignité humaine devient très fragile et avec elle celle de droits de l'homme, ce qu'avait très bien compris Michel Foucault pour qui cette notion n'était pas tenable (voir **Dignité humaine**). C'est à notre sens la contradiction foncière du libéralisme : un universalisme qui absolutise les droits « naturels » de l'homme alors qu'il est fondé sur un relativisme anthropologique.

A lire : *La querelle des universaux : de Platon à la fin du Moyen Âge*, Alain de Libera, Le Seuil.

Norme : Qu'est-ce qu'une norme et la norme a-t-elle une existence objective ? La norme se distingue des conventions ou des lois positives qui portent la marque de l'élaboration humaine, elle est par définition non négociable. On ne peut parler d'une norme que si elle ne peut relever de notre subjectivité. Par exemple la prohibition de l'inceste chez Claude Lévi-Strauss. Même si celle-ci ne relève pas d'une loi de la Nature au sens strict. On peut parler d'une norme de caractère universel si la théorie de Lévi-Strauss est valide. Il est par exemple avéré qu'un père ou une mère ne décident pas de ne pas coucher avec leur progéniture. Si un inceste se produit il ne relève jamais d'une décision abstraite, mais d'une pulsion que l'auteur tente plus ou moins de cacher, ce qui démontre l'existence de l'interdit. On n'imagine pas (sauf peut-être dans les ouvrages du philosophe libertaire Ruwen Ogien), quelqu'un qui, arrivant chez un ami, dirait : « *Tiens, aujourd'hui j'ai couché avec mon fils* » à titre d'expérience. Autrement dit, si des interdits nous structurent c'est que, par définition, ils ne relèvent pas du monde subjectif des valeurs, ils définissent une *normalité*. Un exhibitionniste qui expose son sexe dans un lieu public est un déviant, s'il le fait dans un club échangiste son comportement sera toléré. La norme n'est donc pas de nature morale mais sociale. Si par exemple Monsieur X désire une femme sur son lieu de travail et qu'elle consent à s'accoupler avec lui, leur accouplement en plein travail (par exemple en pleine réunion) ne sera pas amoral mais antisocial parce que ce n'est pas le lieu de ce genre de relation. Il s'agit donc d'une norme et non d'une simple convention que l'on pourrait modifier. Ce débat n'est pas si abscons qu'on l'imagine. Le fait que nous allions habillés plutôt que nus en plein été relève-t-il d'une simple habitude ou d'une norme ? La question a été soulevée récemment en Californie où certains ont revendiqué le droit de déambuler en ville nus, ce qui leur a été refusé. Le propre de la norme est qu'elle s'impose à nous sans que nous en décidions car elle nous constitue comme être social.

Nuit debout : Restera dans les mémoires comme ce sitting quotidien de place de la République qui a commencé le 31 mars 2016 pour se dissoudre à la fin juin de cette même année. Mouvement qui sera salué par la prophétesse féministe Annie Ernaux et le penseur planétaire Frédéric Lordon qui écrira (dans *Le Monde* de juin 2016) que si cette mobilisation rencontrait le mouvement ouvrier, elle deviendrait « *irrésistible* ». Mais ni les ouvriers, ni les jeunes de banlieue, ne sont venus à la messe quotidienne. Ce qui n'a pas empêché les uns et les autres de pérorer. Flaubert donne une pré-illustration amusante de cette *Nuit Debout* tant flattée par certains médias dans son *Education sentimentale*. Voici un extrait de la révolution de 1848 qui, prodige de verbiage, n'est pas sans évoquer certaines séances de *Nuit Debout* où les noctambules refirent le monde pour en expurger le mal.

« A moi ! s'écria Delmar et il bondit à la tribune prit sa pose et s'étendit sur la mission civilisatrice du comédien. Puisque le théâtre

était le foyer de l'instruction nationale, il votait pour la réforme du théâtre ; et d'abord plus de direction, plus de privilèges !

– Oui d'aucune sorte !

Le jeu de l'acteur échauffait la multitude et des motions subversives se croisaient.

– Plus d'académies ! Plus d'institut !

– Plus de missions !

– Plus de baccalauréat !

– A bas les grades universitaires !

– Conservons les, dit Sénécal (l'ancêtre de Benoît Hamon) *mais qu'ils soient conférés par le suffrage universel, par le Peuple, seul vrai juge !* »

Sacré Flaubert, on s'y croirait…

O

Occident : Mot chargé de sens, d'ambiguïté et pour certains d'opprobre, ainsi chez Alain Badiou pour qui cette expression est « maudite ». En réalité, ce terme d'Occident peut être pris dans un double sens. Celui de la géographie qui concerne l'Europe de l'Ouest ou comme terme civilisationnel qui inclut aussi les Etats-Unis, voire l'Australie. Ainsi parle-t-on de « valeurs occidentales » pour signifier le fait que c'est aux Pays-Bas et en Angleterre notamment que la notion d'Etat de droit s'est développé. Pour la gauche idéologique dans son ensemble, le terme d'Occident est mal venu. Comme l'affirme Salman Rushdie dans un interview récent (*Nouvel Observateur*, 8 juin 2017) : « *Le présupposé constant de la gauche est que le monde occidental est mauvais* ». Elle préfère l'idée d'Europe, à condition que cette Europe soit désoccidentalisée à l'aune de toutes les cultures. Cette identification à l'autre qui confine selon nous au masochisme se décline ainsi : tous les autres ont le droit et de devoir d'exister et nous avons, nous Européens, comme premier devoir de déconstruire nos certitudes pour le leur permettre. Cet implicite est au cœur de la « construction » européenne qui, comme l'a montré Pierre Manent, est fondée sur une déconstruction des fondements grecs, romains et judéo-chrétiens de l'Europe. Cette idéologie n'est même pas toujours consciente d'elle-même. Ainsi du fameux calendrier européen conçu par Bruxelles en janvier 2014 pour signifier l'acceptation de toutes les cultures par l'Europe. Toutes les fêtes religieuses étaient mentionnées, depuis celles de l'hindouisme à celles de l'islam, à l'exception de la religion catholique.

Omar Sy: Le nouvel étalon des bons sentiments depuis qu'il a été élu personnalité préférée des Français, selon un sondage IFOP du mois d'août 2016. Dans l'entretien qu'il donne à l'hebdomadaire du groupe Hachette, *Le journal du dimanche*, le dimanche 14 aout 2016, l'acteur des *Intouchables* déclare *modestement « Être au-dessus de la haine »*. Lui qui vit aux Etats-Unis fait l'apologie du vivre ensemble en France mais aussi de l'amour, « *trop souvent oublié* ». Dans ses films il veut « *montrer ce qu'il y a de beau dans l'être humain* ». Inépuisable filon: quand les lois du marché rencontrent celle des bons sentiments c'est le jackpot assuré. Depuis les *Chti's*, et même avant, le cinéma français excelle dans le *pathos*. Les Américains font la morale Bible en main, nous préférons le culte de l'Humain et des valeurs républicaines. En politique, la pensée de Saint Sy est toute aussi simpliste. Pour lui Daech, dont se réclament les assassins qui ont tué plus de deux-cent cinquante personnes en un an en France et le Front national, qui représente près d'un quart des Français, sont à mettre dans le même sac. Rien que ça. « *Je ne veux pas les citer, ils ont assez de publicité en ce moment* ». Il est fier d'être Français, parce que « *la France est le pays de l'amour, de l'égalité et du partage* », mais il préfère ne pas y vivre, en fin de compte. « *J'ai quitté la France mais elle ne m'a pas quitté. Ce n'est pas parce que je n'y habite pas que je n'ai pas envie qu'elle se porte bien* ». Touchant ! Omar Sy depuis les Etats-Unis, nous prodigue ses conseils. A propos de la mort malencontreuse d'Adama Traoré, il trouve les mots qui condensent sa pensée :

« *Une nouvelle fois l'Etat contre le peuple ce n'est pas possible* ». Qu'Omar Sy ne soit pas une foudre de guerre en philosophie politique n'est pas grave. Mais ce qui est flagrant c'est la complaisance des Français pour la médiocrité. La thèse de Zemmour, qu'il a traité de « criminelle », mais aussi d'Alain Finkielkraut est ici illustrée grandeur nature. Le capitalisme mondialisé aime les nomades riches et sympas comme Omar Sy. Que des Français priment un bonhomme qui ne vit plus en France et leur donne des leçons n'est qu'un indice de plus de leur absence de fierté. Que de son côté la presse Hachette affirme que la victoire d'Omar Sy signe le triomphe de la vertu et le retour des valeurs morales est un comble ! Michel Cymes et Antoine Griezmann arrivent non loin derrière dans la catégorie des personnalités culte. On notera que les chefs d'entreprise, les grands scientifiques, les penseurs, les artistes et les écrivains ne font jamais parti des personnalités préférées des Français. « *Hélas pour la France, les Français sont médiocres* » dira de Gaulle. De deux choses l'une : ou ce type de sondage est significatif et il faut tirer un trait sur ce pays car pourquoi plaindre un peuple s'il mérite son déclassement ? A moins qu'il s'agisse d'une forme de propagande. On peut toujours espérer…

Onfray Michel : Tête de turc d'un certain microcosme intellectuel français après en avoir été la coqueluche. « *On peut calculer la valeur d'un homme d'après le nombre de ses ennemis* » écrivait Flaubert dans sa correspondance avec Louise Collet. Avec Bernard-Henri Lévy et pour de toutes autres raisons, il est l'intellectuel le plus honni aujourd'hui par une certaine gauche qui voit en lui un apostat. Il est vrai qu'Onfray avait bien commencé sa carrière d'essayiste en publiant de nombreux livres érudits qui prenaient parfois pour cibles les religions monothéistes, à l'instar de *Traité d'athéologie*. Mais voilà que deux livres vont changer la donne : le brillant essai sur Camus, *L'ordre libertaire. La vie philosophique d'Albert Camus*, où Onfray règle son compte à Sartre et du même coup à toute l'intelligentsia parisienne, et le livre aussi érudit qu'injuste et réducteur sur Freud, *Le crépuscule d'une idole. L'affabulation freudienne.* (2014) où il aggravait son cas. Enfin en donnant en septembre 2015 un grand entretien à la revue *Eléments* d'Alain de Benoist, il devenait condamnable pour la caste des publicistes parisiens. Devenu une sorte de star franco-française de la philosophie simple et accessible à tous, Onfray est aussi victime de son succès médiatique, comme s'il ne supportait que l'adhésion sans réserve à ses écrits. *Décadence,* paru en janvier 2017, illustre ce dilemme. Ce livre qui peut se lire comme le récit de l'apogée puis du déclin de l'Occident judéo-chrétien est aussi excitant à lire que décevant philosophiquement. La thèse d'Onfray est auto-destructrice sur un plan logique. Onfray, qui va jusqu'à nier l'historicité du Christ, explique que toute la force de notre civilisation est provenue de la domination de l'Eglise, laquelle est fondée sur une fiction historique et une occultation du message évangélique. On constate au passage qu'Onfray le « païen » n'est pas très éloigné ici de Maurras pour qui l'Eglise catholique avait eu le mérite de neutraliser la dimension subversive et humanitaire du message évangélique. Cette domination de l'Eglise s'est écroulée après Vatican II quand celle-ci a reconnu ses fautes. Onfray nous explique donc que :

1) L'Occident n'a dû sa grandeur qu'à un tissu d'aliénations et qu'il doit sa décadence à sa culpabilité, à sa mauvaise conscience en fin de compte à la fin de ces illusions aliénantes.

2) Après quoi le philosophe explique au lecteur qu'il ne lui reste plus qu'à sombrer avec élégance sur ce gigantesque Titanic qu'est devenu l'Occident. Pauvre lecteur qui ne sait plus que penser ! Après lui avoir expliqué que toute lutte pour conserver sa civilisation est vouée à l'échec, voilà qu'Onfray lui explique dans

Décoloniser les régions comment réformer la France jacobine en devenant girondine et fédéraliste ! A ce degré d'inconséquence – car à quoi bon réformer ce qui va disparaître – on se demande si Onfray est un penseur cohérent. Un brillant polygraphe, un excellent prosateur, un Pantagruel des mots, sans aucun doute. Mais un penseur, on a le droit d'en douter. Ce qui n'enlève rien à son formidable talent de polémiste. Onfray est un peu à la philosophie ce que le péplum est au cinéma d'auteur : du grand spectacle.

A lire de Michel Onfray : *La vie philosophique d'Albert Camus*, éd. Flammarion, 2011.

P

Panthéon : Le Panthéon devrait être réservé à des figures inconditionnelles et qui font consensus, lesquelles sont très rares en France, excepté peut-être dans le domaine de la science. L'idéologie républicaine officielle ignore sciemment cette partie de la France qui n'est pas particulièrement républicaine. Ni Saint-Exupéry, ni Hélie de Saint Marc, que l'on peut tenir pour des personnalités héroïques, n'étaient républicains. Pourquoi le général Leclerc qui fut le bras armé de De Gaulle et le premier militaire à le rejoindre n'est-il pas au Panthéon ? En réalité, ce débat sur l'entrée au Panthéon est parasité par des raisons idéologiques. La France reste marquée par l'idéologie du Grand Orient, même s'il ne faut pas exagérer son influence. Aucun des grands penseurs contemporains, qu'ils soient français ou étrangers, ne peuvent y être affiliés. Ni Peter Solterdjik en Allemagne, ni René Girard ou Michel Foucault en France ne relèvent de l'optimisme des Lumières. Peut-être faudrait-il en tenir compte ?

Pape François : En tant que personnage cathodique, l'homme est indéniablement charismatique. Mais celui-ci est-il forcément fiable dans le domaine politique ? Et le domaine politique est-il du ressort de l'Eglise ? Si celle-ci se prétend « experte en humanité », elle ne peut se prétendre telle en politique tout simplement parce que, comme l'a démontré le philosophe du droit Michel Villey, l'Evangile n'est pas un texte politique. Le judaïsme comme l'islam sont des religions communautaires qui prétendent organiser la cité. Ce n'est pas le cas du christianisme qui est une religion du salut et de la rédemption personnelle. Il n'y a donc pas de politique chrétienne pensable à l'aune de l'Evangile. Il n'y a que des chrétiens qui, individuellement, peuvent être de droite ou de gauche ou ni de gauche ni de droite. Il faut ici saluer la position de neutralité adoptée par le Pape lors des élections présidentielles françaises. Il eut été malvenu qu'un homme qui fut proche par le passé de ce populisme argentin que fut le péronisme dénonça la candidate, en l'occurrence Marine Le Pen, qui se proclame elle-même populiste. Cependant il est un fait historique que l'Eglise a soutenu des régimes politiques qui la protégeaient ou l'avantageaient en tant qu'institution. Ainsi du régime du général Franco ou de Salazar en Portugal. Il est un fait aussi que l'Eglise, en privilégiant le combat contre le communisme, « intrinsèquement pervers » (Pie XI), a penché à droite jusque dans les années 1960. C'est pourquoi François, même si ses inflexions dans le domaine des mœurs ou ses réflexions sur l'écologie nous paraissent bienvenues – notamment son refus de condamner les homosexuels – introduit le trouble par certaines prises de positions. Pourquoi un Pape ne se tromperait il pas dans des domaines où il n'est pas censé être infaillible ? En affirmant qu'il existe un « bon islam », non-sens théologique, et surtout en comparant les violences conjugales en Italie aux exactions islamistes il a enthousiasmé le parti islamophobe occidental mais perdu de son crédit auprès des catholiques européens qui se souviennent un tant soit peu de ce qu'a pu écrire Saint Thomas sur l'islam, qu'il considérait comme une hérésie du christianisme. Quant à son discours sur les migrants ou sur la peine de mort, il est aussi contestable que contesté.

Rappelons que la peine de mort est approuvée dans des cas extrêmes, par *Le catéchisme de l'Eglise catholique* (éd. Bayard/Cerf/Fleurus-Mame, 1992). Sur la question des migrants, le Pape ne confond-il pas la charité individuelle du chrétien qui doit venir en aide à qui le lui demande et un « devoir collectif » qui relève des principes humanitaires ? Depuis des années l'Eglise est mue, selon le journaliste catholique Laurent Dandrieu qui développe cette thèse dans *Eglise et immigration le grand malaise* (Presses de la renaissance) par un « messianisme migratoire » qui va à l'encontre des intérêts de l'Europe, voire de sa survie comme civilisation. Selon Jean-Louis Harouel (voir **Jean Louis Harouel**), ce messianisme migratoire illustre une tendance millénariste à l'œuvre dans l'Eglise : il s'agit, à travers les migrations, de promouvoir une société mondiale qui unifie « la famille humaine » pour la préparer à la conversion. Ce tournant mondialiste est d'autant plus paradoxal qu'il converge avec un libéralisme que l'Eglise dénonce par ailleurs. Les Etats occidentaux, s'ils ouvrent leurs portes aux migrants n'ont à proprement parler aucun devoir impératif envers des populations qui ne sont pas sous leur responsabilité juridique ou politique. Il ne viendrait à l'esprit de personne de considérer que la Chine, très investie en Afrique, est coupable de ne pas pallier les famines qui frappent un pays comme le Soudan depuis tant d'années. Pourquoi faudrait-il que les Occidentaux soient plus responsables des autres que les autres peuples ? Si demain une guerre ravage Paris ne serions-nous pas étonnés de voir arriver des contingents de Chinois ou de Syriens pour rétablir la paix ?

Parité : Dogme théologique du progressisme culturel. La parité induit un approfondissement de l'idée d'égalité, qui est le sésame de la revendication démocratique moderne. Cette idéologie doit, par exemple, nous convaincre que toutes les civilisations se valent non parce que des critères objectifs le démontrent, mais parce qu'il faut répondre au besoin de reconnaissance de ceux qui considèrent que leur culture a été minorée ou dévaluée. Ainsi en arrive-t-on à cette forme de lâcheté qui consiste à céder à la demande identitaire, quelle qu'elle soit. Les minorités qui se disent lésées maîtrisent parfaitement cet état d'esprit mais elles ne se doutent pas que, comme en aïkido, la force peut se retourner contre celui qui l'utilise. Le pseudo dialogue des civilisations, dont un Chirac était un spécialiste aboutissait, en fait, à minorer le génie propre à l'Europe occidentale. Les élites de gauche qui ont prédominé culturellement ces dernières années ont diffusé un état d'esprit qui est aujourd'hui en train de péricliter pour des raisons de bon sens. Pourquoi faudrait-il croire, sous prétexte des crimes du colonialisme, que la civilisation européenne du XIXe siècle qui a connu une créativité sans pareil dans le domaine scientifique, philosophique et artistique n'a, dans l'absolu, pas plus de valeur que la culture des amérindiens ou des africains ? Au nom de quoi faudrait-il le penser ? Que toutes les cultures soient respectables ne doit pas nous empêcher de penser que certaines civilisations sont plus fécondes et riches que d'autres, tout simplement parce que leurs œuvres en témoignent. Il est un fait que la civilisation arabo-islamique n'a plus produit de génie philosophique ou scientifique, après Ibn Khaldoun ou le soufi iranien Mollâ Sadra (XVIIe), comme si elle était entrée en somnolence. Quelle est la culture qui, entre le XVe et le XXe siècle, peut se comparer à l'Europe ou vont naître Léonard de Vinci, Michel Ange, Mozart, Haendel, Goya ? Mais aussi toute la pléiade de penseurs qui, de Rousseau à Wittgenstein en passant par Hegel, Nietzche, Marx et Freud vont révolutionner les sciences humaines ? Aucune civilisation n'est comparable à l'Europe en termes de fécondité philosophique, scientifique, artistique. Que cette civilisation ait engendré les monstres que sont le nazisme et le stalinisme est indéniable. Mais en quoi cela diminue-t-il le génie européen ?

Patrie : Cette notion a-t-elle encore un sens à l'heure de la mondialisation ? Aux yeux de certains, souverainistes ou tout simplement patriotes, elle en a plus que jamais. Pourquoi ? Tout simplement parce que ce qui vous semble menacé acquiert une plus grande valeur. Notion ringardisée dans les années 1960 parce que fleurant l'obéissance aux pères à l'ancienne, l'idée de patrie a retrouvé des couleurs ces dernières années comme territoire affectif. Comme l'a formulé Simone Weil, c'est parce qu'elle est une réalité sensible et fragile que la patrie est précieuse. La France, avant d'être une idée, est un lieu chargé de sens et d'histoire. La faiblesse du jacobinisme a été de faire de l'Etat le principe de ce lieu sensible qu'est la France. Je sais que j'aime ce pays en le traversant en TGV par exemple, ce qui me permet de rêver sur la beauté de paysage changeants que les nouveaux barbares qui ont les yeux rivés sur leurs tablettes ne voient même plus. Aux yeux des postmodernes la France est un *open space*, un lieu comme un autre, horizon mesquin à l'aune de la planète. La France est un poème du lieu avant d'être une valeur. Mondialistes et libéraux qui communient dans le vivre ensemble ont ceci de commun : la France est une idée, un principe, une « valeur ». Mais la France est d'abord une mosaïque de lieux riches de sens. On n'est pas vraiment dans le même pays au Languedoc et au Mont Saint-Michel. Les valeurs de la République (voir **valeur**) n'ont rien à voir avec cette familiarité qu'il ne faut pas réduire à un enracinement, comme aura tendance à la faire Barrès. Je n'ai pas de racines au Languedoc, mais j'aime la petite ville de Sommières autant que certains villages corses. Nous pouvons faire notre grain d'un lieu qui n'est pas le nôtre à l'origine parce que nous sentons qu'une part de notre univers spirituel est là. Nous nous approprions les lieux que nous aimons. Ceux qui n'aiment rien ne sont de nulle part.

Pédophile : L'infamie de notre temps. Ce qui est étonnant dans cette affaire est le contraste entre la permissivité sexuelle de notre société qui tolère jusqu'à la zoophilie, autorisée dans les sex-shops où l'on peut voir des femmes se faire pénétrer par des chiens, mais aussi la scatologie et l'extraordinaire opprobre dont pâtissent les pédophiles comme s'ils étaient devenus les boucs émissaires de notre époque. N'y a-t-il pas de quoi s'en étonner quand on se rappelle, comme l'a récemment fait Michel Onfray, que la pédophilie était très en vogue après Mai 68 ? Souvenons-nous de ce fameux titre de *Libération* : « *Et si on essayait les enfants ?* ». Souvenons-nous des grands noms qui signèrent une pétition pour le droit de jouir entre enfants et adultes dans les années 1980 : de Gilles Deleuze à Jacques Derrida en passant par Michel Foucault, François Chatelet, Gabriel Maztneff et même... Françoise Dolto. Souvenons-nous que Gide et Montherlant n'étaient, après tout, rien moins que « pédérastes » et que leurs « proies », notamment en Afrique du Nord, avaient vraisemblablement autour de douze ou treize ans. Ou que le prophète Mahomet lui-même sera, conformément à la tradition, marié à une petite fille du nom de Aïcha qui aurait été âgée de neuf ans. Il est vrai que le mariage ne fut consommé que plus tard. Pédophile est devenu une terrifiante injure qui peut tuer quiconque. Pourquoi tant de haine pour ce qui relève à notre sens d'une déviance plutôt que d'un crime même si cela peut aussi en devenir un selon la loi ? Et pourquoi deux poids deux mesures selon que vous êtes un ancien ministre de la république française qui va faire ses courses sexuelles au Maroc ou en Thaïlande, nous ne citerons personne, et un curé qui s'est laissé aller à des attouchements ? Pourquoi cette fixation sur l'Eglise catholique comme si cette institution devait porter sur ses épaules la culpabilité d'un monde qui par ailleurs a prétendu abolir cette notion ? Pourquoi enfin considérer comme allant de soi que la pédophilie exclut les femmes par définition ? Un père qui a des gestes déplacés sur sa fillette est suspect mais une mère qui caresse incidemment son petit garçon ? L'inceste ne concerne-t-il que les hommes ? Les mères qui tripotent le zizi de leur garçonnet jusqu'à un âge indu, sous prétexte de soins ou de cajoleries, ne sont-elles pas pédophiles à leurs moments perdus ? Ce consensus sur la pédophilie a quelque chose de malhonnête et de foncièrement hypocrite. Quel homme n'a pas désiré une fois dans sa vie une adolescente de quinze ans ? Est-il pervers pour autant ? Certaines fillettes, c'est un fait, érotisent leurs tenues et leurs parures au point qu'à treize ans on peut leur en donner seize. La guerre à la pédophilie nous semble être devenue l'arbre moralisateur qui cache la forêt de la permissivité sexuelle occidentale.

Péguy Charles : Ce poète et militant qui a connu divers périodes idéologiques dans sa vie, du le socialisme au catholicisme, est l'objet depuis la parution du livre de Bernard-Henri Lévy, *l'idéologie française*, d'une débat furieux sur la nature de sa pensée. Dans ce livre qui eut l'aval de Jean-François Revel mais que désavoua brutalement Raymond Aron, Bernard-Henri Lévy faisait de Péguy le parangon d'un pré-fascisme français notamment parce que celui-ci avait exalté non seulement la patrie et le peuple français, mais aussi la « race française ». Notion dont le régime de Vichy fera ses choux gras. S'il suffit d'utiliser le terme de race pour être sur la voie du racisme et du fascisme, alors il aurait fallu soupçonner Churchill qui surutilise ce terme, mais aussi à de titres divers, Renan, de Gaulle et même Jules Ferry et tant d'autres au XIXe. Sans oublier Disraeli ! La faiblesse de l'argumentaire est patente : ce qui fait le raciste n'est pas l'utilisation du terme de race mais la détermination du spirituel par le biologique. Rien de cela chez Péguy où le mot de race exprime une lignée spirituelle et une civilisation : celle de la France classique. Ainsi le péguyste de Gaulle évoque-t-il dans ses discours de Londres les « *héritiers de notre race* ». Lors des dernières élections présidentielles, chacun y est allé de sa référence à Péguy : de Marine Le Pen à Juppé en passant par Fillon ou Bayrou. Mais si Péguy, ce « *prophète de la fidélité* », est irrécupérable selon le théologien Urs Von Balthasar, c'est bien à cause de l'orléanisme des uns et des autres, de Juppé à Macron en passant par Bayrou et tant d'autres. « *Tout ce dont nous souffrons est au fond un orléanisme. Orléanisme de la religion, orléanisme de la République* » écrit Péguy dans *L'Argent*.

A lire de Péguy : *Notre jeunesse*, éd. Gallimard.
Sur Péguy : *Charles Péguy : une humanité française*, Arnaud Teyssier, éd. Perrin.

Peillon Vincent : Le philosophe de la République. Dans son livre *La Révolution française n'est pas terminée*, l'ancien ministre de l'Education nationale livre le fond de sa pensée : « *La République ne peut être elle-même et construire sur des bases nouvelles un monde et un homme nouveau qu'à la condition de se précéder elle-même et de s'engendrer elle-même. Cercle vicieux, nous dit Michelet, et tout l'enjeu pour les Républicains sera précisément de transformer ce cercle vicieux en cercle vertueux* ». Il ajoute : « *D'où l'importance stratégique de l'école au cœur du régime républicain. C'est à elle qu'il revient de briser ce cercle, de produire cette auto-institution, d'être la matrice qui engendre en permanence des républicains pour faire la République. République préservée, République pure, République hors du temps au sein de la République réelle, l'école doit* *opérer ce miracle de l'engendrement par lequel l'enfant, dépouillé de toutes ses attaches pré-républicaines, va s'élever jusqu'à devenir un citoyen, sujet autonome. C'est bien une nouvelle naissance, une transsubstantiation qui opère dans l'école et par l'école, cette nouvelle Eglise, avec son nouveau clergé, sa nouvelle liturgie, ses nouvelles tables de la Loi* ». Pauvres enfants…

Peine de mort : Selon certains, le peine de mort serait l'expression de l'arriération et de la barbarie dont nous serions sortis depuis que Robert Badinter a fait voter son abrogation en 1981, qui, a contre elle une majorité des Français. Comme si les Etats américains où elle était appliquée étaient barbares et comme si Pompidou, Giscard, de Gaulle et avant eux les présidents du conseil de la IVe République étaient des assassins. Ou comme si Jean d'Ormesson, qui en est partisan, était un arriéré mental. Dans un entretien donné par la psychanalyste Elisabeth Roudinesco dans le *Nouvel Observateur* au lendemain des massacres de Nice celle-ci s'inquiète en ces termes : « *En levant l'interdit de la pulsion de mort chez les terroristes, Daech lève aussi celui de la pulsion fasciste chez le citoyen ordinaire. On pourrait voir resurgir le débat sur la peine de mort. Dans les milieux populaires et dans la classe moyenne, il y a un désir fasciste, c'est à dire un désir de vengeance* ». (*Sic*). On a là un formidable condensé idéologique. D'abord la condescendance pour le « citoyen ordinaire », catégorie dans laquelle Madame Roudinesco ne se range évidemment pas. Ensuite l'énormité du lapsus social : sur les « milieux populaire » et la « classe moyenne », autrement dit la plèbe, qui est virtuellement fasciste par définition, puisqu'elle aspire, oh la vilaine, à la vengeance. Madame Roudinesco est psychanalyste mais elle est aussi historienne et où s'arrête au juste son champ de compétence ? Les soldats soviétiques qui rêvaient d'aller jusqu'à Berlin pour se venger des allemands qui avaient brulé leurs villages, étaient-ils habités par un « désir fasciste » ? Les tabors marocains qui coupaient les testicules des soldats allemands en Italie étaient-ils fascistes ? Nous connaissons tous des personnes partisanes de la peine de mort qui ne sont ni fascistes ni habitées par un esprit de vengeance, mais qui pensent tout simplement que la vie d'un assassin n'a pas une valeur incommensurable devant l'Eternel. Quant à la vengeance, elle est vieille comme le monde, la Bible et l'Iliade en témoignent, et elle n'a rien à voir avec un « désir fasciste », stéréotype gauchisant qui sent son Gilles Deleuze. Il existe, c'est vrai, un désir fasciste qu'a exploré Pasolini dans son insoutenable film *Salo* : c'est celui d'une transgression sans limite au service de la loi du plus fort. Mais ce désir de dominer, d'écraser et d'humilier, qui a sans aucun doute une dimension sexuelle, n'a rien à voir avec la peine de mort. Dans les années 1950 on a exécuté Jacques Fesch pour avoir tué un policier de façon non intentionnelle. De cet extrême nous sommes passé à un autre : l'absolutisation de toute vie humaine, principe bouddhique plutôt que chrétien. Nous ne rentrerons pas dans le débat juridique de l'efficacité présumée ou non de la peine capitale ayant d'ailleurs plutôt tendance à croire qu'elle est inefficace. Nous ne croyons pas qu'un homme habité par la pulsion de mort puisse être inhibé par cette menace. Mais en quoi cela discrédite-t-il certains arguments en faveur de cette peine ? Il est tellement facile de mettre à mal l'argument philosophique des abolitionnistes que nous n'y résistons pas ici. Le premier de ces arguments, le plus tautologique, est celui de l'inhumanité, comme s'il était monstrueux d'ôter la vie à un être qui a tenu pour rien la vie des autres. En quoi est-il immoral au juste d'ôter la vie de *serial killers* qui jouissent de tuer ? En quoi serait-il plus inhumain de leur retirer une vie qui n'en est plus une, que de les transformer en larves assistées dans une prison pendant quarante ans ? En outre si l'on est abolitionniste de manière cohérente il faut aussi considérer que les pendus du Tribunal de Nuremberg ont été victimes d'une injustice, eux qui tenaient pour rien la vie des « sous hommes ».

Pétain: Si l'on veut bien garder ses distances avec les passions nationales, on est bien obligé de constater que Philippe Pétain a été victime d'un opprobre aussi excessif que la vénération dont il avait été l'objet. Cette vénération a commencé après la victoire de Verdun dont il fut l'un des symboles et a duré jusqu'à la Libération. Pendant des décennies, Pétain est le symbole d'une France patriarcale et autoritaire, rurale aussi. Conservateur, Pétain n'a jamais été un extrémiste et encore moins un fasciste, ce que lui reprocheront les fascistes français, notamment Marcel Déat et Lucien Rebatet. Il est la figure du « chef » que les Français attendent dès les années 1930 pour les sortir de la gabegie où la IIIe République les a plongés. Pétain est un homme de droite, proche de certaines thématiques de l'Action française. Il est en cela plus à droite que de De Gaulle qui lui est plus proche du PSF du Colonel de la Roque dont la devise, *Travail, famille, patrie*, deviendra celle de Vichy. Cependant, les deux hommes ne sont pas si opposés idéologiquement, si ce n'est sans doute sur la question juive. Pétain est antisémite et anti-dreyfusard, tandis que de Gaulle, dreyfusard, n'est pas antisémite. Voilà fondamentalement ce qui les sépare. Paradoxalement, le catholique de foi qu'est de Gaulle est plus laïc que Pétain, qui est incroyant mais très pro-catholique, à la manière de Maurras. On ne dira jamais assez à quel point ces deux hommes furent proches avant de devenir ennemis. Est-il interdit de penser qu'il est entré une partie de ressentiment personnel dans la vindicte gaulliste à l'égard de Pétain ? Comme le montre Pascal Guéniffey (*Napoléon et de Gaulle*, éd. Perrin, 2017) de Gaulle ne pardonnait pas les fautes de lèse-majesté, même minuscules. Dans ses *Mémoires*, Raymond Aron, qui rejoint Londres en 1940 fustige un certain anti-pétainisme facile qui est devenu une vulgate pour des gens qui n'ont pas vécu à cette époque. « *Je ne disposais pas de toutes les informations nécessaires pour exprimer un jugement catégorique sur l'armistice, mais j'inclinai à le croire inévitable* » écrit-il. Pour de Gaulle l'armistice est la faute politique qui entraîné toutes les autres. C'est ici le point le plus fragile sans doute du dogme gaulliste. Cet aspect des choses n'atténue pas les fautes dont on peut accabler Pétain. Celui-ci a une évidente responsabilité dans la persécution dont les juifs français ont été victimes sous l'occupation puisqu'il a avalisé, au nom de l'antisémitisme d'Etat, leur exclusion de la sphère publique lors du premier décret d'octobre 1940. Pour autant, il n'est pas vrai que Pétain fut un alter égo d'Hitler. Pas plus que Maurras, il n'était partisan d'une extermination de la communauté juive et selon Marc Ferro, qui fut lui-même objet de persécution, on ne peut l'accuser d'avoir été le complice conscient de la Shoah. C'est pourquoi, s'il n'est pas question de réhabiliter Pétain, à la manière des pétainistes de *Rivarol*, il est peut-être temps de ramener les choses à leur juste proportion. Le 15 octobre 1942, Roosevelt écrivait à Pétain cette lettre :

« *Mon cher vieil ami,*

Je vous adresse ce message non seulement comme chez d'Etat des Etats-Unis au Chef de l'Etat de la République française, mais aussi comme l'un de vos amis et camarades des grands jours de 1918 [...] Quand votre gouvernement a conclu la convention d'Armistice, en 1940 il était impossible pour n'importe lequel d'entre nous de prévoir le programme de pillage systématique que le Reich allemand a infligé au peuple français ».

Est-ce vraiment ainsi que l'on s'adresse à un criminel ?

A lire sur Pétain : *Pétain en vérité*, Marc Ferro, éd. Tallandier.

Politiquement correct: Un mot qui prête à confusion, puisque nul ne souhaite être considéré comme politiquement correct. Mais ce terme venu des Etats-Unis désigne une réalité que tous les journalistes connaissent: la dissociation flagrante entre ce que l'on dit aux autres en public et ce que l'on se dit à part soi. Le politiquement correct désigne cet écart énorme entre le « réel » et le « dicible » que tous les journalistes et hommes politiques pratiquent. François Hollande l'aura illustré à ses dépens dans le livre d'entretien qu'il a accordé aux deux journalistes du *Monde* où il dénonce une tendance à la partition communautaire liée à l'immigration, propos qui lui auraient valu d'être exclu du PS. Puisqu'un certain réel est indicible, surtout ne le dévoilons pas ! La langue du vivre ensemble est politiquement et sémantiquement correcte car elle gomme les aspérités du réel en prétendant les faire disparaître. D'où le succès des transgresseurs de cette loi du silence que sont parfois les intellectuels. Si les intellectuels sont si souvent perçus comme de droite aujourd'hui, c'est que la transgression est de droite comme elle était de gauche jadis, quand il était excitant de transgresser l'ordre social à l'époque où il y en avait un. En France, les écoles de journalisme ont pour modèle *Libération* et *Le Monde* qui ont de moins en moins de lecteurs, d'où l'essor d'une droite transgressive dont témoigne le succès de *Valeurs actuelles* par exemple. Sur ce plan la France est en retard sur les pays anglo-saxons, notamment les USA, où il est permis de tout dire et de tout écrire, excepté ce qui relève de l'appel au meurtre ou à la haine.

Politiquement correct (2): Historiquement, on peut affirmer que cette notion s'est développée dans les années 1960 aux Etats-Unis, suite à la découverte de l'Histoire tragique des minorités indiennes et noires. Cette révision de l'Histoire des

Etats-Unis s'est propagée avec le féminisme américain qui a créé l'image négative du mâle blanc hétérosexuel à partir de la figure du WASP (white anglo-saxon protestant) considérée comme la figure centrale de toutes les formes de domination. Des penseurs français comme Pierre Bourdieu ou Jacques Derrida ont développé l'idée d'un type de domination inhérent à l'Occident. Pour eux, mais aussi à certains égards pour Foucault, le dispositif qui prend sa source chez Aristote est hiérarchique puisque logocentrique. La figure du *logos* exclut et minorise tous ceux qui n'en sont pas dignes, des femmes aux peuples, considérés comme inférieurs. Ces concepts sont à l'origine de la *gender théory* de Judith Butler. (voir **Butler**) Aux yeux de cette disciple d'Hegel et de Foucault, le discours de la domination structure la différence des sexes comme il structure les hiérarchies sociales.

Polony Natacha : On ne présente plus cette brillante journaliste qui a lancé son propre web tv baptisé « Polony Tv ». Longtemps proche de J.-P. Chevènement, cette souverainiste a été le fer de lance de la fameuse mouvance dit des « néo républicains » qui se sont affrontés sur les questions de l'école avec les « pédagogistes » dont les idées étaient notamment représentées par Philippe Meyrieu. Un combat dont on peut considérer qu'elle est sortie gagnante, au moins sur le plan des idées, puisque Philippe Meyrieu a reconnu s'être fourvoyé. Une autocritique qui mérite d'être signalée tant elle est rare chez les intellectuels !

Populisme : Terme utilisé par des hommes politiques, des intellectuels et des journalistes pour dénoncer les manifestations de dépit ou de défiance des populations envers les institutions, les médias et le personnel politique. Un record de sottise sera battu par ceux qui oseront comparer le « populisme » à l'armée islamique après la victoire du Brexit. Mais cette défiance à l'égard des élites est devenue en France tellement générale, comme le rappelle Jacques de Saint-Victor dans un article publié récemment dans la *Revue des deux Mondes* que la notion de populisme n'est plus très pertinente. Quand Monseigneur André Vingt-Trois évoque dans son sermon consacré à la mort de Jacques Hamel la « *déviance des élites* » dans le domaine des mœurs, est-il populiste ? Quand Michel Onfray écrit dans *Le Point* du mois d'août 2016 : « *Toute la classe politique a failli, oppositions comprises* » est-il populiste ? Quand des journalistes de France 3 dénoncent le train de vie indécent du Sénat qui les attaque en Justice, sont-ils populistes ? Quand Yves Thréard dans son éditorial du *Figaro* du 5 août 2016 écrit que la France est livrée à une « *islamisation rampante* » est-il populiste ? Et qu'en est-il de Pierre Manent qui affirme dans ce même *Figaro* que nous sommes désormais surveillés par un Etat impuissant ? En réalité nous sommes tous des populistes en puissance dès lors que nous transgressons le langage des médias et ne faisons plus confiance à ceux qui prétendent nous représenter ou représenter la nation. Deux populismes sont peut-être à distinguer : un populisme dangereux et démagogique qui considère que le peuple a toujours raison, peuple dont la définition est par ailleurs problématique. Et un populisme qui consiste à protester contre la dissidence de certaines élites qui se considèrent comme ontologiquement supérieures aux classes populaires ou aux classes moyennes envers qui elles éprouvent désormais une forme raciale de mépris. Au lendemain du Brexit, certains politologues ou intellectuels ont parlé des Anglais qui avaient voté pour le Brexit, vieux ou pauvres, comme des sortes de sous hommes. En exprimant un mépris de classe finalement assez proche d'une forme de racisme, ils ont donné raison, sans le vouloir, aux souverainistes anglais. De deux choses l'une, ou les classes populaires sont intrinsèquement stupides et il faut cesser de prêcher l'égalité comme le font les progressistes et restreindre le suffrage universel, ou l'explication de ce phénomène est ailleurs. Nous pensons que si la nouvelle bourgeoisie urbaine et humanitaire est sans frontières, c'est que ces valeurs humanitaires sont parties prenantes de son statut social et moral. Les membres de la nouvelle bourgeoisie éprouvent un sentiment de supériorité sur les classes populaires xénophobes qui leur rend, en réaction les immigrés sympathiques. C'est le mépris quasi racial de la nouvelle classe qui explique ce mépris moral transfiguré en « valeurs ». Il faut aussi rappeler que le populisme fut revendiqué par les socialistes révolutionnaires en Russie, qui étaient très implantés dans le monde paysan et que les bolcheviks se flattaient justement de ne pas être populistes. Quand on voit le sort dévolu à la Russie on aurait préféré que les populistes l'emportent sur les léninistes.

Poutine : Sans doute l'homme politique le plus magnétique de son temps, au sens double du terme. Qui dit fasciné, en bien ou en mal, dit d'une certaine manière « hypnotisé ». Poutine fascine pour toutes sortes de raisons mais d'abord parce qu'il est l'inverse absolu de ce qu'est devenu le politicien de l'Ouest. Nous ne jugerons pas ici sa politique, ni intérieure, ni extérieure, n'ayant pas les compétences nécessaires pour cela. C'est l'archétype qu'il représente qui est signifiant pour beaucoup, quoiqu'il fasse. Aux yeux de certains il est le spécimen de l'ours blanc à abattre tandis qu'Obama était l'icône du bon métis occidental. Il est patent que Poutine est détesté ou adulé pour un ensemble de raisons infrapolitiques qui en disent plus sur nous que sur lui.

Progressiste : Le dogme immanent de notre époque et de notre pays. Être progressiste et le clamer sur tous les tons et sous tous les toits équivaut à un blanc-seing. C'est ce qu'a compris Macron en affirmant qu'il n'y avait plus que deux camps en présence celui des conservateurs (autrement dit les gnangnans) et les progressistes (autrement dit les sympas). Or les mots eux-mêmes sont connotés : progressiste est un mot chargé de positivité, tandis que conservateur est « négatif ». C'est cette polarité bien-pensante qu'il faut mettre en cause. Pour certains, à gauche et chez les libéraux, la modernité est progressiste par essence. Or cette affirmation est contestable. Quand la sociologue Irène Théry écrit (*Le Monde*, 29 juin) que l'extension de la PMA aux couples de femmes est un « *progrès moral* » elle énonce un jugement de valeur qui peut être contesté par un autre jugement de valeur. En quoi l'adaptation du droit aux mentalités implique-t-il un progrès de civilisation ? Faut-il considérer que puisque l'adultère est toléré, il s'agit d'un progrès moral ? A l'aune d'une vision purement juridique, tous les droit nouveaux sont des progrès. Mais cette échelle de valeur est contestable en soi. Ce qui constitue un progrès aux yeux des uns n'en est pas forcément un aux yeux des autres.

A lire sur le sujet : *Le crépuscule des idoles progressistes*, Bérénice Levet, éd. Stock.

Q

Quartiers sensibles : Ce stéréotype s'est imposé dans la langue des médias depuis les années 1980 et il définit généralement ces quartiers où les représentants de l'Etat ne peuvent remplir normalement leurs fonctions parce qu'ils en sont empêchés par des groupes de délinquants qui les harcèlent ou les agressent. Ainsi, dit-on régulièrement des quartiers nord de Marseille qu'ils sont « sensibles » parce que pompiers, médecins ou policiers n'y vont que très précautionneusement. On évite évidemment de nous donner l'identité de ceux qui provoquent de manière endémique des troubles à l'ordre public. Et ce pour ne pas « stigmatiser » des populations entières ou « faire d'amalgame » comme le dit la formule consacrée. L'ennui de cette formulation est qu'elle désigne, en creux, les populations en question puisqu'on soupçonne que ce ne sont pas des scandinaves ou des chinois qui caillassent les voitures de police et jettent des frigidaires sur les voitures de pompier. La concentration d'une population étrangère ne signifie pas délinquance et incivilité. Ces troubles sont plutôt le fait d'individus administrativement français qui ont une relation de transgression avec la loi du pays censé être le leur mais que, d'une certaine manière, ils ne reconnaissent pas pour leur.

R

Race :

« – 1 *Tous ceux qui viennent d'une même famille.*

Noblesse de race, se disait autrefois de celui à qui cette qualité avait été transmise, par opposition à celui qui s'était fait anoblir.

[...]

Il se dit dans l'histoire de France des trois races royales qui ont successivement occupé le trône : la première race, ou Mérovingiens [...]

[...]

– 6 *Terme de zoologie : réunion d'individus appartenant à la même espèce, ayant une origine commune et des caractères semblables, transmissibles par voie de génération, ou en d'autres termes, variété constante dans l'espèce*

En ce sens se dit des hommes. Les populations de race germanique. La race caucasienne. La race juive.

Littré, dictionnaire la langue française, éd. Larousse, 1985.

Le mot tabou par excellence qui peut vous attirer beaucoup d'ennuis si vous en faites usage, des remontrances d'un publiciste à une condamnation pour incitation à la haine raciale devant la XVIIe Chambre correctionnelle de Paris. Rappelons que Benjamin Disraeli, Clemenceau, Jules Ferry, Churchill, de Gaulle utilisaient ce terme qu'utilise aussi couramment Fernand Braudel dans ses écrits où il évoque par exemple la « *race turco mongole* ». Il est notable que le caractère imprécis et polysémique de ce mot en facilite l'usage. Quand Mustapha Kemal, le créateur de la Turquie moderne, affirme à propos des Turcs : « *nous ne ressemblons qu'à nous-mêmes* », il définit le peuple turc sur un mode racial ou radicaliste. Et nul ne lui en fera reproche. Bien avant lui, le premier ministre anglais Disraeli, lui-même juif d'origine sépharade, était convaincu que la race était un motif déterminant de l'Histoire humaine. « Tout est race » affirmait celui pour qui les juifs étaient la quintessence de la « race ». C'est à partir des années 1980 que ce mot est devenu tabou. Mais qui dit tabou dit aussi fascination. Personne ne peut démontrer l'existence des races, scientifiquement parlant, mais personne n'a pu démontrer la complète abscence de pertinence de cette notion, puisqu'il faudrait pour cela s'entendre sur le critère précis qui définit la notion de race. Mais qu'une notion n'ait pas de pertinence scientifique ne signifie pas qu'elle soit dépourvue de sens. Chez certains, la notion de race équivaut à celle de peuple ethnique comme chez les Turcs, C'est aussi le cas, bien souvent des Iraniens qui se considèrent comme des non-sémites et des Indo-Européens ou encore des Chinois. Dans un article consacré aux représentations que les Chinois ont eu d'eux-mêmes au cours de l'histoire, le jésuite Thierry Maynard écrit ceci qui devrait mettre la puce à l'oreille de nos universalistes ethnocentriques : « *La Bible affirme la création de l'humanité entière par Dieu, ce qui fait de tous les hommes à la fois des enfants de Dieu et aussi des frères et sœurs. Dans la culture chinoise, ce fondement créationniste et otologiste n'existe pas. Autre différence : au* XX*e siècle, les idées universalistes portées par les institutions onusiennes ont crédité l'idée de l'égalité fondamentales des peuples et des nations. Cependant la mentalité chinoise ne semble pas présupposer une égalité des peuples et des civilisations,* *mais au contraire une hiérarchie fondée sur ses propres critères* » (*Les Barbares*, Bruno Dumézil, éd. PUF). Parmi ces critères on compte la supériorité de la philosophie confucéenne, la puissance et l'ancienneté de la nation chinoise dont l'identité est marquée par la prépondérance de l'ethnie qui fut historiquement dominante : celle des Han.

Race (2) : Rappelons que ce mot était couramment utilisé il y a encore quarante ans. Sa diabolisation est moins l'effet du nazisme et de son usage criminel de la notion de race – puisqu'un homme comme de Gaulle l'utilisait après-guerre – que d'une hantise à l'idée qu'il puisse exister des inégalités héréditaires entre des groupes humains différenciés par la couleur de la peau. C'est cette obsession qui a conduit des parlementaires socialistes en 2013 à proposer (comme s'y était d'ailleurs engagé le candidat Hollande) de supprimer le terme de race dans la Constitution de la Ve République. Les parlementaires ont publié le texte suivant : « *Il convient de supprimer de nos textes le mot de race qui n'a pas de valeur scientifique et sur lequel les idéologies racistes fondent leur conviction* ». Dans son livre *Scènes de la vie intellectuelle en France* (éd. Toucan) préfacé par Jean-Claude Michéa, André Perrin, inspecteur d'Académie régional de philosophie, écrit avec humour : « *en dépit de la maladroite formulation des honorables parlementaires : un mot en tant que signifiant arbitraire ne saurait se voir attribuer ou dénier une quelconque valeur scientifique* ». Le mot de race est évidemment dangereux si on l'utilise avec une prétention scientifique, mais qui aujourd'hui a cette prétention, comme ce fut le cas au XIXe siècle et même au XXe ? Plus grand monde à vrai dire. André Perrin poursuit par une démonstration de sens commun : ce n'est pas parce qu'un mot comme race n'est pas scientifique – car c'est aussi le cas des mots *classe* ou *nation* – qu'il est à bannir. Il conclut par cette formule de Georges Orwell, l'auteur de *1984* : « *Ne voyez-vous pas que le véritable but du novlangue est de restreindre les limites de la pensée ? A la fin nous rendrons littéralement impossible le crime par la pensée car il n'y aura plus de mots pour l'exprimer* ».

Racialisme : La croyance en l'existence de « races » et en leur rôle déterminant dans l'Histoire caractérise le radicalisme. On peut être racialiste et ne pas être raciste, si l'on admet que le racisme commence quand on hiérarchise les groupes humains qualifiés de « races » (voir **Racisme**) mais il est vrai que la différence est parfois ténue. C'était le cas de Nietzsche, chez qui s'expriment des tendances racialistes, notamment lorsqu'il attribue aux juifs et au judaïsme des instincts de domination alors qu'il récuse l'antisémitisme nationaliste allemand pour lequel il éprouve du mépris. Nietzsche, dans ses écrits posthumes, évoque par ailleurs en des termes élogieux les Arabes et les Corses pour la virilité de leurs « races ». Chez lui, la notion de race a parfois tendance à se confondre avec celle de peuple ou de culture. Mais nulle part il n'invoque une pyramide raciale avec, en haut, les Germains et en bas les juifs ou les Slaves, ou les Africains, pyramide qui sera un lieu commun du racisme nazi. Il ne fait pas de doute que Nietzsche croyait, comme tant d'autres penseurs, au génie particulier des peuples et à la relation entre race et culture qui définit le racialisme. Parmi les racialistes célèbres, citons Winston Churchill qui a écrit tout le bien qu'il pensait des « races germaniques » et « anglo-saxonnes » dans ses *Mémoires* publiées récemment. Cela fait-il de Churchill un raciste ? Au sens de l'antiracisme contemporain sans aucun doute puisqu'il attribue des qualités de civilisation à ces « races », au détriment de celles qu'il ne cite pas. Dans la *Tragédie algérienne*, publiée en 1957, où il prône le droit à l'indépendance des Algériens, Raymond Aron écrit: « *Le taux de croissance démographique est trop différent des deux côtés de la Méditerranée pour que ces deux peuples, de race et de religion différentes, puissent être fractions d'une même communauté* ». Faut-il le rappeler, Aron justifiait l'indépendance de l'Algérie pour des raisons morales – le droit des algériens de disposer d'un Etat – mais aussi ethno-culturelles. Disparu en 1984, que dirait-il aujourd'hui des proportions prises par l'immigration en France? Le général de Gaulle quant à lui, utilisera souvent, à l'écrit comme à l'oral le terme de race. Il évoque même à moult reprises « *le génie de notre race* », le terme étant ici confondu avec celui de peuple français qui émerge, selon de Gaulle dès les Gaulois, puisqu'il citait Vercingétorix avec admiration dans ses discours de Londres. Par ailleurs de Gaulle évoque la « race chinoise », lors de sa fameuse conférence de 1964, concernant l'établissement des relations de la France avec la Chine. De Gaulle n'avait pas peur des mots et il était évident pour lui que le peuple français était, dans sa grande majorité un « peuple de race blanche », ce qui n'induisait aucune supériorité métaphysique des caucasiens envers les métis antillais, réunionnais etc. qui étaient pour de Gaulle des Français à part entière. Le terme de race est par ailleurs banal chez Péguy, qui utilise la notion de « race française », pour évoquer une forme de civilisation née aux alentour d'Orléans et de la Loire. Péguy utilise le terme de race hors de toute connotation biologique ou darwinienne, en fin de compte hors de tout racisme malgré ce qu'en dira Bernard-Henri Lévy dans *L'idéologie française*. Quant à Bernanos, qui considérait Napoléon comme un corso-génois il était convaincu que les Juifs et les Corses formaient des « races » inassimilables à la nation française. (voir **Nous autres Français**). En réalité, autant la notion de race est désormais malvenue en Occident, autant elle reste banale hors d'Europe. « *Rappelons qu'en Asie on croit volontiers aux races et à la relation déterministe entre race et culture. Un Coréen* *ou un Japonais se disent de race coréenne ou japonaise, estimant que leur comportement est déterminé par leur patrimoine génétique* » écrit Guy Sorman dans *Le Point*, 4 mai.

Racines : Mot parfois maudit pour son aspect végétalisant, sauf quand il est employé à propos d'afro-américains où ce terme gagne alors en considération, comme le film *Roots* l'a mis en évidence. Or de deux choses l'une : ou l'hérédité n'a aucune implication dans ce que nous sommes, ou elle en a, mais alors elle en a pour tout le monde, afro-américain ou non. Pourquoi ne pas admettre que survivent peut-être en nous des êtres qui nous ont précédé, que nous appelions autrefois nos ancêtres ? Dans le bouddhisme, l'unité de la personne est un leurre, nous sommes des agglomérats d'âme défuntes. Nous touchons là à un domaine, la génétique, où nous n'avons aucune légitimité particulière mais il est notable que la généalogie soit devenue une passion collective en France et ce n'est sûrement pas pour rien. Nous sommes tous plus ou moins curieux de savoir qui ont été nos ancêtres pour imaginer un lien éventuel, fût-il en partie imaginaire, entre eux et nous. Par ailleurs, la généalogie a des implications politiques. Un Etat comme Israël, pour prendre cet exemple flagrant, est fondé, ni plus ni moins, sur une affirmation d'ordre généalogique : l'existence millénaire d'un peuple juif sur un territoire donné dont les juifs seraient les descendants lointains, même s'ils ont été disséminés au cours de l'histoire. Sans cette réalité généalogique, on ne voit pas en quoi Ben Gourion fut fondé en 1947 à affirmer le « droit naturel et historique » des juifs à revenir sur cette terre d'Israël. Cette idée est réfutée par l'historien néo-gauchiste israélien Shlomo Sand pour qui le peuple juif a été inventé mais elle est assumée par de nombreux juifs israéliens au nom d'un principe qui, s'il existe pour eux, devrait exister pour tous. Cette question touche à un tabou de la modernité. Si les peuples de culture juive ont le droit de disposer d'un territoire qui a été le leur dans l'Antiquité, on ne voit pas au nom de quoi des peuples qui n'ont jamais été délocalisés seraient mal venus de revendiquer un pays comme leur. Sommes-nous les descendants des peuples celtiques qui ont habité la Gaule ? Question évidemment insaisissable scientifiquement mais qui n'est pas sans intérêt. « Nos ancêtres les gaulois » : cette expression inaugurait le récit historique français dans les livres d'Ernest Lavisse. Un homme comme de Gaulle était convaincu que l'identité ethnique du peuple français ne relevait pas que de la mythologie : il y a bien un fond gaulois qui lui est constitutif. Est-ce un hasard, si son dernier voyage fut l'Irlande pays ou justement avaient vécu certains de ses aïeux ?

Racisme : Mot galvaudé et servi à toutes les sauces par l'idéologie qui s'est diffusée en France dans les années 1980, en particulier à cause du mouvement *SOS Racisme*. Le terme a un sens précis auquel on ne devrait pas déroger. Il consiste à évaluer la valeur des individus à l'aune de leur origine et à établir des hiérarchies entre eux à partir de cette origine. Mais aussi, par voie de conséquence, à prévoir leur comportement à cette aune, comme s'il était prévisible. Il postule aussi, plus subtilement, que certains peuples sont métaphysiquement supérieurs à d'autres, ce qui induit une hiérarchie spirituelle entre les individus des peuples en question. Si cette théorie était juste il s'ensuivrait que les Grecs pourraient revendiquer une supériorité ontologique envers les Albanais puisqu'ils descendent du peuple d'Aristote et de tous les génies du miracle grec. Le national-socialisme, qui a poussé à l'extrême cette logique aberrante, a fait du peuple allemand le peuple « spirituel » par excellence, renvoyant ainsi les Polonais et les Slaves à la barbarie.

Puisque l'Allemagne avait produit Mozart, Hegel et Goethe il s'ensuivait que Goering était plus « spirituel » que le plus cultivé des Polonais. D'une certaine manière, tout racisme est implicitement métaphysique. Pendant le massacre de Nankin en 1937, les Japonais étaient persuadés que les Chinois étaient des sous-hommes à cause de leur infériorité culturelle supposée. Certains juifs sont plus ou moins consciemment racistes dès lors qu'ils se confondent avec un judaïsme qu'ils estiment transcender toutes les spiritualités. Mais si je prétends que les jeunes chinois en France ont de meilleurs résultats scolaires que les autres jeunes au même âge, je ne suis pas raciste : il s'agit d'une affirmation qui n'induit pas de supériorité ontologique.

Racisme (2) : Or cette simple suggestion est considérée comme suspecte par les organisations sensées traquer le racisme en France, de *la Ligue des droits de l'homme* à *SOS racisme* en passant par la *Licra*. Récemment (en mai-juin 2016), une campagne d'affichage dans le métro, financé par le Ministère des Sports et soutenue par ces organisations, a dénoncé les stéréotypes suivants comme racistes : « *à la boxe thaï il y a plein de beurettes* ». En quoi ce stéréotype est-il raciste, même s'il exagère une certaine réalité ? Fréquentant salles de sport de combat et tatamis depuis de nombreuses années, je confirme que la boxe thaï attire particulièrement les jeunes d'origine maghrébine. Où va se nicher l'obsession anti raciste ! On se souvient du mot de Woody Allen sur les sous-performances des athlètes israéliens alors que cet Etat a un nombre de Prix Nobel disproportionné avec sa population. Qu'il soit possible que certaines communautés soient plus fécondes que d'autres dans tel ou tel domaine est un scandale pour les antiracistes. En tant que Corse, je suis bien obligée de constater que la Corse, qui a produit de grands hommes politiques, de Paoli à Napoléon, et toute une flopée d'administrateurs, de journalistes ou d'avocats n'a pas produit, jusqu'ici, d'aussi grands poètes ou écrivains que la Sicile. Cela ne signifie pas que les Corses sont moins doué que les Siciliens mais que leur culture littéraire et poétique est moins riche. On a le droit d'affirmer que certaines cultures sont plus riches que d'autres si on le pense, cela n'induit pas une supériorité ontologique des héritiers supposée de cette culture. Si je me crois supérieur à un tunisien sous prétexte que depuis Ibn Khaldoun, la Tunisie n'a pas produit de génie philosophique, je suis un imbécile, mais si je pense que le monde arabo-berbère est pauvre en grands esprits philosophiques ou scientifiques je me borne à établir un constat.

Ramadan Tariq : Faut-il brûler Tariq Ramadan ? Il faut plutôt lire ses livres et notamment *Être occidental et musulman aujourd'hui* pour comprendre à quel point cet intellectuel a pu abuser de notre crédulité. La thèse de Ramadan, malgré ses dehors sophistiqués est assez simple et elle est irrecevable pour des raisons strictement logiques. Selon lui, on peut être intégralement musulman et pleinement occidental sans être dans la contradiction. Il suffit d'admettre que l'islam a joué un grand rôle dans la formation de l'identité occidentale mais aussi de supposer que la laïcité occidentale, n'étant pas antireligieuse, peut être multi-civilisationnelle et donc admettre l'islam en son sein. Ce raisonnement spécieux fait l'impasse sur le fait que l'Europe s'est construite contre les Infidèles, notamment en Espagne. Mais aussi que les Lumières ont été anti-théocratiques. Autrement dit, les deux grands paradigmes occidentaux sont fondés sur la négation de ce qui fait l'essence de l'islam : un monothéisme postchrétien et un universalisme anti-Lumières. Ce ne sont pas les valeurs de l'islam qui posent problème, elles sont parfaitement respectables. Ce qui pose problème c'est la nature intrinsèquement expansionniste de cette religion depuis sa fondation, comme le rappelle l'historien anglais Tom Hollande dans son livre sur les débuts de l'islam: *A l'ombre de l'épée, naissance de l'islam et grandeur de l'empire arabe*. C'est la dynamique collective de leur religion qui est en cause et Ramadan ne le sait que trop, lui qui est désormais considéré comme un *koufra* et un corrupteur par les salafistes. Seule une Europe négatrice de ses sources pouvait admettre l'idée qu'en Occident l'islam est une religion comme une autre.

A lire de Tariq Ramadan : *Être occidental et musulman aujourd'hui*, éd. Presses du Châtelet.
A lire de Tom Hollande : *A l'ombre de l'épée naissance de l'islam et grandeur de l'empire arabe*, éd. Saint-Simon.

Rand Ayn : La prophétesse du mouvement libertarien américain (voir **Libertarien**) dont le roman *La Greve* inspira le film de King Vidor *le Rebelle* avec Gary Cooper dans le rôle principal. D'origine russe, cette jeune juive qui fuit le régime soviétique allait publier plusieurs livres à succès et devenir l'égérie de certains économistes américains favorables à l'Etat minimum. Très peu connue en France, Rand est une personnalité atypique dont les idées inspirent en partie le *Tea party* ou un acteur comme... Clint Eastwood. Philosophe ultra-libérale, elle a conceptualisé l'idée de « l'égoïsme rationnel ». Ce qui est selon elle préjudiciable à la vie en commun, n'est pas l'égoïsme mais l'irrationalité. A l'opposé de la religiosité de la droite américaine, elle affirmera notamment que le « *christianisme est le jardin d'enfant du communisme* ». Ayn Rand prône un individualisme radical qui ne se confond pas néanmoins avec l'anarcho-capitalisme de Charles Nozick partisan de la disparition de l'Etat. En France le meilleur interprète de sa pensée est le philosophe Alain Laurent.

A lire sur Ayn Rand : *Les penseurs libéraux*, Alain Laurent, éd. Belles Lettres.

Raspail Jean : Un écrivain que les médias ont décidé d'oublier alors qu'il est un authentique romancier comme en témoigne la poésie de ses romans sur la Patagonie, la saga d'Alphonse de Tounens. Mais l'objet du scandale est ailleurs. Raspail est en effet l'auteur d'un livre qui fut prémonitoire. Dans *Le camp des saints*, écrit en 1972, il avait anticipé le phénomène historique des déplacements massifs de populations africaines vers l'Europe. Il avait anticipé aussi l'étrange mauvaise conscience, confinant au masochisme, des institutions qui loin de vouloir prémunir leurs pays de cette invasion lente, trouvaient toutes les raisons, humanitaires, religieuses ou politiques, de se soumettre à un phénomène perçu au pire comme fatal (on ne peut rien faire) au mieux comme providentiel (une chance pour la France). Dernière illustration de la prémonition du *Camp des Saints* : l'accueil par Angela Merkel d'un million de migrants.

A lire de Jean Raspail : *Moi, Antoine de Tounens, roi de Patagonie.*

Réactionnaire : La honte d'autrefois est en train de devenir chic. Il est désormais mieux vu et mieux porté d'être « réac », voire « néo-réac » que conservateur. Conservateur fait vieux bougon tandis que réac est presque snob. D'après une gauche en voie de perdition c'est toute l'intelligentsia qui est en train de « virer réac », dès lors qu'elle n'est tout simplement plus progressiste. Finkielkraut et Bruckner, maoïstes dans les années 1970, ne sont-ils pas devenus « réacs » à l'aune de leurs catégories de jeunesse ? Sans doute, mais le vrai débat est ailleurs : le progressisme, en s'identifiant à la mondialisation, s'est tout simplement suicidé intellectuellement et moralement. Tous ceux qui sont critiques ou sceptiques quant au devenir radieux de l'humanité mondialisée se donc trouvent rejetés dans le camp des grincheux anti-modernes.

Rebelle : Le mot le plus galvaudé de la langue française. Être rebelle est le filon par excellence. Le rebelle en France se reconnaît à sa posture, parfois sombre ou dépenaillée, à son pathos exprimé dans un français approximatif ou pseudo canaille et à ses vindictes contre ce qu'il convient de conchier pour être bien vu de la médiasphère. Il est bien entendu que la France est un pays raciste, colonialiste, ségrégationniste etc. invivable ou tenu pour tel, par des gens qui devraient se rendre compte que les frontières sont ouvertes aussi dans l'autre sens et qu'ils pourraient tout simplement nous soulager de leur présence tout en se soulageant eux-mêmes en déménageant. Parfois le rebelle n'est pas sans talent. Ainsi du rebelle dépressif Renaud qui déclarait qu'il fallait accueillir toute la misère du monde chez Anne Sinclair dans les années 1990. Mais il ne nous a pas précisé où exactement. Les rebelles ont leurs médias qui les chouchoutent dans le sens du poil. Type de la presse rebelle : *Inrockuptibles*, super fanzine mal écrit où divaguent des para-sociologues qui font l'éloge du cosmopolitisme de grande surface et de la libido sans entraves. Chaque année cet hebdomadaire emblématique de la « presse Pigasse », comme l'a qualifié Alain Finkielkraut, fait un « spécial sexe » où il présente les différentes options qui sont offertes à l'humanité future. Exemple de l'année 2016 : l'option baise avec ou sans voile islamique. Dans le numéro d'août 2016 nous est présenté une ravissante jeune fille qui se prostitue visuellement et gagne ainsi sa vie. Option professionnelle comme une autre. Plus tard, elle fera autre chose. On ne va quand même pas passer sa vie à montrer ses fesses. Cette veulerie de synthèse libidinale libertaire est une bonne illustration de ce que sont devenus certains rejetons de la bourgeoisie occidentale.

Reconnaissance (Droit à la reconnaissance) : Nous touchons ici à une des questions les plus sensibles et les plus complexes qui soient : celle du droit des individus ou des groupes humains à la reconnaissance morale, sociale ou politique. Ce thème de la reconnaissance, on le sait, a fait fortune en philosophie, notamment dans la pensée de Hegel où le processus historique est marqué par la lutte des « esclaves » dépourvus de droits pour arracher la reconnaissance aux maîtres qui deviennent dépendants de ceux qu'ils dominent économiquement. C'est la fameuse dialectique du maître et de l'esclave. Pour Marx et les marxistes, cette lutte prendra la forme d'une libération sociale qui doit permettre aux dominés (le prolétariat en premier lieu) d'accéder au statut de sujet historique et ce jusqu'à l'édification d'une société sans classe ni aliénation, où l'homme, tout homme, sera reconnu pour ce qu'il est à travers ses activités et sa créativité propre. Ce schéma se retrouve à certains égards chez le penseur libéral Francis Fukuyama qui révise évidemment l'utopie marxiste à la baisse. Le communisme ayant échoué et le monde soviétique s'étant écroulé après la chute du mur de Berlin, c'est à la démocratie libérale de satisfaire le désir de reconnaissance des individus à travers le droit et la liberté. Pour Fukuyama, cette lutte pour la reconnaissance pensée par Hegel arrive à son terme avec la victoire ultime de la démocratie dans le monde entier, victoire qui réalise la fin de l'Histoire. (Il faut rappeler que cette Fin de l'Histoire avait déjà été théorisée par le penseur hégélien Alexandre Kojève qui fut un des mentors de Raymond Aron). Ce livre a beaucoup vieilli à cause du défi islamiste qui a remplacé le communisme comme alternative à la démocratie libérale, et pour beaucoup d'entre nous, l'Histoire continue. Cependant l'idée maîtresse reste valide : la démocratie est ce principe global qui donne à chacun le droit de voir sa subjectivité reconnue. Dans les sociétés traditionnelles et en islam, les individus existent d'abord et avant tout à travers leurs fonctions sociales. La démocratie à l'occidentale permet à quiconque de revendiquer une individualité qui lui est propre. Cette diffusion du droit à la reconnaissance, notamment sous la forme de revendications sociétales, féministes ou homosexuelles ces cinquante dernières années, a pris une ampleur inédite avec la dévalorisation du travail comme médium essentiel de la reconnaissance. Le chômage de masse a plongé dans la misère symbolique des populations qui se sentent devenues d'autant plus *has been* que leur fonction n'est plus valorisée ou n'a plus de sens historique. Travailleurs, ouvriers, paysans : ces mots étaient prononcés autrefois avec fierté. Ce n'est plus le cas aujourd'hui ou le droit à la reconnaissance s'est privatisé et narcissisé. Les individus croient pouvoir accéder à une forme de visibilité à travers les réseaux sociaux ou facebook simplement en déclinant leurs goûts, leurs manies et leurs opinions.

A lire sur le thème de la reconnaissance :
La fin de l'Histoire et le dernier homme, Francis Fukuyama, éd. Flammarion
Parcours de la reconnaissance, Paul Ricœur, éd. Stock.
La lutte pour la reconnaissance, Axel Honneth, éd. Gallimard.

Redecker Robert : Les premiers à dire la vérité seront lynchés. Il y a quelque chose de « girardien » dans la destinée de ce philosophe qui osa écrire sans détours ce qu'il pensait du personnage de Mahomet dans un article publié en 2006 dans *Le Figaro* où le Prophète était décrit comme un chef de guerre violent et prédateur. Depuis, cet ancien collaborateur des *Temps modernes* qui fut littéralement lynché par la gauche bobo-islamophile vit sous protection policière. Mais aujourd'hui, les idées de Robert Redecker sont partout et elles ont quasiment gagné la partie comme en témoignent les prises de position d'Elisabeth Badinter, de Jeannette Bougrab ou d'autres. Par ailleurs, Redecker est un excellent philosophe, auteur de plusieurs essais sur la transformation anthropologique en cours et notamment sur le corps et sa magnification dans notre société.

A lire de Robert Redecker : *Egobody : la fabrique de l'homme nouveau*, éd. Fayard.

Relativisme : Terme généralement péjoratif mais si abondamment utilisé que l'on ne sait plus très bien ce qu'il signifie. Le relativisme, tel qu'il est stigmatisé, impliquerait que tout se vaut, à l'aune de valeurs et d'opinions plus ou moins interchangeables. Il faudrait ici selon nous, parler plutôt de scepticisme radical ou de pyrrhonisme. Sur un plan philosophique, religieux ou métaphysique la notion de vérité échappe par définition à l'opinion. Platon est à cet égard le penseur le plus anti-relativiste qui soit puisqu'il s'oppose aux *sophistes* et notamment à Protagoras pour qui « *l'homme est la mesure de toutes choses* ». Platon est cohérent puisqu'à ses yeux le Bien et Justice sont des formes incorruptibles qui s'imposent à nous telles des archétypes de la raison. Mais, on l'oublie trop souvent, Platon n'était pas un démocrate. Pour lui, la vérité n'était pas accessible au commun des mortels et c'est pourquoi les philosophes devaient diriger la cité. Or le propre de la démocratie est justement de renverser le platonisme et d'instaurer le principe de l'opinion. A cette aune, toute démocratie est relativiste en puissance puisqu'il n'existe plus de vérité officielle. L'URSS ou la France du Maréchal Pétain, le Portugal de Salazar ou encore le régime de Franco promouvaient des vérités d'Etat. Ces régimes étaient autoritaires ou totalitaires (le terme est revendiqué par le franquisme). En démocratie libérale, la vérité devient objet de discussion et de controverse, et nul ne peut s'en prévaloir comme s'il la possédait. C'est d'ailleurs pour cela que la notion même de « bien commun », très prisée par les catholiques, y est *infondable* car pour qu'il y ait un bien commun, il faut tomber d'accord sur ce qu'est le Bien, ce qui contredit la prétention de nos sociétés libérales à une neutralité axiologique. (voir **Bien commun**). Et c'est aussi pourquoi une certaine pensée libérale préfère l'idée de Juste à celle de Bien, à l'instar de John Rawls, qui supporte la pluralité des conceptions du Bien.

Relativisme culturel: Certains dénoncent par ailleurs ce qu'ils appellent le relativisme culturel, sous-entendu cette conception qui considère que tout le monde a le droit de défendre des normes changeantes selon les cultures. Le débat fait ainsi rage au cœur de la gauche entre les culturalistes qui sont relativistes et les universalistes, à l'instar d'Elisabeth Badinter. Mais ce débat est loin d'être nouveau. Il a déjà fait rage à l'époque où des Africaines réclamaient le droit de pratiquer l'excision en France en affirmant que pour elles l'excision n'était pas davantage une aliénation que la circoncision pour les Juifs, mais qu'il s'agissait d'un rituel et d'une tradition. A cette occasion, des africaines cultivées avaient tourné en ridicule l'idée, selon elles saugrenue, que l'excision empêchait les femmes de jouir sexuellement et elles se référaient à leur propre expérience, étant elles même excisées. L'anthropologue Claude Lévi-Strauss avait été sollicité et son avis nous paraît d'une grande sagesse, au-delà même des questions de l'excision. Il avait argué que l'on ne pouvait prouver à des gens persuadés de la valeur de leur rituel que celui-ci était barbare ou aberrant. On pouvait, par contre, interdire ces pratiques au nom de l'incompatibilité de ces rituels avec les mœurs du pays d'accueil, en l'occurrence la France. Son point de vue fut écouté et l'excision fut interdite ainsi que la polygamie. Claude Lévi-Strauss était-il relativiste ? Oui et non. Oui si l'on admet que les autres ont bien le droit de croire ce qu'ils veulent. Non si l'on considère que les autochtones, en l'occurrence les Français, ont le droit d'empêcher ou d'interdire des pratiques au nom de valeurs (en l'occurrence l'égalité des sexes) que d'autres groupes humains ne sont pas obligés de partager. On peut ainsi concilier la croyance en la légitimité de sa culture et de ses normes sans les imposer ni prétendre qu'elles sont indépassables.

Relativisme des valeurs : Ici se situe une contradiction peut être insurmontable. Pourquoi, s'il n'existe pas de vérité officielle dans une démocratie libérale, faudrait-il considérer que les valeurs de la République sont absolutisables ? Les démocrates libéraux affirment par exemple que le populisme est une abomination, mais qui dit démocratie dit acceptation du principe majoritaire. Si demain 80 % des français admettent un régime qui restreint certains droits de l'homme, au nom de quoi récuser cette option ? Par exemple un peuple a-t-il le droit d'abroger de déléguer à un homme des pouvoirs exceptionnels ? S'il n'avait pas ce droit, serait-il encore libre ou souverain ? Selon nous un peuple a le droit de restreindre ses propres libertés au nom de sa survie ou d'un objectif qu'il estime supérieur. Les Français n'ont-ils pas accepté la dictature de Bonaparte qui commence avec le Consulat et durera près de 15 ans ?

Remplacement (grand) : Une formule inventée par l'écrivain Renaud Camus pour signifier le phénomène de substitution de population engendrée par l'immigration dans certaines villes ou régions de France. Si l'on ne refuse pas de voir ce que l'on a sous les yeux, ce qui est très difficile en France où nos perceptions sont censurées par l'ombrageux surmoi des « valeurs de la République », il est difficile de donner tout à fait tort à Renaud Camus quand on constate la raréfaction des Français dans des zones entières du territoire national. L'impression de se retrouver au Maghreb à Roubaix ou à Islamabad en Seine-Saint-Denis ne relève pas du fantasme. Dans *Décomposition Française, comment en est-on arrivé là ?* Malika Sorel-Suter, ex-membre du Haut Conseil à l'intégration écrit : « Les *démographes Bernard Aubry et Michelle Tribalat ont analysé « l'évolution de la proportion des jeunes d'origine étrangère dans douze grandes villes de France », toujours sur la base des données de l'Insee. Il en ressort qu'à Blois, par exemple, ce taux est passé de 5,1 en 1968 à 40 % en 2009. A Evreux, dans la même période de 6 % à 31, 6 %, à Poitiers de 3,3 % à 27,4 % et à Rouen de 4,6 % à 24,7 %. Dans la région parisienne la proportion de jeunes d'origine étrangère est passée de 15,8 % à 38,9 %.* ». Par ailleurs l'immigration a changé elle-même d'identité. « *Si l'on souhaite poser la loupe sur le département de la Seine-Saint-Denis, les proportions ont évolué comme suit sur la période 1968-2009 : les personnes originaires du sud de l'Europe y sont passée de 43,1 % à 5,7 % ; celles originaires du Maghreb de 40,9 % à 39,2 % et celles du reste de l'Afrique de 1,3 % à 28,4 %* ». Et l'on pourrait multiplier les chiffres à l'infini, ce qui n'empêchera pas un Benoît Hamon, du haut de son incompétence ou de son cynisme, d'affirmer que la proportion des étrangers en France n'était pas plus importante que dans les années 1930, époque où elle était déjà considérable. Pour l'expert Jean-Paul Gourevitch qui vient de publier *Les véritables enjeux des migrations* (éd. du Rocher), la notion de « *grand remplacement* » est abusive car elle procède d'une « *généralisation à l'ensemble du territoire* ».

A lire sur le sujet : *Immigration la catastrophe, que faire ?*, Jean-Yves Le Gallou, éd. Via Romana.

République : « *Chose publique et en général toute espèce de gouvernement.*
Particulièrement. Gouvernement de plusieurs ; État gouverné par plusieurs. », etc.
Littré, dictionnaire de la langue française, 1985, éd. Larousse.
L'immaculée conception d'une certaine gauche : un être transcendant auquel on se réfère avec emphase mais dont on a du mal à assumer le caractère parareligieux, quoique laïc. Ce qu'il y a de bien avec un croyant, c'est qu'il sait qu'il croit. Le Républicain lui ne sait pas toujours qu'il croit. Comme Valls, Hollande ou Chevènement, il se prétend volontiers homme des Lumières sans voir qu'il évoque la République avec des accents prophétiques. Une des grandes différences entre la gauche et la droite est la suivante : pour la gauche les Français doivent s'adapter à la République, pour la droite c'est à la République de s'adapter aux Français. Dans le premier cas la République est une tutelle voire un carcan, dans le second c'est un référent. La contradiction de Chevènement, esprit brillant et érudit s'il en est, se situe entre son universalisme et son nationalisme. La culture républicaine n'a pas vocation à être exportée, elle est une des composantes de l'identité française avec la tradition chrétienne, l'héritage classique. Autrement dit, on peut être laïc et renoncer au messianisme républicain dont la métaphysique est affaiblie. Notre époque consumériste lamine toutes les valeurs, les républicaines comme les autres. Face à l'érosion nihiliste, le seul recours qui nous ayons est la défense de nos héritages civilisationnels.

Respect : Un mot trop utilisé pour ne pas être douteux. Alain Juppé a parlé de la « République du respect » par exemple. Faut-il entendre par là qu'il faut d'abord faire preuve de respect envers ceux qui saccagent les biens publics et agressent les fonctionnaires (enseignants, policiers) avant de les mettre hors d'état de nuire ? Etrange conception de l'Etat de la part d'un prétendu gaulliste. Ce mot de respect n'a selon nous qu'un sens légitime : le respect est le minimum de reconnaissance auquel a droit un sujet de droit dans un Etat de droit. Ce respect a trait non à l'individu qui peut nous paraître méprisable, mais à sa personne juridique. Autrement dit, si je méprise un tel pour ses activités de dealer par exemple, je dois un respect formel au sujet de droit qu'il est censé être ou redevenir. Nous n'avons aucun devoir de respecter quiconque dans l'absolu. Pour respecter autrui il faut qu'il nous paraisse un minimum respectable. Or la respectabilité n'est nullement un droit inconditionnel, car si chacun a le droit d'être respecté sans conditions, la notion même de respect n'a plus de sens. Dans la tradition catholique, c'est la personne qui est digne de respect, non l'individu subjectif. Le point de vue est ici cohérent. Au contraire, dans la vision contemporaine chacun réclame le droit au respect au nom de sa subjectivité. Cela est incohérent et absurde car si chacun est digne de respect simplement parce qu'il est lui-même la notion même de respect perd son sens, qui suppose qu'il y ait une différence entre ce qui est respectable et ce qui ne l'est pas, ce qui est estimable ou non. Or qui décide de ce qui est ou n'est pas respectable ? L'idéologie des droits de l'homme évacue cette très grave question. Selon nous, seule une distinction entre le digne et l'indigne, peut donner un contenu à cette notion de respect. Si se prostituer est aussi estimable que de travailler dans un supermarché, au nom de quoi demander à des adolescents en échec scolaire de ne pas se prostituer ?

Respect de soi : Une notion qui ne signifie plus rien à l'aune d'un certain relativisme contemporain (voir **relativisme**). Dès lors que je décide que tous les modes de vie sont également respectables (« moi, je respecte tout le monde ») la notion même de respect se dilue, puisque tout se vaut. Or la doxa contemporaine prétend imposer le droit au respect comme s'il était un dû en soi. Si tout est respectable rien ne l'est. La notion même de droit au respect est, à notre avis, inconsistante. Si aucun critère objectif n'existe concernant ce qui est, ou n'est pas, respectable, alors la notion même de respect perd sa pertinence. Ici est à notre sens la grande faiblesse du libéralisme contemporain : absolutiser un droit au respect dissocié de ce qui est ou non honorable. Nous sommes devant une très grave aporie de la postmodernité qui explique sans doute en partie la puissance d'attraction de l'islam dans une certaine jeunesse. L'islam fournit des normes (voir **Normes**) et pas seulement des droits. Le droit et la morale n'y sont pas complètement dissociés. Il suppose de distinguer le licite de l'illicite, la norme et le déviant quand nous ne distinguons plus que ce qui est autorisé et ce qui est interdit par la loi positive. Or nous savons bien que c'est insuffisant. Quel est le père ou la mère qui a déjà dit à son enfant : « fais tout ce que tu veux du moment que ce n'est pas interdit par la loi » ? Qui a déjà dit à sa fille : « deviens actrice porno si cela te plaît plutôt que caissière au supermarché pour payer tes études » ? Nous savons bien que pour nos proches et nos enfants nous avons un minimum de principes. Nous sommes « libertaires » pour les autres, pas avec ceux que nous aimons.

Revel Jean-François : Sans doute un des esprits les plus libres et les plus intègres de l'intelligentsia française. Revel était à la base un homme de gauche, anti-gaulliste et anti-conservateur, anti-communiste etc. Il était européen et pro-américain. Mais il était un esprit libre et un vrai philosophe au sens où toutes ses propositions étaient argumentées. Ses combats contre certaines impostures sont restés célèbres et le grandissent à nos yeux. Son combat contre l'imposture de Georges Marchais en particulier, à l'époque où l'on découvrira que celui-ci était parti volontairement travailler en Allemagne avec le STO et l'avait toujours caché. S'il était encore parmi nous, sans doute serait-il aux premières lignes pour combattre les nouveaux idéologues de la soumission, qui trouvent toujours mille excuses aux religions dès lors qu'elles viennent d'ailleurs et qu'elles sont censées représenter les « dominés ».

• A lire de Jean François Revel : *Mémoires, le voleur dans le maison vide*, éd. Plon.

Ricœur Paul : Le philosophe français dont se réclame le président Macron aurait-il avalisé les propos de celui-ci sur le crime contre l'humanité en Algérie ? Il y a de quoi en douter tant Ricœur était tâtillon sur la précision des concepts. Dans son livre peut-être le plus accessible au grand public, *Parcours de la reconnaissance* (voir **reconnaissance**), l'herméneute protestant Ricœur écrit ceci : « *N'est-ce pas dans mon identité authentique que je demande à être reconnu ? Et si par bonheur il m'arrive de l'être, ma gratitude ne va-t-elle pas vers ceux qui, d'une manière ou d'une autre, ont reconnu mon identité en me reconnaissant ?* ». La reconnaissance est sans doute le moteur essentiel de la modernité et peut être de l'Histoire, que l'on soit hobbesien, hégélien, girardien, ricoeurien, etc. Les hommes s'affrontent symboliquement en un duel interminable. Mais qu'arrive-t-il si cette reconnaissance devient impossible ou impraticable parce que les médiations qui la permettaient ne fonctionnent plus ? C'est la question-impasse du « vivre ensemble ». Selon nous, les sociétés homogènes ethniquement et culturellement souffrent peut-être moins des phénomènes de rivalité, tout simplement parce qu'on reconnaît plus facilement ou plus spontanément quelqu'un à qui on s'identifie parce qu'il nous ressemble un peu.

Le communautarisme, qui se développe lorsque la reconnaissance exigée par le discours sur les valeurs universelles devient impossible, ne s'explique pas autrement. Comment reconnaitrais-je un fondamentaliste musulman dont la pensée intrinsèque est que le catholique le juif ou l'athée que je suis sont obsolètes ? Les valeurs de la république peuvent-elles fournir ce critère ? Quand on voit les injures que deux républicains comme Valls ou Mélenchon s'envoient à la figure depuis des années, on peut en douter. Qui est au juste mon prochain dans un universel sans monde commun ? Le terroriste tunisien qui a tué au couteau les deux jeunes femmes à Marseille était-il leur prochain et faut-il lui pardonner ? La reconnaissance est certes pensable d'un point de vue chrétien au nom d'une éthique sans condition de l'amour entre des individus, et ce quelle que soit leur origine ou leur affiliation. Mais qui peut expérimenter cette éthique, hors de l'état de sainteté ? Cette éthique devient encore plus difficile quand les communautés se retranchent dans leur identité et que les mécanismes paranoïaques identitaires se mettent en branle. L'ennui avec Ricœur c'est qu'il *croit* que l'éthique (voir **Ethique**) peut infléchir les lois de la politique, ce dont nous doutons fortement. D'un certain point de vue il n'est pas étonnant qu'Emmanuel Macron soit son disciple, car la vision de Ricœur est post-politique. Elle suppose le primat impossible de l'éthique et récuse les lois de la politique telles que Julien Freund les a énoncées à partir du paradigme de Carl Schmitt : la politique est la désignation de l'ennemi potentiel. Dans un monde du vivre ensemble ou il n'y a plus d'ennemi, c'est finalement l'ennemi qui nous désigne, ainsi des islamistes aujourd'hui.

A lire pour entrer dans la pensée de Paul Ricœur : *Parcours de la reconnaissance*, Le Seuil.

Roman national : Un terme qui signifie qu'il faudrait aimer inconditionnellement le récit que les Français ou certains d'entre eux donnent de l'Histoire de leur pays. On peut comprendre que certains fassent de la nation un roman sauf que celui-ci est peu compatible avec la recherche historique. On peut aimer un pays sans être un militant du roman national, lequel est passablement contradictoire surtout en France. Faut-il aimer la Commune de Paris qui a détruit et brûlé des monuments historiques ? Ou la sauvage répression des Communards ? Les massacres de Vendée et ceux de Septembre ? On n'est pas obligé d'aimer toute l'Histoire de France pour aimer la France. Celle-ci est d'abord un pays, des terroirs et des régions magnifiques, une langue, une littérature, des mœurs et des mentalités. Le roman national n'est pas une obligation.

Rousseauisme : Un terme utilisé à tort et à travers. Il en est un peu de Rousseau comme de Platon ou de Nietzsche. Un penseur très complexe et souvent équivoque permet à des idéologues d'étayer des idées qui n'ont finalement qu'un lointain rapport avec leur modèle. Par exemple, il est entendu aux yeux de certains que Rousseau est un apologiste humanitaire et cosmopolite. Or rien n'est plus faux. « *Tout patriote est dur aux étrangers : ils ne sont qu'hommes ils ne sont rien à ses yeux. Cet inconvénient est inévitable, mais il est faible ; L'essentiel est d'être bon aux gens avec qui l'on vit [...] Défiez-vous de ces cosmopolites qui vont chercher au loin dans leurs livres des devoirs qu'ils dédaignent de remplir autour d'eux* » écrit Rousseau dans *Emile ou de l'Education*. Mais Rousseau va plus loin. Il rompt complètement avec l'idée du genre humain propre aux Lumières et affirme que « *Plus le lien social s'étend et plus il se relâche* » et s'en prend à ces « *prétendus cosmopolites qui, justifiant leur amour pour la patrie par leur amour pour le genre humain, se vantent* *d'aimer tout le monde pour avoir droit de n'aimer personne* » dans *Du Contrat Social*. En réalité, Rousseau semble avoir été victime d'un double malentendu. La droite contre-révolutionnaire et la gauche républicaine ont projeté sur lui leurs démons ou leurs idéaux. Maistre, Maurras, Barrès vont démoniser Rousseau en antisocial quand la gauche va le transformer en parangon de l'universalisme républicain.

Roy Olivier : Ce philosophe devenu islamologue prétend que l'islam est moins la cause que le prétexte ou l'alibi de la radicalisation violente de ceux qui commettent des attentats au nom de l'islam en Occident. Pour lui, l'islamisme est un nouvel avatar du nihilisme politique qui se développe dans un monde déboussolé. Les jeunes qui se radicalisent seraient habités par un besoin de reconnaissance couplé à un désir de mort. Il développe cette idée dans *Le Djihad et la mort* et il faut reconnaître que sa thèse est assez convaincante même si on ne voit pas en quoi elle serait incompatible avec celle de Gilles Keppel (voir **Gilles Keppel**) pour qui il existe une dynamique de fond de l'islam radical dans nos sociétés occidentales multiculturalismes. Que l'islam soit l'alibi pseudo mystique d'une sorte de volonté de rupture avec la prétendue normalité sociale est *plausible*. Néanmoins, que ce nihilisme s'exprime à travers l'islamisme est-il un hasard ? La religion islamique n'est-elle pas plus mortifère que d'autres, notamment concernant les femmes qu'il faut contrôler ? Si des jeunes trouvent dans l'islam de quoi satisfaire leur aspiration au suicide en tuant le plus de gens possibles n'est ce pas qu'il y a dans le Coran de quoi satisfaire leur narcissisme de mort ?

A lire d'Olivier Roy : *Le Djihad et la mort*, Le Seuil, 2016.

S

Sade Donatien marquis de : Le culte dont Sade est l'objet est-il révélateur d'une postmodernité qui a consacré le désir sous ses jours les plus sombres ? Cette question affleure dans l'excellent essai que le philosophe Éric Marty a consacré à la figure de Sade, *Pourquoi le xx*[e] *siècle a-t-il pris Sade au sérieux ?* dans lequel il évoque les écrivains et les philosophes français qui ont écrit sur Sade, notamment Foucault, Lacan, Maurice Blanchot, Sollers etc. Pour finir par donner raison à Pierre Paolo Pasolini qui dénoncera dans son film *Salo* cette complaisance du milieu intellectuel français. Pour certains Sade est le révélateur du caractère infini d'un désir sans objet et qui devient forcément destructeur pour cela. D'une certaine manière la fin des interdits religieux et la permissivité de nos sociétés, loin d'avoir rendu la perversion absurde, l'a banalisée comme le démontre le succès commercial du très médiocre roman *Cinquante nuances de Grey* où les femmes de la classe moyenne américaine fantasment sur le retour d'un mâle à la fois dominateur et délicat dans leur lit. A condition qu'il soit riche bien entendu… En réalité le génie de Sade, outre son style, est métaphysique et logique. Sade a mis en relief la cruauté d'un désir qui refuse toute limite puisque rien n'existe en dehors de lui. Son rationalisme est implacable. Sa logique nihiliste s'exprime par exemple dans cette formule tirée de *La nouvelle Justine ou les malheurs de la vertu* : « *Nous nous forgeons des devoirs chimériques envers les créatures ; et cela parce qu'elles s'en croient vis-à-vis de nous. Ayons la force de renoncer à ce que nous attendons des autres, et nos devoirs s'anéantiront aussitôt. Que sont, je vous le demande, toutes les créatures de la terre vis à vis d'un seul de nos désirs ? Et par quelle raison me priverai-je du plus léger de ces désirs pour plaire à une créature qui ne m'est rien et qui ne m'intéresse en rien* » ? Ce qui est stupéfiant ici c'est l'enchaînement logique qui fait de la rationalité le vecteur de la destruction de l'ordre social car celui-ci est impensable sans un minimum de moralité, au moins apparente, fondée sur la réciprocité entre les individus. Les caïds de certains quartiers ou les chefs de la mafia n'ont pas besoin d'avoir lu Sade pour être ce qu'ils sont, mais le génie de Sade n'est pas de justifier les criminels et les délinquants. Sade met en lumière la puissance d'un désir dont la loi propre est de nier la loi de Dieu au nom de la nature. Il illustre donc, en négatif, la pertinence des grands interdits de la religion. En un certain sens il n'est pas absurde d'affirmer que Sade annonce Maistre, comme le prétend Philippe Sollers puisqu'il démontre qu'autrui n'existe plus dès lors que Dieu s'efface, ou devient purement aléatoire.

A lire sur Sade : *Pourquoi le xxe siècle a-t-il pris Sade au sérieux ?*, Eric Marty, Le Seuil.

Saint Paul (et les femmes) : Depuis que Nietzsche en a fait le créateur du christianisme, Saint Paul est un objet d'étude et d'obsession philosophique. Dans son livre sur Saint Paul, Alain Badiou (voir **Badiou**) en fait un ancêtre du communisme car il a posé les conditions de l'universalisme à travers la fameuse formule : « *Il n'y a plus ni juifs, ni grecs, ni hommes ni femmes, ni maitres ni esclaves* ». Dans *Décadence*, Onfray campe de lui un portait pathologique, tout à fait dans la filiation de Nietzsche. Mais n'est-il pas trop facile de réduire la pensée et la vie d'un homme qui devint un martyr à des déficiences neurologiques et des névroses ? La question est selon nous ailleurs. Sans doute un des grands défis qui se posent à l'Eglise catholique est-il de concilier la profonde féminisation de l'Eglise, notamment sur le plan sociologique, avec que le discours fondateur profondément anti-féministe de Saint Paul ? Pour Saint Paul, l'homme seul est « *l'image et la gloire de Dieu* », la femme n'étant que la gloire de l'homme. Chez Saint Paul la suprématie du père et du mari est fondée ontologiquement même si les femmes, en tant qu'individus, sont les égales de l'homme devant Dieu. En tant que personne créées par Dieu, elles sont égales. En tant que femmes, elles sont subordonnées. L'islam affirme il autre chose ?

Sapir Jacques : Economiste considéré comme hétérodoxe pour ses écrits sur l'euro auquel il faut, selon lui, renoncer mais dont chacun reconnaît l'expertise, à l'instar de Nicolas Baverez, (confidence à l'auteur). L'auteur de ces lignes n'ayant pas de compétence en économie, il ne se permettra pas de juger son travail. Il relève cependant que Sapir est à peu près ignoré par les grands médias, ce qui signale une grave carence de la libre circulation des idées dans un pays où un tiers de la population est partisane du retour au Ffanc et ce malgré l'opprobre qui pèse sur cette opinion.

A lire de Jacques Sapir : *Faut-il sortir de l'Euro ?*, Le Seuil.

Sauvageon : Terme utilisé par Jean-Pierre Chevènement quand il était ministre de l'intérieur pour qualifier les jeunes voyous ou délinquants d'origine maghrébine ou sub-sahélienne qui commettent des « incivilités ». A l'époque le ministre avait été stigmatisé par les médias inféodés au sémantiquement correct. Et ce, alors que le terme de sauvageon non seulement n'est pas péjoratif mais est même plutôt sympathique car il suppose que les délinquants sont proche de l'état de nature rousseauiste. Récemment ce terme a resurgi dans le discours de Bernard Cazeneuve qui a qualifié de sauvageon des criminels qui ont assailli une voiture de police de Viry-Châtillon où des policiers ont été gravement brulés. Dans la philosophie rousseauiste inconsciente de la gauche, nul ne commet le mal intentionnellement car celui-ci n'existe en fin de compte qu'accidentellement.

Schiffter Frédéric: Philosophe au style désopilant. Ce qu'il y a de bien avec ce disciple de Schopenhauer qui enseigne la philosophie à Biarritz, la ville de son enfance, c'est que l'on ne s'ennuie jamais en le lisant. Il est aussi mordant avec lui-même qu'avec les autres. Schiffter est un hédoniste dont les seules passions sont privées: la philosophie et la littérature, le surf et le goût des jolies filles. C'est le cas de beaucoup d'entre nous, sauf que lui ne s'en cache pas, il ne prétend nullement nous édifier ou nous transmettre des « valeurs ». Son dernier livre *Journées perdues* (éd. Séguier) est un régal de drôlerie. L'auteur écrit ce qu'il pense comme il le pense. Ses formules font mouche: « *J'ai écrit ces choses par vanité, je le regrette par amour propre* ». « *L'homme est un animal polémique* ». « *Les nietzschéens de gauche sont des nietzschéens honteux* » « *Quand tout le monde est ridicule, plus personne de l'est* » etc. Quelque part entre Clément Rosset, Matzneff et Cioran...

A lire: *Philosophie sentimentale*, éd. Flammarion et *Journées perdues*, éd. Séguier.

Schmitt Carl : Le penseur politique le plus passionnément discuté depuis quelques années. Le nom même de Schmitt provoque la polémique. Celle-ci a pris des proportions féroces voici quelques années entre le philosophe Yves-Charles Zarka et Alain de Benoist, défenseur intraitable de la pensée originale de Carl Schmitt. Son adhésion plus ou moins opportuniste au régime national-socialiste n'est pas contestée. Schmitt a bien mis, un temps, son expertise de philosophe du droit au service du IIIe Reich et il a théorisé l'anti judaïsme en faisant de celui-ci l'ennemi spirituel du « génie allemand ». Par ailleurs, il est vrai aussi qu'il a été dénoncé par les nazis comme réactionnaire et qu'il avait combattu le national-socialisme avant d'adhérer à ce parti. Il faut aussi rappeler qu'il a été disculpé après la guerre. Catholique hétérodoxe, il se situe dans la filiation du penseur gnostique Marcion qui croyait à l'antagonisme entre la Bible et le Nouveau Testament. Si nul ne se réclame de l'action de Schmitt au service du IIIe Reich sa pensée est l'objet d'une fascination transgenre. L'auteur anti-libéral de *Théologie politique* aura passionné des intellectuels aussi différents qu'Aron, Julien Freund ou de gauche comme la philosophe Chantal Mouffe ou encore Alain Badiou. Pour Carl Schmitt les catégories politiques de l'Occident, notamment l'idée de progrès sont des idées chrétiennes sécularisées. Le libéralisme, parce qu'il exclut le conflit mortel, est postpolitique, la politique se définissant notamment comme la possibilité de la confrontation avec un ennemi. Ce dualisme explique que l'extrême gauche et la droite radicale peuvent revendiquer la postérité de Carl Schmitt. Par ailleurs Carl Schmitt est l'auteur d'une puissante méditation sur le conflit fondamental entre puissances maritimes (Etats-Unis et Angleterre) marquées par le protestantisme et le libéralisme et les puissances continentales, notamment la France, marquées par le catholicisme et le culte de l'Etat pour la domination du monde.

A lire : *Théologie politique*, éd. Gallimard et *Terre et mer : un point de vue sur l'Histoire mondiale*, éd. Pierre-Guillaume de Roux.

Sur Carl Schmitt : la préface d'Alain de Benoist à la réédition de *Terre et mer : un point de vue sur l'Histoire mondiale*, éd. Pierre-Guillaume de Roux.

Scruton Roger : Très connu outre-manche le philosophe conservateur anglais commence à être reconnu en France, notamment grâce au travail de la jeune philosophe Laetitia Strauch-Bonnart qui a traduit son dernier essai, *De l'urgence d'être* conservateur. La pensée de Scruton, conservateur non autoritaire, tente de concilier une certaine permanence des valeurs traditionnelles avec les progrès techniques et scientifiques de la modernité. Dans un entretien récent au *Figaro* (11 juin 2017), il réfutait la religion progressiste en ces termes : « *Le passé est beaucoup plus inoffensif que l'avenir. Le progrès justifie tout là où la tradition ne demande aucune justification. D'un point de vue rationnel, l'idéalisation du futur est extrêmement dangereuse* » Ou encore ceci qui nous semble très original : « *Pour moi le conservatisme c'est la philosophie de l'amour ! L'amour de ce qui existe, de ce que nous possédons et avons hérité. Lorsqu'on aime vraiment, on accepte les imperfections de l'objet aimé. Cette acceptation de la vie ordinaire qui est au fondement du conservatisme peut être joyeuse. Regardez Chesterton, c'est l'exemple type du bon vivant conservateur : son œuvre et pleine d'un rire tendre pour l'humanité et sa stupidité* ». Ou encore ceci qui ne pourra qu'agacer nos libertariens : « *Dans le passé, il était reconnu que certaines choses ne pouvaient pas être achetées : l'amour, la maternité, l'honneur, la famille, tout ce qui relève des relations humaines les plus intimes. On dit que la prostitution est le plus vieux métier du monde : mais son interdiction est bien aussi ancienne : en tout cas si elle était tolérée, elle était aussi marginalisée* ». Pour Scruton comme pour MacIntyre, tout n'est pas évaluable à l'aune de notre subjectivité. Il y a des choses qui vont de soi, c'est cela être conservateur. Or le libéralisme induit que l'homme est la mesure de ses valeurs. S'il en était ainsi, tout se vaudrait à l'aune de ce que je décide. Pourquoi ne déciderais-je pas de prostituer mes enfants s'ils y consentent ? Pourquoi ne bradons-nous pas l'interdit de l'inceste sur l'autel du droit de décider de tout ? La différence entre une norme et une convention est que la première s'impose d'elle-même tandis qu'une convention peut toujours être discutée ou modifiée. L'interdiction de fumer dans les lieux publics est une convention, l'interdit de l'inceste ou du vol est une norme anthropologique. La première est relative à un espace et à un moment donné, la seconde a une dimension universelle, même si elle admet des exceptions, par exemple en Egypte ancienne. Pour le libéral postmoderne, tout est convention puisque tout est artifice. Pour le conservateur, la société transmet des principes inconscients qui permettent d'édifier un monde commun et de le préserver contre les agressions de la vulgarité et de la bêtise.

A lire de Roger Scruton : *De L'urgence d'être conservateur*, éd. du Toucan.

Sélection : Mot honni par certains parce qu'il désignerait un processus social injuste. Or l'idée de sélection était au cœur même du projet républicain, notamment au niveau éducatif. Le principe républicain n'a jamais eu la prétention d'empêcher la sélection mais de permettre aux plus défavorisés socialement d'accéder au sommet. D'où la sacralisation de l'école comme sanctuaire de la transmission culturelle pour ceux qui en ont le plus besoin. Il n'y a pas d'élite sans sélection, quelle que soit l'activité dont il est question. La vie est une sélection permanente. Nous passons notre temps, qui que nous soyons, à sélectionner : nos affinités, nos amis, nos amours et notre lieu de vie. Personne n'a spontanément envie d'aller vivre en Seine-Saint-Denis ou dans les quartiers nord de Marseille. Tous les parents fuient les écoles réputées pour être fréquentées par les « racailles », ce qui rend la situation insoluble et pénalise encore plus les jeunes des milieux défavorisés qui, eux, doivent la subir. Jean-François Revel a été un de ceux, avant Alain Finkielkraut, qui a le plus vigoureusement dénoncé l'abandon du principe méritocratique républicain à l'école au profit de la démagogie libertaire qui suggère que chacun construit son savoir à partir de ses propres outils. Il a dénoncé la violence des caïds qui haïssent la culture et notamment la culture littéraire comme principe de sélection. Les ratés et les « malvenus », au sens de Nietzsche, haïssent ceux qui réussissent depuis toujours. L'excellence, ce qu'Aristote appelait *arêtè* est cette valeur aristocratique – de *aristoi* qui veut dire meilleur – qu'il faut préserver dans la République pour qu'elle ne devienne pas une démocratie égalitaire qui arase les distinctions.

Sens commun : Groupe de réflexion et d'action fondé par une brillante intellectuelle, la normalienne catholique Madeleine Bazin de Jessey, qui incarne le renouveau d'un conservatisme intransigeant. Opposé aux dérives anthropologiques de la postmodernité (mariage gay, PMA et GPA) ce mouvement a été un des fers de lance de la campagne de François Fillon. De brillants philosophes comme Fabrice Hadja ou la très offensive journaliste du *Figaro* Eugénie Bastié auteur du pamphlet post-féministe *Adieu mademoiselle* et rédactrice en chef du mensuel conservateur *Limites*, sont en résonance avec cette galaxie qui se réclame aussi bien de Péguy, d'Arendt que de Gustave Thibon.

Shoah : Ce mot qui signifie en Hébreu désolation fait référence à la mort et la déportation de millions de juifs pendant la Seconde Guerre mondiale dans ce qui a constitué, selon les historiens, le plus grand ou l'un des plus grands massacres organisés de l'Histoire humaine. Il est avec le temps devenu un marqueur qui permet à certains de jeter la suspicion ou l'opprobre sur ceux qui ne communieraient pas dans ce que d'aucuns considèrent comme une religion mémorielle qui dépasse le cadre de l'Histoire pour devenir un évènement métaphysique. Ainsi a-t-on assisté entre les deux tours de l'élection française à une concurrence commémorative que l'on peut juger indécente. Nous n'avons pas la prétention de donner une opinion personnelle sur un débat qui traverse tous les milieux. Nous nous contentons de rendre compte de la nature du débat. Il existe en fait trois sensibilités bien démarquées, en dehors du négationnisme interdit par la loi. La première que l'on peut qualifier de « révisionniste » relativise l'ampleur de la solution finale en arguant que celle-ci fut non intentionnelle ou contingente. C'est notamment le point de vue d'une gauche radicale pour qui la solution finale n'a pas la spécificité métapolitique qu'on lui accorde ou encore du grand historien allemand Ernst Nolte. A leurs yeux les juifs furent les victimes d'un massacre qui ne diffère pas fondamentalement de celui dont furent victimes les koulaks ou les ukrainiens durant l'Holodomor où des millions de paysans furent affamés par le régime soviétique. Les révisionnistes refusent la dimension métaphysique ou religieuse de la Shoah. Le second point de vue est défendu en particulier par l'Eglise catholique qui considère que les juifs étaient visés en tant que tels par une nouvelle religion paganiste dont ils furent les victimes sacrificielles en tant que témoins de la Révélation biblique. Aux yeux des catholiques la Shoah revêt une dimension démoniaque qui déborde le champ politique. Enfin la Shoah est utilisée par certains partisans de l'Etat d'Israël comme principe légitimant la politique israélienne. Pour certains nationalistes israéliens, les juifs sont et seront toujours menacés de persécution et de destruction. Dès lors Israël est le seul rempart qui puisse les protéger. (voir **Israël** et **antisémitisme**).

Sibony Daniel : Philosophe, psychanalyste et mathématicien, Daniel Sibony poursuit une œuvre aussi subtile qu'inclassable qui mobilise l'Histoire des religions (*Les trois monothéismes : juifs, chrétiens, musulmans, entre leurs sources et leurs destins*), la psychanalyse et le débat philosophique. Politiquement inclassable, même s'il vient de l'extrême gauche, Sibony a pris des positions très critiques à l'égard de certains totems de notre époque. Il est un des rares philosophes à avoir eu le front de critiquer l'engouement pour Levinas (voir **Levinas**) dans un essai intéressant : *Don de soi ou partage de soi ? le drame de Levinas*, où il évoque aussi la question Heidegger. Pour Sibony, la pensée du visage de l'autre (voir **Autre**) dont je serais l'otage, aussi puissante soit elle, est fondée sur un leurre éthique. Daniel Sibony a, par ailleurs, émis de sérieuses réserves à l'égard de la mode compassionnelle et victimaire en cours, notamment au sujet des migrants. Selon lui, la générosité occidentale n'est pas dénuée d'arrière-pensées économiques, c'est flagrant dans le cas de l'Allemagne et elle est chargée du narcissisme le plus insidieux qui soit : le narcissisme moral. Il évoque même cette « *culpabilité perverse* » qui donne le beau rôle à celui qui s'en affuble. Exemple de culpabilité narcissique dans le numéro d'octobre 2017 de *Psychologies*, revue de l'hédonisme chic et bien-pensant, le philosophe Charles Pepin écrit : « *Lorsque je vois des SDF ou des migrants dormir sur les trottoirs de ma ville, j'ai honte d'être Parisien* ». Plutôt que d'avoir honte pourquoi Monsieur Pepin ne prend-il pas en charge le SDF qu'il rencontre dans sa rue ? Il poursuit : « *Lorsque je vois le succès hexagonal d'auteurs érigeant la crispation et le ressentiment en acte de résistance, j'ai honte d'être Français. Lorsque je vois notre incapacité à préserver l'avenir de notre monde, ou la manière dont nous traitons les animaux que nous mangeons, j'ai honte d'être humain. Et je n'ai pas honte d'avoir honte. C'est quand je n'aurais plus honte que je devrais m'inquiéter* ». Avis à tous ceux qui se régalent en mangeant une côte de bœuf : n'oubliez pas d'avoir honte...

A lire de Daniel Sibony : *Les trois monothéismes : juifs, chrétiens, musulmans, entre leurs sources et leurs destins*, Le Seuil et : *Don de soi ou partage de soi ? le drame de Levinas*, éd. Odile Jacob.

Sidération : Terme surutilisé par les journalistes pour décrire l'état d'hébétude des Français quand des islamistes qui partagent parfois leur nationalité les agressent ou les tuent sans raison particulière, hormis celle de la haine.

Sollers Philippe : Une des figures les plus brillantes et les plus controversées de l'intelligentsia française. Ses meilleurs livres *Femmes* (1983) ou la *Guerre du goût* (1994) sont marquées par la virtuosité et le sens de la formule qui évoquent parfois Paul Morand. Exemple : « *Toute femme cherche un homme à blâmer* » (*Femmes*). Ou encore cette affirmation hégélienne qui introduit *Femmes*, son roman à succès : « *Le monde appartient aux femmes, c'est à dire à la mort, là-dessus tout le monde* ment ». Marquée par la pensée de Freud et de Nietzsche, la misogynie philosophique de Sollers n'est pas celle que l'on prête habituellement aux néo-machistes, ce pourquoi les féministes l'ont épargné. Sollers qui se veut un libertin, au sens du XVIIIe siècle, voue aux gémonies le matriarcat en cours dans nos contrées sans avoir pour autant la moindre nostalgie du patriarcat. Pour ce misanthrope marqué par Lacan, les femmes sont vouées à une forme d'infirmité symbolique. « *Aussi géniale soient-elles, peut-on demander à une femme de penser la mort ? Je ne crois pas que "To be or not to be" puisse être prononcé par une actrice* » (Dialogue avec Jean-Claude Milner). Au-delà de ses postures révolutionnaires passées, il y a de la nostalgie pour l'Ancien Régime chez

Sollers. Mais peut-on aimer Joseph De Maistre (voir **de Maistre**), Sade et Voltaire en même temps ?

A lire de Philippe Sollers : *Femmes* et la *Guerre du goût*, aux éd. Gallimard.

Souverainiste : Vaguement méprisant, ce terme est utilisé avec condescendance par moult publicistes. « *Le souverain est celui qui est maître chez lui. Il faut se demander comment ce mot positif a pu devenir, dans la bouche de certains, une expression négative – souverainiste – en politique* » se demande Michel Onfray (*Le Point* du 20 avril). Peu importe que Pierre Mendes France et Charles de Gaulle, les deux hommes politiques français les plus intègres du XXe siècle et avant eux Georges Clemenceau, fussent d'intraitables souverainistes, nos publicistes ont pour eux la fausse évidence de la mode qui est post-frontière et post-nationale. Un ami aura un jour ce mot d'esprit que je reproduis ici tant il est profond. La veille du referendum de Maastricht en 1992, nous discutions de savoir pour qui nous allions voter et il me répondit que, bien sûr, il allait voter pour. Je lui demandais pourquoi. Réponse en un éclat de rire : « *Mais parce que moi je fais partie des élites* ! ». Il avait tout compris. Voter pour l'Europe ce n'était pas tant être pour l'Europe que se sentir faire partie des happy few ! Tandis qu'être contre c'était faire partie des demeurés de l'Histoire, en somme des arriérés du progrès. C'était être bien noté à l'argus du quand dira-t-on médiatique. Nous ne critiquons pas ici les arguments en faveur d'une Europe fédérale mais une attitude qui témoigne bien plus du snobisme que d'une adhésion. Les élites françaises ont été européistes comme elles étaient libertaires, freudiennes ou marxistes, quarante ans auparavant, et comme elles auraient pu être au fond n'importe quoi d'autre, pourvu que la vanité, cet immense ressort social, y trouvât son compte. D'une certaine manière, le vrai débat n'a jamais eu lieu : L'Europe est-elle une civilisation ? Et comment la préserver des effets négatifs de la mondialisation ? La souveraineté n'est pas une fin mais un moyen. Parmi les souverainistes célèbres, un certain Jean Paul II, polonais qui savait ce que pouvait signifier pour un peuple de perdre sa souveraineté, a répondu en anthropologue des peuples : « *Veillez par tous les moyens à votre disposition sur cette souveraineté fondamentale que possède chaque nation en vertu de sa propre culture. Protégez là comme la prunelle de vos yeux... [...] Protégez là ! Ne permettez pas qu'elle devienne la proie de quelque intérêt politique ou économique* » (discours de Jean Paul II à l'UNESCO le 2 juin 1980).

Steffens Martin : Philosophe converti au christianisme après une longue station chez Nietzsche. Dans un livre profond, *L'éternité reçue*, Steffens affronte ces questions monstres que sont la souffrance, la mort ou l'amour. Il le fait en évitant ce fléau qu'est la confession narcisso-spiritualiste dans laquelle se complaisent certains néo-mystiques. A l'encontre des bouddhistes faciles qui nous expliquent qu'il faut « tuer son ego », il nous convie plutôt à accepter notre individualité avec courage. La foi de cet ancien nietzschéen n'est pas fondée sur la contrition ou la consolation mais sur l'amour de la vie et de ses possibles. « *La réalité dédit si souvent l'image qu'on s'en était faite. La nouveauté est soudain plus réelle que le réel qui l'interdisait. Savait-on qu'on parviendrait à resurgir hors des rets de tel ou telle impossibilité (vieille rancune, chagrin d'amour, répétition du scénario familial, dépendances...) avant de l'avoir fait ?* » Aussi rongés par la désillusion soyons-nous, nous ne pouvons-nous empêcher d'espérer. « *On n'a qu'une vie et elle est éternelle* » ose écrire cet homme de foi. Un livre à offrir aux prophètes en désespérance.

A lire de Martin Steffens : l'Eternité reçue (Desclée de Brouwer).

Steiner Georges : Professeur de littérature de renommée mondiale, Steiner qui enseigna longtemps à Oxford est devenu célèbre en commentant l'histoire du personnage d'Antigone dans la littérature. Figure révérée de la culture européenne, trop, aux yeux de certains, il est aussi un homme courageux et indépendant d'esprit. « *Anarchiste platonicien* » ou « *anarchiste conservateur* », ainsi qu'il se définit lui-même, il a œuvré pour que Pierre Boutang sorte de son purgatoire en publiant avec lui le fameux livre *Dialogue. Sur le mythe d'Antigone. Sur le mythe d'Abraham* (éd. Lattès). Un homme d'une immense générosité qui n'hésita pas à aller à la rencontre de Lucien Rebatet dont il avait aimé le roman les *Deux étendards* pour tenter de comprendre la haine antijuive.

A lire absolument : *Les Antigones*, éd. Gallimard) et *Poésie de la pensée*, éd. Gallimard.

Stigmatiser : Terme clé de la langue des médias. Il ne faut pas « *stigmatiser une population* » ou « *verser dans l'amalgame* ». Combien de fois journalistes, hommes politiques, représentants de telle ou telle institution, ont-ils pu nous seriner ce genre de propos ? Bien sûr, personne ne parle cette langue chez lui, en privé. On ne voit pas Monsieur Caseneuve dont la voiture a été fracturée dire à sa femme qui se demande qui a pu commettre l'infraction : « *Chérie tu ne vas pas stigmatiser* ». Non, cette langue est conçue pour nous les « *citoyens ordinaires* » comme dirait Madame Roudinesco. C'est en somme une langue qui est là pour nous dire ce qu'il ne faut pas dire. Ou comme l'a formulé très justement le philosophe Pierre Manent : l'Etat est moins là pour protéger les Français que pour les surveiller.

Strauss Léo : Philosophe majeur du siècle dernier, Strauss a eu le malheur de servir d'alibi intellectuel aux néo-conservateurs américains qui se sont couverts de son autorité pour justifier leur politique interventionniste en Irak. Or l'idée d'imposer la démocratie libérale aux pays non-occidentaux n'est défendue par Léo Strauss dans aucun de ses livres. Celui-ci n'est nullement un panégyriste de la démocratie libérale, qu'il défend certes contre le totalitarisme mais sans se faire d'illusion. Si Strauss, ancien élève de Heidegger en Allemagne et qui fut dans sa jeunesse « *ensorcelé par Nietzsche* » comme il le reconnaîtra lui-même, a choisi la démocratie libérale contre le totalitarisme en rejoignant les Etats-Unis à l'époque de la prise du pouvoir par Hitler, il n'a nullement donné à celle-ci un blanc-seing. Bien au contraire ! Pour Strauss, l'Occident démocratique se suicide moralement et culturellement dès lors qu'il rompt avec la tradition classique inaugurée par Socrate et Platon et fondée sur le lien intrinsèque entre l'idée de justice et celle de vérité. La modernité philosophique qui naît en particulier avec Hobbes (voir **Hobbes**) substitue à la rationalité traditionnelle l'idée que l'homme est le procréateur de ses normes et de ses valeurs. Le relativisme libéral auquel a succombé l'Occident est inconciliable avec l'humanisme classique qui prend sa source dans la pensée grecque. Juif agnostique, Leo Strauss aura théorisé l'Occident comme rencontre féconde entre le génie d'Athènes et celui de Jérusalem, une fécondité que met aujourd'hui à mal l'universalisme bas de gamme (droits de l'homme-marché) de la mondialisation. Un philosophe comme Pierre Manent (voir **Manent**) se réclame aujourd'hui de son héritage.

A lire absolument : *Athènes et Jérusalem*, éd. Du Nadir et *Droit naturel et Histoire*, éd. Flammarion.

Sursaut républicain : Expression rituelle de ceux qui exhortent les Français à se ressaisir avant qu'il ne soit trop tard. Ceux qui en appellent au sursaut républicain croient, ou font mine de croire, au mythe de la volonté générale, mais y croient-ils tant que cela ? Sursaut républicain : l'expression a quelque chose d'un oxymore. Question : comment un peuple pourrait-il manifester une volonté générale quelconque, qu'il faut entendre comme la victoire en chacun de nous, du citoyen sur l'individu privé ? Ce n'est pas de vouloir quelque chose qui est difficile. Ce qui est difficile est de renoncer, en échange, à autre chose. Chirac n'est pas devenu le Français le plus populaire pour rien, lui qui avait fait sien l'adage de Queuille : *« Il n'y a pas de problème qu'une absence de solution ne finisse par résoudre »*. Dans les situations de détresse extrême, ce peuple velléitaire s'abandonne aux hommes providentiels sensés décider à sa place. Et puis quand il en a assez et a retrouvé ses aises, il met dehors le père providentiel venu le tirer du pétrin, comme en 1968 avec Gaulle. Il n'y a pas de peuple moins fait pour la volonté générale de Rousseau que le peuple Français. Ainsi s'explique-t-on peut-être que les deux seuls hommes qui aient vraiment réformé la France avec succès étaient des militaires. Les Français ont accepté leur férule, celle dure de Bonaparte et celle plus souple de De Gaulle, parce qu'ils étaient dotés d'une légitimité supra-démocratique. Bonaparte et de Gaulle ont républicanisé l'héritage monarchique. Autrement dit, nous devons les deux plus grands sursauts de notre Histoire, 1799 et 1958, à deux hommes qui n'étaient pas particulièrement républicains.

T

Taguieff Pierre-André : Politologue dont l'expertise est reconnue, Pierre-André Taguieff a publié plusieurs essais très remarqués sur le racisme, et notamment sur la généalogie de l'antisémitisme, ainsi qu'un ouvrage de référence : *Sur la Nouvelle droite*. Pierre-André Taguieff déconstruit avec beaucoup de minutie l'idéologie antiraciste dominante qui se trouve prise au dépourvue et comme désemparée d'être confrontée au racisme antijuif. Auteur d'un essai intéressant sur Julien Freund il a aussi consacré un essai à l'antisémitisme de Céline (voir **Céline**) et à au phénomène politique que représente Emmanuel Macron.

A lire de Pierre André Taguieff : *Julien Freund au cœur du politique*, éd. Table ronde.

Taubira Christiane : Icône de l'anti-racisme mondain. Dans son livre *L'Esclavage raconté à ma fille* (Le Seuil), on ne trouve pas un mot sur l'esclavage en islam, « *la religion esclavagiste par excellence* » selon Fernand Braudel (*Grammaire des Civilisations*, Flammarion). Pas un mot sur le fait que certaines tribus d'Indiens d'Amérique du Nord, notamment dans le sud-est, avaient des esclaves en quantité. Avec Taubira, le monde est simple : il y a d'un côté les oppresseurs, presque toujours blancs et de l'autres les opprimés, presque toujours noirs ou autres. Les dominants et les dominés, les inclus et les exclus etc. Un monde en noir et blanc comme dans les sermons des évangélistes, la charité en moins. La négrophobie des chinois ou des arabes ? Passez votre chemin, il n'y a rien à voir. Il faut que la négrophobie soit le fait des méchants blancs ! Le clou de sa carrière : le mariage pour tous où la ministre a mobilisé Derrida, Foucault ou Nietzsche qui n'étaient pas là pour se défendre.

Tesson Sylvain : Nul ne peut plus ignorer ce poète dont la vie de grand arpenteur du globe est devenue le symbole d'une résistance singulière à l'entropie de la mondialisation. Quand la globalisation enfouit le monde terrestre sous sa nasse d'images et de produits à échanger, Sylvain Tesson choisit la vie en rase campagne de l'Himalaya à la Sibérie. Mais il sillonne aussi la France ou ce qu'il en reste. Aventurier de l'intérieur il a des acolytes ignorés du grand public. Ainsi du moine de Ligugé François Cassingéna-Trévedy (voir **Cassingéna-Trevedy**) dont le récit sur les routes d'Auvergne, est tout simplement merveilleux. Ou l'ancien maoïste Olivier Rolin dont le roman désespéré *Méroé* (Le Seuil) qui se situe à Khartoum est un éloge de la fuite de l'Occident. Il se peut que Dostoïevski se soit trompé : la beauté ne sauvera pas le monde car les hommes, pour beaucoup, lui préfèrent la laideur et la vulgarité. Le salut est donc, plus que jamais, une affaire personnelle.

Todd Emmanuel : Il est difficile d'émettre un avis sur un homme qui prétend être à la fois un anthropologue tout étant engagé dans les débats publics. Todd est-il un historien ou un idéologue, quel est au juste son statut ? Ce qu'il y a d'ennuyeux avec ce personnage aussi brillant qu'attachant c'est la charge affective de ses prises de positions. Dans son livre *Après la démocratie* (éd. Gallimard), Todd qui, dans les année 1990 était proche de la galaxie souverainiste, comparera Henri Guaino à Goebbels et fera de Sarkozy un disciple inconscient de Carl Schmitt. Emmanuel Todd peut à la fois soutenir les positions économiques du Front national et écrire dans *Qui est Charlie* que les Français deviennent racistes et islamophobes. Il ira jusqu'à soutenir que Zemmour et Finkielkraut n'étaient pas Français puisque non universalistes. Quant à son d'anthropologie des modèles familiaux et aux hypothèses qui en découlent sur l'interférence entre les valeurs idéologiques et culturelles et les systèmes familiaux elle est tout à fait passionnante mais requiert une expertise qui est hors de portée du lecteur non spécialiste.

A lire d'Emmanuel Todd : *Où en sommes-nous ? Une esquisse de l'histoire humaine*, Le Seuil.

Totalitaire (totalitarisme) : Un mot devenu banal et parfois abusif. Quand on pense à la notion de totalitarisme on oublie que l'Espagne franquiste catholique et réactionnaire se voulait un Etat totalitaire quand bien même ce pays ne correspondait pas à la vision qu'Hannah Arendt (voir **Arendt**) a donné du totalitarisme. Pour Arendt, le totalitarisme est une catégorie solidaire de la modernité. C'est la rupture avec l'ordre traditionnel qui plonge la communauté humaine dans l'anomie et transforme des foules anonymes en masses disponibles et mobilisables par les partis révolutionnaires. Ainsi de la Russie soviétique ou de l'Allemagne nazie qui serviront de modèle à Arendt. Mais Arendt va plus loin. Pour elle, est totalitaire tout projet de fabrication de l'homme par lui-même. Certains vont jusqu' à affirmer que la création de l'homme à travers le transhumanisme (voir **transhumanisme**) recouvre des éléments totalitaires. Une idéologie devient totalitaire quand on ne peut y échapper parce qu'elle imprègne la condition humaine toute entière.

Tradition: Un terme qui a disparu des grands débats civilisationnels alors qu'il devrait être fondamental et nous paraît plus riche que celui d'identité, si statique. L'Occident a-t-il des traditions dont il peut se prévaloir ? N'est-ce pas le mal dont nous souffrons que d'être incapable de nous définir à partir de ces supposées traditions ? Ces traditions existent. Celle de la civilisation grecque et romaine, puisque l'*Iliade* et l'*Odyssée* sont les récits fondateurs de l'Europe. Enée, fondateur mythique de Rome, est un guerrier grec et le mythe troyen a nourri la tradition monarchique française. La greffe chrétienne d'où a émané la civilisation catholique est tout aussi fondamentale, et ici encore le mot de tradition nous paraît plus parlant que celui de racines (voir **racines**). Enfin l'héritage cartésien et celui des Lumières sont décisifs pour comprendre la rupture de la Modernité. L'Europe est le fruit fécond d'une tension entre des traditions judéo-chrétiennes et gréco-latines, comme l'écrira Leo Strauss dans son grand livre *Athènes et Jérusalem* (voir **Leo Strauss**). La réduire à une collection d'identité ethniques est évidemment appauvrissant. Mais la transformer en *no man's land* multiculturel et multi-civilisationnel est suicidaire.

Transhumanisme: Un débat très complexe qui concerne à la fois l'anthropologie, la philosophie, la science, la morale et le droit. Si on veut aller au plus simple, le transhumaniste est celui qui considère légitime d'améliorer toutes les capacités humaines. Dites-moi quelle idée vous vous faites de l'homme et je vous dirai si vous pouvez être transhumaniste. Dans *la révolution transhumaniste,* Luc Ferry considère qu'il ne faut pas céder à la paranoïa anti-transhumaniste, puisque la science et la technique, déjà prédominantes dans nos vies ont depuis longtemps modifié notre condition humaine pour l'améliorer. Et il récuse l'argument naturaliste des catholiques pour qui l'homme doit accepter les limites de sa nature et refuser le prométhéisme. Pour Matthieu Terence, lecteur d'Heidegger et Arendt, au contraire le transhumanisme est une idéologie techno-scientifique fondée sur l'idée que l'homme peut s'auto fabriquer et concourir ainsi à maîtriser sa condition en la transformant radicalement. « *L'idéal internationaliste du communisme, c'est le capitalisme qui l'a accompli avec la globalisation. Et l'ultra libéralisme en est la forme la plus radicale. Le Trans humanisme a beau se situer lui-même au-dessus des clivages politiques classiques, il ne pouvait voir le jour à un autre moment de l'Histoire qu'à celui où l'Occident mondialisé imprime ses valeurs et son fonctionnement à l'ensemble de la planète* ».

A lire sur le transhumanisme : *La révolution transhumaniste*, Luc Ferry, éd. Plon.
Le Transhumanisme est un intégrisme, Mathieu Terence, éd. Cerf.

Tribalat Michele : Démographe et sociologue à l'INED (Institut national de la démographie), Michèle Tribalat poursuit un travail de longue haleine sur la réalité de l'immigration (voir **immigration**) en France et ses conséquences. Cela lui a valu d'être ostracisée sournoisement par les idéologues du vivre ensemble, mais sa compétence et la technicité de ses ouvrages très documentés, chiffrés et exempts de polémiques personnelles ou d'ordre général, lui valent une crédibilité indiscutée en la matière. Dans son dernier livre *Assimilation. La fin du modèle français* elle écrit : « *En abandonnant toute exigence à l'égard des immigrés et de leurs descendants avec lesquels les Européens sont sommés de trouver en permanence des accommodements, nous* *avons suscité l'audace des musulmans dont le poids en Europe et tout particulièrement en France n'a cessé d'augmenter. Nous avons sous-estimé la spécificité de l'islam en présumant qu'il ne rendrait pas les musulmans plus difficiles à assimiler que ne l'avaient été les migrants en provenance d'Europe. Nous n'avons pas non plus imaginé qu'ils pourraient se tourner de plus en plus vers la religion et préserver leur potentiel démographique en améliorant la transmission et en pratiquant une endogamie très stricte […] La sécularisation inexorable des musulmans une fois en Europe était une illusion portée par des sociétés très sécularisées – tout particulièrement leurs élites – qui n'ont pas imaginé un autre destin que le leur aux populations venues s'installer en Europe ».*

A lire de M. Tribalat : *Immigration, les yeux grands fermés. L'immigration en France*, éd. Table ronde.

U

Universaliste(me) : Conception philosophique ou religieuse qui concerne tous les hommes sans exclusivité de race, de classe ou d'origine. Les religions chrétienne et musulmane ou les spiritualités tels le bouddhisme sont des universalismes. Dans le domaine des idéologies, on peut dire que le communisme et le libéralisme sont des universalismes puisqu'ils transcendent les nations et se prétendent adaptables à tous les peuples. Existe-t-il des peuples qui peuvent prétendre incarner l'universel ? C'est la prétention d'un pays messianique comme les Etats-Unis mais elle est très contestable. Qu'un pays prétende à un rayonnement universel ne signifie pas qu'il est voué à devenir celui de tous. Qui dit rayonnement ne veut pas dire englobement. Quand de Gaulle dit à Peyrefitte, que « la *France, pays de race blanche et de tradition grecque et chrétienne est universelle* », cela ne veut pas dire que chacun est chez lui en France mais que celle-ci peut rayonner auprès de tous les peuples. C'est justement parce que de Gaulle n'était pas universaliste qu'il n'était pas colonialiste ni impérialiste. Lors de son passage au Levant en 1929, de Gaulle écrit dans *La revue d'Infanterie* à propos des troupes coloniales : « *Il est juste et habile non pas seulement de respecter, mais encore d'encourager leur foi* *en l'avenir de leur race et l'attachement qu'ils portent à leurs terres natales car ils en tirent leur valeur* ». Sur la question coloniale, de Gaulle était dans la lignée de Clemenceau.

V

Valeurs : « *Force, courage à la guerre, dans le combat (le sens du verbe latin* valere *étant être fort)*
« *Je suis jeune il est vrai mais aux âmes bien nées / la valeur n'attend pas le nombre des années* » »
Littré, dictionnaire de la langue française, éd. Larousse, 1985.
Terme dont nous sommes saturés. Un mot surutilisé par les hommes politiques depuis qu'ils n'ont plus grand-chose à dire. Si l'on est un peu psychologue, on ne peut pas manquer de remarquer que les discours sur les valeurs mettent surtout en valeur ceux qui les tiennent. On notera par exemple l'inflation obsessionnelle du mot « valeurs républicaines », chez des gens qui seraient bien embêtés si on leur rappelait le sens que ce mot de « républicain » avait chez Rousseau pour qui la notion de vertu (voir **Vertu**) est fondamentale. On notera aussi que ni Pompidou, ni Giscard d'Estaing n'utilisaient de manière récurrente ce terme de « valeurs ». Est-ce de la laïcité dont il est question ? Mais alors le mot de laïcité suffit. De l'égalité ? De la fraternité ? Tout ceci est assez flou. De Gaulle évoquait la France, l'Etat, la nation et la République, il utilisait peu le terme de « valeur » et, de toute façon, ne se référait jamais à Rousseau. Si j'affirme que j'ai des « valeurs », fort bien, mais en quoi doivent elles faire autorité ? La vérité fait autorité dès

qu'on l'admet pour telle car elle ne peut pas ne pas avoir une portée universelle. S'il est vrai que deux et deux font quatre, cette vérité est valable en tout temps et en tous lieux. Mais qu'en est-il des valeurs ? Régis Debray dans *Allons aux faits : croyances historiques, réalités religieuses* (éd. Gallimard, 2016) enfonce le clou, tout républicain qu'il est : « *N'est légitime et valorisant chez nos officiels que la langue des valeurs, cet édulcorant « citoyen » qui est au sacré civique ce que Walt Disney est à Sophocle, le Nutella à la crème anglaise ou le Mac Do au resto. Nous savons le rôle que joue l'addiction au sucre et au doucereux dans l'infantilisation des peuples. Nos malheureux ministres pour s'adapter à l'air du temps, qui est à la moraline, le complément du règne des chiffres, tartinent leurs discours avec les « valeurs de la république » et on comprend pourquoi : cette douceur ne coute rien. Nos valeurs sont sans pénalités. Elles n'obligent à rien de sérieux ni de précis […] alors que là où il y a du sacré, il y a de l'impératif catégorique. La valeur est molle, le sacré est dur* ». Mou, le règne de François Hollande ? Oui mais une mollesse qui ne fut pas incompatible avec le calcul le plus froid.

Valeurs chrétiennes : Cette notion, très souvent employée dans une certaine presse (*La Croix, La Vie* etc.), est-elle pertinente ? Sur un plan philosophique, la question peut se poser. Le christianisme n'est pas une collection de valeurs mais une foi qui transcende toute valeur, laquelle est par définition relative à la subjectivité de qui y adhère. Dans *Brève apologie pour un moment catholique*, le philosophe Jean-Luc Marion écrit ceci : « *Parler par exemple du vrai, du bon, du beau comme des valeurs équivaut à les disqualifier comme telles. Parler, entre autres, de l'être, de l'homme et de la vérité comme des valeurs, les réduit à l'indignité de simples mots insignifiants. La valeur n'a, par définition, jamais de valeur par soi ni en soi, puisqu'elle* *dépend d'une évaluation. Il n'y a de valeur que boursière, variable et instable, aliénée à la côte qui la fixe, au jour le jour*». Le point de vue de Marion est relativement hétérodoxe dans un certain monde catholique qui se gargarise de ses «valeurs», comme on l'a vu pendant la campagne de François Fillon. Le refus de l'avortement par exemple, relève d'un principe plutôt que d'une valeur. Ou l'on croit que Dieu est au fondement de la vie humaine et que chaque individu a une âme personnelle ou l'on n'y croit pas. Mais si l'on y croit, il est logique de considérer l'avortement comme une sorte de meurtre puisque pour un chrétien ou un juif, un être humain doté d'une âme est en gestation dans l'embryon.

Valeurs de la France: Un des stéréotypes les plus utilisés par les politiques sans que l'on sache toujours ce que ces mots recouvrent. A gauche, on est face à une contradiction à peu près insoluble sur un plan à la fois historique et logique. On intimide les Français infidèles à des valeurs, celles de la République, qu'ils n'auraient pas le droit de renier sans déchoir alors que l'idée républicaine suppose aussi la liberté de ne pas être... républicain. Si les Français n'ont pas toujours été républicains, c'est qu'être français et être républicain sont deux ordres de réalités distinctes. Or, sauf à supposer que les valeurs des Français non républicains n'en sont pas (ce qu'un esprit totalitaire comme Mélenchon a l'air de suggérer), il faut admettre qu'il y eut d'autres valeurs en France que celle de le République, à commencer par celles de la religion catholique qui fut prédominante jusqu'à la Seconde Guerre mondiale au moins. Autrement dit, lorsqu'on réduit les valeurs de la France aux « droits de l'homme » ou à la République, on exclut un grand nombre de Français de la France elle-même. Mais il y a plus absurde encore. Pour certains, le peuple français serait fondé sur des

« valeurs » qui correspondent comme par hasard aux « valeurs de la République ». Or il est très facile de démontrer qu'un peuple ne peut être fondé sur des valeurs. Le peuple allemand qui soutenait Hitler n'a pas cessé d'être allemand quand, dix ans après la chute du Führer, il est devenu atlantiste à l'ouest ou soviétique à l'est. Idem du peuple italien qui légitima Mussolini jusqu'en 1935 et légitima dix ans après le Parti communiste et la démocratie chrétienne. Un peuple peut changer de valeurs sans cesser d'être lui-même. Ce qui constitue le peuple français n'est donc pas des valeurs, fussent-elles républicaines (voir **valeur républicaines**) mais des mœurs et une langue qui constituent une identité relevant à la fois de l'anthropologie et de la culture. Et si la question de l'islam se pose, c'est justement parce qu'il provoque une *rupture* dans les mœurs.

Valeurs humanitaires : Un vieux fond de culpabilité chrétienne, dépareillé de toute croyance, continue d'agir. Est-ce un hasard si les valeurs humanitaires sont les plus prégnantes parmi les classes supérieures de la société ? Selon toutes les enquêtes, les classes supérieures sont favorables à l'immigration et sont contre la peine de mort. Alors de deux choses l'une : ou les classes populaires sont stupides et il faut cesser de prêcher l'égalité et le pacte républicain comme le font les progressistes et restreindre le suffrage universel, ou l'explication de ce phénomène est ailleurs. Nous pensons que si la nouvelle bourgeoisie urbaine est humanitaire et sans frontières c'est que ses valeurs nomades sont parties intégrante de son statut social et moral. N'est-ce pas parce que cette nouvelle bourgeoisie éprouve un mépris quasiment ontologique pour les classes populaires que les immigrés lui paraissent sympathiques ?

Valeurs républicaines : Le monde démocratique est empêtré dans une contradiction insoluble. La démocratie est fondée sur les pluralités des conceptions du Bien puisque chaque individu pense savoir ce qui est bon pour lui. L'idée de vérité – hormis dans le domaine scientifique où elle se prouve ou dans le domaine théologique où elle se révèle à travers la foi – n'a plus de sens dans le monde politique. Hors du monde de la science et de la théologie, la notion de vérité est devenue problématique. Aucun politicien n'évoque jamais la vérité. Tous évoquent leurs valeurs. Sauf que les valeurs ne peuvent avoir un statut de vérité. Elles n'ont d'autorité que pour ceux qui les proclament, ce dont ne semblent pas se rendre compte ceux qui en parlent à tort et à travers. Par définition, la vérité seule peut prétendre à l'universalité puisque son caractère objectif ne dépend pas de mon opinion. Que le soleil se lève à l'est n'est pas une opinion, c'est un fait. Or pour beaucoup, les hommes politiques déclinent leurs valeurs comme si celles-ci avaient un caractère objectif. C'est notamment le cas des fameuses « valeurs républicaines ». Les républicains accusent les sceptiques de relativisme sans comprendre que les valeurs, même républicaines, sont toujours relatives à ceux qui y adhèrent. Le philosophe Jean-Luc Marion écrit ceci : « *On s'étonne d'entendre la classe politique (ou plutôt on ne s'en étonne même plus tant on sait son ignorance des choses) proclamer fièrement qu'elle « défend ses valeurs », « se bat pour ses valeurs »* etc. *Car si la liberté, l'égalité et la fraternité tombent au rang de valeurs de la République, elles ne constituent déjà plus rien et partent en fumée comme ces slogans que scandent certains et que d'autres huent* ». Si elles n'étaient pas relatives à ceux qui les proclament, cela se saurait. Ni Poutine, ni Erdogan, ni Trump, ni le président chinois ne sont républicains. Et chez nous ni Bonaparte, ni Napoléon III, ni Pétain, ne l'étaient. Les « valeurs républicaines » ne sont donc pas universelles, même en France. Du reste, si elles l'étaient, on n'aurait pas besoin de les proclamer en permanence. Le risque encouru par la démocratie est donc la concurrence et la rivalité entre des valeurs qui s'opposent et s'annulent ou du moins se neutralisent.

Valeurs universelles : Une expression parfois utilisée sur le mode incantatoire. Des vertus peuvent prétendre à l'universel, par exemple le courage ou l'intégrité. Mais en quoi la parité des sexes ou la laïcité seraient elles des « valeurs universelles » ? Elles ne le sont déjà pas pour ceux qu'elles sont censées convaincre, sinon pourquoi les en convaincre, comme en témoigne le sondage de *l'Institut Montaigne* de septembre 2016 qui révèle que près de la moitié des jeunes d'origine musulmane en France sont partisans de la séparation entre les sexes. La parité entre les sexes, si chère à Mesdames Badinter et Fourest, n'est une valeur fondamentale ni pour les Indiens, ni pour les Arabes, ni pour les Chinois, ni pour les Japonais et encore moins pour les Africains, ce qui fait pas mal de monde. Comment faire pour que des « valeurs » aient force de loi ? Si je dis : « *mes valeurs sont celles de la laïcité* ». Soit. Mais en quoi font-elles autorité auprès de la tradition islamique ? Comment prouver la supériorité des valeurs laïques sur celles d'une tradition religieuse qui en conteste le fondement ? Absolutiste sur le plan des valeurs (les droits de l'homme), la gauche est souvent (hormis les universalistes comme Elisabeth Badinter) relativiste culturellement sans percevoir la contradiction qui existe entre l'idée d'humanisme universel et celle de parité des cultures (cette contradiction était aussi celle de Chirac). L'égalité entre les sexes émane historiquement de la civilisation occidentale. Si l'on croit en la supériorité de cette valeur on est obligé d'admettre que c'est en Europe qu'elle a été promue. Quand Mustapha Kemal a instauré en Turquie le droit de vote des femmes, il l'a fait au nom d'une Europe à laquelle la Turquie appartenait, selon lui. A ses yeux, l'Europe était dotée d'une supériorité civilisationnelle indéniable. Or la gauche s'arrête toujours à mi-rive pour ne pas se fâcher avec l'islam. Ainsi quand Mélenchon, par exemple, se réclame de « l'humanisme universaliste », il feint de ne pas voir que l'égalité des sexes est le fruit d'une civilisation et d'une seule : l'Europe. Or il n'y a, en toute logique que deux points de vue : ou les valeurs culturelles se valent toutes et nous n'avons aucun jugement à porter sur les pays comme l'Arabie saoudite où les femmes viennent tout juste d'acquérir le droit de conduire, ou toutes les valeurs ne se valent pas et certaines ont plus de valeur que d'autres. On peut aussi adopter un troisième point de vue, à la fois raisonnablement « identitaire » et modérément relativiste, qui défend le droit d'être soi-même sans prétendre en imposer à autrui ni s'en laisser imposer. Tel nous semble être le point de vue de Claude Lévi-Strauss auquel nous adhérons. Nous pouvons être convaincus de la supériorité de la civilisation européenne (c'est notre cas) sur certains plans, sans pour cela considérer les autres civilisations comme des sous-cultures. Que je considère la civilisation grecque classique, où ont émergés la philosophie et les théorèmes mathématiques, comme infiniment plus élaborée que la culture sioux ou celles des Dogons ne signifie pas que je doive les mépriser.

Veau : Il est curieux, mais très signifiant sans doute, que de Gaulle ait choisi cet animal innocent comme emblème de ces Français pour qui il éprouvait condescendance et mépris. Très loin du coq gaulois, le veau est en effet un animal parfaitement inoffensif. Dans son livre *Napoléon et de Gaulle* (éd. Perrin), Patrice Gueniffey relate une anecdote terrible : en août 1944, les Français applaudissaient les libérateurs sur les routes de Normandie comme des vedettes du tour de France, mais ils ne rejoignaient pas leurs rangs composés de nombreux Africains.

Le veau est par excellence l'animal qui regarde. Peut-on assister passivement à sa propre débâcle ? N'est-ce pas le sens même du mot « avachi » ? Pauvre vache qui fait partie en Inde des animaux sacrés. Malheureusement, il n'est pas impensable que les Français, peuple gaulois agressif autrefois, soient devenus un peuple de spectateurs. Le triste spectacle donné lors du fameux débat de la présidentielle a montré des hommes politiques transformés en aide-soignants d'un peuple malade. Il y a trente ans, l'écrivain russe Edward Limonov avait écrit un livre au titre prémonitoire : *Le grand hospice occidental*. Et il y a plus d'un demi-siècle, Alfred Fabre Luce écrivait « *Les Français ne s'intéressent pas à ce qui les tue* ».

Vertu (1) : Le philosophe américain MacIntyre, qui fut marxiste dans sa jeunesse, a écrit un essai extrêmement percutant intitulé *Après la Vertu : étude de théorie morale* qui fut publié aux PUF dans les années 1980. Il entend y démontrer qu'il est impossible de prôner un Bien Commun quelconque sans se référer à une éthique qui ne peut être minimale, contrairement à ce qu'affirment les libéraux de gauche, notamment John Rawls, l'auteur fameux de *Théorie de la Justice*. Selon MacIntyre le bien commun suppose un accord sur la définition du Bien. Il écrit : « *La thèse centrale d'*Après la Vertu *est que la tradition aristotélicienne est le meilleur exemple que nous possédions d'une tradition dont les partisans ont rationnellement le droit d'avoir confiance en ses ressources épistémologiques et morales. Mais une défense historiciste paraîtra nécessairement, aux yeux de certains sceptiques, une entreprise extravagante et paradoxale* ». On a en effet l'habitude de lire Aristote à travers le prisme thomiste de l'Eglise catholique. MacIntyre, à l'instar du grand penseur du droit qu'est Michel Villey (voir **Michel Villey**), considère que la vision rationnelle qu'Aristote se fait de l'éthique est toujours liée à une situation ou à une communauté, elle n'a rien à voir avec une théologie ou à un universel de type kantien ou lévinassien. Il n'y a d'éthique que relationnelle, autrement dit, c'est dans une communauté déjà constituée que l'individu fait l'apprentissage d'une forme de justice. Le bien est celui que les membres d'une communauté désignent comme tel et c'est pourquoi nous l'appelons *bien commun*. Cette conception s'oppose à la conception universaliste kantienne où les individus sont sensés agir selon un impératif catégorique universel transcendant. Converti à la pensée d'Aristote, MacIntyre qui fut trotskiste dans sa jeunesse n'est pas sans rappeler Jean-Claude Michéa qui lui aussi fait référence à Aristote. (voir **Jean Claude Michéa**).

A lire : *Après la vertu*, Mac Intyre, éd. PUF.

Vertu (2) : « Valeur » n'engage à rien, tandis que le mot de vertu engage et c'est pour cela qu'il est si peu usité. Le candidat à la présidentielle Dominique Strauss-Khan pouvait au nom des « valeurs de la République » soutenir le projet abolitionniste de Najat Vallaud-Belkacem et payer des professionnelles pour ses distractions sexuelles privées. Personne ne dit « nos vertus », elles n'appartiennent à personne, tandis que chacun brode sur « ses valeurs ». Et c'est pourquoi ce sont les vertus qui comptent et non les valeurs. Par exemple, personne ne peut bavarder longtemps sur le courage, « *le courage est la seule vertu qu'on ne peut feindre* » (Chantal Delsol dans *Le Figaro du 5 août 2016*) et il est à constater que les vrais héros ne parlent jamais de leurs actes d'héroïsme. On choisit ses valeurs, pas ses vertus qui s'imposent sans que nous ayons à les choisir, même si nous n'en sommes pas toujours conscients. La supériorité des vertus sur les valeurs provient du fait qu'elles ne se discutent pas : elles sont les vraies valeurs universelles. Courage et fierté sont louées dans toutes les civilisations et nul ne fait l'apologie de la lâcheté. Quand un jeune militaire américain a désarmé le terroriste du Thalis, il a agi sur une impulsion qui tient davantage du courage que des valeurs républicaines dont il n'avait sans doute jamais entendu parler. Nous savons tous que le crime commis par le camionneur de Nice le 15 juillet 2016 est un crime monstrueux, il n'y a pas besoin d'avoir des « valeurs » pour cela. Et ce n'est pas la République qui a été profanée par l'assassin de Jacques Hamel, comme l'a prétendu François Hollande, mais une Eglise. Il est d'ailleurs intéressant de constater que l'Eglise catholique évoque les *vertus cardinales* (force, justice, tempérance, prudence) qui ne lui appartiennent pas en propre, elles étaient déjà celles du monde romain. Dans le monde romain, la vertu est liée à la force d'âme qui nous contraint à résister au vice de la corruption ou de la dépravation. La force est supérieure à la faiblesse dans toutes les civilisations, sauf dans la nôtre qui est justement en décadence pour cela. On peut historiciser des notions comme la laïcité ou l'égalité, qui sont des valeurs culturelles. Tandis qu'il est à peu près impossible d'historiciser ou de relativiser les vertus comme la force, la pitié ou le courage, qui sont universelles. La vertu peut être inculquée par l'éducation ou par l'habitude, selon Aristote. Pour Nietzsche elle est la marque des êtres supérieurs, des *aristoi*, qui sont vertueux sans effort, parce qu'ils sont d'une noble constitution. En revanche, pour les chrétiens elle est proprement illusoire sans la grâce, qui provient d'un don de Dieu et nous aide à accomplir la loi naturelle. Ces débats profonds sur la liberté ont à peu près disparu du monde contemporain où chacun se gargarise de ses « valeurs », comme si on pouvait les choisir au BHV.

Vertus (3) : Notre dilemme est donc le suivant : nous ne survivrons comme civilisation que si nous entretenons des vertus qui relèvent d'un héritage de sens. C'est en ce sens qu'il convient d'être conservateur. Dans *Après la Vertu* (PUF) le philosophe aristotélicien Alasdair MacIntyre a pointé la déchéance de l'Occident libéral qui, en rompant avec l'idée aristotélicienne de vertu, ne peut plus mettre de frein à l'exploitation de toutes les bassesses. C'est ici qu'un certain fondamentalisme occidental, qui confond la liberté et le libertarisme, est pris en défaut. Pascal Bruckner affirme que ce qui définit la liberté des Modernes est l'insécurité ontologique. Il a raison, mais cette insécurité sur les fins de la condition humaine ne doit pas nous empêcher de maintenir une distinction ontologique entre vertus et vices, forces et faiblesses, noble et vil. Penser que Dieu n'existe peut-être pas et que nous ne serons pas brûlés en enfer ne doit pas nous empêcher de soutenir qu'il existe des éthiques supérieures. Si on abolit ce clivage pourquoi perdre son temps à éduquer des enfants ? Pourquoi leur transmettre un capital de civilisation et de sensibilité et ne pas leur proposer, dès l'âge de dix ans, de se préparer à devenir informaticien, trader, footballeur ou acteur porno, si tout ce qui compte, est le « développement personnel » et la satisfaction narcissique ? Pour Hannah Arendt comme pour Léo Strauss, mais aussi avant eux, pour Platon et Aristote, une vie, pour qu'elle méritât d'être vécue, devait tendre vers une forme ou une autre d'excellence, la fameuse *arêtè* d'Aristote. Renoncer à ce principe c'est trahir la vocation la plus profonde de l'Europe et donner des armes mortelles à l'islamisme.

Vichy (Régime) : Cette ville est devenue le nom maudit de la pire période de notre Histoire nationale. Est-il possible d'évoquer cette époque et ce lieu sans tomber dans le *pathos* de la dénonciation ou de la repentance ? Peut-être en prenant ses distances et en usant de ce « regard éloigné » dont Claude Lévi-Strauss gratifiait les apprentis anthropologues. Durant la campagne présidentielle, Marine Le Pen a cru bien faire en affirmant que « Vichy n'était pas la France », à l'instar d'Henri Guaino qui n'est pas stigmatisé quand il dit cela et qui ne fait d'ailleurs que répéter ce que de Gaulle disait. Sauf que ce discours n'est plus tenable car il relève de la légende romantique. Vichy n'était heureusement pas toute la France, mais il en a fait partie au vu de la popularité du Maréchal Pétain dont l'Etat avait été reconnu par les Etats-Unis. Non, de Gaulle à Londres n'était pas « La France ». Il en fut le héros grandiose, mais la France n'était pas toute avec lui, loin s'en faut et il le savait très bien. La France était en réalité disséminée entre Londres, Vichy, l'Afrique du Nord du futur Maréchal Juin qui fut vichyste avant de rejoindre le camp des vainqueurs. Et elle était avec les troupes franco-africaines du général Leclerc, lors du serment de Koufra. Il est vain et futile de dissocier complètement la France des Français. Ou alors s'il en est ainsi, il faut considérer le futur Maréchal De Lattre de Tassigny qui fit partie de l'armée de Vichy comme un traître jusqu'à son engagement qui fit de lui le plus glorieux des soldats de la Libération. On sait aujourd'hui que s'il y eut des traîtres à Vichy, qui aspirèrent à une France germanisée et nazifiée, il y eut aussi d'authentiques patriotes qui crurent de bonne foi en la légitimité du Maréchal Pétain. Tous les historiens aujourd'hui admettent cette réalité. La responsabilité de Pétain dans l'exclusion et la déportation des juifs français ne fait pas de lui un acolyte d'Hitler dans la Shoah parce que l'intentionnalité exterminatrice n'était pas son fait. Jamais Pétain, dont l'antisémitisme est indéniable, n'a eu un propos dans ce sens. Selon Marc Ferro, qui revint de déportation en 1944, Pétain n'était pas averti ni même conscient d'une solution finale qui était pour un résistant juif comme Raymond Aron tout simplement impensable.

A lire sur l'histoire de Vichy : *Nouvelle histoire de Vichy*, Michele Cointet, éd. Fayard.

Vico Giambattista: Ce philosophe napolitain contemporain des Lumières fut classé par Zeev Sternhell comme un penseur anti-Lumières, d'où la réputation de sombre penseur réactionnaire qui lui est attachée. En réalité, Vico dont l'œuvre est découverte en France par Michelet, est considéré par certains comme le plus grand philosophe italien de l'histoire (notamment aux yeux de l'hégélien Benedetto Croce). Disciple de Platon et d'Aristote, fer de pensée biblique en qui voit la marque de la révélation chrétienne, Vico s'oppose à l'artificialisme des Lumières et à leur vision contractualiste du droit. Les sociétés humaines n'ont pas eu besoin de la notion moderne de droit naturel pour se civiliser car elles possèdent ses conditions en elles-mêmes. Les traditions et les mœurs sont pleines de sens et de sagesse, pour Vico qui d'une certaine manière annonce Burke. En outre, et à contrario de Descartes, Vico réhabilite l'imagination humaine porteuse d'archétypes. Il établit une analogie entre les premières sociétés archaïques où les hommes voient les Dieux à l'œuvre dans les phénomènes naturels qu'il nomme *Âge des Dieux*. Puis vient *l'Âge des héros* incarné notamment par les Grecs de l'Iliade, et enfin *l'Âge des hommes*, lorsque la raison devient prédominante sur le mythe à partir de l'époque romaine. Ce clivage entre le mythe et la raison rappelle à certains égards le clivage que Nietzsche et Heidegger ont instauré entre la pensée pré-socratique archaïque et le développement de la dialectique socratique qui instaure *l'Âge des hommes*. Un des aspects les plus étonnant se sa pensée réside dans l'analogie qu'il développe entre les âges de la vie et l'histoire cyclique des peuples. L'enfance est le moment privilégié où nous sommes sous l'emprise du mythe, d'où la puissance de l'imagination tandis que l'âge adulte n'est lui-même que sous l'emprise de la raison. Le philosophe français qui a le plus commenté Vico est à n'en pas douter Pierre Boutang, qui évoque sa pensée dans son grand livre sur la Fontaine mais aussi dans *l'Ontologie du secret*. (voir **Boutang**)

A lire de Giambattista Vico : *La Science Nouvelle*
Sur Vico : *Vie et mort des nations, lecture de la Science Nouvelle de Giambattista Vico*, Alain Pons.

Villey Michel : Le penseur catholique occulté par le monde catholique français. Philosophe et historien du droit, Michel Villey est l'auteur d'une œuvre importante qui suscite le respect du monde des juristes, toutes tendances confondues. Spécialiste du droit romain et aristotélicien convaincu, ce catholique a été un fervent défenseur de la pensée de Saint Thomas et un critique virulent de l'idéologie des droits de l'homme à laquelle l'Eglise s'est convertie après la Seconde Guerre mondiale. Dans un livre aussi incisif que puissant : *Le droit et les droits de l'homme* (éd. PUF, 1981), Villey établit la généalogie de ce qui constitue pour lui une hérésie chrétienne née de la rupture avec la pensée d'Aristote.Notamment à travers l'œuvre du moine franciscain Guillaume d'Okham au XIVe siècle et dont le nominalisme, à savoir l'idée qu'il n'existe que des individus concrets, rompt avec la théologie « réaliste » de Saint Thomas. Pour Villey, Hobbes comme Luther sont okhamistes. Le protestantisme et le libéralisme, donc la philosophie des droits de l'homme tend à absolutiser l'individu est non chrétienne. « *L'évangile n'a pas été fait pour procurer des recettes de droit. En déduire des rapports de droit est une faute d'interprétation. C'est trahir leur sens. L'Evangile n'a pas condamné les institutions juridiques romaines – la propriété, l'esclavage – ni ne les approuve : elle n'en dit rien* ». Et pour cause explique Villey : ce n'est pas son propos. L'Evangile annonce le salut personnel par la foi, il n'a rien à voir avec le droit, ni avec la politique qui relèvent de la raison naturelle. Pour Michel Villey, Saint Thomas est un immense philosophe rationaliste dont la pensée montre et démontre la puissance du *logos*. L'hérésie okhamiste qui va ouvrir la voie à Hobbes (voir **Hobbes**) puis à Luther est fondée sur une perte de confiance en la raison comme matrice du bien commun. L'individu perd confiance en l'institution, l'Eglise ou l'Etat et se réfugie dans son intériorité, seule source de vérité et d'authenticité. Ce retrait dans la subjectivité va générer l'individualisme qui est au fondement du protestantisme.

A lire de Michel Villey : *Le Droit et les droits de l'homme*, éd. PUF.

Virilité (Dévirilisation) : La virilité est-elle une valeur en berne en Occident ? C'est la thèse défendue sous des aspects différents et plus ou moins polémiques par Éric Zemmour, Alain Soral et l'auteur de ces lignes. Cette intuition de plus en plus partagée par les femmes ne suppose pas forcément la nostalgie d'un ordre patriarcal. Quand on observe par exemple la publicité faite par les médias au dernier film d'André Téchiné, *Nos années folles*, qui raconte l'histoire d'un homme qui, sous l'instigation de sa femme, se fait lui-même passer pour une femme pour échapper à la guerre de 14 et continue après-guerre, on ne peut contester qu'il existe un malaise dans le « genre ». Pourquoi être viril si la virilité n'a plus de valeur dans un monde postmoderne que défie un islam qui se refuse à lui ressembler ? Dans *le Point* du 6 septembre 2017, Catherine Millet que l'on ne peut soupçonner de vouloir restaurer l'inégalité entre les sexes affirme : « *C'est un constat, un féminisme généralisé a forcé les hommes à abdiquer, les a dévirilisés à force de les culpabiliser ; et l'une des conséquences est qu'un homme dévirilisé ne satisfait plus une femme [...] Si les hommes conservent bien sûr du pouvoir dans la vie sociale, ils sont, au plan domestique, asservis. D.H. Laurence parle des « femmes coqs » et des « hommes poules ». J'y pense chaque fois que je vois passer dans la rue un homme qui marche les reins creusés, comme* *une femme enceinte, parce qu'il porte sur le ventre un bébé harnaché. Personnellement je suis très frappée par le discours ambiant sur les « agressions sexuelles ». Certes un viol est un crime, mais il y a une tendance à assimiler de plus en plus le moindre geste « déplacé » à un viol. Il faudra un jour ou l'autre, remettre un peu d'ordre dans tout ça…* » On croit rêver ! Zemmour et Soral ont été brulés en place publique pour moins que ça ! Qu'attendent Caroline de Haas, Raquel Garrido, Clémentine Autin et toutes les insoumises d'un pouvoir patriarcal qui a disparu pour exclure Mme Millet de la communauté des femmes progressistes ? Les succès mondiaux du médiocre roman *Cinquante Nuances de Ggey* auprès des femmes témoigne que celles-ci sont sur le plan du fantasme bien plus attiré par les hommes dit « dominants ». Le héros Christian Gray allie tous les stéréotypes. Il est beau, riche etc. On retrouve ces stéréotypes un peu débiles dans la collection *Arlequin*. Mais qui dit profusion de stéréotypes dit en fait archétype. Affirmer que ces stéréotypes sont liés à nos constructions culturelles est à la fois tautologique et creux. Evidemment que ce sont des constructions mais pourquoi y adhérons-nous donc ? Toutes les enquêtes montrent que les femmes préfèrent être séduites par des mâles à la fois tendres et forts que s'envoyer en l'air avec des hommes nounous qui portent leurs bébés sur le ventre. « *Oui la femme* (tiens la femme ça existe donc ?) *veut être respectée dans sa dignité, mais non, elle ne veut pas d'un homme qui freinerait ou réprimerait ses désirs pour ne pas la heurter. L'érotisme est sans doute le seul lieu (mais si essentiel) où l'opposition virilité-force et féminité-abandon mérite d'être conservée ce qui au demeurant n'exclut ni le renversement des rôles (la femme cherchera un homme doux, l'homme efféminé une femme forte) […] Aucune femme n'a envie d'être violée ni même violentée c'est une certitude mais dans l'espace-temps érotique (distinct de l'espace-temps social) librement consenti et ordonné au seul plaisir, nombreuses sont celles qui aiment céder au vertige de la soumission, de la capitulation, voire de l'humiliation, allant jusqu'à réclamer fessées et « punitions ». Faudrait-il les en priver au nom de la morale anti sexiste ?* » écrit Olivia Gazalé dans un livre très percutant, *Le mythe de la virilité, un piège pour les deux sexes* où elle remarque qu'il n'existe pas de correspondant féminin au mot viril. Au masculin répond le féminin, au mâle la femelle, à l'homme la femme. Viril est sans répondant. Pourquoi ? Parce qu'il est un « idéal » construit par la culture grecque qui est au fondement de l'Occident. Dans son livre, Olivia Gazalé incrimine cet idéal parce que il induit une hiérarchie mais lui rend aussi hommage, à son insu, car elle admet qu'il est plus difficile d'être viril que de devenir une femme. Tous les hommes ne peuvent être viril, cette disposition peut leur manquer sans que cela soit infâmant. Ne pas être viril ne signifie pas que l'on est un sous-homme, un mot qui n'a pas de répondant chez l'autre sexe, puisqu'on ne parle pas de « sous femme », ce qui en dit long sur notre croyance en la valeur de la virilité. Qui peut nier que Jean-Paul Belmondo ou Lino Ventura pour prendre ses exemples archétypiques soient des hommes virils ? Le viril n'est pas le machisme : c'est une relation au monde fondé sur une forme de puissance. Une femme n'a pas à prouver sa féminité, elle est féminine ou elle ne l'est pas. Autrement dit, il y a beaucoup plus de femmes que d'hommes et pas seulement numériquement. Ce n'est pas parce qu'en effet peu d'hommes sont virils à notre époque qu'il faut jeter aux orties cette disposition. Les féministes s'acharnent, on le sait, sur les hommes qui sont encore dotés de virilité, la haine des féministes à l'endroit de Sarkozy ne s'explique pas autrement. Mais demandons aux femmes si elles préfèrent passer la soirée avec Vladimir Poutine ou avec François Hollande et nous verrons ce qu'elles répondront.

A lire sur le thème : *Le mythe de la virilité, un piège pour les deux sexes*, Olivia Gazalé, éd. Robert Laffont, 2017.

Vivre ensemble : Le plus récent des stéréotypes et aussi le plus niais. Il est remarquable que des hommes politiques usent d'un terme qui n'a pas de sens précis mais dont on se sert pour se rassurer. Si « vivre ensemble » signifie côtoyer des gens que nous n'avons pas choisi dans les rues, les restaurants ou le métro, c'est ce que nous faisons tous les jours sans y penser puisque c'est la normalité même de la vie sociale. Mais le vrai « vivre ensemble » commence lorsque nous partageons notre intimité ou notre *privacy*, comme disent les Anglais et il est impraticable sans affinités. Le vivre ensemble sans affinités s'appelle promiscuité. Or cette promiscuité commence quand s'imposent des gens auprès de qui nous ne souhaitons pas vivre. Ainsi de ces femmes en *nikabs* dont l'accoutrement empêche, par définition, toute forme de communication et qui sont justement la négation de ce vivre ensemble auquel on nous exhorte. Ici commence l'hypocrisie et le malentendu. Nous sommes tous pour l'accès public aux plages mais nous n'avons pas forcément envie de rester des heures à côté de gens bruyants ou qui nous rebutent. Et c'est du reste ce que nous faisons en vivant entre gens du même « monde », sans même nous en rendre compte. A contrario, il est dur d'admettre que l'on est aussi cet autre que d'autres peuvent vouloir éviter, puisque nous sélectionnons notre entourage et que les autres en font autant avec nous. Nous touchons ici à la limite de tout discours humanitaire car cette loi est aussi valable pour les grandes consciences. Je peux avoir de la compassion pour celui qui souffre sous mes yeux, ce n'est pas pour cela que nous aurions été amis. A vrai dire, il semble que trois motifs fondamentaux poussent les humains les uns vers les autres. L'instinct de conservation, le calcul ou l'intérêt, puisque nous ne pouvons-nous suffire à nous même. Le désir sexuel qui nous meut vers les êtres qui nous attirent et enfin les affinités de tous ordres, intellectuelles, philosophiques morales etc. qui génèrent de l'amitié. Hormis ces trois instincts, nous ne faisons, la plupart du temps, que nous supporter. Dans *Vernon Subutex 3*, la sulfureuse Virginie Despentes règle son compte à la mystification du vivre ensemble. « *On n'a pas envie de vivre ensemble. Ce n'est pas vrai que les cultures se mélangent dans un chatoiement harmonieux avec des bébés métis partout qui gambaderaient en gazouillant. Ça se voit à l'œil nu que ça ne marche pas comme ça. Et bien ils ne veulent pas en entendre parler. Ils sont coincés dans leur idée de Pub Benetton depuis les années 80 et ils n'en démordent pas* ». Et sur les gauchistes et autres apologues de la fraternité : « *Ils s'offusquent [...] que musulmans et chrétiens aient du mal à cohabiter. Est-ce qu'ils se mélangent eux ? Ils l'ont sous les yeux, la superbe réciproque. Personne ne peut sacquer personne [...] Ce que tout le monde cherche, au final, c'est l'entre-soi* » ? Despentes est une sorte de Soral de gauche. Heureusement pour elle qu'elle est une femme...

Vivre ensemble (2) : Il nous fallait subir le discours sur le vivre ensemble de l'Etat et des médias, voilà maintenant que l'Eglise catholique nous y exhorte avec un Pape François qui semble avoir compris que le langage des médias et celui de l'Eglise pouvaient converger. Etrange culte que celui de de « l'autre » que l'on tient néanmoins à distance afin de ne pas trop se confondre avec lui. Quand la ville de Versailles acceptera ses contingents de Roms près du château nous en reparlerons. Il est un fait que l'on aspire à vivre plutôt avec des gens qui nous ressemblent. Qui sont les grands bourgeois catholiques qui choisissent de vivre avec les classes populaires, immigrées ou non ? On imagine mal Mauriac et Claudel installés Porte de La Chapelle. Ayant vécu dans une ZUP de la banlieue d'Aix où ma famille était entourée d'immigrés africains mais aussi d'enfants d'ouvriers espagnols, je peux en témoigner : les enfants ressentent fortement les distinctions sociales. Mon père, magistrat de gauche qui votait parfois communiste, souffrait de la promiscuité ethnique. Il a été heureux de déménager dans une résidence bourgeoise. Dans son livre *Immigration la Catastrophe, Que faire ?* (éd. Via Romana), Jean-Yves le Gallou donne l'adresse des membres du Conseil Constitutionnel : tous habitent les beaux quartiers de la capitale ou de la banlieue proche. Le prêchi-prêcha des clergés divers qui affirment la beauté de la diversité humaine tout en s'en prémunissant est plus que déplacé : indécent.

Voile : Ce terme maritime est devenu, aux yeux de beaucoup l'emblème de l'islam militant. Au point d'occulter un fait historique : le voile a longtemps fait partie de la condition féminine, notamment dans le monde chrétien, comme le démontre l'historienne italienne Maria Giuseppina Muzzarelli dans *Histoire du voile. Des origines au foulard islamique.* Les femmes chrétiennes portèrent le voile avant les musulmanes, sous l'injonction de Saint Paul qui les exhorte à cacher leurs cheveux dans *l'Epître aux Corinthiens* pour exprimer leur soumission à Dieu d'abord, à l'homme ensuite. Saint Paul ne badinait pas avec ces questions vestimentaires. En islam, il y a plusieurs sortes de voiles : le *hijab* qui couvre la tête est le plus acceptable car il ne masque pas le visage. La *burka* et le *nikab* qui recouvrent les traits proviennent des pays du Golfe ou de l'Afghanistan. En réalité, chacun sait que le voile est l'arbre qui cache la forêt. Nul n'est dérangé par une femme voilée dans un amphithéâtre mais si celui-ci se couvre de voiles, le malaise s'instaure. Car le voile signifie à l'homme qu'il doit s'abstenir de regarder une femme, cette fameuse « convoitise » que condamnait déjà Saint Paul. C'est une mesure liberticide incompatible avec tous nos héritages culturels européens puisque, de Rome à la Germanie en passant par la Gaule, les sexes n'ont jamais été dissociés dans l'espace public. Il faut donc prohiber le voile intégral au nom du droit que les hommes ont de regarder les femmes et du droit que celles-ci ont d'être regardées ! Le vivre ensemble fondé sur l'impossibilité de se rencontrer. Voilà l'extraordinaire trouvaille du multiculturalisme version Edwy Pleynel et consorts !

A lire : *Histoire du Voile des origines au voile islamique*, Maria Giuesppina Muzzareli, éd. Bayard.

Voltaire : Ce représentant d'un certain esprit français est peut-être l'écrivain qui est le moins lu en France. Comme l'a montré Guillaume Métayer dans une remarquable étude *Nietzsche et Voltaire : de la liberté et de l'esprit de civilisation*, Voltaire a été victime d'un formidable détournement de sens par la IIIe République qui allait le panthéoniser en en faisant un penseur du progrès, à l'instar de Condorcet, alors que Voltaire était un libre penseur élitiste et sceptique. S'il n'en était pas ainsi on ne voit pas comment Nietzsche, qui savait lire, a bien pu le considérer dans *Aurore* qu'il lui dédie comme un alter égo des grands penseurs de l'Antiquité ? L'idéologie républicaine a donc projeté sur Voltaire son progressisme moral et humanitaire. Si Voltaire était un défenseur intraitable des droits individuels face à l'arbitraire royal ou religieux, il n'était nullement acquis à l'idée d'une société démocratique puisqu'il soutenait, au contraire, à l'instar de Platon, l'idée que le peuple, la « populace » ne pouvait se gouverner elle-même. Humanitaire plutôt qu'humaniste, Voltaire était tout à la fois judéophobe et islamophobe comme le montrent ses écrits sur Mahomet. La gauche n'a aucune légitimité pour s'en réclamer à moins de ne pas l'avoir lu… ce qui n'étonnera personne. Il n'est pas récupérable non plus par la droite traditionnelle pour son anti-christianisme et son libéralisme. Inclassable en somme, tel fut Voltaire, à l'instar de moult esprits libres.

A lire sur Voltaire : *Nietzsche et Voltaire : de la liberté et de l'esprit de civilisation*, Guillaume Métayer, éd. Flammarion, 2014.

W

Weil Simone : Il n'est plus possible d'ignorer l'œuvre et la vie de Simone Weil qui est l'une des figures les plus étonnantes du XXe siècle. Et des plus controversées aussi tant elle apparaît parfois dogmatique dans ses jugements politiques et religieux. Que Simone Weil fut aussi une « malade » dont Georges Bataille (voir **Bataille**) a campé le portrait dans *Le Bleu du Ciel*, roman où il narre sa rencontre avec le mystique, n'est évidemment pas à exclure. Mais la folie et la maladie mentale n'excluent pas le génie, on ne le sait que trop depuis Nerval, Nietzsche et tant d'autres. Or ce génie apparaît ici et là, par fulgurances dans *La pesanteur et la Grace* et *l'Enracinement ou Prélude à une déclaration des devoirs envers l'être humain*, deux œuvres étranges où cette philosophe influencée par le traditionaliste chrétien Gustave Thibon a campé sa vision de l'être. Platonicienne radicale, Simone Weil avait sans doute plus d'affinités avec l'hindouisme et la gnose dualiste des Cathares qu'avec le christianisme. Elle honnissait Rome et Israël, « puissances charnelles » à ses yeux et a écrit sur l'incompatibilité de la féminité et du *logos* des textes qui la feraient brûler vive par les féministes. A ses yeux, une femme ne pouvait accéder au génie au sens philosophique ou mathématique (que pratiquait son frère André Weil) qu'en sacrifiant sa féminité sur l'autel de la pensée pure. Ce qu'elle fit avec une application inouïe, refusant non seulement la maternité mais la sexualité elle-même.

A lire de Simone Weil : *Œuvres complètes*, éd. Gallimard.

Weil Simone (2) : Fallait-il subir une tel unanimisme concernant une femme que l'on peut tenir pour très honorable mais qui n'est pas une figure aussi consensuelle que l'on a pu dire ? L'emphase mimétique à laquelle tous les médias se sont prêtés a permis de vérifier, une fois de plus, que la France n'est pas, ou n'est plus, le pays de la liberté de l'esprit mais celui du consensus de façade et de la dissidence en sous-mains. L'unanimité est parfois malsaine car elle occulte des réserves qui peuvent être légitimes. Le statut de victime du nazisme *ad aeternam* de Simone Weil peut-il garantir qu'elle ait toujours eu raison sur tout ? En outre, voir à son enterrement solennel des figures aussi déconsidérées que Dominique Strauss-Kahn a pu générer un malaise. Simone Weil incarnait l'opposé du relativisme ambiant, une forme d'honneur égaré dans un monde qui n'en a plus rien à faire. Faut-il alors parler de palinodie ?

X

Xénophobie : Une notion que l'on confond trop souvent avec le racisme qui suppose une hiérarchie explicite entre les groupes humains tandis que la xénophobie exprime une forme de méfiance ou de rejet qui ne signifie pas toujours un sentiment de supériorité et parfois même indique le contraire. La xénophobie germanophobe de certains français, à gauche notamment, exprimerait plutôt un complexe d'infériorité. Le xénophobe craint pour l'intégrité du groupe auquel il appartient et appréhende l'intrusion de l'étranger comme une menace. Ce sentiment est plus ou moins partagé mais il est universel. Il est de notoriété publique qu'en Corse par exemple on est parfois spontanément xénophobe d'un village à un autre, ce qui n'induit aucun racisme. Il se pourrait par ailleurs que cette hantise soit plus forte chez l'insulaire. On évoque souvent la xénophobie des Japonais. Mais le racisme spontané des Chinois vaut-il mieux ? Claude Lévi-Strauss qui aimait le Japon soutenait que les peuples ont le droit de protéger leur intégrité culturelle et ethnique. Les groupes humains ont le droit de cultiver l'idée qu'il se font d'eux-même. « *Nous ne ressemblons qu'à nous-mêmes* » proclamait Kemal Ata Türk fondateur et père de la nation turque.

Z

Zemmour Eric : David qui a renversé Goliath. Qui pouvait penser que ce « petit juif » surdoué allait ébranler le pachyderme ambiant, fait de lâcheté et de conformisme, du politiquement correct ? Qui eut parié qu'à lui seul, tel un bélier auquel il ressemble de manière frappante, il allait fracasser la média sphère avec son « *Suicide français* » ? En réalité Zemmour, outre son talent et sa pugnacité, a pour lui d'être juif, autrement dit inattaquable sur les questions mémorielles liées à Vichy. Il ne traîne donc pas à ses guêtres le vieux péché originel de l'antisémitisme. Il est ce que l'on appelait autrefois un « israélite » et n'est pas plus sioniste que cela. La force du patriotisme de Zemmour est qu'il est cohérent. On est Français ou on ne l'est pas. Conditionner l'amour de la France à la République et à ses valeurs c'est la tuer. Pourquoi ceux qui n'aiment la France qu'à la condition qu'elle soit prétendument universelle ne lui donnent-ils pas congé, puisque ce qu'ils aiment est une idée qu'ils peuvent tout aussi bien mettre en œuvre ailleurs ?

A lire absolument d'Éric Zemmour : *Le suicide français*, éd. Albin Michel.

Index

A

B

C

D

H

I

J

K

L

M

N

O

P

Q

R

S

T

U

V

Dans la même collection

Jean-Claude **Barreau**, *Tout ce que vous avez voulu savoir sur Israël sans jamais oser le demander*, 2011

Jean-Claude **Barreau**, *Sans la nation, le chaos. L'Aveuglement des élites*, 2012

Jean-Claude **Barreau**, *Liberté, Egalité, Immigration ?*, 2016

Thierry **Baudet**, *Indispensables frontières* (traduit de l'anglais), 2015

Christopher **Booker** & Richard **North**, *La grande dissimulation – Histoire secrète de l'UE* (traduit de l'anglais), 2016

Jean-Louis **Butré**, *L'Imposture, Pourquoi l'éolien est un danger pour la France*, 2008

Christopher **Caldwell**, *Une révolution sous nos yeux, Comment l'islam va transformer la France et l'Europe* (traduit de l'anglais USA), 2011

José **D'Arrigo**, *Marseille mafias*, 2012

José **D'Arrigo**, *Faut-il quitter Marseille*, 2015

Alexandre **Del Valle**, *Le complexe occidental*, 2014

Alexandre **Del Valle & Randa Kassis**, *Comprendre le chaos syrien*, 2016

Alexandre **Del Valle**, *Les vrais ennemis de l'Occident*, 2016

Christophe **Dutrône**, *La Victoire taboue. Algérie, la réussite tactique de l'armée française*, 2012

David **Engels**, *Le Déclin. La Crise de l'Union européenne et la chute de la République romaine, analogies historiques*, 2013

Laurent **Fidès**, *Face au discours intimidant – essai sur le formatage des esprits à l'ère du mondialisme*, 2015

Christian **Gerondeau**, *Ecologie, la fin des illusions*, 2012

Christian **Gerondeau**, *Co_2, un mythe planétaire*, 2010

Christian **Gerondeau**, *Climat : j'accuse*, 2015

Christian **Gerondeau**, *Climat la grande manipulation*, 2017

Andrew **Hussey**, *Insurrections en France* (traduit de l'anglais), 2015

Robert D. **Kaplan**, *La Revanche de la géographie* (traduit de l'anglais – USA), 2014

Matthias **Küntzel**, *Jihad et haine des Juifs* (traduit de l'Allemand), 2015

Anne-Sophie **Nogaret**, *Du Mammouth au Titanic*, 2017

André **Perrin**, *Scènes de la vie intellectuelle en France*, 2016

Rémy **Prud'homme**, *L'Idéologie du réchauffement*, 2015

Ingrid **Riocreux**, *La Langue des médias*, 2016

Bruno **Riondel**, *Considérations inconvenantes sur l'Ecole, l'Islam et l'Histoire en France à l'ère de la mondialisation*, 2015

Bruno **Riondel**, *Cet étrange Monsieur Monnet – Biographie*, 2017

Thilo **Sarrazin**, *L'Allemagne disparaît* (traduit de l'allemand), 2013

Roger **Scruton**, *De l'urgence d'être conservateur* (traduit de l'anglais), 2016

Oskar **Slingerland** & Maarten **Van Mourik**, *La Crise incomprise*, 2013

Michèle **Tribalat**, *Assimilation la fin du modèle français*, 2013

Michèle **Tribalat**, *Statistiques ethniques, une querelle bien française*, 2016

Tarik **Yildiz**, *Qui sont-ils ? Enquête sur les jeunes musulmans de France*, 2016

Jean-Louis **Vullierme**, *Miroir de l'Occident – le nazisme et la civilisation occidentale*, 2014

Tous les titres sont aussi disponibles en version numérique.

MAQUETTE ET MISE EN PAGES

Zeharbegi@

ACHEVÉ D'IMPRIMER EN SEPTEMBRE 2017
SUR LES PRESSES DE L'IMPRIMERIE CORLET S.A.
À CONDÉ-SUR-NOIREAU (14)
DÉPÔT LÉGAL : JANVIER 2018. N° D'IMPRESSION 144158
Imprimé en France

Elisabeth Glas

Bayerische Bäuerinnen kochen

Einfach gute Rezepte

Edition Löwenzahn

Die Deutsche Bibliothek - CIP-Einheitsaufnahme

Glas, Elisabeth:
Bayerische Bäuerinnen kochen : einfach gute Rezepte / Elisabeth Glas. -
Innsbruck : Ed. Löwenzahn, 1996
ISBN 3-7066-2129-0

Andreas-Hofer-Straße 38, A-6010 Innsbruck
Printed in Austria

Satz: Hell
Umschlag: rudo*fex*
Druck: Wiener Verlag

Gedruckt auf umweltfreundlichem, chlor- und säurefreiem Papier

Vorwort

Die Autorin läßt Sie teilhaben am Erbe unserer Eßkultur und stellt Ihnen traditionelle Gerichte aus Altbayern, Franken und Schwaben vor.

Sie entdeckte vielseitige, altbewährte, regional typische Gerichte, die schon Gefahr liefen, in Vergessenheit zu geraten.

Die Gerichte sind Zeugen bäuerlicher Vergangenheit, die es wert sind, in Rezepten festgehalten zu werden.

Die Autorin hat ihre langjährigen Erfahrungen, ihre großen fachlichen Kenntnisse und ihre besondere Sorgfalt im Umgang mit Lebensmitteln eingebracht und trägt somit steigendem Qualitätsbewußtsein der Konsumenten und einer gesunden Ernährung Rechnung.

Für den Verbraucher sind deshalb die erprobten Zubereitungen und genauen Mengenangaben sehr hilfreich, weil sie ein leichtes Nachkochen der Gerichte ermöglichen, ferner Freude beim Kochen schenken, Genuß und Zufriedenheit beim Verzehr aufkommen lassen und Tradition sichern.

Zum Erwerb dieses Kochbuches beglückwünscht Sie

Emma Sigl
Hauswirtschaftsdirektorin i. R.
Ehemalige Leiterin der Landwirtschaftsschule München
Abt. Ernährung und Hauswirtschaft

Bayern ist geprägt durch sein abwechslungsreiches Landschaftsbild mit Bergen, Tälern, Wiesen, Wäldern, Seen und Flüssen.
Ebenso abwechslungsreich und vielfältig zeigt sich ein Streifzug durch die bayerische Küche.
Die bäuerliche Küche, die wohl noch die traditionellste ist, verarbeitet Getreide, Milch, Rahm, Butter, Fleisch (nur selten), Fisch, Gemüse, Pilze, Beeren und Kräuter als Hauptnahrungsmittel.
Doch leider ist im Zeitalter der Fast-Food-Ernährung (Mikrowelle und Fertigprodukte) das Schöne und Gute, das uns Mutter und Großmutter aus ihrer Küche zauberten und von dem wir heute noch oft träumen, in Vergessenheit geraten.
So bereitete mir das Sammeln der Rezepte besonders viel Freude, da ich im Gespräch mit den Bäuerinnen manche Kindheitserinnerungen weckte.

Beim Ausprobieren der Rezepte stellte ich fest,

- daß es für die Zubereitung nur eines kleinen Einkaufszettels bedarf
- daß mit sehr viel Einfallsreichtum, Phantasie, Sorgfalt und Liebe gekocht wurde
- daß viele Rezepte auf Vorrat hergestellt werden können

Danken möchte ich:

- Frau Hauswirtschaftsdirektorin Emma Sigl für das Vorwort und ihre motivierende Unterstützung zu diesem Buch
- meiner Mutter für ihre Mithilfe beim Zubereiten und meiner Familie für das Essen, auch über die schwäbische Region hinaus
- dem Photographen
- meinen Kolleginnen an den Staatlichen Beratungsstellen für Ernährung und Hauswirtschaft an den Ämtern für Landwirtschaft und Ernährung, vor allem Marianne Brandstetter, Andrea Fina, Rita Hornauer und Maria Sommer

Ich wünsche Ihnen viel Freude und gutes Gelingen beim Ausprobieren der Rezepte und allen, die davon essen, einen recht guten Appetit!

Elisabeth Glas

Inhaltsverzeichnis

Schwaben

Suppen

Fleisch- und Fischgerichte

Fleischlose Hauptgerichte

Beilagen

Nachspeisen und Gebäck

Verschiedenes

Oberbayern

Suppen

Fleisch- und Fischgerichte

Fleischlose Hauptgerichte

Beilagen

Nachspeisen und Gebäck

Verschiedenes

Lexikon

A Voressa	Kuttelfleck
Äbirn	Kartoffeln
Datschi, Dätscher, Dotsch	flacher (gedätschter) Kuchen
Eierschwammerl	Pfifferling
Flädle	Pfannkuchen
Gruiba, Grammeln, Gröim	Grieben
Hiffen	Hagebutten
Holler	Holunder
Hoaba	Heidelbeeren
Knöpfle	Nockerl
Kräutel	Kerbel
Kümmerle	Gurken
1 Mäßle Mehl	1 kg Mehl
Pflanzl	Laibchen
Rana	rote Rüben
Reherl	Pfifferling
Schnattra, Schnuddern	Zwiebelröhrle
schupfen	hin und her rollen
Speckln	ausgebratene Speckwürfel
Wammerl	geräuchertes Beinfleisch vom Schwein
Weck	Semmel
Zelten	flaches Backwerk

Abkürzungen

KL	Kaffeelöffel
EL	Eßlöffel
Msp.	Messerspitze
Pkg.	Packung

Die Mengen sind, wenn nicht anders angegeben, für 4-6 Personen.

Schwaben

Im Südwesten Bayerns liegt der Regierungsbezirk Schwaben. Er erstreckt sich auf ca. 200 km entlang Baden-Württembergs vom Ries im Norden bis zu den Allgäuer Alpen und dem Bodensee im Süden.
Landschaftlich wird Schwaben durch zwei Elemente geprägt. Einmal sanfte Hügel, durchzogen von Bächen und Flüssen, die Hänge oft bewaldet. Zum anderen die breiten Flußebenen von Donau und Lech.
Im Norden reicht die Hügellandschaft der Schwäbischen Alb, in der auch das Nördlinger Ries mit seinem Meteoritenkrater von 20 km Durchmesser liegt, bis hinunter zur Donauebene. Diese verläuft in Schwaben von Neu-Ulm im Westen bis hinter Donauwörth im Osten. Südlich der Donau schließt sich wieder eine Hügellandschaft an, die ab der Linie Memmingen - Buchloe in die Allgäuer Voralpen übergeht, gefolgt von den Bergen der Allgäuer Alpen.
Einen kleinen Anteil hat Schwaben am Ufer des Schwäbischen Meers, dem Bodensee, mit dem Schiffahrtshafen auf der Lindauer Insel.
Die traditionell-bäuerliche schwäbische Küche besteht vor allem aus Zutaten, die im Ländle gedeihen. Daß in ländlichen Gebieten nur wenige Zutaten zugekauft werden müssen, läßt sich insbesondere an alten Rezepten nachvollziehen. Mehl, Milch und Wasser, Eier und Schmalz sind die Standbeine der schwäbischen Küche und mit viel Kreativität werden aus diesen bescheidenen Zutaten vielfältige Gerichte zubereitet. Das Nudelbrett, das Nudelholz, der Spätzleseiher oder -hobel sind auch heute noch ein Muß in jeder schwäbisch-bäuerlichen Küche. Denn

viele schwäbische Hauptmahlzeiten bestehen aus Spätzle, Nudla, Maultascha oder Krapfa, wie die nachfolgenden Rezepte zeigen.
Die den Schwaben oft nachgesagte Sparsamkeit spiegelt sich auch in der Küche wider. So werden übriggebliebene Reste mit ergänzenden Zutaten zu neuen Schmankerln kreiert, zum Beispiel Krautspätzle oder Katzeng'schrei. Wie genüßlich und liebevoll die Schwaben zu ihren Eßgewohnheiten stehen, zeigt die häufige Verwendung der Verkleinerungsform -le: Süpple, a Salätle, Knöpfle, Spätzle, Flädle.

Suppen

Schwäbische Hochzeitssuppe

Fleischbrühe:
Fleisch und Knochen kurz kalt waschen ❍ Wurzelwerk waschen, putzen, grob schneiden ❍ Zwiebel mit der Schale halbieren, nach Belieben an der Schnittfläche leicht anbräunen ❍ alle Zutaten in kaltem Wasser zusetzen, leicht salzen ❍ zugedeckt bei mäßiger Hitze zum Kochen bringen ❍ ca. 1 1/2-2 Stunden leise garen ❍ Brühe abseihen, abschmecken

Die Schwäbische Hochzeitssuppe enthält wegen des feierlichen Anlasses immer mehrere Einlagen, mindestens aber drei (siehe die folgenden zwei Seiten). Sie gehört auch zu jedem sonstigen Festessen und dem Leichenschmaus.

Fleischbrühe:

500 g mageres Rindfleisch (Halsgrat, Brust, Wade)
250 g Rinderknochen
1 Zwiebel
Wurzelwerk
etwas Liebstöckl
1 1/2-2 l Wasser
Salz

Leberknöpfle:

- 60 g Butter
- 2 Eier
- 80-100 g Semmelbrösel
- 100 g Leber, durchgedreht
- Muskat, Salz, Pfeffer, Petersilie, Majoran
- 1 kleine Zwiebel

Leberknöpfle:
Butter schaumig rühren ❍ Eier, Semmelbrösel, Leber, Zwiebel und Gewürze abwechselnd unterrühren ❍ mit Teelöffel Knöpfle abstechen ❍ in kochendem Salzwasser 10 Minuten ziehen lassen.

Dieser Teig läßt sich auch zu Leberspätzle verarbeiten.

Brätknöpfle:

- 250 g Brät
- 1 Ei
- 2 EL Semmelbrösel
- Muskat
- Salz

Brätknöpfle:
Brät, Ei, Semmelbrösel zu einem Teig verrühren ❍ mit Salz und Muskat abschmecken ❍ mit Teelöffel Knöpfle abstechen ❍ in kochendem Salzwasser 10-15 Minuten ziehen lassen

Backspätzle:

- 3 Eier
- 250 g Mehl
- 1/8 l lauwarme Milch
- Salz
- Fett zum Ausbacken

Backspätzle:
Eier mit Mehl, Milch und Salz zu einem zähflüssigen Teig verrühren ❍ Fett erhitzen ❍ Teig durch den Spätzlehobel ins heiße Fett stoßen ❍ Spätzle goldgelb backen

Biskuit:

- 40 g Butter
- 3 Eier, getrennt
- 1 EL Milch
- 70 g Mehl
- 1 Prise Muskat
- Salz
- Butter und Mehl für die Form

Biskuit:
Eiweiß steif schlagen ❍ Butter schaumig rühren P Eigelbe, Milch und Mehl zugeben ❍ mit Muskat und Salz abschmecken ❍ Eischnee unterheben ❍ in gefettete und bemehlte Form füllen (ca. 1 cm hoch) ❍ bei 180°C 15-20 Minuten backen ❍ nach dem Abkühlen in kleine Würfel oder Rauten schneiden

Braune Knöpfle:

Milch, Butter, Salz und Muskat zum Kochen bringen ❍ Grieß einstreuen und kurz aufkochen ❍ etwas abkühlen lassen ❍ Eier unterrühren ❍ mit Teelöffel Knöpfle abstechen ❍ in heißem Fett ausbacken

Braune Knöpfle:
1/2 l Milch
20 g Butter
Salz, Muskat
200-250 g Grieß
6 Eier
Fett zum Ausbacken

Weiße Knöpfle:

Butter schaumig rühren ❍ Semmelbrösel, Ei, Salz und Petersilie zugeben ❍ mit Teelöffel Knöpfle abstechen ❍ in kochende Brühe geben ❍ 3 Minuten kochen und 10 Minuten ziehen lassen

Weiße Knöpfle:
60 g Butter
80 g Semmelbrösel
2 Eier
Salz
Petersilie, gehackt

Suppennudeln:

Mehl, Eier, Wasser und Salz zu einem festen Teig verarbeiten ❍ Teig solange kneten, bis er geschmeidig ist ❍ portionsweise dünn auswellen und antrocknen lassen ❍ Nudelflecke aufrollen, sehr fein schneiden und lockern ❍ in kochende Fleischbrühe geben und kurz aufkochen lassen

Suppennudeln können sehr gut auf Vorrat hergestellt werden, Nudelteig dann ohne Salz herstellen.

Suppennudeln:
200 g Mehl
2 Eier
2 EL Wasser
1 Prise Salz

Grünkernsuppe

- 20 g Butter
- 1 Zwiebel
- 1 gelbe Rübe
- 80 g Grünkernschrot
- 1 l Gemüsebrühe
- Muskat, weißer Pfeffer
- 1 Eigelb

nach Belieben:

- Sahne
- Gemüse
- Eierstich
- Champignons

Zwiebel und gelbe Rübe in Würfel schneiden ❍ mit Grünkernschrot in Butter andünsten ❍ mit Brühe ablöschen und 15 Minuten leise köcheln lassen ❍ mit Muskat und Pfeffer abschmecken ❍ mit Eigelb legieren

Forellencremesuppe

- 2 frische Forellen, küchenfertig (à 250-350 g)
- 1/2 l Wasser
- 2 gelbe Rüben
- 1 Stange Lauch
- 1/4 Sellerieknolle
- 1 EL Fischgewürz
- Saft von 1 Zitrone
- 4 EL Mehl
- 40 g Butter
- 1/4 l Weißwein
- 200 ml Sahne
- je 1 EL Estragon und Dill, gehackt
- Salz, weißer Pfeffer

Forellen unter fließendem Wasser kurz waschen ❍ Wasser mit dem vorbereiteten, klein geschnittenen Gemüse zum Kochen bringen ❍ Forellen einlegen, Fischgewürz und Zitronensaft zugeben, 20 Minuten leise köcheln lassen ❍ Forellen herausnehmen, Sud durchseihen ❍ Mehl in Butter anschwitzen ❍ Fischsud, Wein und Sahne zugeben und aufkochen ❍ Forellenfleisch von den Gräten lösen und in Suppentassen geben ❍ Suppe mit Estragon, Dill, Salz und Pfeffer abschmecken und über das Forellenfleisch geben

Gruibaknödelsuppe

Grieben, Eier, Petersilie und Gewürze verrühren ❍ Mehl und Semmelbrösel zugeben ❍ Teig 10 Minuten ruhen lassen ❍ kleine Knödel (ca. 10) formen ❍ in leicht kochendem Wasser oder Fleischbrühe 15 Minuten garziehen lassen

1 Kaffeetasse Grieben
2 Eier
Petersilie, gehackt
Salz, Pfeffer
Paprika, Majoran
1 EL Mehl
125 g Semmelbrösel

Brätstrudelsuppe

Aus Mehl, Milch, Eiern und Salz Pfannkuchenteig herstellen ❍ dünne Pfannkuchen backen und erkalten lassen ❍ für die Fülle alle Zutaten miteinander verrühren ❍ Brätmasse auf die Pfannkuchen streichen und aufrollen ❍ 3-4 cm breite Streifen schneiden ❍ in kochendes Salzwasser oder Brühe geben und 10 Minuten ziehen lassen oder die gefüllten Flädle in eine Reine legen und in der vorgeheizten Röhre bei 150°C ca. 20 Minuten backen, schneiden und in der heißen Fleischbrühe mit Petersilie bestreut anrichten

Die Brätstrudel eignen sich sehr gut zum Einfrieren.

Flädle:
200 g Mehl
2 Eier
1/8 l Milch
1 Prise Salz

Füllung:
200 g Kalbsbrät
4 EL Sahne
1 Ei
Petersilie, gehackt
Salz, Muskat
1 Prise Zucker

Fleisch- & Fischgerichte

Wirsingstrudel

200 g Mehl
2 Eier
Salz
3/8 l Milch
1 Prise Zucker

Fülle:
150-200 g geräuchertes Wammerl
20 g Butter
3/4-1 kg Wirsing
1/8 l Brühe oder Wasser
2-3 EL Mehl
etwas Sahne oder Milch
Salz, Pfeffer
3 EL geriebener Käse

Mehl, Salz, Milch und Eier zu einem Pfannkuchenteig verrühren ❍ Fett in der Pfanne erhitzen und dünne Pfannkuchen backen ❍ Wammerl in Würfel schneiden ❍ in Butter anbraten ❍ Wirsing in 1 cm breite Streifen schneiden, zugeben ❍ mit Brühe aufgießen und bißfest garen ❍ Mehl mit Sahne oder Milch verrühren ❍ Wirsing binden ❍ mit Salz und Pfeffer abschmecken ❍ Masse etwas abkühlen lassen ❍ Pfannkuchen ca. 1 cm dick damit bestreichen, aufrollen und in eine feuerfeste Form geben ❍ Käse darüberstreuen und bei 200°C ca. 20-30 Minuten überbacken

Dazu paßt: Blattsalat nach Jahreszeit

Laubfröschle

500 g Spinat (möglichst große Blätter)	
250 g Kalbsbrät	
20 g Semmelbrösel	
1 Ei	
Salz, Muskat	
20 g Butter	
1/4 l Fleischbrühe	
1 Eigelb	
etwas Sahne	
Zitronenmelisse, gehackt	

Spinat verlesen, waschen und 2 Minuten blanchieren ❍ Brät mit Ei, Semmelbrösel, Salz und Muskat verrühren ❍ einige Spinatblätter aufeinanderlegen, Fülle darauf verteilen und aufrollen ❍ die länglich geformten Laubfröschle in Butter andünsten und mit Brühe angießen, ca. 20 Minuten garen, herausnehmen und warmstellen ❍ Brühe mit Eigelb und Sahne legieren, mit Zitronenmelisse verfeinern und über die Laubfröschle geben

Statt Spinatblätter können auch Wirsing- oder Mangoldblätter verwendet werden.

Katzeng'schrei

1 EL Butterschmalz
1 Zwiebel
4 Eier
Salz
500 g gekochtes Suppenfleisch

Kleingeschnittene Zwiebel in Butterschmalz goldgelb anbraten ❍ Eier verquirlen ❍ mit kleingeschnittenem Rindfleisch und Salz vermengen ❍ zu den Zwiebeln geben und ausbacken ❍ mit Preiselbeeren und Blattsalat nach Jahreszeit servieren

Ein beliebtes Montagessen

Eh'scheidung

500 g gekochtes Suppenfleisch
250 g gekochte Kartoffeln
250 g Spätzle
2 Eier
30 g Butter
Salz, Pfeffer, 2 Zwiebeln

Fleisch und Kartoffeln in gleichmäßige Würfel schneiden ❍ Fleisch, Kartoffeln und Spätzle zusammen in Butter anbraten ❍ verquirlte Eier darübergießen, mit Salz und Pfeffer abschmecken ❍ mit angerösteten Zwiebelringen anrichten

Ein typisches Resteessen in Schwaben

Greane Krapfa

Nudelteig:
500 g Mehl
1 Ei, 1 Prise Salz
etwas Wasser

Füllung:
100 g durchwachsener Speck
reichlich Zwiebelröhrle (= Schnattra)
4 alte Semmeln
300 g Brät
3 Eier
1 Zwiebel, Petersilie
Salz, Muskat

1 1/2-2 l Fleischbrühe

Semmeln in Wasser einweichen ❍ Nudelteig herstellen, dünn ausrollen oder durch die Nudelmaschine drehen ❍ Speck kleinschneiden und anbraten ❍ Zwiebelröhrle zugeben, kurz mitdünsten ❍ Speck, gut ausgedrückte Semmeln, Brät, Eier, feingehackte Zwiebel und Petersilie mischen ❍ mit Salz und Muskat abschmecken ❍ Teig gleichmäßig mit der Masse bestreichen, zusammenklappen ❍ mit dem Teigrädchen ca. 4-5 cm lange Rechtecke abradeln, Ränder gut andrücken ❍ in kochende Fleischbrühe geben und ca. 10 Minuten ziehen lassen

Statt Brät kann man auch kleingeschnittenes Wurzelwerk verwenden (mit dem Speck andünsten).

Die Suppe wird als Hauptgericht gereicht. Wenn noch Greane Krapfa übrig bleiben, können sie am Abend oder am nächsten Tag mit einem verquirlten Ei abgebräunt oder mit Zwiebeln abgeschmälzt zu Kartoffelsalat und Salatteller gegessen werden.

Schwabentopf

Schweinefilet in 2 cm dicke Scheiben schneiden ❍ in Mehl wenden und in einer Pfanne von beiden Seiten anbraten (pro Seite ca. 2 Minuten) ❍ salzen, pfeffern und zugedeckt warmstellen ❍ im Bratenfond kleingeschnittene Zwiebel und blättrig geschnittene Champignons andünsten ❍ mit Rahm und Brühe ablöschen, evtl. mit Mehlteiglein binden ❍ Soße abschmecken ❍ Mehl, Wasser, Eier und Salz zu einem Spätzleteig zusammenrühren ❍ Teig portionsweise durch den Spätzlehobel in kochendes Salzwasser stoßen ❍ Spätzle aufkochen lassen, herausnehmen, gut abgetropft schichtweise mit 2/3 des Käses in eine Auflaufform geben ❍ die gegarten Filetscheiben auf die Spätzle legen ❍ etwas Soße darübergeben ❍ mit dem restlichen Käse bestreuen und kurz überbacken, bis der Käse zerlaufen ist

Mit Soße und Blattsalat oder gedünstetem Gemüse reichen

1 Schweinefilet
etwas Mehl
30 g Fett
Salz, weißer Pfeffer
1 Zwiebel
1 Dose Champignons

Spätzleteig:

400 g Mehl
3 Eier
ca. 1/4 l Wasser
Salz
120 g geriebener Käse

Brätpölsterle

300 g Brät
ca. 100 ml Milch
1 Zwiebel, 2 Eier
2 EL Petersilie, gehackt
1 EL Butter
Zitronenschale, gerieben
1 Prise Pfeffer
1/2 TL Majoran
2-4 EL Semmelbrösel
etwas Zitronensaft
ca. 50 g Fett zum Ausbacken

Milch erwärmen und mit dem Brät verrühren ❍ Eier zufügen ❍ Zwiebel in Würfel schneiden und mit Petersilie in Butter andünsten, zum Brät geben ❍ Teig mit Gewürzen abschmecken und kurz ruhen lassen ❍ kleine Küchle formen (bei Bedarf Semmelbrösel zugeben) ❍ in heißem Fett ca. 6-8 Minuten ausbacken ❍ vor dem Anrichten mit Zitronensaft beträufeln

Dazu paßt: Kartoffelsalat, Blattsalat nach Jahreszeit

Allgäuer Schinkenknödel

1 kg mehlige Kartoffeln
100-150 g Kartoffelstärkemehl
Salz, Muskat
100 g feingewürfelter, gekochter Schinken
1-2 Eier

Fülle:

100 g gewürfelter Käse

Kartoffeln dämpfen, schälen, durchpressen und abkühlen lassen ❍ Stärkemehl, Schinken, Eier, Salz und Muskat zufügen ❍ Knödel formen, mit Käsewürfel füllen und in kochendem Salzwasser ca. 15 Minuten garziehen lassen

Dazu paßt: Tomatensoße, Salat oder Gemüse

Eingemachtes Kalbfleisch

Sud aus 1,5 l Wasser, Zwiebel, Lorbeerblatt, Nelken und Wurzelwerk zubereiten ❍ Kalbfleisch in größere Stücke schneiden und ca. 1/2 Stunde im Sud garen ❍ Fleisch herausnehmen ❍ Brühe abseihen ❍ aus Butter und Mehl Einbrenne herstellen ❍ mit Brühe aufgießen und ca. 5 Minuten köcheln ❍ mit Salz, Pfeffer, Essig, Zucker und Zitronensaft abschmecken ❍ nach Belieben mit Eigelb legieren ❍ Kalbfleisch darin erwärmen

Beilage: Bandnudeln oder andere Teigwaren

500 g Kalbfleisch (am besten vom Schlegel)
1 Zwiebel
1 Lorbeerblatt
1 gelbe Rübe
1/2 Lauchstange
1 Stück Sellerie
2 Nelken
60 g Butter, 60 g Mehl
1 EL Essig
Salz, Pfeffer, Zucker
Zitronensaft, evtl. 1 Eigelb

Krautkrapfa

Aus Mehl, Salz, Eiern und Wasser einen Nudelteig herstellen ❍ portionsweise dünn auswellen ❍ Zwiebeln und Wammerl in Würfel schneiden und andünsten ❍ zum Sauerkraut geben, abschmecken ❍ Fülle auf den Teigfladen verteilen und aufrollen ❍ in gleichmäßige, ca. 5 cm lange Stücke schneiden ❍ Fett in Topf oder Reine erhitzen ❍ Krautkrapfa aufrecht und dicht nebeneinander einstellen, etwas anbräunen lassen ❍ in vorgeheizter Röhre oder bei mäßiger Hitze auf dem Herd zugedeckt ca. 30 Minuten garen ❍ bei Bedarf mit Brühe aufgießen

Nudelteig:

500 g Mehl
Salz
2 Eier
4 EL Wasser

Fülle:

200 g geräuchertes Wammerl
500 g Sauerkraut
2 Zwiebeln
Salz, Pfeffer
40 g Fett
1/8-1/4 l Brühe

Maultaschen

Nudelteig:

350 g Mehl
2-3 Eier
3-4 EL Wasser
1 TL Essig
Salz

Hackfleischfülle:

300 g Hackfleisch (oder Brät, Braten- oder Schinkenreste)
nach Belieben 1 Paar Landjäger
1 Ei
2 alte Semmeln
1 Zwiebel
2 EL Petersilie
20 g Butter
Salz, Pfeffer, Muskat

Spinat- und Brätfülle:

250 g Spinat
1-2 EL Kräuter
1 Zwiebel
20 g Butter
250 g Brät
1/8-1/4 l Milch
1 Ei
Salz
5-10 EL Semmelbrösel

Aus den Teigzutaten einen festen Nudelteig herstellen ❍ zugedeckt 20-30 Minuten ruhen lassen ❍ Teig möglichst dünn auswellen ❍ in Quadrate von 6 x 6 cm schneiden oder runde Plätzchen von etwa 6 cm ausstechen ❍ Füllung in die Mitte der Stücke geben ❍ Ränder mit Eiweiß, Wasser, Milch oder Bier bestreichen ❍ Ränder zusammenklappen und festdrücken ❍ Maultaschen sofort in kochendes Salzwasser geben und 10 Minuten ziehen lassen ❍ herausnehmen, kalt überbrausen und abtropfen lassen

Hackfleischfülle:

Semmeln in Wasser einweichen ❍ Zwiebel und Petersilie klein schneiden und in Butter andünsten ❍ mit Hackfleisch, kleingeschnittenen Landjägern und ausgedrückten Semmeln vermengen ❍ mit Gewürzen abschmecken

Spinat- und Brätfülle:

Spinat, Kräuter und Zwiebel durch den Fleischwolf drehen oder fein hacken ❍ in Butter andünsten ❍ Brät mit Milch verrühren, Ei, Gemüse, Semmelbrösel und Salz unterrühren, abschmecken

Empfehlenswert ist es, eine größere Menge an Maultaschen herzustellen, da sie sich sehr gut zum Einfrieren eignen.
Der Teig kann auch in Rechtecke oder Rauten geschnitten werden.

Gemüseeintopf

Rauchfleisch und Zwiebel in Würfel schneiden ❍ Knoblauchzehe fein hacken ❍ zusammen in Öl andünsten ❍ Kartoffeln, gelbe Rüben und Sellerie in Würfel schneiden und zugeben ❍ mit Brühe aufgießen und 20 Minuten garen ❍ Kraut in Streifen und Lauch in Ringe schneiden ❍ Blumenkohl in Röschen zerteilen, zugeben ❍ weitere 20-30 Minuten garen ❍ mit Gewürzen abschmecken ❍ mit Petersilie bestreut anrichten

1 EL Öl
50 g Rauchfleisch
1 Zwiebel
1 Knoblauchzehe
350 g Kartoffeln
150 g gelbe Rüben
150 g Sellerie
1 1/2 l Fleischbrühe
350 g Weißkraut
150 g Lauch
150 g Blumenkohl
Salz, Pfeffer, Muskat
Thymian, Majoran
Petersilie

A Voressa

Kutteln kochen und schneiden ❍ Fett erhitzen, Mehl zugeben und dunkel anbräunen ❍ mit Wasser aufgießen ❍ Wacholderbeeren und Lorbeerblätter zugeben und ca. 20 Minuten köcheln, durchpassieren ❍ mit Rotwein, Salz, Zucker und Essig süß-sauer abschmecken ❍ Kutteln hinzufügen und erwärmen

Beilage: Semmelknödel oder Weißbrot

200-250 g Kutteln
2 EL Schweineschmalz
100 g Mehl
1 l Wasser
10 Wacholderbeeren
3 Lorbeerblätter
Rotwein
Essig
Salz, Zucker

Spinatspätzle

600 g Spinat
300 g Mehl
1/8-1/4 l Wasser
3 Eier
Salz
20 g Butter
150 g gekochter Schinken
1/8 l Weißwein
1/8 l Sahne
Salz, weißer Pfeffer
3 EL geriebener Käse

Spinat waschen, in Salzwasser garen, abseihen, gut ausdrücken und pürieren ❍ Spinat mit Mehl, Wasser, Eiern und Salz zu einem festen Teig verrühren ❍ Teig portionsweise durch den Spätzlehobel in kochendes Salzwasser drücken ❍ wenn die Spätzle hochsteigen, mit dem Schaumlöffel herausnehmen, gut abtropfen lassen ❍ Schinken in Würfel schneiden ❍ in Butter anschwitzen ❍ mit Weißwein ablöschen, etwas einkochen lassen ❍ Sahne zugießen, aufkochen ❍ mit Salz und Pfeffer abschmecken ❍ Spätzle in der Soße erwärmen ❍ mit geriebenem Käse anrichten

Linsen und Spätzle

200 g Linsen
1 1/2 l Wasser
3 gelbe Rüben
2 Zwiebeln
1 Petersilienwurzel
100 g geräuchertes Wammerl
2 EL Mehl

Spätzle:

250 g Mehl
2 Eier
1/8 l Wasser, Salz

Linsen im Wasser über Nacht einweichen ❍ Gemüse in Würfel schneiden ❍ alles zusammen bei mäßiger Hitze garen ❍ Wammerl in Würfel schneiden und auslassen ❍ Mehl zugeben, leicht bräunen ❍ mit 1/4 l Linsensud aufgießen ❍ 5-10 Minuten kochen, bis die Einbrenne dicklich ist ❍ Linsen zugeben, aufkochen ❍ mit Salz und Essig abschmecken ❍ aus den Zutaten einen Spätzleteig herstellen ❍ durch den Spätzlehobel ins kochende Salzwasser drücken ❍ Spätzle aufkochen, mit dem Schaumlöffel herausnehmen ❍ zu den Linsen geben

Blaufelchen mit Salbei

Fische säubern, säuern, salzen ❍ je 2 Salbeiblätter in den Bauch geben ❍ in Mehl wenden ❍ in Butter goldgelb braten ❍ mit Zitronensaft beträufeln ❍ mit Petersilie bestreut servieren

Beilage: Salzkartoffeln, Petersilien, Schwenkkartoffeln

- *4 Blaufelchen*
- *Zitronensaft*
- *8 Salbeiblätter*
- *2 EL Mehl*
- *20 g Butter*
- *Salz*
- *2 Zitronen*
- *Petersilie, gehackt*

Schleien auf Tomaten

Schleien säubern, säuern ❍ zugedeckt 20 Minuten kühl stellen ❍ eine Auflaufform mit Öl auspinseln ❍ Tomaten in Scheiben schneiden, in die Form geben und mit Salz, Pfeffer und Thymian würzen ❍ Schleien salzen, pfeffern und daraufsetzen ❍ in vorgeheizter Röhre bei 180°C ca. 30 Minuten garen

- *1 kg Schleien oder 600 g Filet*
- *Zitronensaft*
- *2 EL Öl*
- *500 g Tomaten*
- *Salz, Pfeffer*
- *Thymian*

Fleischlose Hauptgerichte

Dinkelauflauf mit gelben Rüben

200 g Dinkel
400 ml Wasser
750 g gelbe Rüben
Salz, weißer Pfeffer
200 g Sauerrahm
2 Eier, getrennt
3 EL Petersilie, gehackt
Salz, weißer Pfeffer
30 g Butter
2 EL Sesam oder Sonnenblumenkerne
Butter für die Auflaufform

Dinkel im Wasser über Nacht einweichen ❍ im Einweichwasser mit 1/2 TL Salz 30-40 Minuten garen ❍ geschälte gelbe Rüben in wenig Salzwasser garen, pürieren, etwas abkühlen lassen ❍ Sauerrahm, Eigelbe, Petersilie, gelbe Rüben unter Dinkel rühren ❍ Eiweiß steif schlagen und unterheben ❍ mit Salz und Pfeffer abschmecken ❍ in die Auflaufform füllen, mit Butterflöckchen belegen und mit Sesam oder Sonnenblumenkernen bestreuen ❍ in vorgeheizter Röhre bei 180°C ca. 30 Minuten backen

Dazu paßt: Blattsalat nach Jahreszeit und Frischkäsecreme: zu gleichen Teilen Joghurt, Sauerrahm und Doppelrahmfrischkäse mit etwas Milch oder Sahne verrühren und mit Salz, Pfeffer und gemischten Kräutern abschmecken.

Schupfnudla

Mehl mit Wasser und Salz zu einem Nudelteig verarbeiten ❍ in kleinfingerlange, bleistiftstarke Stücke schneiden und auf bemehltem Backbrett schupfen (= drehen) ❍ Nudeln ca. 1 Stunde ruhen lassen ❍ in kochendem Salzwasser 5 Minuten garen ❍ Nudeln herausnehmen ❍ unter kaltem Wasser abbrausen ❍ in einer Pfanne mit etwas Butter schwenken

Dazu paßt: Kompott oder Salat

- *500 g Mehl*
- *350 ml Wasser*
- *1 Prise Salz*

Schupfnudla mit Kraut

Nudelteig herstellen ❍ zu Nudeln schupfen ❍ in kochendem Salzwasser 5 Minuten garen ❍ abgießen ❍ mit kaltem Wasser überbrausen ❍ in Butterschmalz mit Sauerkraut rösten

- *300 g Mehl*
- *2 Eier*
- *Salz*
- *1 Tasse lauwarmes Wasser*
- *Sauerkraut*

Roggene Schupfnudla

Mehl mit Wasser und Salz zu einem Nudelteig verarbeiten ❍ kleinfingerlange, bleistiftstarke Nudeln drehen ❍ Nudeln in einen Topf mit Butter und kochendem Wasser geben, so lange garen, bis das gesamte Wasser aufgesogen ist

Beilage: Sauerkraut

Wird der Nudelteig mit einer Kartoffel gemacht, ist er lockerer.

- *150 g Weizenmehl*
- *150 g Roggenmehl*
- *ca. 1/8 l warmes Wasser*
- *evtl. 1 gekochte, geriebene Kartoffel*
- *15 g Butter, Salz*
- *ca. 1/4 l warmes Wasser*

Maultaschen mit Kräuterfülle

Maultaschen
(Rezept Seite 26)

Fülle:
- *gemischte Kräuter oder Spinat*
- *125 g Sauerrahm*
- *Salz, weißer Pfeffer*
- *evtl. Reste von Suppenfleisch*

Kräuter oder Spinat waschen und fein hacken ❍ Sauerrahm zugeben ❍ mit Salz und Pfeffer abschmecken

Ziegernudla

- 200 *g* Mehl (*evtl. Vollkornmehl*)
- 750 *g* Quark (*ausgepreßter trockener Zieger*)
- 2 Eigelb
- 1 EL Sauerrahm
- 1 EL Kümmel

Mehl mit Quark, Eigelben und Sauerrahm zu einem festen, glatten Teig verkneten ❍ zu daumendicken Rollen formen ❍ auf Daumenlänge abstechen ❍ in der Pfanne goldbraun ausbacken

Beilage: Sauerkraut oder Salat

Aufgezogene Spätzle

- Spätzle (Rezept Seite 43)
- 20 *g* Butter
- 1/4 *l* Milch
- 2 Eier
- Salz
- 4 EL *geriebener Käse*
- 4 EL *feingewiegte Kräuter*

Spätzle in gebutterte Auflaufform geben ❍ Eier mit Milch, Salz, Käse und Kräutern verquirlen ❍ über die Spätzle gießen ❍ in vorgeheizter Röhre bei 180°C 20-30 Minuten erst zugedeckt, dann offen aufziehen lassen

Beilage: Blattsalat nach Jahreszeit, Spinat oder andere gedünstete Gemüse

Schwäbische Hochzeitssuppe mit weißen Knöpfle, Leberspätzle und Backspätzle

Rezept auf den Seiten 15-17

Krautspätzle
Rezept auf Seite 37

Kirchweihdatschi
Rezept auf Seite 52

Apfelkrapfa und Rieser Kiachla
Rezepte auf den Seiten 46 und 49

Krautspätzle

Aus Mehl, Eiern, Wasser und Salz Spätzleteig herstellen ❍ portionsweise durch den Spätzlehobel in kochendes Salzwasser drücken ❍ sobald Spätzle hochsteigen, mit Schaumlöffel herausnehmen und abschrecken, gut abtropfen lassen ❍ Sauerkraut in Schweineschmalz anrösten ❍ Spätzle zugeben und erwärmen

Man kann mit dem Sauerkraut auch kleingewürfeltes Rauchfleisch anrösten.

500 *g* Mehl
5 Eier
etwas Wasser
1/2 TL Salz

500 *g* Sauerkraut
20-30 *g* Schweineschmalz

Kässpätzle

Spätzleteig herstellen ❍ portionsweise durch den Spätzlehobel ins kochende Salzwasser stoßen ❍ nach dem Aufkochen Spätzle mit dem Schaumlöffel herausnehmen, gut abtropfen lassen (nicht kalt überbrausen) ❍ in vorgewärmter Schüssel oder Auflaufform lagenweise mit geriebenem Käse anrichten ❍ warm stellen, bis alle Spätzle gekocht sind ❍ mit angerösteten Zwiebelringen anrichten

Beilage: Sauerkraut oder Blattsalat nach Jahreszeit

500-750 *g* Mehl
5-6 Eier
Salz
1/8-1/4 *l* Wasser

150-250 *g* geriebener Emmentaler
50 *g* Butterschmalz
4 Zwiebeln

Erdäpfelstopfer

- 300 *g Mehl*
- 3-4 *Eier*
- 1/2 TL *Salz*
- *ca.* 1/4 *l Milch*
- 4 *mittelgroße gekochte Kartoffeln (vom Vortag)*
- *Butterschmalz zum Ausbacken*

Mehl, Salz, Milch und Eier zu einem etwas festeren Pfannkuchenteig verrühren ❍ geschälte Kartoffeln grob reiben und zufügen ❍ in einer großen Pfanne Schmalz erhitzen und den Teig hineingeben ❍ anbacken und mit dem Backschäufele (Pfannenwender) wenden und zerkleinern (bis er fertig ist, muß er ganz fein „verstopft" werden) ❍ vor dem Servieren mit Zucker bestreuen

Ein sehr einfaches und schnelles Gericht - schmeckt frisch am besten!

Man kann auch Dinkel- oder Weizenvollkornmehl verwenden.

Dazu paßt: Milch oder Kompott nach Jahreszeit

Kartoffelstrudel

- 1 *kg Kartoffeln*
- 100-150 *g Mehl*
- 1-2 *Eier*
- *Salz*
- *ca.* 250 *g Johannisbeermarmelade*

Kartoffelteig herstellen ❍ Teig zu einer Rolle von 6 cm Durchmesser formen ❍ 3 cm breite Stücke abschneiden ❍ auswellen ❍ mit Johannisbeermarmelade bestreichen ❍ aufrollen ❍ in einer Pfanne mit heißem Fett goldgelb backen

Dazupassende Getränke: Kaffee oder Milch

Bacha's Mus

Schmalz und Zucker schaumig rühren ❍ Eier, Geschmackszutaten, Semmelbrösel und Milch zugeben ❍ 5-10 Minuten quellen lassen ❍ in eine gefettete, bebröselte Reine füllen ❍ bei 180°C ca. 45 Minuten backen ❍ abgekühlt in Scheiben schneiden

Eine Spezialität zur Kirchweih.

- *1 EL Schweineschmalz*
- *150 g Zucker*
- *2 Eier*
- *etwas abgeriebene Zitronenschale*
- *150 g Sultaninen*
- *500 g Semmelbrösel*
- *1/2-3/4 l lauwarme Milch*

Erdäpfelmus

Kartoffeln schälen, reiben und salzen ❍ in kochende Milch rühren ❍ Mehl mit 2 EL Milch verrühren und Kartoffelmus binden ❍ kurz aufkochen ❍ mit einem Stück Butter servieren

- *3 mittelgroße, gekochte Kartoffeln*
- *1 l Milch*
- *1 EL Mehl*
- *Salz*
- *Butter*

Musmehlmus

Schrot und Salz in die Milch geben ❍ unter ständigem Rühren aufkochen ❍ mit einem Stück Butter servieren

- *1/2 l Milch*
- *1 Prise Salz*
- *3 EL Weizen- oder Dinkelschrot*
- *Butter*

Kneippschrotmehlauflauf

- 250 *g Weizen oder Dinkel, grob geschrotet*
- 1/4 *l Rot- oder Weißwein, Most oder Apfelsaft*
- 100 *g Butter*
- 4 *Eigelb*
- 50 *g Zucker*
- 1/2 *TL Zimt*
- 50 *g Rosinen*
- 4 *Eiweiß*

Schrotmehl mit Flüssigkeit begießen und zugedeckt 45 Minuten quellen lassen ❍ Butter, Eigelbe, Zucker und Zimt schaumig rühren ❍ Rosinen und Schrotmehl unterrühren ❍ Eiweiß steif schlagen und unterheben ❍ in eine gefettete Auflaufform geben und bei 180°C ca. 45 Minuten backen

Apfelmus oder Kompott dazu reichen.

Grießstopfer

- 500 *g Grieß*
- *ca.* 1 *l Wasser*
- *Salz*
- 50 *g Butterschmalz*

Wasser und Salz aufkochen ❍ Grieß mit dem Schneebesen einrühren ❍ solange rühren, bis die Masse fest ist, vom Herd nehmen ❍ Schmalz in einer Pfanne erhitzen ❍ Grieß zugeben ❍ mit dem Backschäufele solange wenden und zerkleinern, bis er ganz locker, hell und fein „verstopft" ist ❍ mit Zimt und Zucker bestreut sofort servieren

Apfelkompott schmeckt besonders gut dazu.

Apfelspätzle

- *Spätzle* (*Rezept Seite* 43)
- 30 *g Butter*
- 3-4 *Äpfel*
- *Zucker*

Äpfel schälen, klein schneiden ❍ in der Pfanne dünsten ❍ Spätzle zugeben, erwärmen ❍ mit Zucker bestreut servieren

Zimtspätzle

Spätzle (*Rezept Seite* 43)
50 *g* Butter
1-2 EL *Zucker*
2 EL *Semmelbrösel*
1/2 TL *Zimt*

Butter in einer Pfanne erhitzen ❍ Zucker, Semmelbrösel und Zimt darin rösten ❍ über die heißen Spätzle geben

Apfelkompott dazureichen.

Beilagen

Buabaspitzla

1 *kg Kartoffeln*	
200 *g Mehl*	
Salz	
Muskat	
1 *Ei*	
ca. 80 *g Fett*	

Kartoffeln dämpfen, durchpressen und abkühlen lassen ❍ mit Mehl, Salz, Muskat und Ei zu einem Teig verkneten ❍ fingerdicke Nudeln rollen (= schupfen) ❍ ins kochende Salzwasser geben, einmal aufkochen lassen, abseihen ❍ in heißem Fett anbräunen

Kartoffelloibla

500 *g Kartoffeln*	
1 *Ei, Salz*	
2-3 EL *süße Sahne*	
1-2 EL *Mehl*	
1 *Prise Zucker*	
ca. 50 *g Butter*	

Kartoffeln kochen, schälen, fein reiben ❍ mit Sahne, Ei, Mehl, Salz und Zucker zu einem Teig kneten ❍ 30 Minuten ruhen lassen ❍ Teig zu einer Rolle von ca. 5 cm Durchmesser formen ❍ davon 1 1/2 cm dicke Scheiben abschneiden ❍ kleine Küchle formen ❍ in einer Pfanne mit Butter goldbraun braten

Als Beilage zu gebratenem Fleisch oder als Hauptgericht mit Kompott.

Krumbacher Buabaspitzla

Kartoffeln dämpfen, durchpressen und abkühlen lassen ❍ Eier, Grieß, Mehl, Petersilie, Salz und Majoran zugeben ❍ Schinken und Zwiebel in Würfel schneiden, in Butter abschmälzen, zugeben ❍ Masse zu einem Teig verarbeiten ❍ Teig zu einer Rolle formen, daumendicke, ca. 2 cm lange Stücke abschneiden, zu Nudeln rollen ❍ Buabaspitzla in heißem Fett ausbacken

Dazu paßt: Fleisch, Kraut oder abgeschmälzte Zwiebel

- *500 g Kartoffeln*
- *40 g Grieß*
- *75 g Mehl*
- *2 Eier*
- *50 g Schinken, gewürfelt*
- *1 Zwiebel*
- *1-2 EL Petersilie, gehackt*
- *Salz*
- *Majoran*
- *Fett zum Ausbacken*

Spätzle

Mehl, Salz, Eier und Wasser zu einem glatten Teig verrühren ❍ portionsweise durch den Spätzlehobel ins kochende Salzwasser stoßen ❍ nach dem Aufkochen Spätzle mit Schaumlöffel herausnehmen, mit kaltem Wasser überbrausen, abtropfen lassen ❍ in heißer Butter schwenken ❍ mit gerösteten Semmelbröseln oder Zwiebelringen anrichten

Zur Verfeinerung: Unter den Spätzleteig 4 EL gemischte Kräuter geben.

Als Variante Vollkornmehl verwenden.

Beilage zu soßigen Fleischgerichten aber auch als Hauptgericht.

- *500 g Mehl*
- *Salz*
- *5 Eier*
- *1/8-1/4 l Wasser*
- *20 g Butter*
- *2 EL Semmelbrösel oder*
- *1 Zwiebel, in Ringe geschnitten*

Quarkspätzle

500 *g* Mehl
250 *g* Quark
6 *große* Eier
etwas Wasser
Salz

Spätzleteig herstellen ❍ portionsweise durch den Spätzlehobel ins kochende Salzwasser stoßen ❍ nach dem Aufkochen Spätzle mit dem Schaumlöffel herausnehmen, gut abtropfen lassen (nicht kalt überbrausen)

Hefeknöpfle

500 *g* Mehl (*evtl. zur Hälfte Dinkelvollkornmehl*)
40 *g* Hefe
1/2 TL Zucker
Salz
1/8 *l* Wasser
3 Eier

Aus den Zutaten einen mittelfesten Hefeteig herstellen ❍ zugedeckt gehen lassen ❍ kleine Knöpfle formen ❍ in kochendes Salzwasser legen und ca. 10 Minuten köcheln

Eventuell gehackte Kräuter in den Teig geben!

Als Beilage zu soßigen Fleischgerichten

Nachspeisen & Gebäck

Versoffene Jungfern

Eier, Zucker, Vanillezucker und Salz schaumig rühren ❍ abwechselnd mit Backpulver vermischtes Mehl und Wasser hinzugeben und verrühren ❍ mit einem Teelöffel kleine Stückchen ins heiße Fett geben und goldgelb backen ❍ mit heißem Most, Apfelsaft oder Wein übergießen und sofort servieren

Diese Art „Versoffene Jungfern" wird im Raum Wörishofen gebacken.

- 3 *Eier*
- 60-100 *g Zucker*
- 1/2 TL *Vanillezucker*
- 1 *Prise Salz*
- 150 *g Mehl*
- 2 TL *Backpulver*
- 3 EL *heißes Wasser*
- *Fett zum Ausbacken*
- *Most, Apfelsaft oder Wein zum Übergießen*

Apfelkrapfa

- *1 kg Mehl*
- *50 g Hefe oder*
  2 Pkg. Trockenhefe
- *100 g Zucker*
- *1 Pkg. Vanillezucker*
- *3 Eier*
- *1 EL Rum, 1 EL Öl*
- *etwas Salz*
- *Milch nach Bedarf*
- *4-5 Äpfel*
- *etwas Milch zum Bestreichen*
- *Fett zum Ausbacken*
- *Zucker und Zimt*

Mehl mit Salz und Zucker vermischen, Dämpfle bereiten oder Hefe einbröseln ❍ mit lauwarmer Milch und restlichen Zutaten zu einem mittelfesten Hefeteig verkneten ❍ Teig zugedeckt gehen lassen ❍ Äpfel waschen, schälen, achteln, klein schneiden ❍ Hefeteig zu einem Rechteck auswellen (ca. 1/2 cm dick), mit Milch bestreichen ❍ Äpfel darauf verteilen, aufrollen und in 1 1/2 cm dicke Scheiben schneiden ❍ auf bemehltem Brett zugedeckt gehen lassen ❍ in Fett ausbacken ❍ in Zucker und Zimt wenden

Nonnenfürzle

- *1/4 l Milch*
- *50 g Butter*
- *1 Prise Salz*
- *125 g Mehl*
- *3 Eier*
- *1 EL Zucker*
- *1 Msp. Backpulver*
- *Fett zum Ausbacken*

Milch, Butter, Salz zum Kochen bringen ❍ Mehl auf einmal zufügen und so lange rühren, bis sich der Teig vom Topf löst ❍ Topf vom Herd nehmen ❍ Eier, Zucker, Backpulver nach und nach zugeben ❍ mit einem Teelöffel kleine Nockerl formen ❍ in heißem Fett ausbacken

Dazu gibt es Kaffee.

Bauratorte

Mittelfesten Hefeteig herstellen ❍ Teig gut gehen lassen ❍ Zitronat und Orangeat fein wiegen ❍ mit den restlichen Zutaten unter das Apfelmus mengen ❍ 3/5 des Teiges auswellen ❍ auf ein gefettetes oder mit Backpapier belegtes Blech geben ❍ Fülle daraufstreichen ❍ restlichen Teig in gleicher Größe auswellen und daraufgeben ❍ Boden und Deckel mit Teigrädchen ausgleichen und gut mit breitem Messer zusammendrücken ❍ mit Eigelb bestreichen ❍ in vorgeheizter Röhre bei 200°C 20-30 Minuten backen

Die Bauerntorte darf auf keinem Fest fehlen!

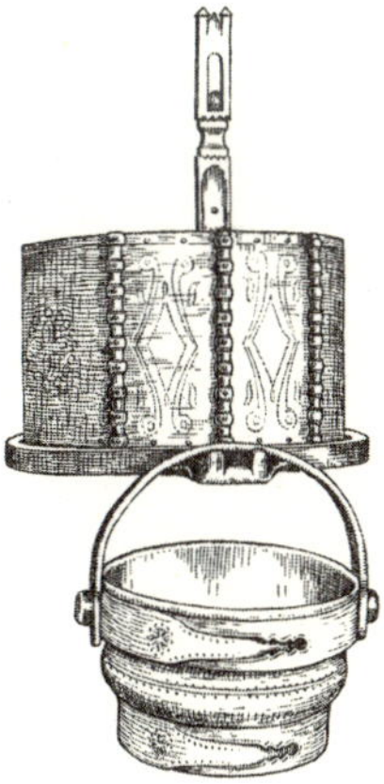

Teig:

1/2 Mäßle (500 g) Mehl
20 g Hefe
60 g Butter
80 g Zucker
1 Pkg. Vanillezucker
Salz
2 Eier
ca. 1/8 l süße Sahne oder Milch
1 EL Rum

Fülle:

1,5 kg dickflüssiges Apfelmus
Zucker
ca. 50 g geriebene Haselnüsse
ca. 50 g Zitronat
ca. 50 g Orangeat
ca. 50 g Rosinen
1 TL Zimt
1 Msp. gemahlene Nelken
Soßlebkuchen zum Binden des Apfelmuses

Rhabarberkuchen mit Streuseln

Teig:

- 200 *g* Vollkornmehl (Dinkel, Weizen)
- 1 Prise Salz
- 20 *g* Hefe
- 80 *ml lauwarme* Milch
- 50 *g* Honig
- 50 *g flüssige* Butter

Belag:

- 500 *g* Rhabarber
- 1-2 EL Zucker

Streusel:

- 50 *g gehackte* Nüsse *oder* Mandeln
- 50 *g* Vollkornmehl
- 50 *g* Zucker
- 1/2 TL Zimt
- 50 *g flüssige* Butter

Mehl mit Salz vermischen, Hefe einbröseln ❍ mit Milch, Honig, Butter zu einem mittelfesten Hefeteig abschlagen ❍ zugedeckt ca. 30 Minuten gehen lassen ❍ in eine gefettete Springform mit 28 cm Durchmesser geben ❍ Rhabarber waschen, nur ältere Stangen schälen ❍ in 3 cm lange Stücke schneiden, Teig damit belegen, mit Zucker bestreuen ❍ Streuselzutaten bis auf die Butter vermischen ❍ Butter mit einer Gabel dazugeben und zu Streuseln verarbeiten ❍ auf dem Kuchen verteilen ❍ Kuchen bei 180°C ca. 40 Minuten backen

Rieser Kiachla

Mittelfesten Hefeteig herstellen ❍ Teig gut abschlagen, am besten in der Küchenmaschine ❍ Backpulver kurz vor Ende zugeben, nochmals kneten ❍ Teig zugedeckt gehen lassen ❍ jeweils 50-60 g Teig abstechen und Kugeln drehen ❍ Kugeln zugedeckt gut gehen lassen ❍ ausziehen und in heißem Fett schwimmend ausbacken

Diese Menge ergibt ca. 70 Stück.

2 kg Mehl
40 g Hefe
Salz
300 g Zucker
1 Pkg. Vanillezucker
250 g Butter
1 EL Schmalz
10 Eier
1/2 l Milch
2 EL Arrak
3 EL Rum
1 TL Backpulver

Schwäbischer Apfelkuchen

Aus Mehl, Butter, Zucker, Salz, Eier und Sahne Mürbteig herstellen ❍ Teig 1 Stunde zugedeckt kühl stellen ❍ mit 2/3 des Teiges Boden und Rand einer Springform auslegen ❍ Boden mit Semmelbrösel bestreuen ❍ geschälte, geschnitzelte Äpfel, Mandeln und Rosinen darauf verteilen ❍ mit Zucker und Zimt bestreuen ❍ restliches Teigdrittel auswellen und auf Apfelschicht legen, Rand festdrücken ❍ Butter schmelzen und Mürbteig damit bestreichen ❍ mit Zucker und Mandeln bestreuen ❍ bei 180°C ca. 1 Stunde backen

280 g Mehl
140 g Butter, 100 g Zucker
1 Prise Salz, 1-2 Eier
2-3 EL Sahne oder Milch
2 EL Semmelbrösel
1 kg Äpfel
2 EL geröstete und gestiftelte Mandeln
50 g Rosinen, 2 EL Zucker
etwas Zimt, 30 g Butter

zum Bestreuen:

1 EL Zucker
2 EL geröstete und gestiftelte Mandeln

Allgäuer Torte

5 Eier
5 eischwer Mehl
5 eischwer Zucker
3 eischwer Butter
geriebene Schale von einer 1/2 Zitrone

Creme:

1/8 l Sauerrahm
200 g abgezogene geriebene Mandeln
150 g Zucker
1 Pkg. Vanillezucker
Saft von 1/2 Zitrone
2 Eier, getrennt
6-8 Blatt Gelatine

Glasur:

1/2-1 Eiweiß, leicht geschlagen, oder Wasser
200 g gesiebter Puderzucker
2 EL Zitronensaft

Butter schaumig rühren ❍ Zucker und Eier abwechselnd unterrühren, Zitronenschale zugeben ❍ gesiebtes Mehl unterheben ❍ in gefettete Springform geben und bei 180°C 3/4-1 Stunde backen ❍ erkaltet 1-2 mal durchschneiden ❍ obersten Boden mit Zitronenglasur überziehen ❍ für die Creme Eigelbe, Zucker, Vanillezucker und Zitronensaft schaumig rühren ❍ Sauerrahm zufügen ❍ vorbereitete Gelatine unterrühren, Masse ansteifen lassen ❍ steif geschlagenes Eiweiß und Mandeln unterheben ❍ Creme zwischen Tortenböden verteilen

Torte bis zum Verzehr kühlstellen!

Zimtwaffeln

150 g Butter
50 g Zucker
3 Eier
1 TL Zimt
1 EL Rum
150 g Mehl
1/2 TL Backpulver

Butter schaumig rühren ❍ Eier und Zucker abwechselnd unterrühren ❍ Zimt, Rum, Mehl (mit Backpulver gemischt) unterrühren ❍ im Waffeleisen backen ❍ erkaltet mit Puderzucker bestreuen

Topfenkuchen mit Johannisbeerbaiser

Mehl mit Backpulver, Salz und Zucker mischen ❍ Öl, Quark und Eigelbe zufügen und verkneten ❍ Teig zugedeckt 30 Minuten kühlstellen ❍ auf gefettetem Blech auswellen, am Rand etwas hochdrücken ❍ Quark mit Eiern, Stärkemehl, Zucker und Zitronensaft verrühren ❍ auf Teig streichen ❍ in vorgeheizter Röhre bei 200°C 30 Minuten backen ❍ Eiweiß mit 1 Prise Salz steifschlagen ❍ Zucker langsam zugeben ❍ Johannisbeeren unterheben ❍ Baisermasse auf Quarkbelag streichen ❍ bei gleicher Temperatur weitere 15-20 Minuten backen

Teig:

250 g Mehl
1 Pkg. Backpulver
1/2 TL Salz
1 EL Öl
125 Quark
3 Eigelb
60 g Zucker

Belag:

500 g Quark
3 Eier
3 EL Stärkemehl
75 g Zucker
Saft einer 1/2 Zitrone

Baiser:

3 Eiweiß
1 Prise Salz
150 g Zucker
500 g rote Johannisbeeren

Kirchweihdatschi (Apfeldatschi)

375-500 g Mehl
40 g Hefe
1/2 TL Salz
50 g Zucker
50 g Butter
1-2 Eier
ca. 1/4 l Milch

Belag:

ca. 1 kg dickflüssiges Apfelmus

Mürbteig:

200 g Mehl
1 Prise Salz
50 g Zucker
100 g Butter
1 Ei
1 EL Milch
1 Eigelb und 1 EL Milch zum Bestreichen

Aus den Zutaten einen mittelfesten Teig herstellen ❍ zugedeckt gehen lassen ❍ auf gefettetem Blech auswellen ❍ Apfelmus daraufstreichen ❍ Mehl mit Salz, Zucker, Butter, Ei und Milch zu einem glatten Teig verkneten ❍ Mürbteig ca 1/2cm dick auswellen ❍ Teig mit verschiedenen Plätzchenformen ausstechen und auf Apfelmus legen ❍ Plätzchen mit Eiermilch bestreichen ❍ Datschi bei 180°C ca. 30 Minuten backen

Verschiedenes

Speckzelta oder Speckplatz

Mittelfesten Hefeteig herstellen ❍ zugedeckt gehen lassen ❍ Teig zu runden Fladen (12 cm Durchmesser) halbfingerdick ausdrücken ❍ etwas gehen lassen ❍ für den Speckzelta Eigelb mit Milch verquirlen ❍ Fladen damit bestreichen ❍ kleingewürfeltes Rauchfleisch und Zwiebel darauf verteilen ❍ mit Koriander, Kümmel und Salz bestreuen ❍ für den Speckplatz Fladen mit Schweineschmalz bestreichen ❍ Gruiba darauf verteilen ❍ leicht salzen ❍ bei 180°C ca. 30 Minuten backen und heiß servieren

Teig:

500 g Mehl, 10 g Hefe
1 Prise Zucker
1/2 TL Salz
1/4 l Milch
30 g Butter

Belag für Speckzelta:

1 Eigelb
1 EL Milch
300 g durchwachsenes Rauchfleisch
1 kleine Zwiebel
1 EL Koriander
1 EL Kümmel, Salz

Belag für Speckplatz:

2 EL Schweineschmalz
2 Tassen Gruiba, Salz

Rahmkuchen

250 g Mehl
30 g Hefe
1/2 TL Zucker
1 TL Salz
1/8 l lauwarme Milch

Belag:

3/8 l Sauerrahm
2 EL Quark
1 EL Mehl
Salz, Pfeffer
nach Belieben feingeschnittene Zwiebeln und Schnittlauch

Zutaten zu einem mittelfesten Hefeteig verarbeiten ❍ zugedeckt gehen lassen ❍ für den Belag Sauerrahm, Quark und Mehl verrühren ❍ mit Salz und Pfeffer abschmecken ❍ Hefeteig in gefettete Springform geben ❍ Belagmasse darübergeben ❍ in vorgeheizter Röhre bei 180°C 20-30 Minuten backen

Zelta mit Schnuddern

Teig:

300 g Weizenmehl
200 g Roggenmehl
40 g Hefe
1 Prise Zucker
1/2 TL Salz
1/4 l Milch (evtl. die Hälfte davon Buttermilch)

Belag:

1 großer Bund Zwiebelröhrle
1 Ei
Salz

Mittelfesten Hefeteig herstellen ❍ zugedeckt gehen lassen ❍ Teig zu runden Fladen (12 cm Durchmesser) halbfingerdick ausdrücken, etwas gehen lassen ❍ Zwiebelröhrle klein schneiden, Eier und Salz zufügen ❍ in die Mitte der Zelta geben ❍ in vorgeheizter Röhre bei 180°C ca. 20-25 Minuten backen

Oberbayern

Im Süden Bayerns gelegen, an der Grenze zu Österreich, ist Oberbayern nicht nur der flächengrößte Regierungsbezirk Bayerns, sondern auch die vielfältigste und abwechslungsreichste Landschaft Deutschlands.
Vom Norden her gesehen beginnt Oberbayern mit der Jura-Landschaft und dem reizvoll gelegenen Altmühltal. Daran schließen sich die weit ausgedehnten Auenwälder der Donau, ebenso das Donaumoos und die Hallertau, das größte zusammenhängende Hopfenanbaugebiet der Welt.
Westlich von München liegen Landsberg und Schongau, die Lechauen und der Starnberger See. Typisch für den südlichen und östlichen Teil Oberbayerns sind die Berge und Seen sowie sein Waldreichtum.
Kultureller und kulinarischer Mittelpunkt Oberbayerns ist die Landeshauptstadt München mit ihren fast 1,3 Mio. Einwohnern.
Brauchtum, Tradition und spezielle oberbayerische Gerichte sind weit über die Grenzen hinaus bekannt und stehen häufig als Markenzeichen für Bayern insgesamt.
Vorweg ist hier der Schweinebraten mit Knödel und Krautsalat oder das Schmalzgebäck, wie die Kirchweihnudeln, zu nennen.
Die Bäuerinnen verstehen es, mit einfachen, der Jahreszeit entsprechenden Zutaten wohlschmeckende Gerichte zu kochen. Grundlage hierfür sind ein reichhaltiges Angebot an Milch, Rahm und Butter, Haustieren, Wild, Geflügel und Fischen, Pilzen, Beeren, Kräutern, Gemüse und Getreide.

Die traditionelle bäuerliche Küche ist geprägt von kirchlichen Festtagen und der Freude am Feiern. Hierfür stehen vor allem die drei „B" - Barock, Bier und Brotzeit - welche die heitere und lebensbejahende Art der Oberbayern unterstreicht.

Suppen

Hennaknedlsuppn

Semmeln in feine Scheiben schneiden, mit warmer Milch übergießen und zugedeckt durchziehen lassen ❍ Zwiebel und Petersilie in Butter andünsten ❍ mit den weiteren Zutaten zu einem Teig verarbeiten, abschmecken ❍ kleine Knödel formen ❍ in kochende Brühe einlegen und ca. 5 Minuten ziehen lassen

Hennaknedl eignen sich sehr gut zum Einfrieren.

4 alte Semmeln
ca. 1/8 l warme Milch
Salz, Muskat
1/2 Zwiebel, gehackt
Petersilie, gehackt
etwas Butter
1 Ei
125-150 g rohes Hühnerfleisch, durchgedreht

Buttermilchsuppe

Buttermilch und Milch unter ständigem Rühren zum Kochen bringen ❍ Rahm mit Stärkemehl verrühren ❍ in die Suppe einrühren und kurz aufkochen lassen ❍ mit Salz abschmecken

1 l Buttermilch
1/4 l Milch
3 EL Rahm
2 EL Stärkemehl
1 Prise Salz

Kartoffel-Kürbis-Suppe

600 g mehlige Kartoffeln
400 g Kürbis
30 g Butter
1 1/2 l Brühe
Salz, Pfeffer
1 Eigelb nach Belieben
2 Tomaten
Petersilie

Kartoffeln und Kürbis schälen und in Würfel schneiden ❍ in Butter andünsten und mit Brühe aufgießen ❍ Suppe ca. 20 Minuten bei kleiner Hitze kochen, anschließend pürieren ❍ nach Belieben legieren, abschmecken ❍ Tomaten überbrühen, abziehen, entkernen und würfeln ❍ Suppe mit Tomatenwürfeln und Petersilie anrichten

Kartoffeleinlaufsuppe

2 Kartoffeln
2 Eier
4 EL Wasser
1-1 1/2 l Brühe
Salz
Schnittlauch oder Petersilie

Kartoffeln schälen und reiben ❍ mit Eiern und Wasser verrühren ❍ in die kochende, abgeschmeckte Brühe einrühren ❍ mit Schnittlauch bestreut anrichten

Kräutelsuppe

100-250 g Kräutel (= Kerbel) oder gemischte Kräuter
30 g Butter
1 kleine Zwiebel
3-4 EL Mehl
1 1/4 l Brühe
etwas Rahm oder Milch
Salz, weißer Pfeffer
geröstete Semmelwürfel

Kräutel verlesen, gründlich waschen, fein wiegen oder im Mixer zerkleinern ❍ helle Einbrenne herstellen, aufgießen, 5-10 Minuten kochen ❍ Kräutel zugeben, aufkochen lassen, abschmecken ❍ mit gerösteten Semmelwürfeln anrichten

Die Kräutelsuppe ist eine Fastensuppe und wird am Gründonnerstag gegessen.

Milzrollensuppe

Aus Mehl, Salz, Milch und Eiern einen Pfannkuchenteig herstellen ❍ dünne, fettarme Pfannkuchen backen ❍ Milz ausschaben ❍ Butter schaumig rühren ❍ restliche Zutaten zugeben ❍ Pfannkuchen mit Fülle bestreichen ❍ Ränder mit Eiweiß bestreichen, aufrollen, evtl. leicht binden ❍ in kochende Brühe legen, ca. 20 Minuten leise ziehen lassen ❍ herausnehmen, etwas abgekühlt in Scheiben schneiden ❍ in die heiße Brühe geben oder getrennt zur Brühe reichen

125 g Mehl
Salz
ca. 1/4 l Milch
1-2 Eier
Fett zum Ausbacken

Fülle:

120 g Milz
30 g Butter
1 Ei
1 Eigelb
Salz
2 TL Mehl
1 TL Petersilie
1 Eiweiß zum Bestreichen
1 1/2 l Brühe

Lebersuppe

Zwiebel in Würfel schneiden und in Butter andünsten ❍ Leber zugeben und anrösten, bis sie grau ist ❍ Mehl unterrühren ❍ mit Fleischbrühe ablöschen ❍ 5-10 Minuten kochen, abschmecken ❍ mit Schnittlauch oder Petersilie bestreut anrichten ❍ Suppeneinlage getrennt dazu reichen

Statt der Leber kann geschabte Milz verwendet werden.

150 g Leber, durchgedreht
40 g Butter
80 g Mehl
1 kleine Zwiebel
ca. 1 1/2 l Fleischbrühe
Salz, Pfeffer
Schnittlauch oder Petersilie

Einlage:

geröstete Semmelwürfel oder Backspätzle (Rezept Seite 16)

Fleisch- & Fischgerichte

Saure Leber

500 *g Schweineleber in Scheiben*	Leber in schmale, ca. 4 cm lange Streifen schneiden ❍ Zwiebel in Würfel schneiden und in heißem Öl andünsten ❍ Leber zufügen und kurz mitbraten ❍ Mehl darüberstreuen, leicht rösten ❍ mit Brühe aufgießen ❍ zugedeckt 5 Minuten garen ❍ Soße abschmecken ❍ zuletzt salzen und sofort servieren, da Leber leicht hart wird
1 *Zwiebel*	
2 EL Öl	
1-2 EL *Mehl*	
1/4 *l* Brühe	
Salz, Pfeffer	
Majoran	
Essig	
2 EL *Sahne*	
gehackte Petersilie	

Blutwurstgröstl

Zwiebel in Würfel schneiden und in Schweineschmalz andünsten ❍ Kartoffeln in Scheiben schneiden, zugeben ❍ mit Salz, Pfeffer, Majoran und Kümmel würzen ❍ Blutwurstfülle untermischen und kurz braten

Beilage: Sauerkraut

- *30 g Schweineschmalz*
- *1 Zwiebel*
- *750 g gekochte Kartoffeln*
- *Salz, Pfeffer*
- *Majoran, Kümmel*
- *3 Blutwürste*

Sauerkrautauflauf

Kartoffeln dämpfen, schälen und durchpressen ❍ Sauerrahm und Käse zugeben, abschmecken ❍ Zwiebel in Würfel schneiden, in Butter andünsten ❍ Apfel schälen und klein schneiden ❍ mit dem Sauerkraut zur Zwiebel geben und ca. 10 Minuten dünsten, abschmecken ❍ Kasseler in Würfel schneiden ❍ in gefettete Auflaufform zuerst Kraut einfüllen, Kasseler darauf verteilen und Kartoffelbrei darüber streichen ❍ bei 200°C ca. 45 Minuten backen

Dieses Gericht läßt sich auch mit übriggebliebenem Kartoffelbrei zubereiten.

- *750 g Kartoffeln*
- *100 g Sauerrahm*
- *50 g geriebener Käse*
- *Salz, Muskat*
- *1 Zwiebel*
- *20 g Butter*
- *1 Apfel*
- *750 g Sauerkraut*
- *400-500 g Kasseler ohne Knochen oder Wurstreste*
- *Butter für die Form*

Gefüllte Kalbsbrust (für 8 Personen)

1 1/2 *kg Kalbsbrust, ausgelöst*

Salz

Fülle:

3 alte Semmeln

1/8 l warme Milch

3 Eier

Salz, Muskat

etwas Butter

1 kleine Zwiebel

Petersilie, gehackt

zum Anbraten:

30 g Fett zum Anbraten

1 gelbe Rübe

etwas Sellerie und Lauch

1 Zwiebel

etwa 1/2 l Wasser

1 EL Mehl zum Binden

3 EL Sauerrahm

Kalbsbrust innen und außen salzen ❍ Semmeln in Würfel schneiden ❍ Milch, Eier, Salz und Muskat verquirlen und über die Semmeln gießen, etwas durchziehen lassen ❍ Zwiebel und Petersilie in Butter andünsten ❍ unter die Semmelmasse mischen ❍ Brust locker damit füllen und zunähen ❍ in heißem Fett auf allen Seiten anbraten ❍ in vorgeheizter Röhre bei 200°C etwa 2 Stunden braten ❍ nach einer halben Stunde grob geschnittenes Gemüse und Zwiebel zugeben ❍ bei Bedarf kochendes Wasser nachgießen ❍ Bratenansatz lösen ❍ Soße abseihen, bei Bedarf mit Mehlteiglein binden, abschmecken und mit Sauerrahm verfeinern ❍ Fleisch in 1 cm dicke Scheiben schneiden und schuppenartig mit etwas Soße auf einer Platte anrichten

Als Variante kann man auch folgende Fleischfülle nehmen:

250 g Kalbsbrät oder Hackfleisch
1 Ei
1 alte, eingeweichte Semmel
1 kleine Zwiebel und Petersilie, gehackt und in Butter angedünstet
Salz, weißer Pfeffer

Beilage: Butterkartoffeln, Kräuterkartoffeln gedünstet, feine Gemüse gedünstet

Essigfleisch

Wasser, Essig, Salz und Gewürze aufkochen ❍ Fleisch zugeben und ca. 1 1/2 Stunden leise kochen ❍ Gemüse in Würfel schneiden und 1/2 Stunde vor Garzeitende zugeben ❍ Fleisch in Scheiben schneiden und mit Wurzelwerk und Sud anrichten

3/4 kg Wammerl
1 1/2 l Wasser
Salz
Essig
3 Pimentkörner
3 Pfefferkörner
2 Nelken
2 Lorbeerblätter
1 gelbe Rübe
etwas Sellerie und Lauch
1 Zwiebel

Kronfleisch

Gemüse klein schneiden ❍ mit Selleriegrün und Petersilie in der Fleischbrühe aufkochen ❍ Fleisch waschen, häuten und zugeben, ca. 20 Minuten köcheln (Fleisch muß innen saftig und leicht rosa bleiben) ❍ in Scheiben schneiden ❍ auf einem Holzteller anrichten ❍ leicht salzen und pfeffern ❍ mit Schnittlauch bestreuen

Dazu gibt es frischgeriebenen Kren und kräftiges Bauernbrot.

3/4 kg Rinder-Kronfleisch (Zwerchfleisch)
2 gelbe Rüben
1 kleine Sellerieknolle
2 Lauchstangen
etwas Selleriegrün
Petersilie
1 1/2 l Fleischbrühe oder Wasser
Salz, weißer Pfeffer
Schnittlauch

Truthahnragout

- 600 g Truthahnfleisch
- 1 gelbe Rübe
- etwas Lauch und Sellerie
- 3 Pfefferkörner
- 3 Nelken
- 2 Lorbeerblätter
- Salz, Pfeffer
- 1/4 l Milch
- 200 g Champignons
- 30 g Butter
- 30 g Mehl
- Zitronensaft

Gelbe Rübe, Sellerie und Lauch in grobe Stücke schneiden ❍ mit Pfefferkörnern, Nelken und Lorbeerblättern in kochendes Salzwasser geben ❍ Truthahnfleisch zugeben und 40 Minuten leise köcheln ❍ Fleisch herausnehmen und würfeln ❍ Brühe abseihen ❍ Mehl in zerlassener Butter hellbraun rösten ❍ mit Milch und Brühe ablöschen und aufkochen ❍ Champignons in Scheiben schneiden und mit dem Fleisch in der Soße erhitzen ❍ mit Salz, Pfeffer und Zitronensaft abschmecken

Beilage: Teigwaren

Lammgulasch

- 750 g Lammfleisch
- Pfeffer, Thymian, Salz
- 2 EL Öl
- 4 Zwiebeln
- 2 Knoblauchzehen
- 4 gelbe Rüben
- 2 Stangen Lauch
- 500 g Kartoffeln
- 200 g Bohnen
- 4 geschälte Tomaten
- 2 EL Mehl
- 1/2 l Bier
- 1/4-1/2 l Brühe oder Wasser
- Petersilie

Fleisch in Würfel schneiden ❍ mit Pfeffer, Salz und Thymian würzen ❍ in heißem Öl anbräunen ❍ mit 1/4 l Bier aufgießen, ca. 20 Minuten garen ❍ ist das Bier eingekocht, Fleisch herausnehmen, salzen, zudecken ❍ im gleichen Topf kleingeschnittenes Gemüse und feingehackte Knoblauchzehen andünsten ❍ mit Bier ablöschen ❍ nach ca. 15 Minuten Fleisch zugeben und garschmoren ❍ bei Bedarf Flüssigkeit zugeben ❍ nach Belieben mit Mehlteiglein binden ❍ abschmecken und mit Petersilie bestreut servieren

Beilage: Spätzle, Semmelknödel, Salzkartoffeln, Kartoffelbrei

Rehgulasch

Gelbe Rüben, Sellerie und Zwiebeln in Würfel schneiden ❍ Champignons in Scheiben schneiden ❍ Zitronenschale, Nelken, Pfefferkörner, Lorbeerblatt, Wacholderbeeren und Knoblauch in ein Gewürzbeutelchen geben ❍ Fleisch salzen, pfeffern ❍ in heißem Öl anbraten ❍ mit Rotwein und Brühe ablöschen ❍ Gemüse und Tomatenmark zufügen ❍ Gewürzbeutelchen zugeben und nach 15 Minuten wieder entfernen ❍ weitere 50 Minuten bei kleiner Hitze schmoren ❍ Pilze in Butter andünsten und zufügen ❍ mit Zitronensaft und Preiselbeeren abschmecken

Dazu passen: Spätzle oder Semmelknödel

2 gelbe Rüben
1/4 Knolle Sellerie
100 g Champignons
750 g Rehfleisch (Schulter oder Brust)
1 Stück Zitronenschale
2 Nelken
4 Pfefferkörner
1 Lorbeerblatt
4 Wacholderbeeren
1/2 Knoblauchzehe
2 EL Öl
1 EL Tomatenmark
Salz
Pfeffer
1/2 l Brühe oder Wasser
1 TL Butter
1 EL Zitronensaft
1 EL Preiselbeeren

Spargelrollen

Aus Mehl, Salz, Eiern und Milch einen Pfannkuchenteig herstellen ❍ dünne Pfannkuchen backen ❍ auf jeden Pfannkuchen 1 Schinkenscheibe legen ❍ Spargel darauf verteilen und aufrollen ❍ in gebutterte Auflaufform legen ❍ mit Käse bestreuen ❍ in vorgeheizter Röhre bei 180°C ca. 30 Minuten backen

Beilage: Blattsalat nach Jahreszeit

125 g Mehl
Salz, 2 Eier
1/4 l Milch
8 Scheiben gekochter Schinken
1 kg gegarter Spargel
Butter für die Form
50 g geriebener Käse

Saures Züngerl

500-600 *g Kalbslunge*	Aus Wasser, Essig, vorbereitetem Gemüse, Liebstöckl und Gewürzen Sud herstellen ❍ Lunge darin ca. 1 1/2 Stunden kochen ❍ erkaltet in feine Scheiben schneiden ❍ aus Butter und Mehl goldbraune Einbrenne herstellen ❍ mit Sud aufgießen ❍ Züngerl zugeben und weitere 15 Minuten leise köcheln ❍ abschmecken und mit Sauerrahm und Rotwein verfeinern
1 1/2-2 *l Wasser*	
4 EL Essig	
1 Zwiebel, 1 gelbe Rübe	
etwas Lauch, Sellerie und Petersilienwurzel	
Liebstöckl, Salz, Pfeffer	
je 4 Pfefferkörner und Wacholderbeeren	
2 Lorbeerblätter	*Beilage: Semmelknödel oder Hauberlinge*
40 *g* Mehl	
Essig, Salz	
Petersilie, Thymian	
evtl. Kapern	
1/8 *l* Rotwein	
125 *g* Sauerrahm	

Bayerisches Bratl

1 *kg* Schweinefleisch (Halsgrat, Bug, Schlegel)	Fleisch würzen und mit der grob geschnittenen Zwiebel 30 Minuten braten ❍ Kartoffeln und Gemüse in ca. 1 cm große Würfel schneiden ❍ Fleisch herausnehmen, Gemüse einfüllen, mit Brühe aufgießen und Fleisch wieder darauf legen ❍ bei 200°C ca. 1 1/4 Stunden braten ❍ Gemüse zwischendurch wenden ❍ mit Petersilie bestreut servieren
Salz, Pfeffer, Kümmel	
1 Zwiebel	
1 *kg* Kartoffeln	
1 Stange Lauch	
300 *g* gelbe Rüben	
300 *g* Sellerie	
3/4 *l* Fleischbrühe	
Petersilie	*Besonders gut schmeckt ein Stück Schwarzbrot und ein kühles Bier dazu.*

Schweinebraten

Fleisch mit Salz und Gewürzen einreiben ❍ mit der Schwarte nach unten in die Reine legen ❍ heißes Wasser zufügen ❍ in vorgeheizter Röhre bei 200°C 15 Minuten braten ❍ wenden und die Schwarte 1/2 cm tief karoförmig einschneiden ❍ vorbereitetes Gemüse zugeben ❍ die Garzeit beträgt je nach Bratengröße 1 1/2-2 Stunden ❍ bei Bedarf seitlich mit Brühe oder Wasser aufgießen ❍ Bratenansatz lösen ❍ kurz vor Ende der Garzeit die Schwarte mehrmals mit Wasser oder Bier bestreichen, damit sie besonders knusprig wird ❍ Soße bei Bedarf mit Mehlteiglein binden und abschmecken	*3/4-1 kg Schweinefleisch (Schlegel, Bug, Kotelettengrat)* *Salz, Pfeffer* *Kümmel, Knoblauch* *1/8 l Wasser* *1 Zwiebel, 1 gelbe Rübe* *etwas Sellerie und Lauch* *1/4-1/2 l Wasser oder Brühe* *etwas Wasser oder Bier* *1-2 TL Mehl zum Binden*

Beilagen: alle Arten von Knödel, Krautsalat oder Blattsalat, Wirsing, Blau-, Sauerkraut, Rosenkohl

Fleischpflanzl

- 3 *alte Semmeln*
- 400 *g gemischtes Hackfleisch*
- 1 *Zwiebel*
- 1 *Knoblauchzehe*
- *Petersilie, gehackt*
- 20 *g* Butter
- 1 *Ei*
- *Salz, Pfeffer*
- *Majoran, Muskat*
- Öl *zum* Braten

Semmeln in Wasser einweichen ❍ Zwiebel in Würfel schneiden ❍ mit Petersilie in Butter andünsten ❍ Knoblauchzehe dazupressen ❍ Semmeln ausdrücken ❍ alle Zutaten zu einem glatten Teig verarbeiten ❍ mit Salz, Pfeffer, Majoran und Muskat abschmecken ❍ Pflanzl (= Laibchen) formen ❍ in heißem Öl von beiden Seiten braten

Dazu schmeckt Kartoffelsalat und Blattsalat am besten.

Man kann die Hälfte der Hackfleischmenge durch geraspeltes Gemüse ersetzen. Eigentlich heißen die Fleischpflanzl Fleischpfanzl, denn mit Pflanzen haben sie nichts, mit der Pfanne viel zu tun; aber der Name hat sich so eingebürgert. Pfanzl stammt vom mittelalterlichen Begriff Pfannzelten ab, wobei flache Kuchen als Zelten bezeichnet wurden.

Bayrisches Bratl

Rezept auf Seite 66

Obazda

Rezept auf Seite 91

Osterfladen
Rezept auf Seite 89

Roggenschuberl
Rezept auf Seite 126

Gefüllter Zander

Zander mit Zitronensaft säuern ❍ zugedeckt ca. 30 Minuten kühl stellen ❍ Gemüse in Würfel schneiden ❍ in Butter halb gar dünsten, abschmecken ❍ Zander leicht salzen und pfeffern ❍ mit einem Teil des Gemüses füllen ❍ restliches Gemüse in eine gebutterte Auflaufform geben ❍ Fisch darauf legen ❍ mit Wasser aufgießen ❍ bei 200°C ca. 20 Minuten garen ❍ Fisch herausnehmen und warm stellen ❍ Gemüse mit Sahne pürieren ❍ Fisch in die Form zurücklegen ❍ Soße darübergießen und weitere 10 Minuten ins Rohr stellen ❍ mit Dill bestreut servieren

Beilage: Salzkartoffeln, Blattsalat nach Jahreszeit

1 küchenfertiger Zander
Zitronensaft
Salz, Pfeffer
20 g Butter
1 Zwiebel
2-3 gelbe Rüben
1 Stange Lauch
1 Petersilienwurzel
etwas Sellerie
Butter für die Auflaufform
125-200 ml Wasser
100 g Sauerrahm
100 g Sahne
Dill

Gebratene Renken

Renken unter fließendem Wasser kurz waschen ❍ innen und außen salzen ❍ mit Zwiebeln und Petersilie füllen ❍ in Mehl wenden ❍ in einer Pfanne Butter erhitzen ❍ Renken unter öfterem Wenden darin braten (15-20 Minuten) und anschließend warmstellen ❍ mit dem Bratenansatz, Sauerrahm und Kräutern Soße herstellen, abschmecken und dazu reichen

Mit Salzkartoffeln und Blattsalat servieren.

4 küchenfertige Renken
Salz
2 kleine Zwiebeln, gehackt
Petersilie, gehackt
Mehl zum Wenden
60 g Butter
300 g Sauerrahm
Dill, Liebstöckl

Fleischlose Gerichte

Bohnenknödel

200 *g braune Bohnenkerne*
5 *alte Semmeln*
2 Eier
Milch
Salz

Soße:

30 *g* Butterschmalz
40 *g* Mehl
1/2-3/4 *l* Brühe
1 EL Essig
Zucker
Salz
Majoran

Bohnen über Nacht einweichen ❍ am nächsten Tag kochen, abseihen, Brühe auffangen ❍ Semmeln in Scheiben schneiden, mit heißer Milch übergießen ❍ kurz durchziehen lassen ❍ Bohnen, Eier und Salz zugeben ❍ zu Teig verarbeiten ❍ Knödel formen ❍ in kochendes Salzwasser geben und 15-20 Minuten garziehen ❍ für die Soße Mehl in Butterschmalz goldbraun rösten ❍ mit Brühe aufgießen, 5-10 Minuten kochen ❍ mit Essig, Zucker, Salz und Majoran abschmecken ❍ zu den Knödeln reichen

Schwammerlsoß

Pilze putzen, wurmige Stellen und Stielenden abschneiden ❍ Pilze in Scheiben und Zwiebel in Würfel schneiden ❍ Zwiebel in Butter andünsten ❍ Pilze zufügen, kurz mitdünsten ❍ mit Brühe und Sahne aufgießen, aufkochen ❍ mit Salz, Pfeffer und Muskat abschmecken ❍ mit Semmelknödeln (Rezept S.) und Petersilie auf vorgewärmten Tellern anrichten

400 g gemischte Schwammerl
50 g Butter
1 kleine Zwiebel
1/2 l Brühe
100 ml Sahne oder Milch
Salz, weißer Pfeffer, Muskat
gehackte Petersilie

Reherlsoß

Reherl putzen ❍ Zwiebel und Wammerl in Würfel schneiden ❍ in Butter andünsten ❍ Reherl zugeben, mitdünsten ❍ mit Brühe aufgießen und zugedeckt 3 Minuten ziehen lassen ❍ abschmecken und mit Petersilie bestreut servieren

Beilage: Semmelknödel

Statt der Brühe kann man auch 4 Eier mit 4 EL Sahne verquirlen, über die angedünsteten Reherl geben und stocken lassen.

Der Begriff „Reherl" kommt daher, weil die Pilze meist in kleinen Gruppen, wie die Rehgeißen mit ihren Kitzen, zusammenstehen.

500 g Reherl (Pfifferlinge)
20 g Butter
30 g geräuchertes Wammerl
1 kleine Zwiebel
100 ml Brühe
Salz, weißer Pfeffer
gehackte Petersilie

Erdäpfel-Hasenohren

8-10 *gekochte Kartoffeln (ca. 1 kg) vom Vortag*	
3 *Eier*	
30 *g* Butter	
Mehl	
Fett zum Ausbacken	

Kartoffeln schälen und fein reiben ❍ mit Eiern, Butter und Mehl (soviel der Teig annimmt) zu einem Teig kneten ❍ Teig 1/2 cm dick auswellen ❍ beliebige Teigflecke ausradeln ❍ in heißem Fett ausbacken

Beilage: Sauerkraut oder Salat

Wirsing-Kartoffel-Auflauf

3/4-1 *kg Kartoffeln*	
1/2 *l Wasser*	
1 TL *gekörnte Brühe*	
1 *kleiner Wirsing* (500-750 *g*)	
20 *g* Butter	
2 EL *Mehl*	
1/4-3/8 *l Milch*	
50 *g Hartkäse*	
Salz, Pfeffer, Muskat	
30 *g geriebener Käse*	
Butter für die Form	

Kartoffeln schälen, in dünne Scheiben schneiden ❍ Wasser mit Brühe aufkochen ❍ Kartoffeln darin garen, mit Seihlöffel herausnehmen ❍ Wirsing vierteln, Strunk entfernen, in Streifen schneiden ❍ in der Kartoffelbrühe fast gar kochen ❍ herausnehmen, abtropfen lassen ❍ helle Einbrenne herstellen, mit kalter Milch und Wirsingbrühe ablöschen ❍ Käse in Würfel schneiden und in der Soße zergehen lassen ❍ Soße abschmecken ❍ Wirsing und Kartoffeln abwechselnd in die gefettete Auflaufform einschichten ❍ Soße darüber gießen und mit geriebenem Käse bestreuen ❍ Auflauf bei 180°C ca. 30 Minuten backen

Gekochte Kartoffeln vom Vortag eignen sich hierfür sehr gut.

Hoawa

Kartoffeln dämpfen, schälen, durchpressen, ausgebreitet auskühlen lassen ❍ mit Mehl, Salz, Muskat und Eiern abbröseln ❍ zuerst in wenig Fett anrösten, später etwas mehr Fett zugeben

Dazu paßt: Sauerkraut oder Apfelmus; gut geeignet auch als Beilage zu Fleisch.

1 *kg mehlige Kartoffeln*
150-250 *g Mehl*
Salz, Muskat
1-2 *Eier*
etwas Butterschmalz

Reiberdatschi

Kartoffeln schälen, rasch reiben (evtl. Kartoffelsaft etwas ausdrücken) ❍ mit den übrigen Zutaten vermengen ❍ mit einem Eßlöffel kleine Puffer in heißes Fett legen, flachdrücken ❍ auf beiden Seiten goldbraun braten

Besonders würzig schmecken sie, wenn gehackte Zwiebeln und Majoran zur Kartoffelmasse gegeben werden.

Als Hauptgericht mit Sauerkraut, Apfelbrei oder Preiselbeerkompott servieren; eignet sich aber auch als Beilage zu Fleischgerichten.

1 *kg mehlige Kartoffeln*
2 EL *Sauerrahm*
1 *Ei*
2-3 EL *Mehl oder Grieß*
Salz
Fett zum Ausbacken

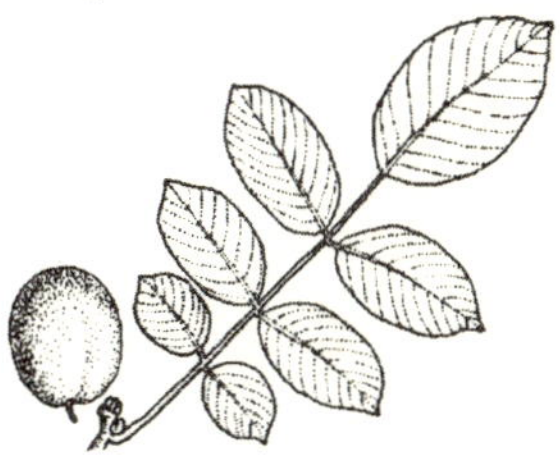

Semmelschmarrn

8 Semmeln vom Vortag
3/8-1/2 *l* Milch
Salz
3-4 Eier
Butterschmalz
Zucker nach Belieben

Semmeln in Scheiben oder größere Würfel schneiden ❍ Eier mit Salz und Milch verquirlen und über die Semmel gießen ❍ 1/2-1 Stunde zugedeckt durchziehen lassen ❍ in heißem Fett in der Pfanne unter öfterem Wenden goldgelb backen (bei größeren Mengen Schmarrn portionsweise ausbacken) ❍ nach Belieben mit Zucker bestreut anrichten

Ungezuckerter Semmelschmarrn kann als Beilage zu Fleischgerichten mit Soße oder als Hauptgericht mit Blattsalat gereicht werden.

Blinde Tauben

8 Semmeln
ca. 1/2 *l* Milch
1/2 TL Zucker
80 g Marmelade (z. B. Johannisbeeren, Erdbeeren, Preiselbeeren)
50 g Butter
2-3 Eier
1 Prise Salz

Von den Semmeln einen kleinen Deckel abschneiden (Fünf-Mark-Stück-Größe) ❍ etwas aushöhlen ❍ Semmeln und Deckel in lauwarmer, gezuckerter Milch kurz einweichen ❍ in gut gebutterte Auflaufform oder Bratreine geben ❍ mit Marmelade füllen ❍ Deckel aufsetzen ❍ bei 180°C ca. 30 Minuten lichtgelb backen ❍ Eier, Salz und restliche Milch verquirlen ❍ über die angebackenen Semmeln gießen und weitere 15 Minuten backen

Scheiterhaufen

Semmeln in gleichmäßige dünne Scheiben schneiden ❍ Äpfel schälen, entkernen und in Spalten schneiden ❍ Milch leicht erwärmen ❍ 50 g Zucker darin auflösen ❍ Eier und Rum unterrühren ❍ eine ofenfeste Form ausbuttern ❍ abwechselnd Semmeln, Äpfel, restlichen Zucker und Rosinen einschichten (oberste Schicht sollten Semmeln sein) ❍ Eiermilch darübergießen ❍ in vorgeheizter Röhre bei 180°C ca. 45-60 Minuten goldbraun backen

7 alte Semmeln
500 g Äpfel
3/4 l Milch
75 g Zucker
4 Eier
3 EL Rum
Zimt
50 g Rosinen
Butter für die Form

Semmel-Schnitt'l mit Apfelmus

Semmeln in 1 cm dicke Scheiben schneiden ❍ Salz in die Milch geben ❍ Semmeln kurz darin einweichen ❍ in den verquirlten Eiern wenden ❍ goldgelb in der Pfanne backen ❍ Äpfel waschen, vierteln ❍ mit Wasser und Zimtstange weich kochen ❍ durchpassieren ❍ mit Zucker und Zitronensaft abschmecken

Schnitt'l:
6-8 alte Semmeln
5 Eier
1/2 l Milch
Salz
Butterschmalz zum Backen

Apfelmus:
3/4-1 kg Äpfel
ca. 1/2 l Wasser
1/2 Zimtstange
50-80 g Zucker
Zitronensaft

Beilagen

Semmelknödel

8-10 *alte Semmeln*
Salz
3/8-1/2 *l lauwarme Milch*
20 *g* Butter
1 *Zwiebel*
Petersilie, gehackt
3-4 Eier

Semmeln in dünne Scheiben schneiden, salzen ❍ mit lauwarmer Milch übergießen ❍ zugedeckt 20-30 Minuten ziehen lassen ❍ Zwiebel fein schneiden, mit Petersilie in Butter andünsten ❍ mit den Eiern zu den Semmeln geben ❍ zu einem Teig verarbeiten, abschmecken ❍ mit nassen Händen Knödel formen ❍ bei Bedarf Semmelbrösel, etwas Mehl oder Grieß zugeben ❍ Knödel in kochendes Salzwasser einlegen und 20 Minuten leise ziehen lassen

Wenn es schnell gehen soll, Knödel mit heißer Milch übergießen, dann genügt 1/4 l.

Variante: Unter den Knödelteig 200 g gewiegten, gekochten Schinken oder 100 g gewürfelten, geräucherten Speck mischen, dazu wird Sauerkraut gegessen.

Kartoffelgmias

Kartoffeln dämpfen, schälen, erkaltet in Scheiben schneiden ❍ helle Einbrenne herstellen, mit Brühe oder Milch aufgießen ❍ 5-10 Minuten leise kochen, abschmecken ❍ Kartoffelscheiben locker untermischen ❍ Petersilie kurz vor dem Servieren dazugeben

Beilage zu gekochtem Rindfleisch

- *3/4-1 kg Kartoffeln*
- *30 g Butter*
- *30 g Mehl*
- *1 Zwiebel nach Belieben*
- *1/2 l Brühe oder Milch*
- *Petersilie, Dill oder Majoran, gehackt*

Breznknödl

Brezn in dünne Scheiben schneiden ❍ lauwarme Milch darübergießen und zugedeckt 15 Minuten durchziehen lassen ❍ Zwiebel in Würfel schneiden und mit Petersilie in Butter andünsten ❍ mit den Eiern zur Breznmasse geben und zu einem Teig verarbeiten, abschmecken ❍ Breznmasse auf eine angefeuchtete Serviette geben, zu einer Rolle von 3 cm Durchmesser formen und gut einwickeln ❍ in kochendes Wasser einlegen und 30 Minuten ziehen lassen ❍ etwas abgekühlt in Scheiben schneiden und anrichten

Beilage zu Fleischgerichten mit Soße

Übriggebliebene Breznknödel in Butter anbräunen, nach Belieben verquirlte Eier darübergießen und stocken lassen, dazu Blattsalat nach Jahreszeit reichen.

- *ca. 150 g frische Laugenbrezn*
- *100 ml Milch*
- *2-3 Eier*
- *1 Zwiebel*
- *Petersilie, gehackt*
- *20 g Butter*
- *Salz, Pfeffer, Muskat*

Teigknödel

250 g Mehl
1 Ei
1 TL Salz
1/8-1/4 l Milch
3 alte Semmeln

Aus Mehl, Ei, Milch und Salz Spätzleteig herstellen ❍ Semmel in Würfel schneiden und unterheben, evtl. durchziehen lassen ❍ Knödel formen und in kochendem Salzwasser 20-30 Minuten garen

Teigknödel passen zu Schweine-, Rinderbraten oder Geräuchertem mit Kraut.

Zwiebelgmias

750 g kleine, weiße Zwiebeln
3 EL Öl
Paprika, Salz
1/8 l Fleischbrühe
1 TL Mehl
4 EL Sahne
etwas Zitronensaft

Geschälte Zwiebeln in Öl gut andünsten ❍ Paprika zugeben, leicht anrösten, salzen ❍ mit wenig Fleischbrühe aufgießen ❍ zugedeckt bei mäßiger Hitze ca. 20-30 Minuten dünsten ❍ nach Belieben mit Mehlteiglein binden ❍ mit Sahne und Zitronensaft verfeinern

Statt Öl feingewürfelten Speck verwenden. Größere Zwiebel in dicke Scheiben schneiden oder halbieren.
Beilage zu Wild- oder Grillgerichten.

Kümmelkraut

3/4-1 kg Weißkraut
30 g Fett
1 TL Zucker
1 Zwiebel
Salz, Kümmel
Essig
1/4-3/8 l Flüssigkeit
1-2 EL Mehl zum Binden

Kraut waschen, vierteln, vom Strunk befreien und hobeln ❍ Zucker in Fett leicht bräunen ❍ feingeschnittene Zwiebel, Kraut und Kümmel zugeben, gut durchdünsten ❍ Essig und etwas Flüssigkeit zugeben ❍ zugedeckt unter Zugabe von weiterer Flüssigkeit ca. 45 Minuten garen (im Schnellkochtopf 5-10 Minuten) ❍ nach Belieben mit Mehlteiglein binden und abschmecken

Lauchgemüse in Käsesoße

Lauch waschen, in 3 cm große Stücke schneiden ❍ in Salzwasser garen ❍ helle Einbrenne herstellen und 5 Minuten köcheln lassen ❍ Käse in die Soße rühren ❍ mit Rahm verfeinern und abschmecken ❍ Lauch in Käsesoße geben, erwärmen

Beilage zu gekochtem Rindfleisch und Salzkartoffeln

- 500-750 g Lauch
- Salzwasser

Soße:

- 20 g Butter
- 20 g Mehl
- 1/4-3/8 l Lauchsud
- 80 g geriebener Käse
- 4 EL Sahne
- Salz, Pfeffer, Muskat

Ranagmias

Rote Rüben schälen, grob raspeln oder in Würfel schneiden ❍ Zwiebel und Apfel in Würfel schneiden ❍ Öl erhitzen ❍ Zucker, Zwiebel und Apfel darin andünsten ❍ rote Rüben und Gewürze zugeben, kurz mitdünsten ❍ mit Rotwein oder Brühe aufgießen und 30-45 Minuten garen ❍ abschmecken, mit Sauerrahm verfeinern und mit Petersilie bestreut anrichten

- 3/4 kg rote Rüben
- 2 EL Öl
- 1 EL Zucker
- 1 Zwiebel
- 1 Apfel
- 1/8 l Rotwein oder Brühe
- 1 Lorbeerblatt
- gemahlener Koriander
- Salz, Pfeffer
- Zitronensaft
- 2 EL Sauerrahm nach Belieben
- Petersilie

Spargel, gedünstet

1 *kg Spargel* (Bru*chspargel*)	Spargel schälen, in 1 cm große Stücke schneiden ❍ Butter erhitzen, Spargel andünsten ❍ mit Wasser, Salz und Zucker gar dünsten ❍ auf einer Platte mit kleingehackten Eiern und Schnittlauch anrichten
50 *g* Butter	
1/2 TL Salz	
1/2 TL Zucker	
ca. 1/8 *l* Wasser	
2 *hartgekochte* Eier	
Schnittlauch	

Wirsching, gedünstet

1 Wirsing (3/4-1 *kg*)	Wirsing putzen, waschen, vierteln, Strunk entfernen und in 1 cm dicke Streifen schneiden ❍ Wammerl in kleine Würfel schneiden ❍ zusammen mit Butter ausbraten ❍ Wirsing zugeben und zugedeckt bei mäßiger Hitze dünsten ❍ bei Bedarf Flüssigkeit zugießen ❍ mit Salz, Pfeffer und Muskat abschmecken
50 *g* Wammerl	
20 *g* Butter	
etwa 1/4 *l* Brühe *oder* Wasser	
Salz	
Pfeffer	
Muskat	

Gekochtes Rindfleisch oder Kochwürste und Salzkartoffeln schmecken besonders gut dazu.

Nachspeisen & Gebäck

Apfelcreme

Äpfel schälen, vierteln und entkernen ❍ mit der Vanilleschote im Wasser weichkochen und pürieren ❍ mit Zucker und Zitronensaft abschmecken ❍ mit Sauerrahm und Kirschwasser verfeinern und erkalten lassen

- 8 *Äpfel*
- 1/2 *Vanilleschote*
- 1 *Zitrone*
- *ca.* 1/2 *l Wasser*
- 60-100 *g Zucker*
- 3 EL *Sauerrahm*
- 2 EL *Kirschwasser*

Bratäpfel mit Preiselbeeren

Äpfel waschen, Kerngehäuse ausstechen, in eine gefettete Auflaufform setzen ❍ mit Preiselbeerkompott füllen ❍ Butterflöckchen aufsetzen ❍ in vorgeheizter Röhre bei 200°C etwa 20 Minuten braten

- 4 *Äpfel (Boskop)*
- 8 EL *Preiselbeerkompott*
- 30 *g Butter*

Bayerische Creme

1/4 l Milch
1/2 Vanillestange
3 Eigelb
40-80 g Zucker
3 Blatt Gelatine
1/4 l Sahne
200 g pürierte Himbeeren oder Erdbeeren
Zucker nach Geschmack
1 Blatt rote Gelatine

Eigelbe und Zucker schaumig rühren ❍ mit Milch, Vanillestange und -mark unter ständigem Rühren erhitzen ❍ eingeweichte Gelatine darin auflösen ❍ Creme kalt stellen und ansteifen lassen ❍ Sahne steif schlagen und unterheben ❍ Fruchtmus mit Zucker abschmecken, eingeweichte, aufgelöste rote Gelatine zugeben ❍ Creme und Fruchtmus schichtweise oder getrennt in Schüsseln füllen

Statt Vanille können Rum, Weinbrand oder andere aromatische Liköre verwendet werden.

Topfengrießbrei

1/2 l Milch
1 Pkg. Vanillezucker
100 g Weizengrieß
1-3 EL Zucker
2 Eier, getrennt
250 g Quark
200 g Obst in Würfel (je nach Jahreszeit)

Milch und Vanillezucker zum Kochen bringen ❍ Grieß einstreuen, aufkochen und 5 Minuten quellen lassen ❍ mit Eigelben legieren ❍ nach Geschmack süßen ❍ Eiweiß steif schlagen und unterheben ❍ kühl stellen, ab und zu durchrühren, daß sich keine Haut bildet ❍ Quark unterrühren ❍ mit dem vorbereiten Obst mischen oder Obst getrennt dazu servieren

Mürbe Striezel

Semmeln klein schneiden, mit warmer Milch übergießen und zugedeckt durchziehen lassen ❍ Dampferl bereiten ❍ Butter, Zucker, Eigelbe und Eier schaumig rühren ❍ Semmeln, Sahne, Salz und abgeriebene Zitronenschale unterrühren ❍ Mehl und Dampferl zugeben, dabei nicht zuviel kneten ❍ Teig gehen lassen ❍ zu Striezeln formen und in heißem Fett ausbacken

3 alte Semmeln
3/8 l warme Milch
1 kg Mehl
60 g Hefe
175 g Butter
150 g Zucker
6 Eigelb, 2 Eier
1/8 l Sahne
Salz, abgeriebene Zitronenschale
Korinthen nach Belieben

Apfelkuchen

Mehl, Backpulver, Butter, Zucker und Salz verkneten ❍ Kartoffeln zufügen und kurz durchkneten ❍ Teig zugedeckt im Kühlschrank 1 Stunde kalt stellen ❍ auswellen und in eine gefettete Springform mit 1 cm Rand geben ❍ Teig mehrmals mit einer Gabel einstechen ❍ mit Semmelbröseln bestreuen ❍ Apfelscheiben dachziegelartig einschichten ❍ Rosinen und Nüsse daraufgeben ❍ mit Zucker und Zimt bestreuen ❍ in vorgeheizter Röhre bei 180°C ca. 50 Minuten backen

Schmeckt lauwarm am besten.

Teig:
150 g Kartoffeln (gekocht, geschält, durchgepreßt)
250 g Mehl
100 g Butter
1 TL Backpulver
2 EL Zucker, 1 Prise Salz
Butter für die Form

Belag:
1 kg Äpfel, geschält und in dünne Scheiben geschnitten
2 EL Rosinen, in Rum getränkt
50 g Semmelbrösel
50 g grob geriebene Nüsse
Zucker und Zimt zum Bestreuen

Weichselkuchen

- 125 *g* Butter
- 200 *g* Zucker, 1 Prise Salz
- 3 Eier
- 125-150 *g* Mehl
- 2 TL Backpulver
- 1 EL Kakao
- 125 *g* Nüsse
- etwas Zimt, Nelken, Muskat
- Butter für die Springform
- 500-750 *g* frische, entsteinte oder 1 Glas Sauerkirschen
- Puderzucker

Butter, Zucker, Salz und Eier schaumig rühren ❍ Mehl, Backpulver und Kakao sieben ❍ mit den Nüssen und Gewürzen unter die Schaummasse rühren ❍ in die gefettete Springform füllen ❍ abgetropfte Sauerkirschen darauf verteilen ❍ in vorgeheizter Röhre bei 180°C ca. 40 Minuten backen ❍ erkaltet mit Puderzucker bestreuen

Kirchweihnudeln (Schmalznudeln)

- 3 *kg* Mehl, 80 *g* Hefe
- 1/2 EL Zucker
- 1/8 *l* Milch
- 75 *g* Butter
- 75 *g* Margarine
- 110 *g* Zucker
- 1 1/2 EL Salz
- 4 Pkg. Vanillezucker
- etwas geriebene Zitronenschale
- 4 Eier
- 3/8 *l* Milch
- 100 *g* Rosinen
- Pflanzenfett und Butterschmalz zum Ausbacken

Hefe zerbröseln ❍ mit Zucker, lauwarmer Milch und etwas Mehl Dampferl herstellen ❍ zugedeckt gehen lassen ❍ Butter und Margarine schmelzen ❍ mit den restlichen Zutaten zum Dampferl geben ❍ mit dem Handrührgerät zuerst auf Stufe 1, dann auf Stufe 3 rühren (etwa 6 Minuten) ❍ zugedeckt gehen lassen ❍ Rosinen zugeben ❍ jeweils 50-60 g Teig abstechen und Kugeln formen ❍ mit 3 Fingern nehmen ❍ 4 Ecken ausziehen und zweimal umdrehen und in die Mitte drücken ❍ mit den Ecken nach unten zugedeckt gehen lassen ❍ mit den Ecken nach oben ins heiße Fett geben und so lange backen, bis kein Zischen mehr zu hören ist

Osterfladen

500 g Mehl
40 g Hefe
Salz
50 g Zucker
1 Pkg. Vanillezucker
200 g zerlassene Butter
100 g gehackte Mandeln
200 g Rosinen
1/8 l lauwarme Milch

Mehl in eine Schüssel sieben, in der Mitte eine Mulde bilden ❍ aus Hefe, etwas Zucker und Milch Dampferl bereiten, gehen lassen ❍ Butter, Zucker, Vanillezucker, Salz und Milch zugeben und kneten, bis der Teig Blasen wirft ❍ Mandeln und Rosinen untermengen ❍ zugedeckt ca. 45-60 Minuten gehen lassen ❍ aus dem Teig einen Brotlaib formen, auf ein gefettetes Blech legen und nochmals gehen lassen ❍ Oberfläche rautenförmig einschneiden ❍ in vorgeheizter Röhre bei 180-200°C ca. 50-60 Minuten backen ❍ nach der Hälfte der Backzeit mit verquirltem Eigelb bestreichen

Verschiedenes

Hollerlikör

- 1.750 *g Holunderbeeren*
- 1 *l Wasser*
- 750 *g Zucker*
- 5 *Pkg. Vanillezucker*
- 10 *Tropfen Bittermandelöl*
- 3/4 *l Rum* (50 %)

Holler entstielen, 20 Minuten im Wasser kochen ❍ abseihen durch Sieb und Tuch ❍ Zucker, Vanillezucker und Bittermandelöl einrühren ❍ abkühlen lassen ❍ Rum einrühren und abfüllen

Kartoffelbrot

- 300 *g mehlige Kartoffeln*
- 700 *g Mehl*
- 1/2 *TL Zucker*
- 1 1/2 *TL Salz*
- 25 *g Hefe*
- 1 *Ei*
- 375 *ml lauwarmes Wasser*

Kartoffeln dämpfen, schälen, durchpressen, abkühlen lassen ❍ Mehl mit Zucker und Salz mischen ❍ Hefe einbröseln ❍ mit Ei und Wasser zu einem mittelfesten Hefeteig verarbeiten ❍ Kartoffeln unterkneten ❍ einen runden Brotlaib formen und auf ein gefettetes Blech geben ❍ zugedeckt ca. 30 Minuten gehen lassen ❍ in vorgeheizter Röhre bei 180°C 40-50 Minuten backen

Obazda

Camembert mit einer Gabel zerdrücken ❍ mit der Butter mischen ❍ Zwiebel, Bier und Gewürze zugeben, abschmecken ❍ auf Teller oder Holzbrett anrichten ❍ mit Zwiebelringen garnieren	

- 200 g Camembert
- 50 g Butter
- 1 Zwiebel
- 1 TL Paprika
- Salz
- Pfeffer
- 3 EL Bier oder Dosenmilch
- Zwiebelringe

Hollermus

Holler waschen, entstielen ❍ mit Wasser, Zucker und Gewürzen ca. 15 Minuten kochen ❍ durch ein Sieb streichen ❍ Zwetschgen entsteinen, halbieren ❍ Birnen schälen, in Würfel schneiden ❍ beides in das Hollermus geben und weitere 10 Minuten kochen ❍ Stärkemehl mit Wasser anrühren und in die kochende Fruchtmasse einrühren

- 500 g Holunderbeeren
- 250 g Zwetschgen
- 250 g Birnen
- 3/4-1 l Wasser
- 1 Zimtstange
- 2 Nelken
- 50 g Zucker
- 20-30 g Stärkemehl

Paßt heiß oder kalt zu Mehlspeisen.

Knöcherlsulz

1 Kalbsfuß
2 Schweinsfüße
1 Schweinsohr
2 l Wasser
1/8-1/4 l Essig
5 Pfefferkörner
5 Pimentkörner
2 Nelken, Salz
2 Lorbeerblätter
1 Zwiebel, 1 gelbe Rübe
etwas Lauch und Sellerie

Zum Einlegen:
3 Gewürzgurken
2 hartgekochte Eier

Kalbsfuß und Schweinsfüße vom Metzger spalten lassen ❍ mit Ohr, vorbereitetem Gemüse und weiteren Zutaten kalt zusetzen ❍ 2-2 1/2 Stunden leise kochen ❍ Brühe vorsichtig abseihen, erkalten lassen und entfetten ❍ Knöcherl und Fleischteile in tiefe Suppenteller geben ❍ in Scheiben geschnittene Gewürzgurken und Eier einlegen ❍ mit kräftig abgeschmeckter Brühe übergießen ❍ kalt stellen, steifen lassen

Beilagen: Pell-, Salz- oder Bratkartoffeln oder Schwarzbrot

Wurstsalat

150 g Fleischwurst oder Schinkenwurst
100 g Salami
150 g Emmentaler
1 Zucchini
1 rote Paprikaschote
1 Zwiebel
5 EL Rotweinessig
Salz, Pfeffer
Zucker
4 EL Öl
Schnittlauch

Wurst, Käse und Gemüse in feine Streifen schneiden ❍ Zwiebel in Ringe schneiden ❍ Essig-Öl-Marinade herstellen ❍ mit den Zutaten mischen ❍ in eine Schüssel oder auf eine Platte geben ❍ mit Schnittlauch bestreut anrichten

Dazu: kräftiges Schwarz- oder Vollkornbrot
Getränk: Bier

Buttermilchbrot

Hefe in lauwarmem Wasser auflösen ❍ mit den restlichen Zutaten zu einem Hefeteig verarbeiten ❍ zugedeckt an einem warmen Ort 30 Minuten gehen lassen ❍ durchkneten und in eine gefettete Kastenform geben ❍ mit Wasser bestreichen ❍ mit Sesam, Leinsamen oder Haferflocken bestreuen ❍ nochmals 30 Minuten gehen lassen ❍ bei 200°C ca. 50 Minuten backen

Teig muß relativ weich sein, da die Haferflocken beim Ruhen und Backen sehr viel Flüssigkeit aufnehmen.

- *400 g Weizenvollkornmehl*
- *100 g Weizenmehl, Type 1050*
- *100 g grobe Haferflocken*
- *60 g Hefe*
- *2 TL Salz*
- *1 TL Zucker*
- *125 g Quark*
- *ca. 1/2 l Buttermilch*
- *etwas Fenchel, Kümmel nach Belieben*

Essigknödel

Knödel in Scheiben schneiden ❍ Zwiebel würfeln und Petersilie fein hacken ❍ Essig-Öl-Marinade herstellen und mit den übrigen Zutaten mischen

- *Semmelknödel vom Vortag*
- *Essig*
- *Öl*
- *Salz, Zucker*
- *Zwiebel*
- *Petersilie*
- *evtl. Bratenreste*

Niederbayern

Niederbayern liegt im Osten Bayerns und grenzt an Tschechien und Österreich.

Landschaftlich gliedert sich Niederbayern in drei markante Gebiete:

• dem südlich der Donau gelegenen niederbayerischen Hügelland, an das sich im Westen die Hallertau anschließt;

• die von der Donau durchflossenen Gäubodenebene. Bayerns landwirtschaftlich ertragreichste Gegend;

• dem Bayerischen Wald nördlich, der mit dem Arber in der Nähe von Bodenmais seine größte Erhöhung hat. Charakteristisch für diese Region Niederbayerns sind die zahlreichen Glashütten, in denen bis heute die hohe Kunst der Glasbläserei betrieben wird.

Erwähnenswert ist vor allem noch das im Norden liegende Altmühltal, von Riedenburg bis Kehlheim, und der Donaudurchbruch zwischen Kehlheim und Weltenburg. Eine Besonderheit Niederbayerns sind seine Heilbäder. Die Schwefelquellen von Bad Abbach wurden zum ersten Mal im 14. Jahrhundert genannt. Wahrscheinlich waren sie aber schon während der Römerzeit bekannt.

Abwechslungsreich wie die Landschaft gestalten sich nicht nur die Bräuche und Feste, sondern auch die niederbayerische Küche. Einfache Gerichte mit Kartoffeln, saurer Milch, Wildfrüchten und Pilzen reichte man vor allem im Bayerischen Wald (Erdäpfelkas, Hoaba-Datschi, Essignudeln). Fleisch, Eier und Schmalz, welche normalerweise

für den Verkauf bestimmt waren, wurden von den Bäuerinnen nur zu hohen Festtagen verwendet.
In den ertragreicheren Gäulagen des Rottals und Straubings dagegen sind neben deftigen Fleischgerichten auch Schmalzgebackenes und Mehlspeisen anzutreffen. Das reichhaltige Angebot aus Feld und Stall schlägt sich hier auch in den üppigen Eßgewohnheiten nieder.
Eine besondere Delikatesse war der Schwindelbraten aus Schweinefleisch. Die raffinierte Zubereitung macht daraus einen Wildschweinbraten, und angeblich soll's keiner merken. Dazu gab es meist Knödel, eine Spezialität der Niederbayern, die in vielen Varianten überliefert sind: die Grömigwichste, kleine, ziemlich harte Knödel, oder die großen Brotknödel und Fleischknödel, deren Rezepte bis ins 14. Jahrhundert zurückreichen.
Zu hohen Festen gibt es die Hochzeitsknödel.

Suppen

Leberknödelsuppe

Semmeln in feine Scheiben schneiden, salzen ❍ mit lauwarmer Milch übergießen und zugedeckt durchziehen lassen ❍ Zwiebel und Petersilie fein hacken und in Butter andünsten ❍ alle Zutaten zu einem Teig verarbeiten ❍ mit Gewürzen abschmecken ❍ Knödel formen und in die kochende Brühe legen, ca. 20 Minuten ziehen lassen ❍ Suppe mit Schnittlauch bestreut anrichten

- *4 alte Semmeln*
- *Salz*
- *ca. 1/4 l Milch*
- *150-200 g Rindsleber, durchgedreht*
- *20 g Butter*
- *1 kleine Zwiebel*
- *Petersilie*
- *1-2 Eier*
- *Pfeffer, Majoran*
- *Zitronensaft*
- *1 1/4 l Brühe*
- *Schnittlauch*

Sauerkrautsuppe

- 3 EL Öl, 1 *Zwiebel*
- 300-400 *g Hackfleisch*
- 3 EL *Mehl*
- 3 EL *Tomatenmark*
- 1 1/2-2 *l* Brühe
- 500 *g Sauerkraut*
- 4 *gekochte* Kartoffeln
- Salz
- Pfeffer
- Paprika
- Kümmel
- 3 EL *Weißwein*
- 50-100 *g Sahne nach Belieben*

Zwiebel in Würfel schneiden und in Öl andünsten ❍ Hackfleisch zugeben, mitbraten ❍ mit Mehl stauben ❍ Tomatenmark zugeben ❍ mit Brühe aufgießen und ca. 20 Minuten garen ❍ Sauerkraut klein schneiden ❍ Kartoffeln in Würfel schneiden, beides zur Suppe geben ❍ mit Gewürzen, Weißwein und Sahne abschmecken

Eing'rührte

- 1/2 *l* Wasser
- 25 *g* Weizenmehl
- 25 *g* Roggenmehl
- 1 *l* Buttermilch
- Salz
- Kümmel
- *etwas* Sauerrahm

Wasser zum Kochen bringen ❍ Mehl mit etwas Buttermilch zu einem glatten, dünnen Teig anrühren ❍ restliche Buttermilch dazugeben ❍ ins kochende Wasser einrühren, aufkochen lassen ❍ mit Salz, Kümmel und Sauerrahm abschmecken

Dazu Schwarzbrot oder Bratkartoffeln reichen.

Kaiserschöberlsuppe

2 Eier, *getrennt*	
50 *g gekochter Schinken*	
1 1/2 EL *Mehl*	
Salz, Muskat	
etwas Butter	
1 1/2 *l Fleischbrühe*	
Schnittlauch	

Eiweiß steif schlagen ❍ Eigelb, Salz, Muskat und Mehl verrühren ❍ Schinken fein würfeln und mit dem Eischnee unter die Eigelbmasse heben ❍ auf ein gefettetes, bemehltes Blech fingerdick streichen ❍ in vorgeheizter Röhre bei 200°C ca. 10 Minuten backen ❍ in gleichmäßige Würfel oder Rauten schneiden ❍ mit heißer abgeschmeckter Brühe übergießen oder zur Brühe reichen

Fleisch- & Fischgerichte

Pfingstltopf (für 8 Personen)

8 Ochsenschwanzstücke	
30 g Fett	
150 g geräuchertes Wammerl	
1 Zwiebel, 2 gelbe Rüben	
1/4 Knolle Sellerie	
1/2 Stange Lauch	
Fleischbrühe	
1 EL Tomatenmark	
6 Pfefferkörner, Salz	
6 Wacholderbeeren	
2 Lorbeerblätter, 2 Nelken	
1-2 EL Mehl	
2 EL Sauerrahm	
Rotwein nach Belieben	

Ochsenschwanzstücke in heißem Fett anbraten ❍ Wammerl, Zwiebel, gelbe Rüben und Sellerie in Würfel, Lauch in Ringe schneiden, zufügen und mitdünsten ❍ mit soviel Fleischbrühe aufgießen, daß die Ochsenschwanzstücke fast bedeckt sind ❍ Tomatenmark, Salz, Gewürze (im Teefilterbeutel oder Tee-Ei) zugeben, aufkochen ❍ in vorgeheizter Röhre bei 160°C so lange schmoren, bis sich das Fleisch vom Knochen löst (ca. 2-2 1/2 Stunden) ❍ Soße mit Mehlteiglein binden ❍ mit Sauerrahm und Rotwein abschmecken

Beilage: Kartoffeln, Semmelknödel, Spätzle

Weißkrauttopf

Weißkraut fein hobeln ❍ Zucker in Öl leicht bräunen ❍ Weißkraut, Essig, Kümmel, Salz und Pfeffer zugeben und andünsten ❍ Hackfleisch mit Salz, Pfeffer, Muskat und Basilikum würzen ❍ auf dem Weißkraut verteilen ❍ Kartoffeln schälen und in dünne Scheiben schneiden ❍ auf das Hackfleisch legen ❍ mit Rotwein und Brühe seitlich aufgießen und ca. 45 Minuten garen

Eignet sich sehr gut zum Einfrieren

- *3/4-1 kg Weißkraut*
- *2 EL Öl*
- *1 TL Zucker*
- *3 EL Essig*
- *1 EL Kümmel*
- *Salz, Pfeffer*
- *300 g Hackfleisch*
- *Muskat, Basilikum*
- *500 g Kartoffeln*
- *1/4-1/2 l Rotwein*
- *1/4-1/2 l Brühe*

Beinscheiben in Biersoße

Beinscheiben salzen, pfeffern, in Mehl wenden und auf beiden Seiten anbraten ❍ Zwiebeln und Knoblauchzehen mitrösten ❍ gelbe Rüben und Sellerie in Würfel, Lauch in Ringe schneiden, zugeben ❍ mit Bier und Wasser aufgießen ❍ restliche Zutaten zufügen ❍ zugedeckt leise kochen (ca. 1 1/2-2 Stunden) ❍ abschmecken, evtl. mit Mehlteiglein binden ❍ mit Petersilie bestreut anrichten

Beilage: Salzkartoffeln, Kartoffelbrei, Semmelknödel, Spätzle

- *3-4 Rinderbeinscheiben*
- *Salz, Pfeffer*
- *4 EL Mehl*
- *30 g Fett*
- *2 Zwiebeln, gewürfelt*
- *2 Knoblauchzehen*
- *2 gelbe Rüben*
- *1/4 Knolle Sellerie*
- *1/2 Stange Lauch*
- *1/4 l helles Bier*
- *ca. 1/4 l Wasser*
- *3 Lorbeerblätter*
- *3 EL Tomatenpüree*
- *Basilikum, Oregano, Zucker*
- *Petersilie, gehackt*

Schwindelbraten (für 10 Personen)

- *1 Zwiebel*
- *1/2 Stange Lauch*
- *1 gelbe Rübe*
- *1/2 Knolle Sellerie*
- *1 l Wasser*
- *1/2 l Rotwein*
- *1/2 l Essig*
- *je 2 EL zerstoßene Wacholderbeeren und Pfefferkörner*
- *1 Lorbeerblatt*
- *1 EL Gewürznelken*
- *50 g Senfkörner*
- *1 TL Basilikum*
- *1 TL Salz*
- *Schale von 1 Zitrone*
- *2 kleine Fichtenzweige*
- *1 1/2 kg Schweinenacken*
- *30 g Fett*
- *1/2 l Bratensoße*
- *200 ml Sahne*
- *1 Stamperl Kirschlikör*
- *3 EL Preiselbeerkompott*

Wurzelwerk putzen und grob zerkleinern ❍ mit Gewürzen und Fichtenzweigen in Wasser-Essig-Rotwein-Gemisch geben ❍ kurz aufkochen ❍ erkaltet über das Fleisch gießen ❍ Fleisch zugedeckt mindestens 1 Woche an einem kühlen Ort darin liegen lassen ❍ Fleisch gut abtropfen lassen und im Fett auf allen Seiten gut anbraten ❍ Beize abseihen und damit bei Bedarf aufgießen ❍ nach 1 Stunde die heiße Bratensoße zugeben und weitere 20 Minuten garen ❍ Soße mit Sahne, Kirschlikör und Preiselbeeren verfeinern

Beilage: Kartoffelknödel und Blaukraut

Erzählen Sie Ihren Gästen, es handle sich um Wildschweinbraten; bestimmt bemerkt keiner Ihren kleinen „Schwindel".

Niederbayerisches Kümmelfleisch

Fleisch in gleichmäßig große Würfel schneiden und in heißem Fett anbraten ❍ Zwiebel zugeben, etwas bräunen ❍ würzen und mit Bier aufgießen ❍ Schwarzbrotbrösel zugeben ❍ zugedeckt ca. 45 Minuten garen ❍ bei Bedarf mit Wasser oder Fleischbrühe aufgießen ❍ mit Sauerrahm, Salz und Pfeffer abschmecken

Beilage: Salzkartoffeln, Kartoffelbrei, Semmelknödel, Spätzle, Salat nach Belieben

500-750 g Schweinefleisch
1 Zwiebel, gehackt
Fett zum Anbraten
1 EL Kümmel
1/2 Tasse Schwarzbrotbrösel
1/4 l Bier
100 g Sauerrahm
Salz, Pfeffer

Gefüllte Kirtagans

Gans innen und außen mit Pfeffer einreiben ❍ innen salzen ❍ den Apfel klein schneiden ❍ mit den weiteren Zutaten gut vermischen ❍ Gans damit füllen und verschließen ❍ in der Bratreine mit etwas kochendem Wasser zusetzen ❍ in vorgeheizter Röhre bei 200-220°C etwa 2 Stunden braten ❍ mehrmals wenden ❍ bei Bedarf kochendes Wasser nachgießen ❍ Bratenansatz lösen ❍ Soße bei Bedarf mit Mehlteiglein binden und abschmecken

Beilagen: Blaukraut, Rosenkohl, Kartoffelknödel

1 küchenfertige Gans
Salz, Pfeffer
ca. 1 l kochendes Wasser

Fülle:

1 Apfel
2-3 Semmeln in Scheiben
50 g Walnüsse gehackt
Herz und Magen der Gans, durchgedreht
Petersilie, gehackt
Beifuß, frisch oder getrocknet
Salz, Pfeffer, Muskat
2 Eier
1 EL Meerrettich

Gefüllte Kartoffeltaschen

1 kg Kartoffeln	Kartoffeln dämpfen, schälen, durchpressen und auskühlen lassen ❍ mit Mehl, Eiern und Salz zu einem Teig verarbeiten ❍ Teig in 8 Stücke schneiden, zu Fladen auswellen ❍ mit Käse und Schinken füllen ❍ Fladen zusammenklappen und in der Pfanne backen
150-200 g Mehl	
1-2 Eier	
Salz	
100 g Frischkäse oder Emmentaler gerieben	
100 g gekochter Schinken	
Fett zum Ausbacken	

Beilage: Blattsalat nach Jahreszeit

Kartoffeltaschen können auch in der Röhre gebacken werden, dies spart Fett.

Pichelsteiner

250 g Rindfleisch	Fleisch in Würfel schneiden ❍ in heißem Öl anbräunen ❍ vorbereitetes Gemüse in Würfel oder Scheiben schneiden ❍ lagenweise einschichten und würzen, oberste Lage sind Kartoffeln ❍ seitlich mit Brühe aufgießen und bei mäßiger Hitze garen (ca. 45-60 Minuten, im Schnellkochtopf 15 Minuten) ❍ bei Bedarf Brühe seitlich zugießen ❍ mit Petersilie bestreut servieren
250 g Schweinefleisch	
2 EL Öl	
1-2 Zwiebeln	
Salz, Pfeffer, Paprika	
3/4-1 kg Gemüse nach Jahreszeit (z. B. 2-3 gelbe Rüben, 1 Stange Lauch, 1 kleine Knolle Sellerie, 1 Petersilienwurzel)	
1/2-3/4 kg Kartoffeln	
1/2-3/4 l Brühe	
Petersilie	

Eignet sich sehr gut zum Einfrieren.

Wer dieses Gericht erfunden hat, darüber streiten sich heute noch die beiden Ortschaften Regen und Grattersdorf am Büchelstein im Bayerischen Wald. Die Regener feiern jedes Jahr am letzten Juliwochenende das „Pichelsteiner-Fest".

Hochzeitsknödel

Butter, Eier und Gewürze schaumig rühren ❍ Wammerl und Semmeln in kleine Würfel schneiden ❍ mit den restlichen Zutaten zur Schaummasse geben ❍ zu einem Knödelteig verarbeiten ❍ rund drücken ❍ in eine nasse Serviette wickeln und locker zubinden ❍ in kochendes Salzwasser geben und 25-30 Minuten garen ❍ vor dem Servieren Knödel mit zwei Gabeln aufreißen und mit brauner Butter übergießen

Beilage: Blattsalat nach Jahreszeit

- *50 g Butter*
- *3-4 Eier*
- *Salz*
- *1 Prise Muskat*
- *150 g geräuchertes Wammerl*
- *5-6 alte Semmeln*
- *150 g geriebener Käse*
- *150 g feingeschnittenes Sauerkraut*
- *1 gehäufter EL Mehl*

Ritterzipfe

Kartoffeln dämpfen, schälen und durchpressen ❍ Wammerl und Zwiebel in Würfel schneiden ❍ Wammerl im Schweineschmalz auslassen, Zwiebel darin andünsten und abkühlen lassen ❍ alle Zutaten (außer Kartoffelmehl) zu den Kartoffeln geben und vermengen ❍ Kartoffelmehl auf ein Brett sieben und darauf fingerlange Nudeln aus dem Teig formen ❍ Nudeln in heißem Schweineschmalz goldbraun braten

Dazu Blattsalat nach Jahreszeit reichen.

- *1 kg Kartoffeln*
- *20 g Schweineschmalz*
- *200 g mageres geräuchertes Wammerl*
- *1 große Zwiebel*
- *200 g rohes Sauerkraut, gehackt*
- *2 Eigelb*
- *3 EL Sauerrahm*
- *Petersilie*
- *Salz, Pfeffer*
- *Muskat*
- *50-70 g Kartoffelmehl zum Formen*

Karpfen in pikanter Soße

- 1 Karpfenfilet
- Zitronensaft
- Salz, weißer Pfeffer
- 30 g Butter
- 1 Zwiebel
- 2-3 gelbe Rüben
- 2-3 Gewürzgurken
- 1/8-1/4 l Weißwein oder Brühe
- 100-200 g Sahne
- Petersilie, Dill
- Champignons nach Belieben

Karpfen in Portionsstücke schneiden und mit Zitronensaft beträufeln ❍ zugedeckt 30 Minuten durchziehen lassen ❍ salzen, pfeffern, in heißer Butter auf jeder Seite 3-4 Minuten anbraten und warm stellen ❍ Zwiebel und Gewürzgurken in Würfel schneiden, gelbe Rüben raspeln ❍ im Bratenfond andünsten ❍ mit Wein oder Brühe und Sahne aufgießen ❍ etwas einkochen lassen ❍ Soße abschmecken, Champignons zugeben ❍ Karpfenstücke in der Soße anrichten

Beilage: Petersilienkartoffeln und Blattsalat

Fleischlose Hauptgerichte

Bruckprügel

Kartoffeln dämpfen, schälen, durchpressen und abkühlen lassen ❍ Mehl, Stärkemehl, Nockerlgrieß, Eigelb und Salz zugeben und vermengen ❍ daumendicke Rollen formen in der Länge der Bratreine ❍ Nudeln locker in die gut gefettete Reine legen ❍ zweite Nudellage locker quer einlegen ❍ bei 200°C auf unterster Schiene 1 Stunde backen ❍ färben sich die Nudeln hellbraun (nach ca. 45 Minuten), Sauerrahm darüberstreichen und fertigbacken

1 1/2 kg mehlige Kartoffeln
150 g Mehl
75 g Stärkemehl
60 g Nockerlgrieß
knapp 1/2 EL Salz
1-2 Eigelb
ca. 100 g Butterschmalz zum Backen
ca. 150 g Sauerrahm oder Schmand

Beilage: Sauerkraut

Hosenknöpf

- 1 *kg* Kartoffeln
- 100 *g* Mehl
- 1 Eigelb
- 1/2 TL Salz
- Fett zum Ausbacken

Kartoffeln dämpfen, schälen, durchpressen und abkühlen lassen ❍ mit Mehl, Eigelb und Salz zu einem Teig verarbeiten ❍ daumendicke Rollen formen und ca. 1 cm dicke „Knöpfle" abschneiden ❍ im heißen Fett goldbraun backen, dabei mehrmals wenden

Dazu paßt: Sauerkraut oder Apfelmus; ist auch als Beilage zu Fleischgerichten geeignet.

Kartoffelpfannkuchen

- 1 *kg* Kartoffeln
- 30 *g* Butter
- 1 Zwiebel
- 30 *g* Mehl
- 3 Eier
- 1/4 *l* Milch
- Salz, Schnittlauch
- 5 Tomaten zum Füllen

Kartoffeln dämpfen, schälen und erkaltet in Scheiben schneiden ❍ Butter in einer Pfanne erhitzen, darin fein gewiegte Zwiebel und Kartoffeln rösten und salzen ❍ Mehl, Eier, Schnittlauch und Milch glattrühren ❍ Röstkartoffeln in 3 Portionen teilen, jeweils mit einem Teil der Eiermilch in der Pfanne übergießen und von beiden Seiten goldgelb backen ❍ nach Belieben mit leicht angedünsteten Tomatenscheiben füllen und über die Mitte zusammenklappen

Beilage: Blattsalat nach Jahreszeit

Dradewixpfeifferl mit Kraut

Speck auslassen ❍ Zwiebel und Sauerkraut darin andünsten ❍ mit etwas Wasser aufgießen ❍ Gewürze zugeben und garen ❍ Mehl, Salz und Wasser zu einem festen Teig verkneten ❍ haselnußgroße Stücke abstechen ❍ diese zwischen den Handflächen „wuzeln", bis man 2-3 cm lange, an beiden Seiten angespitzte Dradewixpfeifferl hat ❍ auf dem Nudelbrett etwas antrocknen lassen ❍ in kochendes Salzwasser geben und 5-8 Minuten ziehen lassen ❍ abseihen und abtropfen lassen ❍ unter das fertige Sauerkraut mischen

Kraut:

50 g Speck
1 Zwiebel, gehackt
250 g Sauerkraut
Wacholderbeeren, Kümmel
Salz, Pfeffer
1 Lorbeerblatt

Dradewixpfeifferl:

150-200 g Mehl
1 Prise Salz
etwas Wasser

Rupfhauben

Mehl, Ei, Salz und Wasser zu einem Teig verarbeiten ❍ in kleine Stücke schneiden ❍ handtellergroße Fladen auswellen ❍ in einem gut schließendem Topf 2 cm hoch Milch, Zucker und Butterschmalz aufkochen ❍ Teigflecken in der Mitte hochnehmen und wie Hauben nebeneinander in die Milch stellen ❍ bei mittelgroßer Hitze zugedeckt garen, bis die Milch und die Unterseite der Hauben goldbraun sind (ca. 20 Minuten) ❍ mit Zucker und Zimt bestreuen und sofort servieren

500 g Mehl
1 Ei
1 Prise Salz
etwas Wasser
1/2 l Milch
3-4 TL Zucker
1-2 EL Butterschmalz

Dazu Kompott oder Rotweinsoße reichen.

In den Nudelteig 10 g Hefe einbröseln, Teig wird dadurch lockerer.

Hollerkiachl

12 Dolden vom blühenden Holler
150 g Mehl, 1 Prise Salz
2 Eier, 1 EL Öl
1 Prise Backpulver
etwas Wein oder Bier
Fett zum Ausbacken
Puderzucker zum Bestreuen

Holler waschen und abtropfen lassen ❍ aus Mehl, Eiern, Öl, Salz, Backpulver und Wein oder Bier einen nicht zu dicken Pfannkuchenteig herstellen ❍ Blütendolden in den Backteig tauchen ❍ in heißem Fett goldgelb backen ❍ mit Puderzucker bestreut anrichten

Hoaba-Datschi

300 g Mehl
1 Prise Salz
5 Eier, getrennt
ca. 1/2 l Milch
etwas Butter
500 g Hoaba
Zucker zum Bestreuen

Aus Mehl, Salz, Eigelb, Milch und steifgeschlagenem Eiweiß einen etwas dickeren Pfannkuchenteig herstellen ❍ in einer großen Reine Butter erhitzen ❍ Teig einfüllen ❍ Hoaba darauf verteilen, mit Zucker bestreuen ❍ bei 180°C ca. 30 Minuten backen, nochmals mit Zucker bestreuen

Zwetschgenbavesen

alte Semmeln bzw. Stangenbrot
Zwetschgenmus
etwas Milch zum Eintauchen
150 g Mehl, 2 Eier
1 Prise Salz, 1 EL Zucker
1/4 l Milch
Butterschmalz
Zucker und Zimt

Semmeln in Scheiben schneiden und mit Zwetschgenmus auf einer Seite bestreichen ❍ je 2 Semmelscheiben zusammensetzen ❍ in Milch eintauchen ❍ aus Mehl, Eiern, Salz, Zucker und Milch Pfannkuchenteig herstellen ❍ Zwetschgenbavesen darin wenden ❍ in heißem Fett ausbacken ❍ mit Zimtzucker bestreuen

Beilagen

Grömigwichste (Rottaler Griebenknödel)

500 g Roggenmehl
150-200 g Grieben
Wasser
etwas Salz

Roggenmehl in eine Schüssel geben, Grieben darin abbröseln, salzen ❍ Wasser zugeben, bis ein fester Teig entsteht ❍ Teig gut durchkneten ❍ kleine Knödel formen und drehen, bis sie ganz glatt und glänzend aussehen ❍ in kochendem Wasser garen, bis sie schwimmen

Dazu passen: Geräuchertes mit Sauerkraut, Schweine- oder Gansbraten.

Grömigwichste haben ihren Namen wohl daher, daß sie so glatt und glänzend sind wie ein frisch gewichster Schuh.

Kartoffelnudeln

500 g Kartoffeln
150-180 g Mehl
Salz
Kümmel nach Belieben
3 Eier
3 EL Sahne
Butterschmalz

Kartoffeln dämpfen, schälen, durchpressen und abkühlen lassen ❍ mit Mehl, 1 Ei und Salz zu einem Teig verarbeiten ❍ fingerlange Nudeln drehen ❍ Butterschmalz in einer Reine erhitzen, Nudeln einlegen und in vorgeheizter Röhre bei 220°C goldbraun backen (ca. 30 Minuten) ❍ Eier mit Sahne verquirlen, über die Nudeln gießen und weitere 5 Minuten backen

Beilage zu Schweinebraten oder Gemüse, man kann aber auch Kompott dazu reichen.

Erdäpfelschnecken

1 kg Kartoffeln
250 g Mehl
2 Eier
1 TL Salz
Butter für die Reine
200 ml Rahm
300 ml Milch
3-4 Eier
Salz

Kartoffeln dämpfen, schälen, durchpressen ❍ mit Mehl, Eiern und Salz zu einem Teig verarbeiten ❍ auf bemehlter Arbeitsfläche messerrückendick ausrollen, von der Längsseite her locker aufrollen ❍ in ca. 4 cm breite Scheiben schneiden und nebeneinander in eine ausgebutterte Reine setzen ❍ in vorgeheizter Röhre bei 200°C 20-25 Minuten backen ❍ Rahm mit Milch, Eiern und Salz verquirlen, in die Zwischenräume der Schnecken gießen und weitere 15-20 Minuten backen

Beilage zu Fleischgerichten, aber auch zu Gemüse oder Salaten

Erdäpfeltaler

Kartoffeln schälen, in dünne Scheiben hobeln und in eine Auflaufform geben ❍ Milch, Butter und Gewürze einmal aufkochen lassen und über die Kartoffeltaler gießen ❍ bei ca. 220°C etwa 45 Minuten backen, bis sich eine braune Kruste bildet

- 750 g Kartoffeln
- 1/2 l Milch
- 50 g Butter
- Salz
- Muskat
- 1 Prise Kümmel, gemahlen

Paßt zu Fleischgerichten, aber auch zu Gemüse oder Salaten.

Kartoffelgrießknödel

Kartoffeln dämpfen, schälen ❍ Grieß auf ein Nudelbrett streuen ❍ Kartoffeln mit dem Nudelholz heiß auf dem Grieß zerdrücken und auskühlen lassen ❍ Semmel in Würfel oder Scheiben schneiden und in Butter anrösten ❍ mit Ei und Salz zur Kartoffelmasse geben und zu einem Teig verarbeiten ❍ Knödel formen ❍ in kochendem Salzwasser ca. 15 Minuten garen

- 500 g Kartoffeln
- 125 g Grieß
- 1 Semmel vom Vortag
- 10 g Butter
- 1 Ei
- Salz

Beilage zu Fleischgerichten

Hauberlinge

500 *g Roggenmehl*
500 *g Weizenmehl*
40 *g Hefe*
2 TL *Kümmel*
1 TL *Salz*
2 *Eier*
4 *Eiweiß*
1/2 *l lauwarmes Wasser*
etwas Bier
Fett zum Ausbacken

Dampferl aus Hefe, 100 g des Weizenmehls und etwas lauwarmem Wasser ansetzen, gehen lassen ❍ übrige Zutaten zu einem Teig verarbeiten ❍ Dampferl vorsichtig einarbeiten ❍ jeweils einen großen Eßlöffel des Teiges in wenig Ausbackfett (ca. 3 cm hoch) setzen ❍ nach einigen Minuten Hauberlinge mit Fett beträufeln und umdrehen (dunkelbraunes Aussehen)

Hauberlinge werden zu Suppe und Fleisch gegessen.

Nachspeisen & Gebäck

Rottaler Mostcreme

Eigelbe und Zucker schaumig rühren ❍ Most und Zitronenschale unterrühren ❍ aufgelöste Gelatine zufügen ❍ beginnt die Creme zu steifen, Sahne und Obstwürfel unterheben ❍ für die Soße Zwetschgen pürieren ❍ nach Geschmack süßen ❍ mit Zitronensaft, Muskat oder Zimt abschmecken

2 Eigelb
60 g Zucker
1/4 l Most
etwas Zitronenschale
4 Blatt Gelatine
2 EL Birnenwürfel
2 EL Apfelwürfel
1/4 l geschlagene Sahne

Zwetschgensoße:
einige Zwetschgen
Zucker
etwas Zitronensaft
Muskat oder Zimt

Passauer Schlosserbuam

- 2 Eier
- 2 EL Zucker
- 1/4 l helles Bier
- 2 EL Öl
- 250 g Mehl
- 1 Msp. Muskat
- ca. 20 Dörrzwetschgen
- 20 Mandeln, geschält
- 50 g geriebene Schokolade
- 50 g Zucker
- Fett zum Ausbacken

Eier und Zucker schaumig rühren ❍ Bier und Öl zugeben ❍ Mehl und Muskat unterrühren, bis ein dickflüssiger Teig entsteht ❍ 30-60 Minuten ruhen lassen, nochmals rühren ❍ Dörrzwetschgen entsteinen und dafür Mandeln einsetzen ❍ in den Bierteig tauchen und in heißem Fett goldgelb backen ❍ noch heiß in einer Mischung aus geriebener Schokolade und Zucker wenden

Verfaulte Erdäpfel

- 750 g Mehl
- 40 g Hefe
- 1 Prise Salz
- 1/2 TL Zucker
- 1/2 l Milch
- 2 Eier
- 2 EL Butterschmalz

Fülle:

- 250 g Dörrzwetschgen
- etwas Wasser
- 30 g Zimtzucker
- Fett zum Ausbacken
- 3-4, Eier verquirlt

Aus Mehl, Hefe, Salz, Zucker, Milch und Eiern einen mittelfesten Hefeteig herstellen ❍ zugedeckt gehen lassen ❍ für die Fülle Dörrzwetschgen mit etwas Wasser und Zimtzucker aufkochen, pürieren, erkalten lassen ❍ vom Teig mit dem Löffel eiergroße Portionen abstechen ❍ zu kleinen Knödeln formen, auseinanderziehen und mit dem Dörrzwetschgenmus füllen, zusammenklappen und nochmals formen ❍ gehen lassen ❍ in heißem Fett ausbacken ❍ in den verquirlten Eiern wenden ❍ nochmals in Fett ausbacken

Quarkkrapferl

Butter mit Zucker und Ei schaumig rühren ❍ Quark, Mehl mit Backpulver und restliche Zutaten zugeben ❍ mit einem Teelöffel Nockerl abstechen ❍ in heißem Fett goldgelb backen ❍ sofort in Zucker wälzen und servieren

50 g Butter
50 g Zucker
1 Ei
125 g Quark
150 g Mehl
50 g Speisestärke
1 TL Backpulver
4 TL Milch
Fett zum Ausbacken
Zucker

Oblatenkiachl (Stallfensterl)

Je 2 Oblaten mit Zwetschgenmarmelade zusammensetzen ❍ Oblaten in Quadrate oder Rechtecke mit einer Kantenlänge von ca. 7 cm schneiden ❍ Mehl, Salz, Eier und Milch zu einem dickflüssigen Teig verrühren ❍ Oblaten rundherum 1 cm tief in den Teig tauchen ❍ in Fett schwimmend beidseitig goldgelb backen ❍ auf Küchenpapier abtropfen lassen ❍ sofort servieren

ca. 2 Pkg. viereckige Backoblaten
Zwetschgenmarmelade

Teig:

250 g Mehl
1 Prise Salz
2 Eier
1/4 l Milch
Fett zum Ausbacken

Schoatenkiachl

500 g Mehl
3 Eier
3 Eigelb
1 Prise Salz
100 g Butter
Fett zum Ausbacken
Puderzucker zum Bestreuen

Zutaten zu einem Mürbteig verarbeiten ❍ aus dem Teig eine ca. 3 cm dicke Rolle formen ❍ in 2 cm dicke Scheiben schneiden und diese sehr dünn auswellen ❍ mit einem scharfen Messer oder Teigrädchen die Ränder „säubern" (es soll ein Kreis entstehen) ❍ im Fett schwimmend ausbacken, dabei mit 2 Gabeln leicht zusammenraffeln, so daß Falten entstehen ❍ mit Puderzucker bestreut servieren

Kartoffelhörnchen

300 g Kartoffeln
250 g Mehl
1 Pkg. Backpulver
2 Eier
2 EL Milch
60 g Butter
100 g Zucker
1 Prise Salz
Aprikosenmarmelade

Kartoffeln dämpfen, schälen, durchpressen und erkalten lassen ❍ mit Mehl und Backpulver mischen ❍ Eier und Milch verquirlen, 3/4 davon zum Teig geben ❍ Butterflöckchen, Zucker und Salz zufügen ❍ Teig gut durcharbeiten ❍ etwa 1/2 cm dick auswellen und in Dreiecke schneiden ❍ in die Mitte Marmelade geben und aufrollen ❍ mit Eiermilch bestreichen und auf ein mit Backpapier belegtes Blech setzen ❍ bei 180 °C ca. 25 Minuten backen

Kartoffelhörnchen schmecken lauwarm und mit Vanillesoße am besten.

Grießkuchen

Eiweiß steif schlagen ❍ Zucker und Eigelbe sehr gut schaumig rühren ❍ Grieß und Backpulver zugeben ❍ Eischnee unterheben ❍ Masse in gefettete Auflaufform geben und bei 200°C ca. 30-40 Minuten backen ❍ Milch mit Vanillezucker zum Kochen bringen, auf den noch heißen Kuchen gießen ❍ auskühlen lassen und für ca. 2 Std. in den Kühlschrank stellen

- 4 Eier, *getrennt*
- 180 *g Zucker*
- 250 *g Grieß*
- 1 *Msp. Backpulver*
- 1 1/2 *l Milch*
- 1 *Pkg. Vanillezucker*

Schornblattltorte

Eier schaumig rühren ❍ Zucker und Mehl zugeben und zu einem Teig verarbeiten ❍ auf einem Backpapier mit einem Springformboden (26 cm Durchmesser) einen Kreis aufzeichnen ❍ 1 EL des Teiges darauf verstreichen und bei 170°C 5-10 Minuten hellgelb backen ❍ 8-10 weitere Böden backen ❍ Sahne steif schlagen, mit Vanillezucker süßen ❍ alle Böden mit Sahne aufeinandersetzen, oberste Schicht ist Sahne (Ränder der Torte bleiben sichtbar) ❍ Torte einfrieren ❍ ca. 2 Std. vor dem Verzehr aus dem Gefriergerät nehmen ❍ mit Kakao bestreuen

- 3 *Eier*
- 3 *eischwer Zucker*
- 2 *eischwer Mehl*
- 3-4 *Becher Sahne*
- *Vanillezucker*
- *Kakao*

Torte kann bis zu 3 Monaten in der Gefriertruhe gelagert werden.

Straubinger Josefitorte

Teig:

500 g Mehl
1 Pkg. Backpulver
100 g Zucker
150 g Butter
3 Eier
6 EL Milch
2 EL Rum
etwas Zimt und Muskat

Fülle:

3-4 grob geraspelte Äpfel
150 g gemahlene Nüsse
3 EL Milch
50 g Honig
50 g Zucker
40 g Rosinen
etwas Zimt

Aus den Teigzutaten einen Mürbteig herstellen ❍ Teig in fünf gleich große Stücke teilen ❍ jedes Stück in der Größe eines Springformbodens auswellen ❍ Zutaten für die Fülle mischen ❍ Teigplatten und Fülle abwechselnd in eine Springform geben ❍ letzte Teigplatte mit Butter bestreichen ❍ bei 180°C ca. 1 Stunde backen ❍ ausgekühlt mit Zucker bestreuen ❍ einen Tag ruhen lassen

Agnes-Bernauer-Torte

10-12 Eiweiß
550 g Zucker
200 g geriebene Mandeln
80 g Mehl
2 Msp. gemahlener Zimt

Eiweiß steif schlagen ❍ 350 g Zucker nach und nach zugeben ❍ Mandeln, Zimt, Mehl und restlichen Zucker mischen ❍ vorsichtig unterheben ❍ auf einem Backpapier mit einem Springformboden (28 cm Durchmesser) einen Kreis aufzeichnen ❍ Teig dünn darauf streichen und in vorgeheizter Röhre bei 180-200°C backen ❍ 6-8 weitere Böden backen ❍ die Böden mit gemischter Buttercreme bestreichen und aufeinandersetzen ❍ Tortenrand und Deckblatt ebenfalls bestreichen ❍ mit gerösteten Mandelblättchen bestreuen und mit Puderzucker besieben

Der Teig fällt bei längerem Stehen leicht zusammen; es empfiehlt sich deshalb, den Teig auf zweimal herzustellen und je 4 Böden daraus zu backen.

Agnes Bernauer war die nicht standesgemäße Gattin Herzog Albrechts von Bayern. Herzog Ernst (Vater Herzog Albrechts) ließ die ungeliebte Schwiegertochter am 12.10.1435 in der Donau bei Straubing ertränken.

Verschiedenes

Bayerische Preiselbeeren

2 kg rote Johannisbeeren
1 1/2 kg Zucker

Johannisbeeren waschen und entstielen ❍ mit Zucker mischen und über Nacht stehen lassen ❍ am nächsten Tag langsam zum Kochen bringen ❍ ca. 1 1/2-2 Stunden köcheln, bis die Masse eindickt ❍ heiß in Gläser füllen und verschließen

Passen sehr gut zu Wildgerichten.

Eingelegte Weichseln

2 kg Weichseln
1 kg Zucker
1 l Rotwein
1/4 l Rum
1 Zimtstange

Weichseln waschen und entstielen ❍ mit Zucker bestreuen ❍ mit Rotwein übergießen, Zimtstange zugeben und über Nacht stehen lassen ❍ am nächsten Tag Zimtstange herausnehmen ❍ alles langsam erhitzen und einmal aufkochen lassen ❍ Rum zugießen ❍ sofort in Schraubgläser füllen und verschließen

Schmecken sehr gut zu Eis oder Vanillecreme.

Eingelegter Knoblauch

Alle Zutaten außer Knoblauch zum Kochen bringen ❍ Knoblauch schälen, hinzufügen und kurz aufkochen lassen ❍ in Gläser geben und einige Tropfen Öl darübergeben ❍ Gläser gut verschließen und ca. 14 Tage stehenlassen

- *1/2 l Wasser*
- *1/8 l Weinessig*
- *1 Prise Rosmarin*
- *1 Prise Thymian*
- *1 Prise Zucker*
- *2 TL Salz*
- *1 Stück rote Peperoni*
- *Pefferkörner*
- *Senfkörner*
- *300 g Knoblauch*

Griebenschmalz

Filz, Speck und Schmalz in einem Topf zerlassen und leicht bräunen ❍ Zwiebeln und Äpfel in Würfel schneiden und nach und nach zugeben ❍ mit Majoran und Thymian würzen ❍ Schmalz etwas bräunen lassen ❍ in einen Steintopf füllen und kühl aufbewahren

- *500 g Filz (Bauchfett), durchgedreht*
- *500 g Speck in Würfeln*
- *500 g Schweineschmalz*
- *2 große Zwiebeln*
- *2 große saure Äpfel*
- *1 TL Majoran*
- *1/2 TL Thymian*

Leberwurst in der Reine

2 *kg* Kochfleisch (Kopf, Haxe und mageres Bauchfleisch)	
400 *g* Schwarten	
3 Zwiebeln	
750 *g* Leber	
1/2 TL Pfeffer	
1 1/2 EL Salz	
2 EL Majoran	
3/4 *l* Fleischbrühe	

Fleisch mit Schwarten und Zwiebeln kochen ❍ durch den Fleischwolf drehen ❍ Leber 15 Sekunden in kochendem Wasser brühen, durchdrehen, zum Fleisch geben ❍ würzen ❍ Fleischbrühe zugeben ❍ in eine Bratreine füllen ❍ bei 220°C ca. 30 Minuten braten

Die Leberwurst eignet sich sehr gut zum Einfrieren; bei Bedarf im Kühlschrank auftauen.

Saure Lul

250 *g* Mehl	
Salz	
1 Ei	
5 *g* zerlassene Butter	
ca. 1/8 *l* lauwarmes Wasser	
Essig, Öl	
Salz, Pfeffer	
Schnittlauch	

Mehl, Salz, Ei, Butter und Wasser zu einem Nudelteig verkneten ❍ eine 5 cm dicke Rolle formen und in 6 cm lange Stücke schneiden ❍ diese zu sehr dünnen Fladen auswellen und anschließend in 4-5 mm breite Streifen schneiden ❍ Nudeln in kochendem Salzwasser garen, abseihen, mit kaltem Wasser überbrausen ❍ Essig-Öl-Marinade herstellen ❍ Nudeln zugeben ❍ mit Schnittlauch bestreut anrichten

Ein beliebtes Abendessen im Sommer.

Zur Abwechslung Vollkornmehl verwenden.

Rottaler Streichkäs

Quark ausdrücken und mit der Hand zerbröseln ❍ in einer Tonschüssel mit einem Leinentuch bedeckt 2 Tage lang an einem warmen Ort (20°C) stehen lassen ❍ nach der Reifezeit Quark mit Wasser, Butter und Kümmel in einem Topf unter Rühren auf 80°C erhitzen ❍ vom Herd nehmen und so lange weiterrühren, bis die Masse erkaltet ist

Schmeckt mit frisch gemahlenem Pfeffer, Butter und Radi zu Schwarzbrot.

- 1 kg Quark
- 1/2 l Wasser
- 1 EL Butter
- 1 TL Kümmel

Bärenfang

Wasser aufkochen ❍ auf 40°C wieder abkühlen lassen ❍ Honig darin unter Rühren auflösen ❍ Weingeist zugeben und vorsichtig vermischen ❍ in Flaschen füllen und gut verschließen

Mindestens 4-5 Wochen lagern.

- 1/2 l Wasser
- 500 g Honig
- 1/2 l Weingeist, 96 %

Erdäpfelkas

Kartoffeln dämpfen, schälen und durchpressen ❍ Zwiebeln würfeln und in Butter glasig dünsten ❍ mit Sauerrahm, Sahne, Salz und Pfeffer unter die Kartoffeln mischen ❍ mit Kräutern nach Geschmack verfeinern

Eignet sich sehr gut als Brotaufstrich.

- 500 g mehligkochende Kartoffeln
- 2 Zwiebeln
- 10 g Butter
- 125 g Sauerrahm
- 125 g süße Sahne
- Salz
- Pfeffer
- Kräuter nach Belieben

Roggenschuberl

500 g Roggenmehl
1 1/2 Pkg. Backpulver
1 TL Salz
1 TL Kümmel
1/2 l Weißbier

zum Bestreuen:
Kümmel und grobes Salz

Mehl mit Backpulver mischen ❍ mit den restlichen Zutaten zu einem Teig verarbeiten ❍ Teig zu einer Rolle formen ❍ in etwa 20 Scheiben schneiden ❍ diese zu Laiberl formen und auf ein mit Backpapier belegtes Blech geben ❍ mit Wasser bestreichen und mit Kümmel und Salz bestreuen ❍ bei 200°C ca. 30 Minuten backen

Schmecken frisch am besten mit Butter bestrichen zu Radi und Bier.

Als Variante die Hälfte Vollkornmehl verwenden.

Schuchsen

600 g Roggenmehl
1/8 l lauwarme Milch
1 Prise Salz
4 EL Quark
Butterschmalz zum Ausbacken

Aus der Hälfte des Mehls und der Milch ein Dampferl bereiten ❍ zugedeckt 3 Stunden gehen lassen ❍ Vorteig, restliches Mehl, Salz und Quark zu einem Teig verkneten und nochmals 2 Stunden gehen lassen ❍ dünne, längliche Stücke formen und im heißen Fett goldbraun backen (sie müssen sehr locker und innen hohl sein)

Mit Zucker bestreuen und zum Kaffee reichen; natur zu Suppen und Gemüsen.

Oberpfalz

Im Osten Bayerns grenzt die Oberpfalz, geprägt von einer sanften Mittelgebirgslandschaft, an Tschechien. Viele kleine Flüsse, wie die Pfreimd, die Schwarzach oder der Regen, haben hier idyllische Täler ausgebildet.

Ebenso charakteristisch für die Oberpfälzer Region ist der im Osten liegende Oberpfälzer Wald und der im Süden angrenzende Bayerische Wald.

Da der Boden zum Großteil karg und sehr steinig ist, erhielt die Oberpfalz auch den Beinamen Steinpfalz.

Man mußte sich von dem ernähren, was darauf angebaut werden konnte, und das war hauptsächlich Getreide, wie Roggen, Gerste, Hafer und Buchweizen.

Daraus wurden Brei, Soßen, Fladen und später Brot und Gebäck hergestellt sowie die verschiedensten Mehlspeisen. Da nicht jeden Tag gebacken wurde, gab es viel Altbrot, das dann wieder in den Mehlspeisen Verwendung fand.

Seit Einführung der Kartoffel durch Friedrich II. im 18. Jahrhundert spielt sie zweifelsohne die Hauptrolle in der traditionellen Oberpfälzer Küche. "Erdäpfe" oder "Grumpbirn", wie die Kartoffeln in der Oberpfalz genannt werden, brachten auch auf dem kargen Boden ordentliche Erträge. Die Kartoffeln wurden auf vielfältigste Art verarbeitet: gebraten, gedämpft, gekocht, geschnitzt oder gerieben und verarbeitet zu Suppen, Gemüse, Brei, Knödel, Maultaschen.

So arm die Oberpfalz zeitweise war, bei Festen wurde nie gespart. Da gab es auch viel Fleisch und vor allem Fisch, welcher überwiegend in den mehr als 3000 Teichen des Stiftlandes bis heute gezüchtet wird. An erster Stelle ist der Karpfen zu nennen, der als wahres Festessen gilt. Er ist auch die wichtigste Erwerbsquelle vieler Teichwirte.
Das Traditionsbewußtsein der Oberpfälzer spiegelt sich in den über die Jahrhunderte hinweg überlieferten einfachen Speisen, welche heutzutage als Spezialitäten und Schmankerln gelten.

Suppen

Gschmalzne Biersuppn

Zwiebel in Ringe schneiden ❍ in Schweineschmalz goldbraun rösten ❍ mit heißer Rinderbrühe aufgießen ❍ salzen, pfeffern ❍ ziehen lassen ❍ Graubrotscheiben vierteln ❍ in Bier tränken ❍ in Butter knusprig backen ❍ in Suppentassen legen ❍ Brühe darübergießen ❍ mit Schnittlauch bestreut servieren

1 Zwiebel
20 g Schweineschmalz
3/4 l Rinderbrühe
1 Prise Salz
Pfeffer
2 Scheiben Roggenbrot
1/4 l Stark-, Bock- oder Altbier
20 g Butter
Schnittlauch

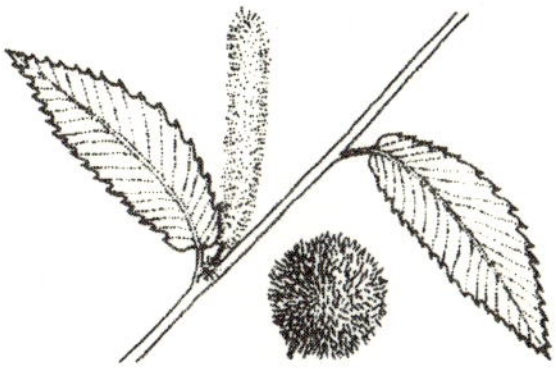

Schloutsuppn

200 *g rohes Wammerl*	
150 *g altbackenes Bauernbrot*	
50 *g Butter*	
1 *Knoblauchzehe*	
Salz, Pfeffer	

Wammerl im Wasser kochen ❍ Brot in Würfel schneiden ❍ mit dem gehackten Knoblauch in Butter goldgelb rösten ❍ Wammerl in Würfel schneiden, wieder zur Brühe geben und abschmecken ❍ Brotwürfel in die Teller geben ❍ mit der heißen Brühe übergießen und sofort servieren

Dreschersuppe

500 *g Kartoffeln*	
150 *g geräuchertes Bauchfleisch*	
150 *g Stadtwurst*	
1-1 1/2 *l Wasser oder Brühe*	
Salz, Pfeffer	
Majoran	

Kartoffeln schälen und in Spalten oder Würfel schneiden ❍ in Wasser oder Brühe garen ❍ Bauchfleisch und Stadtwurst in Würfel schneiden und anbraten ❍ zur Suppe geben ❍ mit Salz, Pfeffer und Majoran abschmecken ❍ mit Brot servieren

Frische Kräuter dazugeben!

Saure Milli-Mehl-Suppn

1/2 *l Wasser*	
2 EL *Mehl*	
4 EL *Wasser*	
Salz	
1 *l saure Milch*	
etwas Sauerrahm	

Wasser zum Kochen bringen ❍ Mehl mit kaltem Wasser verrühren und ins kochende Wasser einrühren ❍ vom Herd nehmen, mit Salz abschmecken ❍ saure Milch langsam unter ständigem Rühren zugeben ❍ kurz aufkochen, mit Sauerrahm verfeinern

Beilage: Bauernbrot oder Pellkartoffeln

Grüne Kartoffelsuppe

Kartoffeln, gelbe Rüben, Sellerie und Zwiebel in gleichmäßige Würfel schneiden ❍ Lauch in Ringe schneiden ❍ Majoran und Petersilie kleinhacken ❍ in Butter andünsten ❍ Gemüse zugeben und mitdünsten ❍ mit Fleischbrühe aufgießen ❍ ca. 20 Minuten garen ❍ mit Mehlteiglein binden und abschmecken ❍ in vorgewärmte Teller geben ❍ je 1 EL Sauerrahm und Petersilie darüber geben

Das Binden entfällt, wenn die Suppe püriert wird.

500 g Kartoffeln
250 g gelbe Rüben
1/2 Sellerieknolle
1 Stange Lauch
1 Zwiebel
4 Stengel Majoran
Petersilie
Kerbel, Sauerampfer nach Belieben
30 g Butter
ca. 1 l Fleisch- oder Gemüsebrühe
1-2 EL Mehl
4-6 EL Sauerrahm

Karpfenrahmsuppe

Wasser zum Kochen bringen ❍ vorbereitetes Wurzelwerk, Gewürze und Salz hineingeben ❍ Karpfen filetieren ❍ Kopf und Rückgrat zur Brühe geben ❍ ca. 45 Minuten ziehen lassen ❍ Filets in 2 cm große Würfel schneiden ❍ aus Butter und Mehl helle Einbrenne herstellen ❍ mit dem Fischfond (ca. 1 l) aufgießen ❍ 30 Minuten köcheln lassen ❍ Sauerrahm einrühren ❍ Karpfenstücke zugeben ❍ mit Salz und Pfeffer abschmecken ❍ mit gerösteten Semmelwürfeln und Schnittlauch bestreut servieren

1 küchenfertiger Karpfen
1,5 l Wasser
Wurzelwerk
4 Wacholderbeeren
2 Lorbeerblätter
4 Pimentkörner
1 Msp. Muskat
100 g Mehl
80 g Butter
100 g Sauerrahm
Salz, Pfeffer
Semmelwürfel
Schnittlauch

Fleisch- & Fischgerichte

Oberpfälzer Kümmelfleisch

3/4 kg Ochsenbrust
ca. 1/2 l dunkles Bier
Salz, Pfeffer
2 EL Öl
8 Speckscheiben
1 gelbe Rübe
etwas Sellerie und Lauch
1 Zwiebel
2-3 ganze Nelken
Kümmel

Ochsenbrust 2 Tage in Bier einlegen ❍ Fleisch würzen und anbraten ❍ 4 Speckscheiben auf den Boden einer Reine legen, Fleisch darauf geben und mit den restlichen Speckscheiben belegen ❍ Fleisch in vorgeheizter Röhre bei 180-200°C ca. 2 Stunden braten ❍ nach 30 Minuten vorbereitetes Gemüse, Nelken und Kümmel zugeben ❍ bei Bedarf seitlich mit heißem Wasser aufgießen ❍ Bratenansatz lösen ❍ Soße durchpassieren, evtl. mit Mehlteiglein binden und abschmecken

Beilagen: Kartoffelbrei, Semmelknödel, Spätzle, Blaukraut, Rosenkohl

Bauernpfanne

Kartoffeln dämpfen, schälen und erkaltet in Scheiben schneiden ❍ Wammerl und Zwiebeln in Würfel schneiden ❍ Wammerl ausbraten und Zwiebeln darin andünsten ❍ Kartoffeln zugeben ❍ Eier mit Quark, Sauerrahm, Kümmel und Salz verrühren ❍ über die Kartoffeln geben und bei milder Hitze stocken lassen

600 g Kartoffeln
150 g Wammerl, geräuchert
3 Zwiebeln
4 Eier
200 g Quark
2 EL Sauerrahm
Salz, Kümmel

Sofort servieren, am besten gleich in der Pfanne.

Kartoffel-Hack-Rolle

Kartoffeln dämpfen, schälen und durchpressen ❍ hartgekochte Eier fein würfeln ❍ mit Kartoffeln, Käse, Eiern, Salz und Muskat vermengen ❍ Hackfleisch mit Kräutern, Salz, Pfeffer und Majoran mischen, auf einem Stück Frischhaltefolie zu einem Rechteck ausrollen ❍ mit der Kartoffelmasse bis auf einen Zentimeter am Rand bestreichen und aufrollen ❍ in eine Reine oder Auflaufform legen ❍ bei 180°C zugedeckt 45 Minuten backen

500 g Kartoffeln
2 hart gekochte Eier
50 g geriebener Käse
1-2 Eier
500 g Hackfleisch
1 TL Kräuter
Salz, Pfeffer
Muskat
Majoran

Dazu paßt: Blattsalat nach Jahreszeit oder gedünstetes Gemüse

Herzhafter Kartoffeleintopf

500 g Schweinefleisch (vom Bug oder Schlegel)	Fleisch in Würfel schneiden ❍ in Fett anbraten ❍ klein geschnittene Zwiebeln zugeben und mitdünsten ❍ Weißkraut in Streifen und Kartoffeln in Scheiben schneiden ❍ Kraut und Kartoffeln lagenweise einschichten und würzen ❍ mit Brühe aufgießen, bei Bedarf nachgießen ❍ ca. 60 Minuten garen (im Schnellkochtopf ca. 30 Minuten) ❍ mit Petersilie bestreut anrichten
30 g Fett	
3 Zwiebeln	
800 g Weißkraut	
800 g Kartoffeln	
Salz, Pfeffer, Kümmel	
1/2 l Brühe	
Petersilie	

Der Kartoffeleintopf eignet sich sehr gut zum Einfrieren.

Oberpfälzer Boeuf à la mode (Bifflamott)

1 kg Schwanzstück vom Rind	Fleisch mit Salz, Pfeffer, Paprika und Piment einreiben ❍ in eine Schüssel legen und mit dem kleingeschnittenen Gemüse bedecken ❍ Essig oder Rotwein darübergießen und zugedeckt 3-4 Tage kühl stellen ❍ Fleisch herausnehmen und in Öl anbraten ❍ Gemüse und Brotrinde zugeben ❍ nach und nach mit verdünnter Beize aufgießen ❍ Garzeit: 1 1/2-2 Stunden ❍ aus Fett, Zucker und Mehl goldbraune Einbrenne herstellen ❍ mit der durchpassierten Soße aufgießen und pikant abschmecken
Salz, Pfeffer	
Paprika, Piment	
2 gelbe Rüben	
etwas Lauch und Sellerie	
1/2 l Essig oder Rotwein	
2 EL Öl	
1 Stück Schwarzbrotrinde	
2 EL Fett	
1 TL Zucker	
30 g Mehl	

Beilage: Knödel, Spätzle oder Teigwaren

Regensburger Wildtopf

Fleisch in Würfel schneiden, in kleingeschnittenem Speck anbraten ❍ Zwiebeln in Ringe schneiden und zugeben ❍ gelbe Rüben und Kartoffeln in Würfel, Essiggurken in Stifte schneiden ❍ mit den Gewürzen zum Fleisch geben ❍ mit Rotwein aufgießen und ca. 45-60 Minuten garen ❍ abschmecken und mit Sauerrahm und Petersilie verfeinern

Beilage: Pinkernde Lies (Rezept Seite 149), Semmelknödel, Spätzle

- *3/4 kg Ragoutfleisch*
- *50 g Speck*
- *2 Zwiebeln*
- *3 gelbe Rüben*
- *4 Kartoffeln*
- *2 Essiggurken*
- *Salz, Pfeffer, Majoran*
- *Zucker*
- *1/4 l Rotwein*
- *Sauerrahm*
- *Petersilie, gehackt*

Fischpichelsteiner

Fischfond, Weißwein und Zitronensaft erhitzen ❍ Fisch darin garen ❍ Kartoffeln, gelbe Rüben, Lauch und Sellerie klein schneiden und in wenig Wasser garen, zum Fisch geben und abschmecken ❍ auf Tellern anrichten ❍ kalte Butter in Würfel schneiden ❍ mit dem restlichen Fischfond pürieren und über das Pichelsteiner geben ❍ mit Petersilie bestreut anrichten

- *600 g Süßwasserfische, filetiert und entgrätet (z. B. Forelle, Saibling, Waller, Zander, Karpfen)*
- *1/2 l Fischfond aus den Gräten*
- *1/8 l Weißwein*
- *Zitronensaft*
- *150 g Kartoffeln*
- *150 g gelbe Rüben*
- *150 g Lauch*
- *150 g Sellerie*
- *100 g Butter*
- *Salz, weißer Pfeffer*
- *Petersilie*

Karpfenfilet mit Gemüse gedünstet

- 500 *g Karpfenfilet*
- *Essig*
- 50 *g geräuchertes Wammerl*
- 1 *Zwiebel*
- 500-750 *g Gemüse nach Jahreszeit*
- 250-500 *g Kartoffeln*
- *Salz, Pfeffer*
- 1/4-1/2 *l Brühe*
- *Petersilie*

Karpfenfilet säuern ❍ Wammerl und Zwiebel in Würfel schneiden ❍ Wammerl auslassen, Zwiebel darin andünsten ❍ Gemüse und Kartoffeln in Würfel schneiden ❍ lagenweise in den Topf geben, Kartoffeln zuletzt ❍ Karpfenfilets salzen und pfeffern, auf das Gemüse legen ❍ seitlich mit ca. 1/8 l Brühe aufgießen und 20-30 Minuten garen ❍ bei Bedarf Brühe nachgießen ❍ Filets auf vorgewärmter Platte anrichten, Gemüse abschmecken und mit Petersilie bestreut anrichten

Beilage: Salzkartoffeln

Karpfen, gebacken

- 100 *g Mehl*
- 1 *EL Öl*
- 1 *Ei*
- 200 *ml Bier*
- *Salz, Paprika*
- 1 *küchenfertiger Karpfen*
- *Salz, Pfeffer*
- *Fett zum Braten*
- 1 *Zitrone*
- *Petersilie*

Mehl, Öl, Ei, Bier, Salz und Paprika verrühren ❍ zugedeckt 30 Minuten quellen lassen ❍ Karpfen leicht salzen und pfeffern ❍ in Stücke schneiden, dabei möglichst viele Gräten entfernen ❍ Stücke in Bierteig wenden und in heißem Fett goldgelb braten ❍ auf heißer Platte mit Zitronenscheiben und Petersilie anrichten

Beilage: Kartoffelsalat oder Blattsalat nach Jahreszeit

Verfaulte Erdäpfel
Rezept auf Seite 116

Brotauflauf
Rezept auf Seite 147

Kartoffelmaultaschen
Rezept auf Seite 145

Erdäpfeldotsch
Rezept auf Seite 141

Fleischlose Hauptgerichte

Erdäpfeldotsch

Kartoffeln schälen, reiben und ausdrücken ❍ abgesetztes Kartoffelmehl wieder zugeben ❍ mit Sauerrahm, Eiern und Salz vermengen ❍ Teig in eine kalte, gefettete Pfanne geben ❍ im Rohr bei 180°C goldbraun backen ❍ nach Belieben Butterflöckchen darauf verteilen

Dazu paßt: Apfelmus oder Sauerkraut

- *1 1/2 kg Kartoffeln*
- *200 g Sauerrahm*
- *1-2 Eier*
- *Salz*
- *Fett für die Pfanne*

Gröimkoichla

Kartoffeln dämpfen, schälen, durchpressen und abkühlen lassen ❍ mit Mehl, Ei, Grieben und Salz zu einem Teig verarbeiten ❍ Kücherl formen und in einer Pfanne mit Butterschmalz auf beiden Seiten goldbraun backen

Beilage: Geräuchertes oder Bratwürste mit Kraut

- *6-8 große mehlige Kartoffeln (ca. 1 kg)*
- *ca. 50 g Mehl*
- *1 Ei*
- *Salz*
- *200 g Grieben*

Kaasballala (Käseböllchen)

- 8 Semmeln
- 1/2 l Milch
- 3 Eier
- 375 g Topfen
- Salz, Pfeffer, Muskat
- Butterschmalz

Semmeln in dünne Scheiben schneiden oder Knödelbrot verwenden ❍ lauwarme Milch darübergießen ❍ zugedeckt 10 Minuten ziehen lassen ❍ Eier und Topfen zugeben ❍ zu einem Teig verarbeiten und abschmecken ❍ zunächst Knödel formen und diese dann flachdrücken ❍ in einer Pfanne in heißem Fett auf beiden Seiten goldbraun ausbacken

Mit Sauerkraut oder als Beilage zu Fleisch servieren.

Schobberla

- 1 kg mehlige Kartoffeln
- 200-300 g Kartoffelmehl
- 2 Eier
- Salz
- Butter für die Reine

Kartoffeln dämpfen, schälen, durchpressen und abkühlen lassen ❍ Zutaten zu einem Teig verarbeiten ❍ Teig zu einer fingerdicken Rolle formen und davon 1 cm lange Stücke (= Schobberl) abstechen ❍ diese locker in eine gut gebutterte Reine geben ❍ bei 180°C so lange backen, bis sie oben goldbraun sind

Mit Sauerkraut oder Kompott servieren, aber auch als Beilage zu Fleischgerichten.

Als Variante Schobberla kurz vor Garzeitende mit Eiermilch übergießen und einziehen lassen.

Kartoffel-Eier

Kartoffeln in Würfel oder Scheiben schneiden ❍ mit Butter in der Pfanne leicht braten ❍ Eier mit Salz und Kräutern verquirlen, über die Kartoffeln gießen und die Eier stocken lassen ❍ sofort servieren

8 gekochte Kartoffeln
30 g Butter
Salz
4-6 Eier
2 EL Kräuter

Beilage: Blattsalat nach Jahreszeit.

Dieses Gericht wurde meistens am Gründonnerstag gekocht.

Kartoffelschmarrn

Kartoffeln schälen und reiben ❍ Mehl, Salz und Gewürze nach Belieben zugeben und locker durchmischen ❍ Kartoffelmasse in eine tiefe Pfanne mit heißem Fett geben und unter Umstechen ausbacken ❍ oder in einer gefetteten Reine im Rohr anbacken lassen (dies spart Fett) und mit einer Gabel auflockern und gar backen, bis er braun und bröselig ist, im Kern aber noch weich ist

1 kg gekochte Kartoffeln (vom Vortag)
250-300 g Mehl
Salz
Pfeffer, Majoran und gebräunte Zwiebelwürfel nach Belieben
40-50 g Butterschmalz

Je nach Gegend nennt man den Kartoffelschmarrn auch Sterz, Zwirl, Pfandlschmarrn, Riebler, Teifisköder, Halsgrailer, Erpflfluader, Bresel- oder Braislbart, Rezet und Kartoffelbrösl.

Beilage: Sauerkraut, Rübenkraut oder Kompott aber auch zu Braten und Gulasch

Die Zugabe von Mehl macht den Kartoffelschmarrn trockener, aber auch ergiebiger.

G'schni'ne - bro'ne Nudeln
(Geschnittene, gebratene Nudeln)

- 350 g Mehl
- 2 Eier
- Salz
- 1/8 l Sauerrahm
- 50 g Butterschmalz
- 2 Eier
- 200 ml Milch
- Salz

Mehl, Eier, Salz und Sauerrahm zu einem festen Teig verarbeiten ❍ portionsweise auswellen, aufrollen und in 1 cm breite Streifen schneiden ❍ in kochendes Salzwasser geben und kurz aufkochen ❍ abgetropft in Butterschmalz goldbraun braten ❍ Eier mit Milch und Salz verquirlen, über die Nudeln gießen und nochmals im Rohr anbraten

Beilage: Sauerkraut, gedünstetes Weißkraut

In einigen Gegenden werden gleich die rohen Nudeln in eine gefettete Reine gegeben, mit Dickmilch übergossen und bei 220°C solange gebraten, bis die Milch eingezogen ist.

Schwammerl-Bröih

- 30 g Fett
- 1/2 Zwiebel, gehackt
- 30 g Mehl
- 1/2 l Flüssigkeit
- Essig
- Salz, weißer Pfeffer
- Petersilie
- Sauerrahm
- Pilze, gedünstet

Helle oder mittelfarbene Einbrenne (Bröih) herstellen ❍ mit Essig, Salz und Pfeffer abschmecken ❍ mit Sauerrahm und Petersilie verfeinern ❍ Pilze zugeben

In den vielen Wäldern der Oberpfalz gibt es reichlich Schwammerln. Man hat früher vor allem alte Leute und Kinder ausgeschickt, diese oft recht notwendige Zukost heimzubringen. Neben Eierschwammerln sind Steinpilze die beliebtesten. Im Sommer und im Herbst frisch, im Winter getrocknet, waren sie gerade recht, die vielerlei Kartoffelspeisen und Knödel „rutschig" zu machen.

Hans Girgerl

Rohe Kartoffeln schälen, reiben, ausdrücken ❍ gekochte, durchgepreßte Kartoffeln dazugeben ❍ Eier, Mehl, Sahne und Salz unterrühren ❍ mit einem Löffel kleine Nockerl abstechen und in heißem Fett ausbacken

Dazu paßt: Blattsalat nach Jahreszeit

- *500 g rohe Kartoffeln*
- *500 g gekochte Kartoffeln*
- *2 Eier*
- *1 EL Mehl*
- *3 EL Sahne*
- *Salz*
- *Fett zum Ausbacken*

Kartoffelmaultaschen

Kartoffeln schälen und durchpressen ❍ mit Mehl, Eiern und Salz zu einem Teig verarbeiten ❍ in 1/2 cm dicke und tellergroße Flecke auswellen ❍ Äpfel schälen, vierteln, entkernen und in Scheiben schneiden ❍ mit Zucker, Zimt und Rosinen mischen ❍ Kartoffelflecke mit Butter bestreichen ❍ Fülle daraufgeben ❍ zusammenklappen und mit der offenen Seite nach oben in eine gefettete Auflaufform legen ❍ Butterflöckchen darauf verteilen ❍ in vorgeheizter Röhre bei 200°C ca. 45 Minuten backen

Kartoffelmaultaschen können auch pikant gefüllt werden, z.B. mit Grammeln, Zwiebeln oder Rauchfleisch.

Variante: Die Kartoffelmaultaschen kurz vor Ende der Garzeit mit Milch übergießen und einziehen lassen.

- *1 kg gekochte Kartoffeln (vom Vortag)*
- *250-300 g Mehl*
- *2 Eier*
- *etwas Salz*
- *750 g Äpfel oder Zwetschgen*
- *etwas Zucker und Zimt*
- *Zitronensaft*
- *Rosinen nach Belieben*
- *Butter zum Bestreichen*

Grießschmarrn

- 1/2 *l* Milch
- 1 EL Zucker
- Vanille, Salz
- 120 *g* Grieß
- 2 Eier
- 30 *g* Butter

Milch mit Zucker, Vanille und Salz zum Kochen bringen ❍ Grieß zugeben, zu einem dicken Brei kochen ❍ Eier unter die heiße Grießmasse rühren ❍ erkalten lassen ❍ Butter in eine Pfanne geben, Grießmasse einlegen und in Stücke zerteilen ❍ öfters wenden und goldbraun backen ❍ mit Zucker bestreut anrichten

Röhrnfuchsn

- 200 *g* Mehl
- 400 *ml* Milch
- 4 Eier
- Salz
- *ca.* 60 *g* Butter für die Reinen

Aus Mehl, Milch, Salz und Eiern Pfannkuchenteig herstellen ❍ zwei kleine Reinen gut ausbuttern ❍ Teig in die Reinen gießen und garen ❍ nach der Garzeit in unregelmäßige Stücke schneiden

Hoabadotsch

- 200 *g* Mehl
- 400 *ml* Milch
- 4 Eier
- Salz
- *ca.* 60 *g* Butter für die Reinen

Aus Mehl, Milch, Salz und Eiern Pfannkuchenteig herstellen ❍ zwei kleine Reinen gut ausbuttern ❍ Teig in die Reinen gießen und auf die Pfannenkuchenmasse gezuckerte Heidelbeeren geben und garen ❍ nach der Garzeit in gleichgroße Stücke schneiden

Brotauflauf

Butter, Zucker, Salz, Eigelb, Stärkemehl, Kakao und Zimt schaumig rühren ❍ Rosinen und Schwarzbrot zugeben ❍ Eiweiß steif schlagen und Zucker löffelweise unterrühren ❍ unter die Schaummasse heben ❍ in eine gefettete Auflaufform füllen und bei 180°C ca. 45 Minuten backen

Dazu schmeckt: Vanille- oder Weinschaumsoße.

- *60 g Butter*
- *50 g Zucker*
- *1 Prise Salz*
- *5 Eigelb*
- *1 TL Stärkemehl*
- *1 TL Kakao*
- *1/2 TL Zimt*
- *50 g Rosinen*
- *60 g geriebenes Schwarzbrot (3-4 Tage alt)*
- *5 Eiweiß*
- *50 g Zucker*

Oberpfälzer Dalken

Hefe in warmer Milch auflösen ❍ Zutaten zu einem dicken Pfannkuchenteig rühren und 1 Stunde gehen lassen ❍ Eiweiß steif schlagen und unterheben ❍ Fett in einer Dalken- oder Stielpfanne erhitzen ❍ mit einem Eßlöffel Teig hineingeben und die Dalken auf beiden Seiten goldbraun backen ❍ mit Zucker bestreuen und noch heiß servieren

Beilage: Kompott

- *375 g Mehl*
- *30 g Hefe*
- *Salz*
- *3 EL Zucker*
- *20 g Butter*
- *4 Eigelb*
- *1/4 l Milch*
- *4 Eiweiß*
- *Fett zum Backen*
- *Zucker*

Beilagen

Oberpfälzer Kirwa-Kren

30-40 *g Butterschmalz*	
2 *Semmeln*	
1/4-1/2 *l Fleischbrühe*	
50-80 *g frisch geriebener Kren*	
1-2 *Eier, getrennt*	
Salz, Pfeffer	

Semmeln in Würfel schneiden und in Butterschmalz anrösten ❍ mit Fleischbrühe ablöschen ❍ Geschmackszutaten und frischen Kren unterrühren ❍ Eiweiß steif schlagen und unterheben

Paßt zu gekochtem Rindfleisch.

Schlosserboum

1 *kg Kartoffeln*	
250-400 *g Mehl*	
1 *Ei*	
Salz, Muskat	
Kümmel	
Semmelbrösel	
Butterschmalz	

Kartoffeln dämpfen, schälen, durchpressen ❍ mit Mehl, Ei, Salz, Muskat und Kümmel zu einem Teig verarbeiten ❍ fingerlange Stücke oder flache Datscher formen ❍ zuerst in verquirltem Ei, dann in Semmelbrösel wenden ❍ in Butterschmalz goldbraun ausbacken

Beilage zu Gulasch und anderen soßigen Fleischgerichten

Pinkernde Lies

Semmeln in dünne Scheiben schneiden ❍ Butter, Eier, Mehl, Milch und Salz verrühren ❍ über die Semmeln gießen und etwas durchziehen lassen ❍ in eine gebutterte Reine geben und bei 180°C ca. 20 Minuten backen

Beilage zu soßigen Fleischgerichten

- *6 alte Semmeln*
- *50-80 g Butter, zerlassen*
- *2 Eier*
- *50 g Mehl*
- *1/2 l Milch*
- *Salz*

Goasbratl

Kartoffeln schälen, in dünne Scheiben schneiden und in eine gebutterte Auflaufform geben ❍ mit Salz und Kümmel würzen ❍ mit Milch und Sahne aufgießen, so daß sie gerade bedeckt sind ❍ nach Belieben Butterflöckchen daraufgeben ❍ bei 180°C ca. 1 Std. backen

Kann auch als Hauptgericht mit Salat serviert werden: eventuell angedünstete Zwiebel- oder Schinkenwürfel unter die Kartoffeln mischen.

- *800 g Kartoffeln*
- *30 g Butter*
- *Salz*
- *Kümmel*
- *1/4 l süße Sahne*
- *1/8 l Milch*

Schneeballknödel

Kartoffeln dämpfen, schälen und durchpressen ❍ abkühlen lassen ❍ mit Salz, Mehl und Semmeln oder Brot vermengen ❍ Knödel daraus formen, flach drücken ❍ in der Pfanne oder in einer Reine im Rohr goldbraun braten

Sind zur Schwammerlbröih sehr beliebt!

- *1 kg Kartoffeln*
- *Salz*
- *Mehl*
- *3-4 Semmeln oder Brot in dünnen Scheiben*
- *etwas Butterschmalz*

Kartoffelschlickerl

- 1 kg Kartoffeln
- 200 g Mehl
- 2 Eigelb
- Salz
- Muskat
- 40 g Butter
- 4 EL Semmelbrösel

Kartoffeln dämpfen, schälen, durchpressen und abkühlen lassen ❍ auf dem Brett mit Mehl, Eigelb, Salz und Muskat zu einem Teig verarbeiten ❍ Teig sofort zu einer Rolle formen ❍ in kleine Stücke schneiden ❍ zu fingerlangen Nudeln formen ❍ Schlickerl in kochendes Salzwasser geben ❍ 5 Minuten ziehen lassen, herausnehmen und abtropfen lassen ❍ Butter und Semmelbrösel in der Pfanne rösten ❍ Schlickerln darin umdrehen und sofort servieren

Beilage zu Wild, Rinderbraten, aber auch zu Gemüse oder Kompott.

Der Kartoffelteig ist auch für Aprikosen- oder Zwetschgenknödel geeignet.

Oberpfälzer Nudeln

- 300 g Mehl (evtl. die Hälfte Roggenmehl)
- Salz
- gut 1/8 l heißes Wasser
- 30-40 g Butter
- 1/2 l Milch
- 2 Eier
- Salz

Aus Mehl, Salz und heißem Wasser einen festen Nudelteig herstellen ❍ Teig zu untertellergroßen Flecken zweimesserdick auswellen und leicht bemehlen ❍ ca. 4 cm breite Streifen schneiden und diese zu bleistiftdicken Stäbchen schneiden ❍ in heißem Fett in feuerfester Form oder Bratreine schwenken ❍ Milch, Eier und Salz verquirlen und über die Nudeln gießen ❍ erst zugedeckt, dann offen in vorgeheizter Röhre bei 180°C ca. 1/2 Std. aufziehen lassen ❍ vor dem Anrichten mit zwei Gabeln lockern

Bauchstecherl

Aus dem Nudelteig wie für die Oberpfälzer Nudeln kleinfingerlange, bleistiftdicke Nudeln drehen ❍ in kochendem Salzwasser 5-10 Minuten kochen, abseihen, abtropfen lassen ❍ in heißem Fett leicht rösten ❍ 1-2 verquirlte Eier darüber geben, kurz backen lassen

- 300 *g* Mehl (*evtl. die Hälfte Roggenmehl*)
- Salz
- *gut* 1/8 *l heißes* Wasser
- 30-40 *g* Butter
- 1/2 *l* Milch
- 2 Eier
- Salz

Reiberknödel

Rohe Kartoffeln schälen, reiben und ausdrücken ❍ gekochte Kartoffeln heiß durchpressen oder kalt reiben ❍ rohe und gekochte Kartoffelmasse mit dem Kartoffelmehl vermengen ❍ Wasser oder Milch nach Bedarf zugeben, salzen ❍ Knödel formen ❍ nach Belieben geröstete Semmelwürfel in die Mittel geben (Knödel werden dadurch lockerer) ❍ in kochendem Salzwasser zugedeckt ca. 20 Minuten garen

Beilage zu Schweinebraten

- 8 *große rohe* Kartoffeln (1 1/2-2 *kg*)
- 3-4 (400-600 *g*) *gekochte* Kartoffeln
- 100 *g* Kartoffelmehl
- 1/8 *l heißes* Wasser *oder* Milch
- 1 TL Salz
- *geröstete* Semmelwürfel *nach Belieben*

Kümmelkartoffeln

3/4-1 kg Kartoffeln
Salz
1 EL ganzer Kümmel
50-80 g Butter

Kartoffeln schälen und der Länge nach vierteln ❍ Salzwasser und Kümmel zum Kochen bringen ❍ Kartoffeln darin garen, abseihen ❍ mit Butterflöckchen belegt servieren

Dazu Gurken- oder Zucchinisalat reichen - ein schnelles Gericht in Erntezeiten.

Gröimkniedla (Oberpfälzer Griebenknödel)

8 Semmeln
1/2 l Milch
3 Eier
Salz, Pfeffer, Muskat
150 g Grieben

Semmeln in dünne Scheiben schneiden und mit lauwarmer Milch übergießen ❍ zugedeckt ca. 20 Minuten ziehen lassen ❍ Eier und Gewürze zugeben ❍ zu einem Teig verarbeiten ❍ Knödel formen, dabei in die Mitte eines Knödels 1 EL Grieben locker einwickeln ❍ in eine gut gefettete Reine geben ❍ bei 180-200°C ca. 30 Minuten backen, bis sie goldbraun sind

Majorankartoffeln

1 kg gekochte Kartoffeln
50 g Butter
50-80 g Mehl
1 Zwiebel
1/4-3/8 l Wasser oder Brühe
1 TL Majoran
Salz, Pfeffer, Essig
1/4 l Sahne oder Milch

Kartoffeln schälen, in Scheiben schneiden ❍ Zwiebel in Würfel schneiden, in Butter andünsten ❍ Mehl zugeben, mit Brühe ablöschen ❍ 5 Minuten köcheln ❍ mit Salz, Pfeffer, Majoran und Essig abschmecken ❍ mit Sahne oder Milch verfeinern

Passen sehr gut zu Fleischpflanzl.

Nachspeisen & Gebäck

Safrankuchen (Kirwa- oder Schmierkuchen)

Mehl mit Zucker und Salz mischen, Hefe einbröseln oder Dampferl bereiten ❍ mit Ei, zerlassener Butter und lauwarmer Milch einen mittelfesten Hefeteig herstellen ❍ zugedeckt gehen lassen ❍ auf gefettetem Blech auswellen ❍ für den Belag Milch zum Kochen bringen ❍ Grieß einrühren und quellen lassen ❍ mit Zucker, Vanillezucker, Safran und Salz verrühren ❍ zum Schluß Butter und Rum unterrühren ❍ Belag auf den Teig geben ❍ in vorgeheizter Röhre bei 180°C ca. 40 Minuten backen

Schmeckt lauwarm am besten!

Als Variante kann Vollkornmehl verwendet werden.

Teig:

- 500 g Mehl, 25 g Hefe
- Salz, 1 Ei
- 50 g Zucker, 50 g Butter
- 1/8-1/4 l Milch

Belag:

- 1 1/8 l Milch
- 150 g Grieß
- 160 g Zucker
- 1 Pkg. Vanillezucker
- Safran, Salz
- 200 g Butter
- 2 EL Rum
- Rosinen nach Belieben

Flecken

500 *g* Mehl
40 *g* Hefe
1 Prise Salz
50 *g* Zucker
60 *g* Butter
2 Eier
ca. 1/4 *l* Milch

Quarkfülle:

500 *g* Quark
2 Eier
1 Pkg. Vanillezucker
80 *g* Zucker
Zitronensaft
1/8 *l* Sahne oder Milch

Zwetschgenfülle:

500 *g* getrocknete Zwetschgen
200 *g* Soßlebkuchen
2 cl Rum
100 *g* Zucker
Zimt

Mohnfülle:

250 *g* Mohn, gemahlen
1/4 *l* Milch
60 *g* Zucker
100 *g* Rosinen zum Bestreuen
2 Eigelb zum Bestreichen

Aus den Zutaten einen mittelfesten Hefeteig herstellen ❍ zugedeckt gehen lassen ❍ 4 ca. 30 cm große Kreise auswellen und auf gefettete Bleche legen ❍ für die Quarkfülle die Zutaten verrühren, soviel Milch zugeben, daß eine cremige Masse entsteht ❍ Zwetschgen über Nacht einweichen ❍ am nächsten Tag kochen und durch den Fleischwolf drehen ❍ feingeriebenen Lebkuchen zugeben ❍ mit Rum, Zucker und Zimt abschmecken ❍ in einen Spritzbeutel füllen ❍ für die Mohnfülle Milch zum Kochen bringen ❍ Mohn einstreuen, kurz kochen und mit Zucker abschmecken ❍ zuerst die Quarkfülle auf die Flecken streichen ❍ mit der Zwetschgenfülle beliebige Muster aufspritzen ❍ Mohnfülle dazwischen geben ❍ mit Rosinen bestreuen ❍ Ränder mit Eigelb bestreichen ❍ Flecken in vorgeheizter Röhre bei 180°C ca. 30 Minuten backen ❍ nach Belieben die lauwarmen Flecken mit Sauerrahm bestreichen und mit Kokosflocken bestreuen

Statt Flecken zu machen, kann man 2 Blechkuchen backen.

Oberpfälzer Schuh

Zutaten zu einem Teig verkneten ❍ auf dem Nudelbrett fingerdick auswellen ❍ auf ein mit Backpapier belegtes Blech geben ❍ bei 200°C so lange backen, bis der Teig goldbraun ist ❍ erkaltet in portionsgroße Stücke schneiden

250 g Mehl
1 Ei
50 g Butter
3 EL Sauerrahm

Hasenöhrl (Schoitenkoichla)

Zutaten zu einem mittelfesten Teig verkneten ❍ dünn auswellen ❍ kleine Rauten ausradeln ❍ in heißem Fett goldgelb backen (sie laufen wie kleine Kissen auf) ❍ mit Puderzucker bestreuen

500 g Mehl
65 g Butter
etwas Wasser
Salz
2-3 Eier
Fett zum Ausbacken
Puderzucker

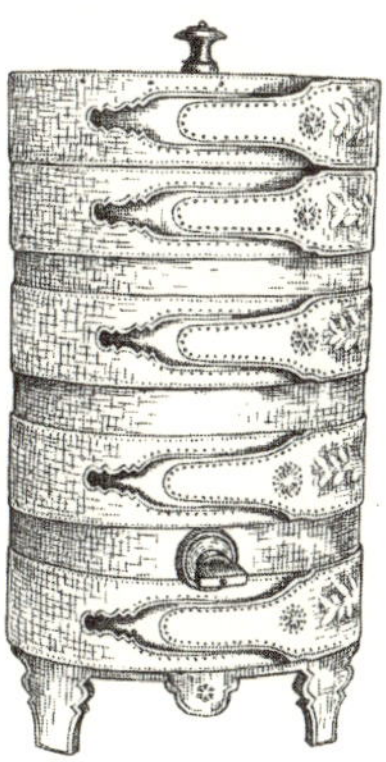

Verschiedenes

Kartoffel-Kräuter-Ploch

250 g Weizenschrot
100 g Mehl
1 TL Zucker
1/2 TL Salz
20 g Hefe
75 g Butter
1/8-1/4 l Milch
200 g Schinken, gewürfelt
150 g geriebener Käse

Belag:

500 g Kartoffeln
200 g Sauerrahm
3 Eier
Salz
Kümmel
reichlich Petersilie, Dille und Schnittlauch

Weizenschrot, Mehl, Zucker und Salz mischen ❍ Hefe einbröseln oder Dampferl bereiten ❍ mit zerlassener Butter und lauwarmer Milch einen mittelfesten Hefeteig herstellen ❍ zugedeckt gehen lassen ❍ auf gefettetem Blech ausrollen, mit Kartoffelmasse bestreichen ❍ Kartoffeln dämpfen, schälen, durchpressen, abkühlen lassen ❍ Kräuter feinhacken ❍ mit Sauerrahm, Eiern, Kümmel und Salz unter die Kartoffeln rühren ❍ mit Schinken und Käse bestreuen ❍ Ploch bei 180°C ca. 30 Minuten backen

Beilage: Blattsalat nach Jahreszeit

Hollersekt

Wasser und Zucker aufkochen ❍ Essig zufügen ❍ in einen Steinguttopf füllen ❍ Zitronen in dünne Scheiben schneiden ❍ mit den Hollerblüten in den Steinguttopf geben ❍ an einem kühlen Ort zugedeckt 3-4 Tage ziehen lassen (= Limonade)

- *6-8 l Wasser*
- *1 kg Zucker*
- *1/4 Tasse Essig*
- *7 Zitronen*
- *10-15 Hollerblüten*

Nach 8-10 Tagen perlt der „Sekt" und schmeckt besonders gut; ist aber für Kinder ungeeignet.

Der Hollersekt bzw. die Limonade wurde bei der Heuernte ausgeschenkt.

Regensburger Würste

Schweinefleisch durch den Fleischwolf drehen ❍ Rindsbrat und Gewürze solange abarbeiten, bis die Masse „Fäden" zieht ❍ Schweinefleisch portionsweise darunterarbeiten ❍ in sauber abgezogene, weite Schweinedärme füllen und 5 cm lange Würste abbinden ❍ den ganzen Strang 2 Stunden bei 50°C in den Rauch hängen, anschließend 1/2 Stunde in 75°C warmem Wasser garen ❍ nach Möglichkeit frisch verbrauchen

- *2 kg durchwachsenes Schweinefleisch*
- *2 kg Rindsbrat*
- *50 g Salz*
- *Pfeffer, Piment, Majoran*
- *etwas Muskat*
- *2 Knoblauchzehen, durchgepreßt*

Fertige Würste können eingefroren werden, Wurstmasse eignet sich auch gut zum Eindosen.

Krautsalat mit Speckln

3/4 kg Weißkraut	
80 g durchwachsener Speck	

Marinade:

6 EL Essig	
1/8-1/4 l heiße Brühe	
Salz	
Zucker	

Kraut waschen, vierteln, Strunk entfernen und hobeln ❍ in kochendes Salzwasser geben und ca. 3 Minuten kochen, abseihen ❍ Speck in Würfel schneiden und ausbraten ❍ mit der Marinade zum Kraut geben ❍ Salat durchziehen lassen und nochmals abschmecken

Franken

Das Frankenland liegt im nördlichen Teil von Bayern und setzt sich zusammen aus den Regionen Unter-, Ober- und Mittelfranken. Es ist reich gegliedert und hat ausgedehnte Waldgebiete.
Die höchste Erhebung ist der Schneeberg im Fichtelgebirge mit etwas über 1.000 m.
Im Norden geht Franken bis an die Rhön und zum Thüringer Wald. Im Süden liegt die Fränkische Alb und dazwischen von West nach Ost gesehen der Spessart, der Steigerwald, die Fränkische Schweiz, das Fichtelgebirge und der Frankenwald.
Als größter Fluß schlängelt sich der Main auf einer Länge von über 400 km durch Franken. Er bildet auch die Verbindung zwischen den zwei großen Wasserstraßen Rhein und Donau.
An den Hängen gedeiht der für Franken typische trockene, gut durchgegorene Wein, wie Silvaner, Müller-Thurgau und Bacchus.
So abwechslungsreich wie sich Franken in seinen drei Regionen landschaftlich darstellt, so vielfältig sind auch die Eßgewohnheiten.
Fränkische Kost ist saftig, würzig und reichhaltig.
In *Unterfranken* darf der „Plootz", ein großer Blechkuchen aus Hefeteig mit süßem oder pikantem Belag, bei keiner Familienfeier und keinem Dorffest fehlen. Mancherorts ist heute noch das „Schlachtfest" Tradition. Eines der beliebtesten Produkte hiervon sind die typisch „Fränkischen Bratwürste", welche gegart im sauren Sud als „Blaue Zipfel" serviert werden.

In *Oberfranken* sind Kartoffeln, vor allem als Klöß', Grundlage zu den vielfältigsten Gerichten. Fleisch gab es nur an Sonn- und Feiertagen, wobei zur Kerwa (Kirchweih) besonders aufgekocht und gebacken wurde. Forellen und Karpfen sind hier heimisch und sorgen insbesondere in den Monaten mit „r" für Abwechslung auf dem Speiseplan. Zur Brotzeit gibt es in „Bierfranken" neben süffigem, dunklem oder hellem Bier geräucherte Bratwürste, Preßsack oder Ziebalas Käs mit Bauernbrot.
In *Mittelfranken* beherrschen Kartoffeln, Mehlspeisen, Sauerkraut und Brot den Speiseplan. Die überlieferten fränkischen Rezepte, nach denen üppig gekocht, gebraten und gebacken wird, gibt es nur an besonderen Festtagen. Mittelfranken könnte man als Hochburg guter Würste bezeichnen, bestes Beispiel hierfür sind die Nürnberger Bratwürst; weitere Spezialitäten sind Spießbraten, Krautbraten, Zwiebelplootz, Schneeballen und die berühmten Nürnberger Lebkuchen.
Charakteristisch für die Franken ist ihre Lebensfreude und ihr Humor, was der Spruch: „Es gibt nichts besseres als was Guets" ausdrückt und sich auch in der bäuerlich fränkischen Küche niederschlägt.

Suppen

Rahmsuppe

Brühe zum Kochen bringen ❍ Sauerrahm mit dem Schneebesen einrühren und leicht aufkochen ❍ Semmeln in Würfel schneiden und in Butter anrösten ❍ Eier darüberschlagen und stocken lassen ❍ in die heiße Brühe geben ❍ mit Petersilie bestreut servieren

1 l Rindfleischbrühe
250 g Sauerrahm
3 Semmeln
etwas Butter
3 Eier
Petersilie

Dieses Essen gibt es nur am Karfreitag.

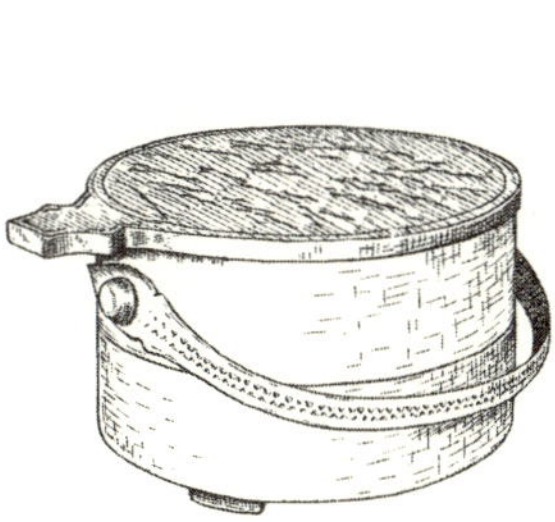

Küfersuppe

3/4-1 *l* Fleischbrühe	
200 *g* geriebener Käse	
200 *ml* Weißwein	
Pfeffer	
Muskat	
3 Scheiben Weißbrot	
30 *g* Butter	
75 *g* roher Schinken	
1 Zwiebel	
Petersilie	

Fleischbrühe kochen ❍ Käse hineinrühren und aufkochen ❍ Weißwein, Pfeffer und Muskat zugeben ❍ Weißbrot in Würfel schneiden ❍ in Butter anrösten ❍ Schinken in feine Streifen und Zwiebel in dünne Ringe schneiden ❍ beides in der restlichen Butter goldgelb anrösten ❍ Suppe mit Brotwürfeln, Schinken, Zwiebeln und Petersilie anrichten

Mostsuppe

1 gelbe Rübe	
1 Zwiebel	
etwas Lauch und Sellerie	
50 *g* Butter	
4 EL Mehl	
3/4 *l* Fleischbrühe	
1/4 *l* Frankenwein	
1/8 *l* Sahne oder Milch	
1 Eigelb	
Salz, weißer Pfeffer	
1 Semmel	
20 *g* Butter	
etwas Zimt	

Gemüse in feine Würfel schneiden ❍ in Butter andünsten ❍ mit Mehl stäuben ❍ mit Fleischbrühe und Frankenwein aufgießen, abschmecken ❍ Suppe mit Sahne und Eigelb legieren ❍ Semmel in Würfel schneiden, in Butter leicht rösten ❍ Zimt zugeben und mischen ❍ die Suppe in Tassen anrichten und mit den Zimtwürfeln garnieren

Aufgeschmelzte Kartoffelsuppe

Kartoffeln schälen und in Würfel schneiden ❍ Wurzelwerk waschen, putzen und kleinschneiden ❍ Kartoffeln und Wurzelwerk in die kochende Brühe geben und ca. 25-30 Minuten garen ❍ Suppe pürieren ❍ mit Majoran und Salz abschmecken ❍ Wammerl fein schneiden und ausbraten ❍ Zwiebel in Ringe schneiden, mit dem Mehl zum Wammerl geben und solange rösten, bis sie goldgelb sind ❍ über die angerichtete Suppe geben

500 g Kartoffeln
1 gelbe Rübe
etwas Lauch und Sellerie
1 1/4 l Brühe
1/2 TL Majoran
Salz
50 g geräuchertes Wammerl
1 Zwiebel
20 g Mehl

Karpfensuppe

Karpfen filetieren ❍ Gräten, Flossen und Kopf in Butter andünsten ❍ mit leicht gesalzenem Wasser aufgießen ❍ geputztes, grob zerkleinertes Gemüse und mit dem Lorbeerblatt gespickte Zwiebel zugeben ❍ kurz aufkochen und 20 Minuten ziehen lassen ❍ Brühe durch ein Passiertuch abgießen, kühl stellen ❍ erkaltete Brühe mit Eiweiß und fein durchgedrehtem Fischfilet klären und passieren ❍ Karpfenfilet in Würfel schneiden und in die Suppe geben ❍ einmal aufkochen ❍ mit gehackter Petersilie bestreut servieren

1 Karpfen (ca. 1 kg)
30 g Butter
1 TL Salz
1 gelbe Rübe
1/2 Stange Lauch
1/2 Sellerieknolle
1 Zwiebel
1 Lorbeerblatt
Pfefferkörner, Salz
1 1/2 l Wasser
4 Eiweiß
200 g Fischfilet
Petersilie

Fränkische Hochzeits- oder Festtagssuppe

- 2 l Wasser
- 2 gelbe Rüben
- 1/2 Stange Lauch
- 1/4 Sellerieknolle
- 1 Zwiebel
- 1 Lorbeerblatt
- 2 Pimentkörner
- 2 Nelken
- 300 g Suppenknochen
- 1 kg Rindfleisch (Tafelspitz)
- Salz, weißer Pfeffer

Einlagen:

Lebernockerln:

- 60 g Butter
- 2 Eier
- 80-100 g Semmelbrösel
- 100 g Leber, durchgedreht
- Muskat, Salz, Pfeffer, Petersilie, Majoran
- 1 kleine Zwiebel

Schwimmerle:

- 50 g Mehl
- 1 Msp. Backpulver
- 1-2 EL Milch
- 1 Ei
- 1 Prise Salz
- Fett zum Ausbacken

Wasser mit geputztem Gemüse, Gewürzen und Suppenknochen zum Kochen bringen ❍ Fleisch einlegen und ca. 2 Stunden leise köcheln ❍ Brühe abseihen, abschmecken

Einlagen:

Lebernockerln:

Butter schaumig rühren ❍ Eier, Semmelbrösel, Leber, Zwiebel und Gewürze abwechselnd unterrühren ❍ mit Teelöffel Nockerln abstechen ❍ in kochendem Salzwasser 10 Minuten ziehen lassen

Schwimmerle:

Zutaten zu einem dünnflüssigen Teig verrühren ❍ Teig durch ein großlöchriges Sieb ins heiße Fett hineinlaufen lassen und ausbacken ❍ mit dem Schaumlöffel herausnehmen und zur Lebernockerlsuppe geben

Das Fleisch in Scheiben schneiden, mit Preiselbeerkompott zu Meerettichsoße und Nudeln reichen.

Fleisch- & Fischgerichte

Hofer Schnitz

Wasser mit Knochen, Zwiebel, Liebstöckl und Kümmel zum Kochen bringen ❍ Fleisch einlegen und leise kochend garen (Garzeit ca. 1 1/2-2 Std., im Schnellkochtopf 25-35 Minuten) ❍ Brühe abseihen ❍ Gemüse waschen, putzen und in Scheiben (= Schnitz) schneiden ❍ zur Brühe geben und garen ❍ Fleisch in Scheiben schneiden und 15 Minuten vor dem Servieren in die Suppe geben, abschmecken ❍ mit Petersilie und Schnittlauch bestreut anrichten

Beilage: Schwarzbrot oder Baggala (Eierkuchen)

Hofer Schnitz werden in Oberfranken mindestens einmal in der Woche gegessen.

1 1/2-2 l Wasser
250 g Rinderknochen
1 Zwiebel
Liebstöckl
Kümmel
Salz
500-750 g Suppenfleisch
5 große Kartoffeln
3 gelbe Rüben
1 Stück Sellerie
1 Stange Lauch
1 Kohlrabi
100 g Bohnen
etwas Blumenkohl
100 g Erbsen
Petersilie
Schnittlauch

Blaue Zipfel (ergibt 10 Portionen)

- *10 Paar fränkische Bratwürste*
- *1 1/2 l Wasser*
- *1/2 l Essig*
- *6 große Zwiebeln in Ringe geschnitten*
- *3/4 l Frankenwein*
- *4 ganze Nelken*
- *4 Lorbeerblätter*
- *20 g Pfefferkörner*
- *je 1 Prise Salz und Zucker*
- *2 gelbe Rüben*
- *1/2 Stück Sellerie*

Wasser, Essig und Zwiebelringe kochen, bis Zwiebeln gar sind ❍ gelbe Rüben und Sellerie in kleine Würfel schneiden ❍ mit den übrigen Zutaten in den Sud geben und ca. 20 Minuten leise köcheln ❍ Topf von der Kochplatte nehmen und die Bratwürste 10 Minuten darin ziehen lassen ❍ Blaue Zipfel in einer Terrine im Sud anrichten

Blaue Zipfel mit Bauernbrot und Zwetschgenwasser servieren.

Herzragout

- *500 g Rinderherz*
- *Salz*
- *Wurzelwerk*
- *4 Zwiebeln*
- *30 g Fett*
- *30 g Mehl*
- *3/8 l Brühe*
- *1/4 l Rotwein*
- *1/8 l Sahne*
- *Curry*
- *Schnittlauch, Petersilie*

Herz und vorbereitetes Wurzelwerk in kochendem Salzwasser ca. 2 Stunden garen ❍ Zwiebeln würfeln ❍ in heißem Fett glasig dünsten ❍ mit Mehl stauben und goldbraun rösten ❍ mit Brühe aufgießen und aufkochen ❍ Soße mit Salz, Curry, Rotwein und Sahne abschmecken ❍ Herz in Würfel schneiden und in die Soße geben ❍ mit gehackter Petersilie und Schnittlauchröllchen bestreuen

Dazu passen: Semmelknödel und Salat

Fränkischer Hase

Abgezogenen Hasen in Buttermilchbeize für 2 Tage einlegen ❍ mit Salz, Pfeffer, Nelken und Wacholderbeeren einreiben ❍ in Butter von allen Seiten anbraten ❍ Wurzelwerk klein schneiden, beigeben und andünsten ❍ mit Fleischbrühe aufgießen (Hase soll 3/4 bedeckt sein) ❍ ca. 70 Minuten garen ❍ Hase herausnehmen und warmstellen ❍ Soße passieren ❍ Mehl mit Sauerrahm verrühren und Soße damit binden ❍ mit Wein und Zucker abschmecken

Dazu passen: gekochte Klöße, Blaukraut und Preiselbeeren

1 Wildhase ohne Kopf
Salz, Pfeffer
gemahlene Gewürznelken
5 zerdrückte Wacholderbeeren
1 gelbe Rübe
1/4 Knolle Sellerie
1/2 Stange Lauch
Fleischbrühe
Mehl zum Binden
1/8 l Frankenrotwein
100 g Sauerrahm
Zucker

Buttermilchbeize:

3/4-1 l Buttermilch
1 TL Wacholderbeeren
3-4 Gewürzkörner
3-4 Pfefferkörner
1 Lorbeerblatt
2 Gewürznelken
1 Zwiebel in Scheiben
1/2 Knoblauchzehe

Spießbraten

- 1 *magere Schweineschulter (ca. 3/4 kg)*
- 1 *Zwiebel*
- 300 *g magere, geräucherte Bauchspeckscheiben*
- 1 EL *Paprika*
- 1 TL *Curry*
- *Salz, Pfeffer*
- 1 *gelbe Rübe*
- 1/4 *Knolle Sellerie*
- 1/2 *Stange Lauch*
- 1 *Zwiebel*
- 1 EL *Tomatenmark*
- 2 EL *Mehl*

Schweineschulter über die ganze Breite aufschneiden ❍ Zwiebel in Ringe schneiden und mit den Speckscheiben auf das Fleisch geben ❍ mit Paprika, Curry und Pfeffer würzen ❍ Fleisch zum Rollbraten formen und mit einer Schnur umwickeln ❍ mit Salz und Pfeffer würzen ❍ in vorgeheizter Röhre bei 180°C 80-90 Minuten braten ❍ nach 40 Minuten vorbereitetes Wurzelwerk und Tomatenmark zugeben ❍ bei Bedarf seitlich heißes Wasser nachgießen ❍ Soße durch Sieb passieren ❍ evtl. mit Mehlteiglein binden und abschmecken

Beilage: Kartoffelklöße, Blaukraut

Krautbrodn (Krautbraten)

- 1 *Weißkrautkopf (3/4-1 kg)*
- 50 *g Schweineschmalz*
- 1 *Zwiebel, gewürfelt*
- *Salz, Pfeffer*
- 1 *Nelke*
- 1 *Lorbeerblatt*
- 300 *g gemischtes Hackfleisch*
- 150 *g gewürfeltes Schweinefleisch oder Bratenreste*
- 50 *g Speck in dünnen Scheiben*
- 2 EL *Sauerrahm*
- *Fett für die Reine*

Kraut putzen, waschen ❍ kurz in heißes Wasser legen und 6-8 Blätter davon ablösen ❍ restliches Kraut in Würfel schneiden oder hobeln ❍ in heißem Fett mit Zwiebel und Gewürzen dünsten ❍ bei Bedarf mit wenig Wasser aufgießen ❍ eine ausgefettete Reine mit Krautblättern auslegen ❍ Kraut mit Hack- und Schweinefleisch mischen, abschmecken, auf die Krautblätter geben ❍ zuerst mit restlichen Krautblättern, dann mit Speckscheiben abdecken ❍ mit Sauerrahm bestreichen ❍ in vorgeheizter Röhre bei 200°C 60 Minuten braten ❍ in Scheiben schneiden und anrichten

Beilage: Salzkartoffeln, Kartoffelbrei

Weißenbrunner Karpfen

Karpfen halbieren oder in kleine Stücke schneiden ❍ in Essigwasser legen (Fisch muß bedeckt sein) und 30 Minuten ziehen lassen ❍ Zwiebeln in Scheiben schneiden und in Butter andünsten ❍ in Würfel geschnittenes Gemüse, zerkrümelten Soßlebkuchen, Salz, Pfeffer, Thymian und Lorbeerblatt zugeben ❍ Fisch aus dem Essigwasser nehmen, salzen, pfeffern und in eine Reine legen ❍ Gemüse zugeben ❍ mit soviel Bier aufgießen, bis der Fisch bedeckt ist ❍ in vorgeheizter Röhre bei 200°C ca. 45 Minuten garen ❍ aus Butter und Mehl eine helle Einbrenne herstellen ❍ Fisch aus der Soße nehmen ❍ Soße abseihen, lauwarm in die Einbrenne einrühren und kochen, bis sie dicklich ist ❍ Fisch mit Soße und Petersilie bestreut anrichten

Beilage: Salzkartoffeln oder Blattsalat nach Jahreszeit

1 küchenfertiger Karpfen (ca. 1,5 kg)
100 ml Essig
50 g Butter
3 Zwiebeln
1 kleine Sellerieknolle
1 Petersilienwurzel
Salz, Pfeffer
Thymian
1 Lorbeerblatt
1 Soßlebkuchen
ca. 1/2 l Bier
20 g Butter
20 g Mehl
Petersilie

Stockfisch

Salzwasser zum Kochen bringen ❍ Fisch einlegen, einmal aufkochen, 20-30 Minuten ziehen lassen ❍ Fisch herausnehmen, entgräten, mit einer Gabel zerpflücken ❍ Semmeln in Würfel schneiden und in Butter rösten ❍ mit Fischsud anfeuchten ❍ Zwiebel und Speck in Würfel schneiden und andünsten ❍ Fisch vorsichtig mit den Zutaten mischen

2-3 l Wasser
pro l Wasser 20 g Salz
1 kg Stockfisch, gewässert
2 Semmeln
30 g Butter
1 Zwiebel
50 g durchwachsener Speck

Karpfen in Bierteig

1 küchenfertiger Karpfen
Salz, Pfeffer
Paprika
1 l Bier
400 g Mehl
Fett zum Ausbacken

Karpfen in Kotelettstücke schneiden ❍ salzen und etwas pfeffern ❍ in Mehl wenden ❍ Bier mit Mehl, Salz, Pfeffer und Paprika verrühren ❍ Fleischstücke in den Bierteig tauchen, abtropfen lassen ❍ im schwimmenden Fett ca. 10 Minuten ausbacken

Beilage: Kartoffelsalat und Blattsalat nach Jahreszeit

Meefischli

1 kg Meefischli
Zitronensaft
Salz, Pfeffer
3 EL Mehl
1 Msp. Zimt
Butterschmalz zum Backen
1 Zitrone

Meefischli waschen, ausnehmen, mit Zitronensaft beträufeln und 2-3 Stunden durchziehen lassen ❍ mit Küchenpapier abtupfen, salzen und pfeffern ❍ in Mehl-Zimt-Mischung wenden ❍ in heißem Butterschmalz goldbraun ausbacken ❍ mit Zitronenspalten garnieren

Beilage: Kartoffelsalat

Meefischli sind kleine und kleinste Weißfische (z. B. Lauben, Schneiderle, Gressen, ersatzweise Rotaugen, Rotfedern, kleinste Karpfen) aus dem Main.

Karpfen blau

Karpfen ausnehmen und vorsichtig waschen (damit Schleimschicht, die das Blauwerden bewirkt, nicht zerstört wird) ❍ Wasser mit Salz, Gemüse und Gewürzen zum Kochen bringen ❍ 15 Minuten leise köcheln ❍ Weißwein, Essig und Zucker zugeben ❍ Karpfen einlegen und ca. 20-30 Minuten ziehen lassen ❍ Karpfen mit Schaumlöffel vorsichtig herausnehmen und auf eine vorgewärmte Platte legen ❍ mit Zitronenscheiben und Petersilie garnieren, mit zerlassener Butter servieren

Beilagen: Petersilienkartoffeln
Getränk: trockener Weißwein

1 Karpfen (2-4 Pfund)
1/8-1/4 l Essig

für den Sud:

1 1/2-2 l Wasser
30-40 g Salz
2 gelbe Rüben
1/2 Stange Lauch
1/4 Sellerieknolle
1 Zwiebel
1 Knoblauchzehe
1 Lorbeerblatt
5 Wacholderbeeren
5 Pfefferkörner
1/8 l Weißwein
1/8 l Essig
Zucker

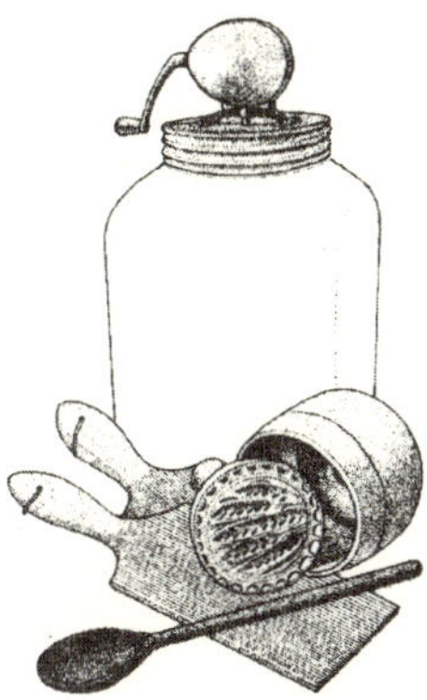

Fleischlose Hauptgerichte

Kartoffelplätzle

1 kg mehligkochende Kartoffeln	Kartoffeln kochen, schälen und durchpressen ❍ Knoblauchzehe fein hacken ❍ Schnittlauch in Röllchen schneiden ❍ Kartoffeln mit Gewürzen, Ei, Mehl und Käse zu einem Teig verkneten ❍ bei Bedarf noch etwas Mehl zufügen ❍ Teig zu einer Rolle formen ❍ ca. 40 Portionen abstechen ❍ zuerst Kugeln formen, dann flach drücken ❍ auf gefettetes oder mit Backpapier belegtes Blech legen ❍ mit Öl beträufeln ❍ mit Sonnenblumenkernen bestreuen und diese etwas andrücken ❍ in vorgeheizter Röhre bei 200°C ca. 25-30 Minuten backen
1 Knoblauchzehe	
Schnittlauch	
1 TL Salz	
1 TL Majoran	
Muskat	
1 Ei	
100 g Mehl	
100 g geriebener Käse	
4 EL Öl	
50 g Sonnenblumenkerne oder Sesam	

Kartoffelplätzle mit gartenfrischem Salat reichen. Sie eignen sich auch als Beilage zu Naturschnitzel oder Steaks.

Krautbrodn
Rezept auf Seite 168

Zwiebelblootz
Rezept auf Seite 195

Fränkische Sülze
Rezept auf Seite 193

Rahmplätzli

Rezept auf Seite 201

Piffa-Bohna

Speck und Zwiebel in Würfel schneiden ❍ in Butter andünsten ❍ Bohnen hinzufügen und erwärmen ❍ mit Salz, Pfeffer und Bohnenkraut abschmecken ❍ Eier mit etwas Salz verquirlen ❍ über die Bohnen gießen ❍ so lange wenden, bis die Eiermasse gleichmäßig gestockt ist

- 50 *g geräucherter Speck*
- 1 *kleine Zwiebel*
- 20 *g* Butter
- 3/4-1 *kg gegarte Bohnen*
- Salz, *Pfeffer*
- *Bohnenkraut*
- 4 Eier

Piffa-Bohna mit Pellkartoffeln servieren.

Gekiefter Röhrnfuchs

Kartoffeln schälen und reiben ❍ auspressen und die Stärke auffangen ❍ aus Mehl, Hefe, Salz, Zucker und Milch einen Hefeteig bereiten ❍ Kartoffeln und Stärke unter den Hefeteig kneten und gehen lassen ❍ in eine gebutterte Reine geben und bei 190°C etwa 45 Minuten backen

- 5-6 *rohe Kartoffeln*
- 750 *g Mehl*
- 40 *g Hefe*
- 1/2 TL Salz
- *Zucker*
- 3/4 *l* Milch

Als Mittagessen vom Stück abbrechen.

Beilage: Kompott oder eingeweichtes Obst

Wenn es Bohnenkaffee dazu gab, war es ein besonderes Mittagessen. Der „gekiefte Röhrnfuchs war für alte Leute, die keine Zähne mehr hatten, besonders gut verträglich. Sie konnten den Kuchen mit dem Kiefer kauen (kiefen). Wenn heute jemand lustlos an einem Essen herumkaut, sagt man: der macht wieder „a gekiefer".

Saure Äbirn mit Nudeln

- 1 *kg* Kartoffeln
- 200 *g* geräuchertes Wammerl
- 2-3 Zwiebeln
- Salz
- Essig

Kartoffeln dämpfen, schälen und in feine Scheiben schneiden ❍ leicht salzen ❍ Wammerl und Zwiebeln kleinschneiden und ausbraten ❍ heiß über die Kartoffeln geben ❍ in einem Topf etwas Wasser und Essig erhitzen ❍ über die Kartoffeln gießen

Schalett

- 8 alte Semmeln
- 10 Eier
- 1 TL Zimt
- 3 EL Zucker
- 2 Pkg. Vanillezucker
- 150 *g* Rosinen
- Butter für die Form
- Semmelbrösel

Semmeln in warmem Wasser 1 Stunde einweichen, abgießen, ganz fest ausdrücken ❍ übrige Zutaten untermischen ❍ Semmelmasse in eine ausgebutterte, ausgebröselte Auflaufform geben ❍ mit Semmelbröseln bestreuen ❍ mit Butterflöckchen belegen ❍ bei 200°C ca. 60 Minuten backen

Beilage: Kompott oder Rumtopffrüchte

Ein typisches Karfreitagsessen in der Rhön.

Grießklöße

- 100-150 *g* Butter
- 250 *g* Grieß
- 4 Eier
- Salz
- 1 Prise Muskat

Butter schaumig rühren ❍ Grieß und Eier abwechselnd unterrühren ❍ mit Salz und Muskat würzen ❍ Teig 30 Minuten quellen lassen ❍ Klößchen oder Nockerl formen ❍ in kochendes Salzwasser einlegen und 25-30 Minuten leise kochen lassen

Beilage: Petersiliensoße und Blattsalat

Schneidersfleck

Aus den Zutaten einen mittelfesten Hefeteig herstellen ❍ zugedeckt gehen lassen ❍ in einer Reine Butterschmalz zerlaufen und erkalten lassen ❍ Hefeteig zu einem Rechteck, ca. 1 cm dick, auswellen ❍ rechteckige Stücke (ca. 7 cm breit und lang wie die Reine) ausradeln ❍ aufgestellt nacheinander in die Reine schlichten ❍ dazwischen mit Butter bestreichen ❍ gehen lassen ❍ oben mit Butter bestreichen ❍ bei 180°C ca. 30 Minuten backen

500 g Mehl
20 g Hefe
50 g Zucker
Salz
1/4 l lauwarme Milch
50 g zerlassene Butter
1-2 Eier
Butterschmalz für die Reine

Beilage: Saure Kartoffeln

Spundtnudln

Aus Mehl, Eiern, Salz und lauwarmem Wasser einen festen Nudelteig herstellen ❍ Milch (bei Zwetschgen nur 3/4 l) mit Butterschmalz in einer Reine zum Kochen bringen ❍ aus dem Nudelteig Rollen formen und 2 bis 3 cm lange Stückchen schneiden ❍ Nudeln in die heiße Milch geben ❍ das Ganze in vorgeheizter Röhre bei 180°C ca. 30 Minuten backen ❍ Äpfel schälen, Kernhaus entfernen und klein schneiden ❍ Äpfel in wenig Wasser weich kochen (Zwetschgen nur entkernen, nicht kochen) ❍ ist die Milch zur Hälfte eingesogen, Äpfel oder Zwetschgen darauf verteilen und kurz mitbacken (ca. 15 Minuten) ❍ zum Schluß Nudeln und Obst mit einer Gabel lockern ❍ mit Zucker und Zimt bestreuen

300 g Roggenmehl
300 g Weizenmehl
2 Eier
Salz
lauwarmes Wasser
1 l Milch
30 g Butterschmalz
3/4-1 kg Äpfel oder Zwetschgen
Zucker und Zimt

Karteisala (Kartheiserklöißli)

- 6-8 *alte Semmeln*
- 1/2 *l* Milch
- 1 Ei
- 1 EL Zucker
- 1 Pkg. Vanillezucker
- 1 Prise Salz
- Fett zum Ausbacken

Semmeln auf einem Reibeisen reiben bis das Braune weg ist ❍ Milch, Ei, Zucker, Vanillezucker und Salz in einer Schüssel verquirlen ❍ Semmeln halbieren und so lange in der Milch weichen lassen, bis sie sich vollgesogen haben, aber nicht zerfallen ❍ Semmeln im abgeriebenen Semmelmehl wenden ❍ in heißem Fett goldgelb backen ❍ heiß in Zucker und Zimt wenden

Dazu paßt eine Hiffensoße (Rezept Seite 198).

Karteisala sind ein Mittagessen, schmecken aber auch kalt ganz gut.

Kerschmännla

- 6-8 *alte Semmeln*
- 3/8 *l* Milch
- 80 *g* Butter
- 120-150 *g* Zucker
- 4 Eier, *getrennt*
- 1/2 TL Zimt
- 1-1 1/2 *kg* Kirschen
- *ca.* 50 *g* Schwarzbrot oder Semmelbrösel
- 1 Msp. Backpulver
- Butter für die Auflaufform

Semmeln in dünne Scheiben schneiden ❍ in Milch einweichen ❍ Eiweiß steif schlagen ❍ Butter, Zucker, Eigelb und Zimt schaumig schlagen ❍ zu den Semmeln geben und untermischen ❍ Kirschen, Backpulver und Eischnee unterheben ❍ in eine gefettete Auflaufform füllen ❍ in vorgeheizter Röhre bei 180°C ca. 1 Stunde backen

Vanillesoße oder eine Tasse Kaffee dazu reichen.

Statt Kirschen können auch Zwetschgen verwendet werden.

Beilagen

Rohe Kartoffelklöße

2 kg mehlige Kartoffeln

Kartoffeln waschen und schälen ❍ die Hälfte der Kartoffeln in Scheiben schneiden und in Salzwasser garen ❍ restliche Kartoffeln reiben, in ein Kartoffelsäckchen geben und gut ausdrücken ❍ Preßflüssigkeit auffangen und Stärke absetzen lassen ❍ gekochte Kartoffeln zu einem Brei verrühren, heiß über die rohen Kartoffeln geben und schnell zu einem Teig verarbeiten ❍ aufgefangene Kartoffelstärke zugeben ❍ Klöße formen, in kochendes Salzwasser einlegen und solange ziehen (nicht kochen) lassen, bis Klöße hochsteigen

Eine beliebte Beilage zu Schweine-, Gänse- oder Entenbraten.

Die Oberfranken essen, so sagt man, wenn es regnet, rohe Kartoffelklöße, und es regnet dort jeden zweiten Tag.

Kümmerlesgmüs

2 Kümmerle (Gurken) zu je etwa 200 g
3 Tomaten
1 Zwiebel
30 g Butter
Salz
Pfeffer
Paprika
Essig
3 EL süße Sahne

Kümmerle schälen, halbieren und mit einem Eßlöffel entkernen ❍ in 1/2 cm dicke Streifen schneiden ❍ Tomaten abbrühen, schälen, vierteln und entkernen ❍ Zwiebel in Würfel schneiden ❍ in Butter andünsten ❍ Kümmerle und Tomaten dazugeben ❍ 10 Minuten dünsten ❍ mit Salz, Pfeffer, Paprika und Essig abschmecken ❍ mit Sahne verfeinern

Fränkische Mehlklöße

3-4 Semmeln vom Vortag
30 g Butter
500 g Mehl
Salz
3/8 - 1/2 l Wasser oder Milch
3-4 Eier
3 EL Semmelbrösel
30 g Butter

Semmeln in kleine Würfel schneiden ❍ in Butter leicht rösten ❍ aus Mehl, Salz, Eiern und Wasser Spätzleteig herstellen, sehr gut abschlagen ❍ Semmelwürfel untermengen ❍ Teig 1 Stunde ruhen lassen ❍ mit einem Eßlöffel Klöße abstechen, in kochendes Salzwasser einlegen und aufkochen lassen ❍ Klöße ca. 20-30 Minuten leise garen ❍ mit gerösteten Semmelbröseln bestreut servieren

Ein typisches Samstagsessen ist geräuchertes, gekochtes Bauchfleisch, Mehlklöße und Bohnengemüse.

Baumwollne Klöße

Kartoffeln schälen und reiben ❍ mit Mehl, Kartoffelmehl, Eiern, Salz und Majoran zu einem Teig verarbeiten ❍ Semmel in Würfel schneiden und in Butter anrösten ❍ aus der Masse Klöße formen, dabei in die Mitte Semmelwürfel drücken ❍ in kochendem Salzwasser 15-20 Minuten ziehen lassen

750 g gekochte Kartoffeln (vom Vortag)
80 g Mehl
80 g Kartoffelmehl
2 Eier
Salz
Majoran
1 Semmel
20 g Butter

Rauchfleischbohnen

Bohnen in wenig Salzwasser garen ❍ Rauchfleisch in Würfel schneiden und ausbraten ❍ Bohnen, Petersilie und Bohnenkraut zugeben, abschmecken

Beilage: Kartoffeln oder Klöße

1 kg Bohnen
300 g mageres Rauchfleisch
Salz
2 EL gehackte Petersilie
2 EL gehacktes Bohnenkraut

Nachspeisen & Gebäck

Hiffencreme

- 6 Blatt *weiße Gelatine*
- 1/2 *Vanilleschote*
- 1/4 *l Milch*
- 4 *Eigelb*
- 1/4 *l Sahne*
- 100 *g Hiffenmark*

Gelatine in kaltem Wasser einweichen ❍ Milch mit aufgeschlitzter Vanilleschote und -mark erhitzen und wieder etwas abkühlen lassen ❍ Vanilleschote herausnehmen ❍ Eigelbe mit der Hälfte der lauwarmen Milch im warmen Wasserbad dickcremig aufschlagen ❍ restliche Milch nach und nach zufügen ❍ Gelatine ausdrücken und in der Creme auflösen ❍ die Creme im eiskalten Wasserbad wieder kalt schlagen ❍ steifgeschlagene Sahne und Hiffenmark unter die Creme rühren ❍ Creme 2-3 Stunden im Kühlschrank fest werden lassen

Äpfel in Weinschaumcreme

Äpfel schälen, Kernhaus mit Ausstecher entfernen ❍ Wasser, Zucker, Zimtstange, Zitronensaft und -schale aufkochen ❍ Äpfel vorsichtig darin weich kochen, während des Garens wenden ❍ aus dem Sud nehmen und abtropfen lassen ❍ für die Creme Eiweiß steif schlagen ❍ Eigelb, Zucker, Stärkemehl und 5 EL Apfelsaft verrühren ❍ restlichen Apfelsaft und Wein zum Kochen bringen ❍ Eigelbcreme einrühren und kurz aufkochen ❍ heiße Masse unter Eischnee heben ❍ Äpfel auf Teller setzen ❍ Creme darübergeben

4-6 kleine Äpfel
3/8 l Wasser
Zucker nach Geschmack
Saft und Schale von 1/2 Zitrone
1/4 Zimtstange

Creme:
1/4 l Frankenwein
1/4 l Apfelsaft
2 Eier, getrennt
2 EL Zucker
4 TL Stärkemehl

Lebkuchenpudding

Lebkuchen in kleine Stücke schneiden ❍ in Milch einweichen ❍ Eiweiß steif schlagen ❍ Butter, Zucker, Eigelbe schaumig rühren ❍ Lebkuchen, Zitronensaft, Rosinen, Mandeln, Grieß und Zimt unterrühren ❍ Eischnee unterheben ❍ Lebkuchenmasse in gebutterte, gebröselte Puddingform einfüllen ❍ Pudding ca. 1 Stunde in leicht sprudelndem Wasser garen

Lebkuchenpudding mit Weinschaumsoße servieren.

Lebkuchenmasse kann ebenso in eine gebutterte Auflaufform eingefüllt und in der Röhre bei 180°C ca. 45 Minuten gebacken werden.

400 g weißer oder brauner Lebkuchen ohne Oblaten
1/4 l Milch
5 Eier, getrennt
30 g Zucker
120 g Zucker
Saft von 1 Zitrone
100 g Rosinen nach Belieben
100 g gemahlene Mandeln
2 EL Grieß
1/2 TL Zimt
Butter und Semmelbrösel für die Form

Brottorte

- 100 g Schwarzbrotbrösel
- 2 EL Rum
- 8 Eier, getrennt
- 6 EL Wasser
- 220 g Zucker
- 30 g gemahlene Mandeln
- 1/2 TL Zimt
- 1 Msp. gemahlene Nelken
- je 25 g gewiegtes Zitronat und Orangeat
- 200 g Mehl
- 1 Pkg. Backpulver
- einige EL Wein zum Tränken
- Aprikosenmarmelade oder Johannisbeergelee zum Füllen

Glasur:

- 250 g Puderzucker
- etwas Milch
- kandierte Früchte zum Garnieren

Schwarzbrotbrösel mit Rum beträufeln ❍ Eiweiß steif schlagen ❍ Eigelb mit Wasser schaumig schlagen ❍ Zucker nach und nach zugeben, kurz weiter schlagen ❍ Mandeln, Zimt, Nelken, Zitronat, Orangeat und Schwarzbrotbrösel unterrühren ❍ Mehl und Backpulver darauf sieben, mit Eischnee unterheben ❍ Teig in gefettete Springform füllen ❍ in vorgeheizter Röhre bei 175°C 45-60 Minuten backen ❍ Torte erkaltet zweimal durchschneiden und mit Wein tränken ❍ mit Marmelade oder Gelee füllen ❍ Puderzucker und Milch verrühren ❍ Torte überziehen und mit kandierten Früchten verzieren

Die Schwarzbrottorte wurde an Festtagen als Nachspeise mit einer Weinschaumsoße gereicht.

Die Torte kann auch mit Sahne oder Buttercreme gefüllt und überzogen werden.

Kartoffeltorte

Rosinen heiß waschen, trockentupfen ❍ mit Rum übergießen ❍ Springform von 26 cm Durchmesser ausfetten und mit Semmelbröseln ausstreuen ❍ Eiweiß steif schlagen ❍ Eigelb mit Zucker schaumig rühren ❍ Mehl, Stärkemehl und Backpulver sieben ❍ mit Zimt, Nüssen, Kartoffeln und Rosinen unter die Schaummasse mengen ❍ 1/3 des Eischnees unterrühren, 2/3 unterheben ❍ Teig in die Form füllen und in vorgeheizter Röhre bei 200°C ca. 50 Minuten backen ❍ erkaltete Torte mit angewärmtem Gelee überziehen ❍ Puderzucker und Rum und Wasser glattrühren, die Torte damit bestreichen ❍ mit Marzipankartoffeln garnieren

Die Torte schmeckt auch mit Schokoladenglasur überzogen sehr gut.

- 4 Eier, getrennt
- 75 g Rosinen
- 2 EL Rum
- 200 g Zucker
- 100 g Mehl
- 50 g Stärkemehl
- 2 TL Backpulver
- 1/2 TL Zimt
- 125 g gemahlene Haselnüsse
- 300 g gekochte, durchgepreßte Kartoffeln (vom Vortag)
- Butter und Semmelbrösel für die Springform
- 3 EL Johannisbeergelee
- 200 g Puderzucker
- 2 EL Rum
- 12-16 Marzipankartoffeln

Kopfkissle

Aus den Zutaten mittelfesten Hefeteig herstellen ❍ Teig zugedeckt gehen lassen ❍ anschließend etwa 1 cm dick auswellen und kleine Rechtecke ausschneiden ❍ in Fett schwimmend goldgelb ausbacken

- 500 g Mehl
- 20 g Hefe
- Salz
- 50 g Zucker
- 50 g Butter
- ca. 1/4 l Milch
- Fett zum Ausbacken

Käseblootz

Teig:

400 *g* Mehl
Salz
50 *g* Zucker
20 *g* Hefe
150 *ml* Milch
1 Ei
50 *g* Butter

Belag:

100 *g* Butter
175 *g* Zucker
1 Pkg. Vanillezucker
1 Prise Salz
3 Eier
1 *kg* Quark
100 *g* Sauerrahm
1 Pkg. Vanillepuddingpulver
50 *g* Rosinen nach Belieben

Guß:

100 *g* Sauerrahm
2 EL Milch
1 TL Zucker
1 Ei
Zucker und Zimt

Mehl mit Salz und Zucker vermischen ❍ Dampferl bereiten oder Hefe einbröseln ❍ mit lauwarmer Milch, zerlassener Butter und Ei zu einem Hefeteig verarbeiten ❍ zugedeckt gehen lassen ❍ auf gefettetem Backblech auswellen ❍ für den Belag Butter schaumig rühren, restliche Zutaten unterrühren ❍ Quarkmasse auf Hefeteig streichen ❍ für den Guß Sauerrahm mit Milch, Zucker und Ei verrühren, auf Quarkbelag verteilen ❍ mit Zucker und Zimt bestreuen ❍ Käseblootz bei 180°C ca. 40 Minuten backen

Feuerspatzen

Butterschmalz zum Ausbacken ❍ in das Mehl eine Mulde drücken, etwas angewärmte Milch zugeben und Hefe mit Salz darin auflösen ❍ zugedeckt kurz gehen lassen ❍ mit den restlichen Zutaten zu einem zähflüssigen Teig verarbeiten ❍ Teig durch Spätzlehobel in heißes Butterschmalz hobeln und goldgelb backen

- *500 g Mehl*
- *1/4 l Milch*
- *20 g Hefe*
- *1 Prise Salz*
- *2 Eier*
- *50 g Butter*
- *50 g Zucker*
- *Zitronenschale, gerieben*

Honigkuchen mit Walnüssen

Eier mit Zucker schaumig rühren ❍ restliche Zutaten zufügen und zu einem geschmeidigen Teig kneten ❍ in eine gefettete Kastenform geben ❍ in vorgeheizter Röhre bei 200°C ca. 45 Minuten backen ❍ Teig aus der Form nehmen ❍ abgekühlt in Pergamentpapier einwickeln und in einem Steintopf aufbewahren ❍ jeweils nur dünne Scheiben abschneiden

- *3 Eier*
- *150 g Zucker*
- *350 g Mehl*
- *1/2 Pkg. Backpulver*
- *je 1 gestrichener TL Zimt und Kardamon*
- *250 g Honig*
- *100 g feingehackte Walnußkerne*

Nürnberger Lebkuchen

- 2 Eier
- 200 g Zucker
- 40 g Zitronat
- 125 g Mehl
- 75 g gemahlene Mandeln
- etwas abgeriebene Zitronenschale
- 2 Msp. Zimt
- 1 Msp. gemahlene Nelken
- 1 Msp. Kardamon
- 16-20 Oblaten
- Schokoladenglasur

Eier mit Zucker schaumig rühren ❍ Zitronat fein würfeln ❍ Mehl, Mandeln, Zitronat, Zitronenschale und Gewürze zur Eiermasse geben und gut verrühren ❍ Teig 1/2 cm dick auf die Oblaten streichen ❍ Lebkuchen bei 175°C ca. 20 Minuten backen ❍ mit Schokoladenglasur überziehen

Die Lebkuchen sind zuerst hart und müssen ca. 3 Wochen in einer Blechdose gelagert werden.

Schwarzer Kuchen

- 4 Eier
- 220 g Zucker
- 125-150 ml Rahm
- 1 Pkg. Lebkuchengewürz
- 1 TL Zimt
- 5 g Hirschhornsalz
- 250 g Mehl
- 50 g Butter
- 100-150 g Puderzucker

Eier, Zucker und Rahm schaumig rühren ❍ Hirschhornsalz, Gewürze und Mehl unterheben ❍ flüssige Butter unterziehen ❍ auf gefettetes Blech streichen ❍ bei 200°C backen ❍ erkaltet mit Puderzuckerglasur überziehen

Schneeballen

Mehl, Salz, Zucker, Butter, Eier und Rum zu einem glatten Teig verarbeiten ❍ Teig zu einer Rolle formen, davon 1 cm dicke Scheiben abschneiden und diese kuchentellergroß auswellen ❍ 1 cm breite Streifen einradeln, dabei 1 cm vom Rand entfernt bleiben ❍ Streifen mit Kochlöffelstiel abwechselnd auffassen ❍ im heißen Fett goldgelb backen ❍ mit Puderzucker bestreuen

750 g Mehl
1 Prise Salz
50 g Zucker
50 g Butter
5 Eier
1 EL Rum

Schwarzer Kung

Mehl mit Salz, Zucker und Gewürzen mischen ❍ Öl zugeben ❍ Hefe in Wasser auflösen und unterrühren ❍ Korinthen und Zitronenschale zugeben ❍ zu einem glatten Teig abschlagen ❍ zugedeckt ca. 1 Stunde gehen lassen ❍ nochmals durchkneten ❍ auf bemehlter Fläche 1-2 cm dick auswellen ❍ mit einer Schüssel Kreise von 20 cm Durchmesser ausstechen ❍ auf gefettetes Blech legen und in vorgeheizter Röhre bei 200°C ca. 20-30 Minuten backen ❍ während des Backens mit Wasser bestreichen

250 g Mehl
400 g Roggenmehl
1 TL Salz
3 EL Zucker
1/2 TL Muskat
1/2 TL gemahlene Nelken
1-1 1/2 Päckchen Hefe
4 EL Öl
1/4 l lauwarmes Wasser
ca. 50 g Korinthen und etwas geriebene Zironenschale nach Belieben

Verschiedenes

Bremsgummi

300 *g roter Preßsack*	
300 *g weißer Preßsack*	
3-4 EL *Essig*	
2 EL *Öl*	
1 TL *Senf*	
1 TL *Meerrettich*	
1 *Zwiebel*	
Salz, schwarzer Pfeffer	

Preßsack in kleine Würfel schneiden ❍ aus Essig, Öl und Gewürzen Marinade herstellen ❍ unter die Preßsackwürfel mischen ❍ Zwiebel fein hacken und darüberstreuen

Weinschaumsoße

2 *Eier, getrennt*	
2 EL *Zucker*	
1 TL *Stärkemehl*	
1/2 *l Wein*	
1/4 *l Wasser*	

Eigelb mit Zucker schaumig schlagen ❍ Stärkemehl unterrühren ❍ mit Wein und Wasser auffüllen und auf dem Herd bis zu Kochen abschlagen ❍ Eischnee unterheben

Für Kinder Soße mit Apfelsaft herstellen.

Fränkische Sülze

Schweinsfüße, Kopffleisch und Schweinefleisch mit Lauch, in Ringe geschnittenen Zwiebeln und Nelken in Salzwasser 90 Minuten kochen ❍ Fleisch von den Knochen lösen und in Scheiben schneiden ❍ in Suppentellern auslegen und kaltstellen ❍ Brühe mit Pfeffer und Essig abschmecken und gelieren lassen ❍ Fett abnehmen ❍ Sulzbrühe noch einmal aufkochen ❍ Gurke und gelbe Rüben in Scheiben schneiden ❍ auf dem Fleisch verteilen ❍ mit Petersilie bestreuen ❍ Brühe darübergießen

500 g Schweinsfüße
250 g Kopffleisch vom Schwein
750 g Schweinefleisch vom Nacken oder Hals
1 Stange Lauch
4 Nelken
1 Lorbeerblatt
2 Zwiebeln, Salzwasser
Pfeffer, Essig
1 Gewürzgurke
3 gekochte gelbe Rüben
Petersilie, gehackt

Peterlesblootz

Mehl, Zucker und Salz mischen ❍ Hefe einbröseln ❍ mit warmer Milch und zerlassener Butter zu einem mittelfesten Hefeteig abschlagen ❍ zugedeckt gehen lassen ❍ auf gefettetem Blech auswellen, nochmals kurz gehen lassen ❍ Kartoffeln durchpressen ❍ mit den übrigen Zutaten mischen und auf die Teigplatte streichen ❍ Wammerl in Würfel schneiden und daüberstreuen ❍ bei 180°C ca. 30 Minuten backen und sofort servieren

Dazu paßt: Blattsalat nach Jahreszeit

300 g Weizenvollkornmehl
100 g Mehl
1 TL Zucker
1/2 TL Salz
20 g Hefe, 60 g Butter
1/8-1/4 l Milch

Belag:

500 g gekochte Kartoffeln
200 g Sauerrahm
3 Eier
Salz, Kümmel
Petersilie, gehackt
100 g Wammerl, geräuchert

Dätscher

300 g Mehl
200 g Weizenvollkornmehl
1/2 TL Zucker
1 TL Salz
200 g gekochte, durchgepreßte Kartoffeln
20 g Hefe
ca. 1/8 l Milch
60 g Butter

zum Bestreichen:

50 g Butter, Salz
4-5 EL Sauerrahm

zum Bestreuen:

grobes Salz und Kümmel

Mehl mit Zucker, Salz und Kartoffeln mischen ❍ Hefe einbröseln ❍ mit warmer Milch und zerlassener Butter zu einem Teig abschlagen ❍ zugedeckt 30 Minuten gehen lassen ❍ Teig zu einer Rolle formen, davon Scheiben abschneiden und diese zu dünnen tellergroßen Fladen auswellen ❍ auf ein gefettetes Backblech legen ❍ mit Butter und Sauerrahm bestreichen ❍ mit Salz und Kümmel bestreuen ❍ bei 200°C ca. 15 Minuten backen

Schmecken frisch am besten zu Most, Wein oder Bier.

Die Dätscher können auch mit Mohn, Paprika, Sesam, Speckwürfeln, Kräutern oder geriebenem Käse bestreut werden.

Griebenplätzchen

200 g Grieben
200 g Mehl
40 g Butter
1 Ei
Salz

zum Bestreichen:

1 Eigelb, 1 EL Milch

zum Bestreuen:

grobes Salz und Kümmel

Grieben durch die feine Scheibe des Fleischwolfs drehen ❍ mit Mehl, Butter, Ei und Salz zu einem Mürbteig verarbeiten ❍ Teig 1 Stunde kühl stellen ❍ 1/2 cm dick auswellen ❍ Plätzchen ausstechen ❍ Eigelb mit Milch verrühren, Plätzchen damit bestreichen ❍ mit Salz und Kümmel bestreuen ❍ bei 200°C ca. 15 Minuten backen

Plätzchen einige Tage kühlgestellt ruhen lassen, dann werden sie mürb.

Sehr beliebt zu Frankenwein!

Geheimratskäse

Butter schaumig rühren ❍ Quark, die feingehackten Sardellen und Zwiebeln unterrühren ❍ mit Salz, Pfeffer und Paprika abschmecken

60 g Butter
250 g Magerquark
3-4 Sardellen
1/2 Zwiebel, gehackt
Salz, Pfeffer, Paprika

Zwiebelblootz

Mehl mit Salz und Zucker mischen ❍ Hefe einbröseln ❍ mit Milch, Butter und Ei zu einem mittelfesten Hefeteig abschlagen ❍ zugedeckt gehen lassen ❍ auf gefettetem Backblech auswellen ❍ Speck in Würfel und Zwiebel in Ringe schneiden ❍ in Butter ca. 10 Minuten dünsten ❍ abkühlen lassen ❍ Sauerrahm und Eier verrühren ❍ unter die Zwiebeln mischen ❍ mit Salz, Pfeffer und Kümmel abschmecken ❍ auf den Teig streichen ❍ Blootz in vorgeheizter Röhre bei 180°C ca. 30 Minuten backen

Als Variante Vollkornmehl verwenden.

Getränk: Frankenwein

Teig:
400 g Mehl
20 g Hefe
1/4 TL Zucker
1/2 TL Salz
150 ml lauwarme Milch
50 g zerlassene Butter
1 Ei

Belag:
150 g durchwachsener Speck
1 kg Zwiebeln
30 g Butter
200 g Sauerrahm
2 Eier
Salz, Pfeffer, Kümmel

Nürnberger Gwerch

- 150 g weicher Limburger
- 100 g Butter
- 1 Zwiebel
- 3-4 Rettiche
- Salz, Pfeffer, Paprika

Limburger und Butter mit einer Gabel vermengen ❍ Zwiebel in Würfel schneiden und zugeben ❍ Gwerch zu einer Kugel formen ❍ mit Paprika und Pfeffer bestreuen ❍ kühl stellen (ca. 1 Stunde ❍ Rettiche putzen, in dünne Scheiben schneiden, salzen, zugedeckt ziehen lassen ❍ Käse und Rettiche anrichten

Dazu paßt: Vollkornbrot und Bier

Blutwurstsalat

- 400 g Blutwurst
- 100 g Gewürzgurken
- 2 Zwiebeln
- 3 EL Essig
- 2 EL Öl
- Salz, Pfeffer

Blutwurst und Gewürzgurken in Streifen schneiden ❍ aus Essig, Öl, Salz und Pfeffer Marinade herstellen, über den Salat geben ❍ mit Zwiebelringen anrichten

Fränkisches Bauernbrot

- 1 kg Roggenmehl
- 100 g Sauerteig
- 20 g Hefe
- 1 TL Zucker
- ca. 3/4 l lauwarmes Wasser
- 1 EL Salz
- Anis, Kümmel, Fenchel

Sauerteig, Hefe und Zucker mit etwas Mehl und Wasser verrühren ❍ zugedeckt über Nacht durchsäuern lassen ❍ restliche Zutaten zugeben und Teig gut durchkneten, nochmals gehen lassen ❍ einen Laib formen, auf gefettetes Blech legen ❍ gehen lassen ❍ mit Wasser bestreichen, stupfen und bei 250°C 15 Minuten, dann bei 200°C 45 Minuten backen ❍ in ausgeschalteter Röhre 20 Minuten nachbacken

Speckbrot

Sauerteig, Hefe, Zucker und Buttermilch verrühren ❍ zugedeckt über Nacht durchsäuern lassen ❍ Mehl, Schrot, Wasser und Salz zugeben ❍ Teig gut durchkneten ❍ Zwiebeln und Speck in Würfel schneiden, leicht anbräunen ❍ abgekühlt unter den Teig kneten, gehen lassen ❍ einen Laib formen, auf gefettetes Blech legen ❍ gehen lassen ❍ mit Wasser bestreichen, stupfen und bei 250°C 15 Minuten, dann bei 200°C 45 Minuten backen ❍ in ausgeschalteter Röhre 20 Minuten nachbacken	*100 g Sauerteig* *20 g Hefe* *1 TL Zucker* *1/4 l Buttermilch* *100 g Weizenmehl, Type 550* *500 g Roggenmehl* *600 g Vollkornschrot* *3/4 l lauwarmes Wasser* *1 EL Salz* *2 Zwiebeln* *200 g Speck*

Kochkäse

Butter, Hand- und Schmelzkäse im Topf bei geringer Hitze schmelzen ❍ übrige Zutaten zugeben und erwärmen ❍ Kochkäse in kalt ausgespülte Tonschüsseln geben ❍ während des Erkaltens öfter durchrühren *Kochkäse schmeckt warm zu Pellkartoffeln oder als Brotaufstrich auf Schwarz- oder Vollkornbrot. Im Kühlschrank ist er zwei Wochen haltbar.*	*200 g Butter* *200 g Handkäse* *100 g Schmelzkäse (20 % Fett i. Tr.)* *100 g Sahne* *200 g Sauerrahm* *250 g Magerquark* *1 TL Natron* *1 TL Kümmel*

Ziebalas Käs

350 g Quark
etwas Milch
Salz, Pfeffer, 1 TL Kümmel
1 Zwiebel, gehackt
Schnittlauch
Knoblauchpulver

Quark mit Milch verrühren ❍ mit Salz, Pfeffer und Knoblauchpulver abschmecken ❍ Zwiebel und Kümmel unterrühren ❍ mit Schnittlauch bestreuen

Schmeckt zu Pellkartoffeln oder Schwarzbrot.

Fränkischer Kochkäs

3/4 l Milch, 2 Eier
Salz, Pfeffer
1 TL Hirschhornsalz

Milch warm stehen lassen, bis sie dick ist (1-3 Tage, je nach Temperatur) ❍ gut durchrühren ❍ Eier, Salz und Pfeffer verrühren ❍ Käse zugeben und langsam erwärmen, nicht kochen ❍ Hirschhornsalz zugeben und gut rühren, bis eine glatte Masse entstanden ist ❍ in eine kalt ausgespülte Porzellanschüssel füllen ❍ mit einem Tuch bedeckt 2 Tage stehen lassen

Zur Brotzeit auf ein Bauernbrot streichen und mit Kümmel bestreuen.

Hiffensoße

3-4 EL Hiffenmarmelade
1/4 l Wasser
Saft und Schale 1 Zitrone
1 TL Mehl
1/4 l Weißwein oder Apfelsaft
Zucker nach Bedarf

Mehl mit etwas Wasser glattrühren ❍ mit Marmelade, Wasser und Zitronenschale verrühren und einige Minuten köcheln lassen, vom Herd nehmen ❍ Weißwein zugießen ❍ mit Zitronensaft und Zucker abschmecken

Fränkische Brodwärschd (Rostbratwürste)

Schweinefleisch grob wiegen oder durch die grobe Scheibe des Fleischwolfs drehen ❍ Kalbfleisch durch den Fleischwolf drehen ❍ Schweine- und Kalbfleisch mit den Gewürzen gut vermischen ❍ in die Därme füllen und etwa 20 cm lange Würstchen abbinden ❍ auf heißem Rost von allen Seiten braun braten, zwischendurch mit Fett bestreichen

Beilage: Sauerkraut

In der Nürnberger Gegend gibt man die Bratwürste in heißes Wasser und läßt sie 10 Minuten ziehen; gut abgetropft werden sie in Mehl gewendet und dann in heißem Fett von beiden Seiten braun gebraten.

- *500 g Schweinefleisch*
- *150 g Kalbfleisch*
- *Salz*
- *1 Prise Kümmel, feingewiegt*
- *1 Prise Muskat*
- *1/2 TL Majoran*
- *gesäuberte Schweine- oder Schaftsdärme*
- *Schweinefett zum Bestreichen*

Fränkischer Leberkäse

Speck und Zwiebel in Würfel schneiden und anbraten ❍ Fleisch und Leber zweimal durch die 5 mm Lochscheibe des Fleischwolfs drehen ❍ Speck, Zwiebel, Milch, Mehl und Eier daruntermengen, abschmecken ❍ in der Küchenmaschine fein pürieren ❍ Masse in 1-2 Aluformen füllen, mit Alufolie verschließen und in der mit Wasser gefüllten Fettpfanne bei 100°C ca. 90 Minuten garen ❍ Foliendeckel entfernen und bei großer Oberhitze oder unter dem Grill die Oberfläche bräunen

Der Leberkäse kann auch bei 200°C für ca. 2 Stunden in der Röhre gebacken werden.

- *50 g durchwachsener Räucherspeck*
- *1 große Zwiebel*
- *500 g mageres Rindfleisch*
- *500 g Schweinebauch*
- *200 g Schweineleber*
- *1/2 l Milch*
- *80-100 g Mehl*
- *2 Eier*
- *Salz, weißer Pfeffer*
- *Majoran*
- *Muskat und Gewürznelken, gemahlen*

Hausmacher Stadtwurst

- 1,2 *kg mageres Rindfleisch*
- 400 *g mageres Schweinefleisch*
- 4 TL *Pökelsalz*
- 1-2 TL *weißer Pfeffer*
- 1-2 TL *Ingwerpulver*
- 1 TL *Muskatblüte*
- 1 TL *Knoblauchpulver*
- 100-200 *ml Wasser oder Brühe*
- 3-4 *Eier*
- *Ringdärme*

Fleisch in 3 cm große Würfel schneiden ❍ für 1 Stunde ins Gefriergerät geben ❍ durch die 5 mm Lochscheibe des Fleischwolfs drehen ❍ Pökelsalz und Gewürze daruntermengen ❍ Flüssigkeit und Eier verquirlen ❍ eßlöffelweise unter den Fleischteig geben (beim Handrührgerät höchste Stufe einstellen) ❍ Masse in Ringdärme füllen und abbinden ❍ Würste in einen Topf mit kaltem Wasser legen, beschweren, damit sie bedeckt bleiben ❍ die Temperatur innerhalb von 90 Minuten auf 70°C erhitzen ❍ 30 Minuten die Temperatur halten ❍ langsam durch Zugießen von kaltem Wasser abkühlen, dabei die Würste ab und zu bewegen

Hitzablootz (Hitzefladen)

- 500 *g Roggenmehl*
- 40 *g Hefe*
- 1/2 TL *Zucker*
- 1/4 TL *Salz*
- 1/8-1/4 *l lauwarmes Wasser*
- 1 TL *Koriander*
- 1 EL *Kümmel*
- 1 EL *Anis*
- 125 *g Sauerrahm*
- *Schnittlauch*

Aus Mehl, Hefe, Zucker, Salz und Wasser einen mittelfesten Hefeteig herstellen ❍ zugedeckt 1 Stunde gehen lassen ❍ Gewürze zugeben und eine weitere Stunde gehen lassen ❍ Teig auf gefettetem, bemehltem Blech 1/2 cm dick auswellen ❍ bei 200°C 20 Minuten backen ❍ aus dem Ofen nehmen und mit Sauerrahm bestreichen ❍ mit Schnittlauch bestreuen ❍ für einige Minuten in den Ofen geben, damit die Sahne anzieht ❍ in Stücke schneiden und warm servieren

Blootz mit angedünsteten Zwiebel- und Rauchfleischwürfeln bestreuen und backen.

Rahmplätzli

Alle Zutaten zu einem mittelfesten Hefeteig verarbeiten ❍ zugedeckt gehen lassen ❍ mit einem Löffel den Teig abstechen, zu glatten Kugeln formen und von der Mitte aus leicht ausziehen, so daß in der Mitte eine Vertiefung entsteht ❍ auf ein gefettetes oder mit Backpapier belegtes Blech geben ❍ kurz gehen lassen ❍ Sauerrahm, Schnittlauch, Milch und Salz verrühren ❍ ca. 1 EL Fülle in die Mitte der Plätzchen geben ❍ in vorgeheizter Röhre bei 200°C ca. 30 Minuten backen

Als Variante Vollkornmehl verwenden.

Rahmplätzli wurden dann gebacken, wenn beim wöchentlichen „Nudelbacken" Teig übrig blieb und der von der Milch abgeschöpfte Rahm verarbeitet werden mußte.

500 g Mehl
20-30 g Hefe
1 TL Zucker
1/2 TL Salz
1/8 l lauwarme Milch
2 kleine Eier
50 g zerlassene Butter

Belag:

200 g Sauerrahm
etwas Milch
1 TL Salz
reichlich feingeschnittener Schnittlauch

Heinerle

Schokolade und Palmin im Wasserbad schmelzen ❍ Eier und Zucker schaumig rühren ❍ ausgekühlte Schokoladenmasse zugeben und kalt stellen ❍ auf Oblaten streichen, diese aufeinandersetzen und pressen ❍ nach dem Erkalten in Rauten schneiden

Heinerle sind ein typisches Weihnachtsgebäck.

250 g Blockschokolade
250 g Palmin
2 Eier
100 g Puderzucker
6-8 rechteckige Backoblaten

Alphabetisches Rezeptverzeichnis

A

B

C/D

E

F

G

H/J

K

L

M

N

O

P/Q

R

S

T

V/W

Z